安徽大学汉语言文字研究丛书

主编 黄德宽

袁晖
·卷·

北京师范大学出版集团
BEIJING NORMAL UNIVERSITY PUBLISHING GROUP
安徽大学出版社

图书在版编目(CIP)数据

安徽大学汉语言文字研究丛书. 袁晖卷/袁晖著.
—合肥:安徽大学出版社,2013.3
ISBN 978-7-5664-0313-1

Ⅰ.①安… Ⅱ.①袁… Ⅲ.①汉语—文集 Ⅳ.①H1-53

中国版本图书馆 CIP 数据核字(2011)第 196649 号

AN HUI DA XUE HAN YU YAN WEN ZI YAN JIU CONG SHU
安徽大学汉语言文字研究丛书
YUAN HUI JUAN
袁晖卷 　　　　　　　　　　　　　　袁　晖 著

出版发行:	北京师范大学出版集团	
	安 徽 大 学 出 版 社	
	(安徽省合肥市肥西路3号 邮编230039)	
	www.bnupg.com.cn	
	www.ahupress.com.cn	
印　　刷:	合肥远东印务有限责任公司	
经　　销:	全国新华书店	
开　　本:	170mm×240mm	
印　　张:	29.5	
字　　数:	338千字	
版　　次:	2013年3月第1版	
印　　次:	2013年3月第1次印刷	
定　　价:	68.00元	

ISBN 978-7-5664-0313-1

策划编辑:康建中		装帧设计:刘运来	
责任编辑:卢　坡		美术编辑:李　军	
责任校对:程中业		责任印制:陈　如	

版权所有　侵权必究
反盗版、侵权举报电话:0551-65106311
外埠邮购电话:0551-65107716
本书如有印装质量问题,请与印制管理部联系调换。
印制管理部电话:0551-65106311

总　序

黄德宽

　　汉语言文字学是以汉语言文字为研究对象而形成的学科,这是一门渊源久远、积淀深厚的学科。对汉语汉字的研究,我国先秦时期即已肇绪,然而作为现代意义上的汉语言文字学,其历史大体上也只有百年左右。

　　安徽大学的汉语言文字学学科是从上个世纪 80 年代之后才较快成长进步的。经过 20 多年的建设,目前这个学科不仅能培养硕士、博士、博士后等高层次研究人才,同时还成为全国高等学校重点学科之一,在教学、科研方面都取得了较为突出的成绩。

　　汉语言文字学学科的发展和进步,是本学科诸多先生艰苦努力的结果,对他们的学术贡献我们不应忘记。总结发扬他们的学术精神和学科建设经验,是新形势下进一步加强学科建设、推进学科持续健康发展的任务之一。因此,我们启动编纂了"安徽大学汉语言文字研究丛书"。

　　这套丛书共 10 种,入选的 10 位教师是对本学科发展做出贡献的众多教师的代表,他们基本上是本学科各个方向的带头人和学术骨干,各卷所收论文也基本上反映出各位老师的主要研究领域和代表性成果。除已经谢世的先生外,各文集主要由作者本人按照丛书的编选宗旨和要求自行选编完成。

　　在编纂这套丛书的过程中,我一直在思考,高等学校的学科建设到底如何开展才是应该提倡的? 学科建设最为关键的要素到底有哪些？对这些问题，我担任学校校长期间没少讨论过，时下我国高校关于学科建设的经验也可谓"花样翻新"、"层出不穷"。沉静下来，就我们这个学科的发展来看，我认为最重要的恐怕还是以下几点：

一是要以人为核心，尊重学者的学术追求。学者是学科的载体、建设者和开拓者。学科的发展主要靠学科带头人、学术骨干和以他们为主组成的团队。坚持"以人为核心"的学科建设思路，就要尊重学者，尊重他们的精神追求、研究兴趣和个性特色，最大限度地为他们提供自由发挥的空间，而不是用考核的杠杆和行政的手段迫使他们按设定的路径行事；那样很容易扼杀学者的研究个性和兴趣，也不大可能产生真正意义上的高水平研究成果。汉语言文字学学科的研究特色和重点，几乎都是各位教师自身研究领域的自然体现，他们坚持自己的研究方向，形成自身的研究风格，探索自己感兴趣的课题，因此能不为流俗左右，远离浮躁喧嚣，耐得住寂寞，甘愿坐冷板凳，最终取得累累硕果。

二是要以人才培养为根本任务，教学科研相得益彰。大学最根本的职能是培养人才，这就决定了大学的学科建设必须以人才培养为根本任务，将教学、科研紧密而有机地结合起来。汉语言文字学学科的教师，长期以来坚守在人才培养的第一线，他们将主要时间和精力都花在人才培养上，而且大家都很热爱自己的教师职业，像何琳仪先生就是在讲台上走完生命的最后历程的。汉语言文字学学科近年来不仅培养出一大批优秀的本科生、研究生，而且在汉语国际教育方面成绩突出，培养了许多外国留学生，在学校合作共建的孔子学院中发挥了关键作用。翻看这些文卷，不难看出，将科研与教学和人才培养工作密切结合，用科研成果丰富教学内容，结合教学开辟新的科研领域，是汉语言文字学学科教师的共同特点。一个学科建设的成就，既要看科学研究，更要看人才培养。围绕人才培养的学科建设，应该是大学学科建设必须坚持的原则。这一点我以为是大学学科建设尤为值得重视的。

三是要日积月累，聚沙成塔。学科建设是一个漫长的积累过程。

人文学科的发展关键是学者队伍的集聚、教学经验的积累和研究领域及特色的形成,更需要长期的努力。因此,开展学科建设不能急功近利,不能只寄希望于挖一两个有影响的学术带头人而收到立竿见影的效果。学科建设应该遵循学术发展的规律,通过创造环境、精心培育,让其自然而然的生长。近年来,许多高校将学科建设当重点工程来抓,纷纷加大投入,不惜代价争夺人才,虽然也可以见效一时,但是从长远看未必能建成真正的一流学科。这方面有许多教训值得记取。我校汉语言文字学学科的成长,尽管也得到国家"211工程"重点学科建设项目的支持,不过在实际建设中,我们还是坚持打好基础,通过持续努力,不断积累,逐步推进。我们深感,这个学科目前的状况离国内一流高水平学科的要求还有不小的差距。但我们相信,只要遵循规律,持之以恒,其持续发展应该是可以预期的。

　　四是要开放兼容,培育良好学风。学科建设应该注重自身特色和优势的培育。强调自身特色和优势并不意味着自我封闭,而是要通过学术交流不断开阔学术视野,以开放兼容的学术情怀向海内外同行学习。我校汉语言文字学学科较为重视学术交流,各学科方向的带头人或骨干,先后在中国语言学会、中国训诂学会、中国文字学会、中国古文字研究会、中国音韵学会、华东修辞学会、安徽省语言学会等全国和地区性汉语言文字研究的学术团体中兼任学会会长、副会长、秘书长、副秘书长、常务理事等职务,促进了本学科团队与国内同行的交流。同时,我们重视加强学术交流与合作,不仅经常性邀请国内外学者来校讲学交流,还特聘著名学者参与学科建设,承担教学科研任务,逐步形成开放兼容的学科建设格局。丛书中收录的高岛谦一、陈秉新、李家浩三位先生就是本学科的长期客座教授或全职特聘教授。开放兼容的学科建设思路,其核心就是要将学科建设放在本学科发展的总体背景下,跟踪学术前沿和主流,形成学科自身学习和激励的内在机制,并确立自身的发展目标、特色追求和比较优势。学科建设要实现开放兼容,要注意协调和处理好学科内外部的各种关系,这不只是要处理好相关利益关系问题,还要形成学科发展的共同理想,尤为重要的是形成优良学风。优良的学风是学人之间合作共事的精神纽带。一个学科只有崇尚学术、求真务实蔚然成风,学科成员才能做到顾全大局、团结协作、相互兼容。良好的学风,也是学科赢得学术声誉、同仁尊重和开展合作交流的基础。这一点应该成为汉语言文字学科建设长期坚持和努力的方向。

人文学科有自身的特点和发展规律,最让人文学者神往的,当然是产生影响深远的学术大师,形成风格独特的学术流派。在当前社会和教育背景下,这好像是一个高不可攀的目标。但我以为,只要创造良好的学术环境,遵循学科建设和发展的规律,经过代代学者持续不断的努力追求,在一些有条件和基础的高校将来产生新的具有中国作风和气派的人文学科学派也不是没有可能。

我校汉语言文字学学科还有一大批默默奉献的教师和很有发展潜力的青年教师,他们是学科建设的基础和生力军。我相信,这套丛书的编纂出版对他们也是一个激励和鼓舞。见贤思齐,薪火相传,一个良好的学术环境和氛围,必将促进汉语言文字学学科不断取得新的成绩和进步。

2012 年立春于安徽大学磬苑

目　录

前言 ……………………………………………………………（1）

上编　语法学步

数词札记 ………………………………………………………（3）
量词札记 ………………………………………………………（22）
试论对举重叠 …………………………………………………（36）
多重复句及其教学 ……………………………………………（46）
汉语析句中的三个平面与句型分析 …………………………（51）
关于句型的确定 ………………………………………………（61）
句子分析和句法分析的区别与联系 …………………………（72）
动词性宾语句与相关句型的选用 ……………………………（80）
缩略语试论 ……………………………………………………（89）
汉语标点符号发展演变史略 …………………………………（101）
现代汉语教学的阶段和层次 …………………………………（116）

中编　修辞拾趣

试谈辞格的特点 ………………………………………………（123）
论"兴" …………………………………………………………（131）
论现代汉语中的"通感" ………………………………………（144）
对于"通感"辞格的再认识 ……………………………………（153）

论修辞中的"移就"辞 …………………………………… (164)
试谈"反语" ……………………………………………… (173)
试论"排比" ……………………………………………… (178)
试论"委婉" ……………………………………………… (192)
试谈辞格的运用 ………………………………………… (202)
浅论词的感情色彩 ……………………………………… (209)
学习毛主席诗词中的炼字艺术 ………………………… (215)
论词语的变异运用 ……………………………………… (219)
汉语修辞史的编写 ……………………………………… (232)
中国古代修辞学史的回顾 ……………………………… (240)
漫评20世纪90年代台湾的修辞研究 ………………… (257)
中国修辞学的现状和前景 ……………………………… (268)

下编　语体探胜

语体、文体、风格辨 …………………………………… (279)
论语体划分的原则 ……………………………………… (287)
有关语体学的几个原则问题 …………………………… (296)
试论语体的交叉渗透及其社会因素 …………………… (300)
语体的通用成分、专用成分和跨体成分 ……………… (309)
论语体词 ………………………………………………… (319)
从语体角度认识量词 …………………………………… (329)
试谈语体句的研究 ……………………………………… (338)
语体句谈片 ……………………………………………… (344)
试谈语体的规范问题 …………………………………… (353)
再议公文语言的性质 …………………………………… (362)
试谈公文语言的口语化和形象化——论公文语言发展的一个新走向 …… (367)
公文语言的表现风格 …………………………………… (377)
试论语体中的表现风格(提纲) ………………………… (387)
试论汉语的民族风格 …………………………………… (390)
中国古代语言风格研究的回顾 ………………………… (401)
论风格 …………………………………………………… (419)

主要著述年表 …………………………………………… (457)

前　言

　　光阴似箭催人老,昨日少年今白头。不知不觉,我已进入古稀之年。回想自己学习语言课程的历程,也将近一个甲子了。大概是1954年,那时我在师范读书,学校开设了语法课,学习曹伯韩先生的《语法初步》,毕业时推荐上了安徽师范学院中文系,讲授"现代汉语语法"的是名师张涤华先生。张先生在目录学领域也享有盛名。他教学严谨,逻辑性强。他旁征博引,善于比较,讲课极有魅力。他还自编讲义,引例准确生动,阐发规则,很有说服力。教学中他常安排一些课堂讨论,不断启发学生去思考。张老师的教学使学生的语法基础打得很扎实,对学生学习其他课程,对学生以后的教学工作有很大的帮助。他编撰的《现代汉语》(上册),在20世纪50年代由高等教育出版社出版,是我国较早由国家出版社出版的教材。除此之外,当时我们还读到了吕叔湘、朱德熙的《语法修辞讲话》,王力、吕叔湘、黎锦熙、张志公以及林裕文等名家所写的适合青少年阅读的语法知识读物,这些在县市的新华书店也是很容易买到的。我感到,语法基础打得牢,日后学习语音、文字、词汇、修辞就省劲多了,因为不管是语音、文字,还是词汇、修辞,都离不开对词语结构和功能的分析。我很庆幸在青少年时代,就能得到名师的教导和名家著作的滋养,使得一开始在语法学步时,就留下了踏实的足迹和清晰的屐痕。

　　从20世纪60年代开始,领导让我把教学的重点放到修辞方面,并确定张须(煦侯)先生做我的指导老师。那一段时间,我如饥似渴地听张须老师讲《文心雕龙》。张老师逐字逐句细致讲解,深入浅出,让学生受益颇多。张老师对古代文论和史学有深入的研究,著述甚丰,又写得一手好杂文,这使得他对古代修辞学遗产的发掘,丰满而有厚度。从20世纪50年代后期到60年代初期,学校正在进行教学改革,强调语言教学必须关心社会语言生活,联系语言运用的实际,因此,长期被排斥在"现代汉语"之外的修辞马上就吃香起来。所谓"改进文风"、"提高语言的表达效能"等,都与修辞有密切关系,需要把修辞请出来解决语言运用上的问题。于是我们就修订教学大纲,重新编写教材,在张老师的关怀指导下,我的学长石云孙和我一起编写了《现代汉语修辞》教材。"文化大革命"时期,老师的正常教学和生活被摧毁了,我也离开了所在的学校去从事别的工作。

随着"文化大革命"的结束,国家恢复了高考,我于1978年调到安徽大学,继续承担"现代汉语"的教学工作。1980年,我得到去复旦大学进修的机会。有幸的是,进修中的指导老师是著名的语言学家胡裕树教授,得以听到他的语法研究的专题课,并被他在学术上不断探索的精神所深深感染,为他教学中的活跃的思辨学风所折服。在研究所,每隔一两个星期,他就安排一些青年教师做学术报告,大家进行评议,这大大提高了我的科研能力。在进修期间,我完成了第一本修辞专著《比喻》。后来又参加了胡老师主编的《现代汉语》的增订工作,执笔"修辞"一章。长期以来,修辞学界有一种"辞格中心论",甚至认为修辞学就是修辞格。这当然是一种误解。以前选词、造句的教学与词汇、语法部分纠结较多,甚至完全一样,这正说明我们对词句修辞研究得不够,在客观上也给"辞格中心论"提供了滋生的土壤。为了消除这方面的误解,增强教学的实用性,在编写教材时,有意将辞格分解到词语、句子中去讲解,这样对于提高学生的语言能力,也许会有所帮助。但是这不等于否定了辞格在修辞教学中的重要性,辞格应该在修辞教学和研究中占有重要的地位。

20世纪50年代中后期,高名凯先生发表了《苏联学者关于风格学问题的讨论》、《文风中的风格问题》、《语言风格学的内容和任务》等论文,不仅全面介绍了上世纪50年代初期苏联学者关于语言风格学讨论的情况,而且还系统阐发了他的观点,对于我国语言风格学的创建,起了巨大的开拓和推动作用。高名凯的论文在教学改革热潮中成为一种助力,当时有些学者就提出以语体为纲,构建新的修辞学的主张。我如饥似渴地学习高名凯先生的论文,并深深感到,语体不仅有助于修辞学的革新,特别有助于语言的运用,可能在学科建设上开辟出一条新路。

以往,我们对语言进行研究和观察时,重点多放在语音、语义、功能等几方面,对色彩往往忽略。其实,色彩在语言中,与语音、语义、功能等具有同等的地位。色彩,这个语用要素,也是语体的灵魂,过去研究得很不够。要建立和发展语体学,对色彩的探讨就是一项基础工作。在语体运用中,词、句、辞格、章法等,都可以根据色彩的不同,划分为通用成分、专用成分和跨体成分,对这些成分在语体中的地位和作用,进行细致描写和务实研究,学术研究才能取得突破和发展,不致做些纸上谈兵和空中楼阁的无用功。我感到,从微观的具体的语体成分入手进行分析研究,许多具体的成分了解清楚了,那么各种不同的语体类型的整体系统掌握也就指日可待了。

20世纪80年代中期,应出版社之约,在张涤华、胡裕树、张斌、林祥楣四位老师的领导下,我参与了《汉语语法修辞词典》的编撰工作。这是我第一次参加工具书的编撰。参加之后才知道,编撰工具书真是个苦差事,是个出力气而又需要特别细心、认真的活。可能是社会上的多方面需要,也可能是出版社感到经济效益也不错,没想到这本书编完后,来商谈编纂工具书的出版社就有两三家,于是我们又编了《现代汉语多义词词典》,这本书重印了好几次,听说编辑还得了奖。编完后,大家感到太费劲,就打算洗手不干了,连数以万计的例句卡片都扔掉了。不料进入90年代,当时新修订的《标点符号用法》刚公布,出版社相当恳切地约我们编一本《标点符号词典》,于是我们在京、沪、苏、杭各地到处奔走搜集各种有用的资料,花了两三年时间,终于编出了词典,出版社说卖得也还好,很快就要出修订本。可是突然当头一棒,说编写的工具书不算学术成果,幸好这次卡片资料还没有丢掉,一些中年同志只好利用这些卡片资料去写论文和专著,《汉语标点符号流变史》就是在这种处境下逼出来的,但内容基本上都出自《标点符号词典》。后来这些中年人陆续升上了教授。世上的事情就这样,常常让人忍俊不禁,又哭笑不得。在这二十多年中,我们编出的各类工具书也有十来本,也算是为普及文化略尽绵薄吧。

语法、修辞、语体大体上勾画了我的语言学习的三个主要方面,或者说三个主要阶段。在这期间,我非常幸运的是遇到许多好老师,我们虽为师生,却情同父子。他们不仅传授知识,教诲怎样做人,还言传身教,指引我们搞好教学和科研的方法和门径。古人云:"事莫明于有效,论莫定于有证。""一语不能践,万卷徒空虚"。老师们要我不泛空言而务实效。所以我要特别感谢我的老师,没有他们的教导和提携,我将一事无成。当然,我还要感谢我的同学、同事乃至一些青年朋友,他们充满着活力,又扎扎实实地做学问,经常跟我一起"奇文共欣赏,疑义相与析",有时一句话,一个观点,就使我茅塞顿开,受益匪浅,结交了这批好朋友,也是我人生一大幸事。不过人生苦短。在今后的岁月中,如果还能做点事情的话,我就想把这有限的时间贡献给晚年所从事的语体、风格研究了。这个领域要做的事情还很多很多,目前走这条艰难崎岖道路的人还不是很多,我自己却有着浓厚的兴致,现在仿佛有初入佳境的快感,就联合一些有志于此的同道,去探寻豁然开朗的桃源胜境吧。

感谢学校宏伟的规划,使我有机会出这本集子。感谢出版社的领导和责编在编辑本书的过程中提供了许多帮助和支持。陆放翁诗曰:"灯前目力虽非昔,犹课蝇头二万言。"我会继续学习,努力读书,勤于思索,写出更多的东西来回报大家。

上编

语法学步

数词札记[1]

数词是表示数目的词,是我们经常使用的一种词类。以前语法书上总把它当作形容词的一小类而附在形容词中,或者和量词合称"数量词",直到最近它才获得独立的地位,被认为是词类的一种。

数词的使用历史很长,可是讨论数词的专篇论文却很少,因此,现在想把它使用的规律和方法向大家作一次简单的介绍,希望能够得到指正。

一、谈表次序的"第"和"头"

(一)"第"

"第"是表次序的词头中最常用的一个,也是使用范围最广的一个。

1. 它所附加的整数是不限的,可以是基本数词,也可以是合成数词。如:

(1)从第一届全国人民代表大会第三次会议闭幕以来,已经整整一年了。(周恩来)

(2)第二十八团在湖南曾经取消了党代表,后来又恢复了。(毛泽东)

它所附加的数词表次序时可以和量词(度量衡单位除外)结合。

第三年　第九个　第一百二十四　第三千五百页　第一万零五本

而其他表次序的词头,范围就很狭隘。如"初"只限于表示"年、月、日"中

---

[1] 原载《安徽师范学院学生论文集刊》,1958年。

的"日",就是表示"日"也限于"十"以内,从来没人讲"初十一"。

2.它可以管得住几个数字。如:

(1)对于第一、二、三、四次"围剿",我们的方针都是歼灭战。(毛泽东)

(2)我只同意他的大字报中的第一、二、九三条。

(3)《鲁迅全集》第六、八两卷已经出版。(《人民日报》)

这种说法多用于书面语,并且依靠标点的帮助,才使意义明确,口语中是很少用的。例(1)不需要写"第一、二、三、四四次",因为这是按照从"一"的顺序数起,中间数字与数字之间没有间隔,而结尾那个数目恰恰就是它的总数。例(2)虽然也是从"一"数起,但在"二"与"九"之间有间隔,所以后边的"三"字就必不可少,因为"三"字在这里有一种总括作用。例(3)和例(2)相似。

也有按照从"一"的顺序数起,中间的数字间也没有间隔,总结的数字仍然是有的。如:

(4)《三十张工票》第一、二两段用了将近三百字叙述情况。(茅盾)

这种情况多用在两个数字的连用上。

以上四例,每个顿号后面都应有一个"第"字,因有顿号帮助,"第"字可以省略。如无顿号,"第"字则必不可少。如:

(5)在运动转入第三第四阶段以后,党内比在党外更加要抓紧整风的任务。(邓小平)

3."第"字附加的数词表示次序时,有时也可以省去量词。

(1)老孙头我不数第一,也数第二呀。(周立波)

(2)第一,平毁封锁墙沟;第二,平毁可被敌人利用的汽车路,在其旁种上庄稼;第三,利用小块荒地;第四……(毛泽东)

例(1)是充当谓语的;例(2)是表示一系列的措施,这在公约、条款以及演说的论点排列中常用。它可以在句中充当句子成分,也可以是一种与句意无关的游离成分。

有些甚至连"第"字也不要。如:"一开会,二报告,三讨论,四结论,五散

会。"(毛泽东)

(二)"头"

"头"在口语中很通行。

1. "头"字和"第"字相同。

(1)你爹开瓜园子的头一年,还是我给讨换的瓜种。(骆宾基)

(2)她想不到头一天就会挨骂。(鲁彦)

(3)他续弦两次,头一位二婶我也许就没有见过。(巴金)

(4)不瞒你说,这还是头一次服软儿。(老舍)

有时把"一"字也省去了。如:

(5)头回没击中,一定是手发颤了。(周立波)

(6)头次施工十来天,没开多远遇悬崖。(蔡其矫)

(7)我打头阵。(魏巍)

(8)五年看三年,三年看头年。(《人民日报》)

有时"头"字的用法甚至已经固定,中间不能再插进"一"字。如:"头等"、"头奖"、"头本"、"头号"、"头牌"(京戏名角)等。

从以上所举例子可以看出,"头"字只有在和"一"字结合时,方和"第"字相同。

现在再看下面两个例子:

(9)数学系获得百米决赛的头、二、三名。

(10)我不同意他的大字报的头、五、九三条。

例(9)的"头"字相当于"第一",在口语中常见这样的句子。例(10)则不能说。可见,在按着"一、二、三、四"的顺序排列下去的句子里,"头"才可以代替"第"或"第一"。

2. "头"字和"第"字不同。

(1)在一个月中间我写了后来编成《灭亡》头四章的那些文字。(巴金)

(2)仿佛世界上的作曲家,就只作好头两句。(林斤澜)

(3)在解放后头几年的国际形势和内地新工业基地的建设,又要求有一部分学校实行内迁。(周恩来)

如果是"第四章",是不包括"第一、二、三章"的,而上面的例(1)就包括了"第一、二、三章"在内。上面三个例子里的"头"字都相当于"前"字。

(4)百年没人能办的事,集中在头十天的时间里办完。(严阵)
(5)只看有头十个人已经走到我的眼前了。(严阵)
(6)他女人小他头十岁呢。(《老残游记》)

这里的"头"和"十"已形成固定结构了,"头"字表示一种概数。"头十个"就是"十来个"的意思。

由此可见,"头"字除了和"一"结合以外,它和"第"字的用法都不相同。

二、谈谈概数中的"多"和"把"

(一)"多"

1. 在度量衡单位的量词前后。如:

(1)在十多丈宽的江面上,高高架起一座藏式的大桥。(林田)
(2)五十多石苞米,黄灿灿的,一到秋天哗啦啦的像水似的花个光。
(3)过去我有好地八百多亩。(《刘胡兰》)
(4)三十多架葡萄就摘了一万多斤。(语文课本)
(5)我去年分了三亩多田。(陈登科)
(8)全屋五丈多长,没有隔壁,墙的四周涂满了臭虫血。(萧红)
(7)他们两人离开二尺五寸多地,一同走着。(鲁迅)

"多"放在量词前边,前边的数字一定是多位数,而末尾一个数必须是零;"多"放在量词后边,量词前边的数字个位数一定不能是零,只有一个"十"可以例外(如可说十斤多)。因此,我们能说"五十多石、八百多亩"而不能说"五多石、八多亩";能说"三亩多、五丈多"而不能说"三十亩多、五百丈多"。

(8)我自己,自从到城里来,又长高了一寸多。(老舍)

凡放在度量衡单位的量词之后,量词前边可以是个位数,也可以是多位数(但结尾不能是零)。当个位数是"一"时,"一"字绝不可少,不能说"长高了寸多"。

总之,无论它放在量词前还是量词后,前边必须要有数词才行。

2. 只能用在一般量词之前。如：

(1)你们看见今天到会的一千多青年又握起手来了。(闻一多)

(2)有一个小组在十五分钟之内写了一百多张。(袁静)

(3)全团的一千多枚"勇敢奖章"就是证人。(华山)

一般量词没有大小单位的一套系统,而只表示一个整体,所以在一般量词之后不能用"多"。至于"多",在一般量词前边的用法和放在度量衡单位的量词前边一样,在此不再赘述。

有时"多"在量词前边而无数词,如"多年、多件、多起、多次"等,这是文言的遗留。只在书面语中出现。

(4)监斩官去法场上多时了。(关汉卿)

(5)四千年来时时吃人的地方,今天才明白,我也在其中混了多年。(鲁迅)

(6)马克思、恩格斯和列宁曾经多次指出,工人阶级的战斗口号应当是不断革命。(刘少奇)

3. 和量词组合的顺序不同,所表示的意义也不同。"十多丈"是指十丈以上,往往是十一二丈的样子;"十丈多"却是十丈多一点,不到十一丈。

4. 和"几"字在一起结合连用。这也可能是中古汉语的遗留。如：

(1)问君能有几多愁？恰似一江春水向东流。(李煜)

(2)以后国民党军阀照旧以这里为军法处,八九年来杀了几多共产党员红军战士和工农群众。(方志敏)

(3)女儿女婿的声音笑貌,虽只十天还不到,似已隔绝了不知几多年。(叶圣陶)

这里的"几多"和"多少"意义类似,有强烈的感情成分,在语句中要重读。

(二)"把"

1. "把"字在表示数目是"一"的个位数时,可以放在量词的后边,但"一"字必须省去。

(1)它的干通常是丈把高,像加过人工似的。(茅盾)

(2)我看我常家窑那项把地不行了。(赵树理)

(3)怕个啥,点把钟就跑到了。(艾芜)

(4)包国维打算插句把嘴,可是他没说话的材料。(张天翼)

(5)从下午三时到七时,我和师傅轮流耙地,每次个把钟头。(菡子)

(6)输了块把钱哩!(胡也频)

(7)有时候也穿件把新的。(《官场现形记》)

这时"把"字,绝不能放在量词前边,说"把丈高、把顷地、把句嘴、把个钟头"等。

2."把"字仅能和"百、千、万"等数字连用,放在量词之前。如:

(1)用他百把年管保用不烂。(赵树理)

(2)那股风呀,就像百把个"风车"朝我扇来。(沙汀)

(3)若是别人,千把银子也讨了。(《警世通言》)

(4)千把人站在场上,挤得满满的。(语文课本)

这里还要注意两点:A."一"字必须省去;B.不能和多位数连用。不能说"三千二百把年、一万五千把两银子"等。

3.在重叠的量词中间可以用"把"。如:

(1)块把块钱 张把张纸 头把头牛 本把本书 斤把斤米

在这种情况下,量词前边绝对不能再加数词。这种说法在口语中较常见。

(2)再过三年……省长不说,道尹知县什么的,总买它个把个来玩一玩!(陈白尘)

4."把"字在意义上和"来"字相似。我们知道"多"字表示比原来的数目要大些,"把"字可不一定。如"百把年"可能比"一百年"长些,也可能比"一百年"短些。

"把"字在表达意义上比"多"、"来"要轻微得多。如:

(1)千把块钱,小意思。 一千多块钱,可不是闹着玩儿的!

(2)匹把匹马,算不了一回事。 咱们这儿的大财主也没有十来匹马呀!

在语句中,"把"字总是轻读。

三、谈数目字的连用

数目字的连用是汉语数词用法的一大特点。有邻近的数目字连用和间隔的数目字连用两种。

(一)邻近的数目字连用

(1)大蒜头上还只有三四茎嫩芽。(茅盾)
(2)小屋里射进两三方斜斜的太阳。(朱自清)
(3)二三月饿死人装棺材,五六月饿死没人埋。(李季)
(4)她也爱看别人打架,总想从别人的战斗技术中,学习一两手。(周立波)
(5)鬼子集中八九千人在城里。(柯蓝)
(6)据说威尼斯共有大大小小的运河一百五六十条。(何家槐)

根据以上六个例句,我们可以看出:

A. 邻近的数目字的连用,有的是列举表示相连两数中的一个。如例(1)蒜头上的嫩芽不是三茎就是四茎,只是用其中一个,再用和它邻近的数字来衬托嫩芽之少。例(2)和例(1)类似。有的表示相连的两数的列举,两个数字皆包括在内。如例(3)。有的表示概数"几"的意思。如例(4)。有的表示介于两者之间,这里表示的只是一个概数。如例(5)和例(6)就是。

B. 邻近的数目字连用时,有的有比它们高十位数的数字在前边,如例(6),有的则没有;但绝不允许在后边加上比它们低十位数的数字,如:不能说"一百五六十八条"等。后边也不能加"多"、"来"、"把"等表概数的字。

邻近的数目字连用时,前面加比它们高十位数的数字,一般最多只加到两层。

C. 邻近的数目字连用时,一般都是按基数"一、二、三、四"的顺序排列的。只有"二"和"三"连用时,才可以颠倒为"三二"(三两)。如:

(1)林冲走不到三二里,脚上泡被新草鞋打破了。(《水浒》)
(2)三二十个孩子在那里。(《红楼梦》)

(3)再缓三两日,消息一传开了,会引起更大规模的骚动。(郭沫若)

(4)树头已经没有了,只有三两根光秃秃的枝桠。(峻青)

(5)又见三两个妇人,都捧着大红油漆盒,进这边来等候。(《红楼梦》)

"三二"(三两)表示一种概数,含有微量的意思。

(二)相隔的数目字连用

这一类比起上一类来说,用得少多了,但也有用的。

1. 表示数目的列举:

(1)炮火向四、六号追击!(陆柱国)

(2)光身子躺在热炕上,下头是夏天,上头是冬天,翻一个身儿是二八月的凉天气。(周立波)

(3)一三五不论,二四六分明。

(4)除四害,把肥挖,提前实现四五八。(河南登封民歌)

在这些数字中间,都可以用顿号隔开,因为"二八月"包含"二月"和"八月"两个月。(3)(4)两例可以类推。

2. 表示概数:

(1)常用"三五":

①且说郑屠开着两间门面,两副肉案,悬挂着三五片猪肉。《水浒》

②多收了三五斗。(叶圣陶)

③文学大丰收可以在三五年内争取到来。(曹禺)

④忽见中央机关那一面,还有星星大的灯光三五点。(柯仲平)

⑤就这上下三五十里,唯独咱村有枣。(康濯)

⑥想必你不舍得三五千贯房奁,故意把我女儿坏了性命。(《醒世恒言》)

"三五"是个固定的结合。其余如"一三"、"二四"、"四六"等都不能用。"三五"的意义和"几"、"三两"等相似,只是表示一种概数。

除"三五"外,还有用"五七"来表示的。

①五七日后,人家渐少,行路又稀,一站站都是山路。(《水浒传》)

②深、冲、超、霸四位入来坐下,唤酒保买五七斤肉打两角酒来吃。(《水浒传》)

③大约五七天可到。(《老残游记》)

这也是表示一种概数,但是现在不常用了,它的地位逐渐被"三五"代替了。只有在中间加上量词后,还用得着。

④算起来,他家的财也发在我们穷人身上,现在就拿出五石、七石也不多。(陈登科)

(2)表示比"三五"大的概数还有"百十":

①百十年来没人烟。(阮章竞)

②太阳刚爬上东山头,部队就进到延安正东百十里的大川里。(杜鹏程)

③代理农会主任白玉山接受了百十来小户加入农会的要求。(周立波)

"百十"连用时,前后不能加任何数词,但可在后边加表概数的"来"或"多",如例③。

(3)比"百十"大的概数:

①咱们这千百只手,已经把乾坤扭转。(田间)

②血液写成的大字,刻画着千万声的高呼。(殷夫)

③我们的军官率领万千队伍打了胜仗。(刘少奇)

④他们一共是一万二千人;可是在他们的身后站定了百万工人弟兄。(靳以)

⑤商品这个东西,千百万人天天看它、用它,但是熟视无睹。(毛泽东)

⑥把世界照亮的是太阳,把亿万人的心融结在一起的是毛主席!(《中国出了个毛泽东》)

这些都是比"百十"大的概数,也已形成一个固定结构。往往形容"众多"的意思,在诗歌中常用,有较强烈的修辞效果。

(4)"百"和"八十"连用,"百"字要"儿"化。如:

①他不希望得三个大宝,只盼望换个百儿八十的,恰好够买一辆车的。(老舍)

②我们一样有钱,一样地打着牌,不是百儿八十地应酬着的?(曹禺)

③再传染开去,每天都会死上百儿八十人的!(陈白尘)

"百儿八十"也是一种固定结合。与此相同的还有"千儿八百"、"万儿八千"。"十"和"八"要有量词辅助才行。如:

④一个乡下人拿十里八里还能当作道儿吗?(老舍)

另外还有用量词来代替的。如:

⑤他每月再省出个块儿八角的。(老舍)

(三)表示数目字的相乘

在古汉语中,特别是诗词中出现较多。如:

(1)三五明月满,三五蟾蜍缺。(《古诗十九首》)

(2)却嫌弥勒下生迟,不见阿婆三五少年时。(苏轼)

(3)三五之夜,明月半墙。(归有光)

(4)绰约娇波二八春,几时飘谪下红尘?(赵德庄)

现代汉语在民间歌谣中还很常见。

(5)月到三五一盘盘。

(6)姑娘到二九,忙把婆家瞅。

在一般文学作品中也有数目字相乘的现象。如:

(7)因为文学理论不像算学,二二一定得四,所以理论很纷歧。(鲁迅)

(8)一总是三个月,三三得九,是九块罢?(茅盾)

(9)五八方四十块钱嘛。(陈其通)

(10)不管三七二十一,我是要离的。(周立波)

(11)谁也不明白是什么力量驱使自己在九九天干这种又艰苦又笨重的工作。(草明)

(12)水路去有三十多九呢,来回得六天!(茅盾)

从例(7)(8)(9)(10)可以看出,往往在相乘的数目字后紧跟着就是相乘的结果。如"二二一定得四"等。很少仅两个数相乘。至于(11)(12)两例中的"九"实际上已经有了名词的特点了。

四、谈数字的省略

数目字的省略是汉语数词的一大特点。下面分五种情况来谈。

(一)"零"的省略

在多位整数中间,无论有几位数是零(必须是连续的),均用一个"零"来表示。

(1)许金象,年十五岁,积极除四害,去年一年扑捉老鼠一万零三十二只。(《中国青年报》)

(2)我们有一千双手,加上你的一双,共一千零一双。这是一笔很大的资产哩!(杜鹏程)

(3)一九五六年全国青工共提出了十六万七千条合理化建议,一九五七年共提出了十八万零七条。(德峰)

上面的条件必须是整数,必须又是连续排列,这样只用一个"零"字就可以代表两个或三个"零"字所充当的作用。

(二)表年代时百位数以上可省

(1)二八年的共青团员白发如霜。(魏钢焰)

(2)自从三五年革命后,咱们的生活是一年更比一年强。(《兄妹开荒》)

(3)四七年是林鸣和跟随部队频繁作战的一年。(刘白羽)

(4)从五五年的夏天到五六年的夏天,仿佛树叶子一直挂在树上,没有落过。(雷加)

这里也有一个条件,那就是所表示的年代必须是本世纪的。否则别人就不能正确地领会你所要表示的时间。

(三)多位数的末尾是"十、百、千"的,末尾的"十、百、千"可以省略

(1)病假有劳保,事假一天扣一万六。(艾明之)

(2)去年只养了三百五,今年是一千八。(郭小川)

(3)一百,一百五,二百。(希克梅特)

中间有"零"则不可省。如"两千零五十",不能省为"两千零五"。一般都是两位数,很少是三位数。

(四)在书面语中"十、百、千、万"可省

(1)在"文学周报"二五一期里,西谛先生谈起《呐喊》尤其是《阿Q正传》。(鲁迅)

(2)土布产量一九五二年约为二六二七万匹。(《第一个五年计划》)

(3)一九五七年的春天,对于我国的政治界和知识界说来,是一段不平常的时间。(《人民日报》)

在表年代时,口语中也省去"十、百、千、万"等字。

(五)承前和蒙后省略

(1)现在农村中,百分之八十左右的农户已经达到合作化以前的一般水平,其中有百分之二十到三十已经达到富裕中农水平。(邓小平)

(2)据说刘绍棠只有二十几岁,应该正是生活在一九三七到五七年这个伟大的革命、战争和胜利的年代的。(王西彦)

(3)机制纸由六十五万吨增加一百五十至一百六十万吨。(刘少奇)

(4)全国二十几将近三十万人。(李劼人)

(1)(2)两例是承前省略;(3)(4)两例是蒙后省略。这两种省略方法在统计上多用。一般省略"百分"、"万"、"亿"等,它们在用时很像一个单位词,省略一个并不妨碍意义的表达。

五、谈"二"、"两"和"俩"

(一)"二"和"两"

"二"和"两"的意义是一样的。在使用的时候有相同的地方,也有不同的地方。我们明白了它们不同的用法,相同的用法也就不难理解了。

1.多位数(百位以上)"二"和"两"使用自由,但不能连续使用"两"字。

　　(1)两千二百五十二。
　　(2)二千两百五十二。

但一般不说"两千两百五十二"。习惯上总是把"两"放在前边。

　　(3)广泰老头家总共分了两千二百斤小麦。(李準)

多位数中的十位数和个位数一定不能用"两"而用"二"。如"七百二十五"、"七百三十二",不能说"七百两十五"、"七百三十两"。但在多位数中,个位数前边是"零"时,个位数字"二"、"两"都可以用。如:"三百零二个"、"三百零两个"。

2.在度量衡单位前和在多位数中的用法一样。但在度量衡单位之后,却只能用"二"不能用"两"。可以说"三丈二"、"七亩二",不能说"三丈两"、"七亩两"。

度量衡单位中"斤、两"的"两"字,无论前后皆不能和"两"连用而要用"二"。

　　(1)我的二两多重的银镯子丢在这里。(洪深)
　　(2)一毛钱只能买七两二梨子。

我们绝不能说"两两多重的银镯子",也不能说"七两两梨子"。

3.分数、百分数、小数中只用"二"不用"两"。只说"五分之二、百分之二、零点二",不说"五分之两、百分之两、零点两"。

但"两分利、增产两成"却可以说。因为这时"两"的前边没有数字了,而"分、成"和一般量词一样了。又如"十两分利、增产零点两成"却不能说,必须改为"十二分利、增产零点二成"。

4.表示序数时只用"二"不用"两"。只说"第二名、初二、星期二",不说"第两名、初两、星期两"。再看下面的例子:

　　(1)那只手还把个二拇指头搁在嘴里叼着。(《儿女英雄传》)
　　(2)眼看快下种了,还没犁二遍地。(李準)

为了更明了它们的不同意义,我们把它们再比较一下:

(3)二月(一年的第二个月) 二班(第二班) 二弟(排行老二的弟弟) 二次(第二次)

(4)两月(两个月) 两班(两个班) 两弟(两个弟弟) 两次(一共两回)

从上面两组例子的比较中可以清楚地知道,"二"是表示序数的,而"两"是表示数目的。

5.量词前边,如果只是个位数,用"两"不用"二"。如我们说"两匹马、两个人、两支粉笔、两张纸",而很少说"二匹马、二个人、二只粉笔、二张纸"。

但是"位"可以说"两位"也可以说"二位",往往在感情上有区别。用"两"较亲热,用"二"较严肃。因此,在感情较亲切的句子里经常用"两"。如"老两口"、"小两口"、"咱们两个"、"夫妻两个"等。有时在说话较快时,"两个"就会说成"俩",如"咱们俩"、"夫妻俩"等。关于"俩"字下面还要谈。

一个事物本来只有"两个"或"两方面"时,只能用"两",不能用"二"。如:

(1)他睁大两眼,辨认着前面可疑的黑路。(管桦)

(2)要再摸两手稀屎,才算倒了八辈子霉。(杜鹏程)

这里的"两"字有时可以用"双"字代替。

(3)先别谢,成不成还在两可哪!(老舍)

(4)坦白也可以,不坦白也可以,两条路由你走。(柳青)

这里不可能有第三种情况,长久以后就可能形成固定结构。

6."两"字有时当"几"字讲,表示概数。

(1)义哥是一手好拳棒,这两下,一定够他受用了。(鲁迅)

(2)眼看到啦,紧走两步吧!(康濯)

(3)我不走,过两天再走。(萧红)

(4)今晚咱哥儿俩喝两盅。(《白毛女》)

(5)想给孩子两个压岁钱啦,都不行。(《白毛女》)

"二"字从没有这种用法。

7.在固定词组里"两"字和"二"字是不能随便换掉的。如"二百方针"、"芜湖二中"、"一不做,二不休"、"一是一,二是二"、"略知一二"等和"一举两得"、"三长两短"、"三三两两"等都不能随便乱用。

(二)"俩"

"俩"是个数量词。是由"两"和"个"结合而成的。普通话读 liǎ。就字形上看"两"字加个"人"字偏旁,可见主要是用在人的方面的。它的用法如下:

1. 可以用在表人的名词或并列词组之后。如:"师徒俩、兄弟俩、夫妻俩、父子俩、老哥儿俩、小娥和宝宝俩"。表示两个人。

2. 可以用在人称代词的后边。如"咱俩、我俩、你俩、她们俩、我们俩"等。人称代词无论加不加"们",表示的意义总是"两个"的意思。

有时候还可以放在人称代词加上表人的名词的后边,听起来更为亲切。如"咱哥儿俩、她妯娌俩、你奶孙俩"等。

3. 可以用在表人或人的身上器官的名词的前边,表示数量。如"俩姐、俩师傅、俩腿、俩眼、俩手"等。表人的名词如果音节较长也不用"俩"。我们不说"俩拖拉机手、俩布尔什维克、俩无政府主义者"等。

4. 某些单音名词前边可以用"俩"。如:

(1)零钱就是少点,可是靠常儿混下去也能剩俩钱。(老舍)
(2)就是作价这大的桑树也给不了"仨瓜俩枣"。(何海岩)
(3)一个家雀儿俩脑袋。(《打渔杀家》)

"俩"也可以单独用,不和名词组合。

(4)丢不了,短一个我赔你俩!(老舍)

5. 用"俩"时一般感情较亲切、活泼。同时在严肃的场合不用"俩"仍用"两个"。

"俩"活跃在口语及文学作品中,却很少出现在理论文字中。

"俩"原是北京一带的方言词,由于它表现力很强,特别是极富感情,现在已成为普通话中的词了。

前面已说过"俩"是"两个"的意思,但不少人写作时,对"俩"和"两"的用法仍含混不清。如:

(1)我们哥俩个还喝了两斤半白干。(管桦)
(2)你们俩个明天要成好事了。(陈其通)
(3)怕把东西归了社,老俩口子没有人侍候。(谷峪)
(4)是不是社里公养的鱼给他夫妻两弄回家来了?(素风)

前三个例子是把"俩"当作了"两",(1)(2)两例中"俩"的后边又加了"个"字。例(4)是把"两"当作了"俩",所以后边又少了"个"字。这些都是现代汉语词汇规范化所不允许的。

六、数词构成的成语

汉语中的成语是非常丰富的。几千年来,汉语不断发展创造了很多生动活泼、极富表现力的成语。在汉语的成语宝库中,由数词构成的成语占着重要的地位。

(一)构成方式

1. 单用。

  六亲不认　一叶知秋　万家灯火　不一而足　不二法门
  孤注一掷　心无二用　心口如一　十万火急　五分钟热度
  此地无银三百两

2. 复用。
① 同字复用。

  三三两两　三三五五　千千万万

② 异字复用。

  三五成群　乱七八糟　略知一二　气象万千　三百六十行
  不管三七二十一　三十六计,走为上计

3. 隔用。
① 同字隔用。

  百发百中　一心一意　十全十美　一代不如一代

② 异字隔用。

  一刻千金　两面三刀　不三不四　说一不二　以一当十

4. 其他。
① 连锁式。

  一而再,再而三　一传十,十传百

②对偶式。

  千兵易得,一将难求 日图三餐,夜图一宿 一肩行李,两袖清风

③对待式。

  五十步笑百步 知其一不知其二

(二)修辞作用

成语有极强烈的修辞效果,数词构成的成语有下列特点。

1. 音节延长,加重语气,增强表现力。

  (1)千军万马 千方百计 独一无二 三更半夜 一知半解
一心一德 五花八门

  (2)一心一意 千门万户 三言两语 千锤百炼 一清二楚
一干二净 七拼八凑

  以上两例是数词的隔用,隔用时产生了并列的四字格。例(1)四字格是两两并列;这时前两字和后两字在意义上是相同或相似的。如"三更半夜"(相同)"千方百计"(相似)等。例(2)除了和例(1)相同外,还有和例(1)不同的地方。主要是抽去数词后,它们仍是词素意义相同或相似的联合式合成词。而隔用的数词却也多是相近(如三两、七八)相对(即距离较大,对比鲜明的。如千百、千万、五八等),这也可以说它们是由联合式合成词拆开加进适当的数词,使其音节延长而成的成语。

  这些成语表面上看起来似乎是重复,实际上却给人留下难忘的印象,使语言更富于表现力,更动人,更好听。

2. 形象鲜明、突出。

  (1)九牛一毛 千钧一发 一本万利 千篇一律
  (2)九死一生 挂一漏万 一劳永逸 三长两短

  前一节给我们这样一个印象,就是数词间的相差数目不太大,它们所表示的意义是相似的。如"千军万马"、"千方百计"中的"千、万、百"在汉语中都有"众多"的意思。"一知半解"、"三言两语"中的"半、一、两、三"在汉语中都有表示微少的意思。因此,它们的"千军"和"万马","千方"和"百计","一知"和"半解"、"三言"和"两语"在意义上有相似之处。

至于这两组例子就不同了,它们颇有悬殊。例(1)就是由这些距离很大的数字插在中间,使人一看马上就觉得其鲜明、突出。例(2)除了具有例(1)的特点以外,抽去数词后,它们还是反义词。这就使成语所表达的意义更为鲜明。四字的并列格,前后两两一比,真是黑白分明,非常醒目。

3. 数词单用的成语"三"以上往往是表示多,"三"以下往往是表示少。如:

(1)三思而行　四面楚歌　六亲不认　八面玲珑　百家争鸣　万家灯火

(2)一毛不拔　孤注一掷　偶一为之　心无二用　一孔之见　一技之长

在隔用、复用中也有这样的例子:

(1)百战百胜　七擒七纵　三番五次　三十六着　七十二行　千千万万

(2)一朝一夕　半吞半吐　一知半解　三言两语　一星半点　三三两两

这与汉语数词运用的修辞习惯是分不开的。我们知道,有很多成语在古代就有了。在古汉语中,一般用"三"以下的数字表示少,用"三"以上的数字表示多。清人汪中①及后来一些专家曾对此问题进行过研究。今天这种优良的修辞传统仍存活在我们的表达中,除了以上举出的那些生动活泼的成语外,现在发展得更多了。如:"天下黄河十八弯"、"穿过九十九道山沟"、"我一百个反对"、"我感到万分高兴"、"要拿出十二万分的干劲"等,真是不胜枚举。

4. 表示零乱,多用"七"、"八"。有时也用"三"、"四"。

乱七八糟　七上八下　七嘴八舌　七拼八凑　七手八脚
七高八低　七零八落　五花八门　横七竖八　杂七杂八
胡说八道　颠三倒四　歪三扭四

这些也已成为数词运用中的固定意义了。

---

① 汪中,清江都人。著《述学》内外篇,《释三九》见于内篇。

成语是汉语词汇中的宝贵材料。细致的差别、鲜明的对比、铿锵的节奏，在成语中表现得最为突出。

数词构成的成语，在整个汉语成语宝库中占有重要的地位。我们必须珍视它，并且不断创造富有表现力的成语来丰富我们祖国的语言。

量词札记[1]

量词是汉藏语系所特有的一种词类。汉语量词产生得很早。随着我国社会的发展、科学的进步、语言的演变,量词也呈现出一种日益丰富和精确的趋势。据不完全统计,当前在口语和书面语中使用的量词就有五六百之多。在现代汉语的实词中,是为数不少的一种词类了。但是对于量词的研究,还有大量的工作有待于我们去做。

现在笔者对语法教学中经常碰到的几个有关量词的问题,提出自己的看法,整理成"札记",以就教于语言学界的专家和同志们。

一、表量是量词的基本特点

在现代汉语的语法著作中,关于量词的名称、名目繁多。如副名词、助名词、单位词、数位词、单位名词等等。但是数十年来,却以"量词"这个名称最为通用。

近年来,陈望道先生和黎锦熙、刘世儒先生就现代汉语中的量词问题展开了讨论。陈望道先生对"量词"一说提出批评。他认为,量词说的混沌之处首先在于把事物的形体单位看成是表数量的单位。也就是说,形体单位是不表量的。[2]

---

[1] 原载《安徽师范大学学报》1979年第1期。
[2] 本文引用陈望道先生的话均见《论现代汉语中的量词》一书(1978年商务印书馆出版)。

我们认为,量词是表示一种事物或动作的计量单位。表量是量词的基本特点。如果不表量,量词也就没有存在的必要了。不过,对于"量",从不同的角度会有不同的认识。诚然,"六千多米长的南京长江大桥和不过数米长的邯郸路小桥两者的量相差有几千倍","人民大会堂的一间大厅和一间小电话间的量相差也是异常大"的,但是它们毕竟都是"一座桥"或"一间房子"。"六千多米"和"数米"是一种量的表示法,"座"和"间"也是一种量的表示法。这里的"座"、"间"含有"个"的意思。这种个体单位本身就是一种量的表示。在现代汉语量词中,这些表示个体和集体、微量和多量的区别,还是比较明显的。如果硬要"座"、"间"之类表示长度或面积的具体量,才算是"量词"的话,那么陈望道先生的"形体单位词"中,如"编、种、流"之类又能看出多少事物的"形体"呢?度量衡单位的量词表示的是一种量,一般的量词表示的也是一种量。在现代汉语中,这种相对待的量词对举时,表量的特点是十分突出的。例如:

(1)有一个当差,手里拿着一大束燃旺了的线香,看见朱吟秋这一班老爷们挤上来,就分给每人一枝。(茅盾《子夜》)

(2)他们采取"搞垮一个,拖住一片"的反革命策略,对那些与国计民生、国防建设关系大的重点企业和生产粮食、经济作物的重点县,竭力加以破坏,使不少地方和单位变成了"老大难"。(赵紫阳《奋发努力加快四川建设,为国家为人民作出贡献》)

上面两例中的"个"与"班"、"枝"与"束"、"个"与"片"都是表示不同量的量词。两个量词相互对举,表示了不同量的意念关系。可见,量词的表量特点还是十分突出的。再看下例:

一根柴   一捆柴
一粒豆   一包豆
一张纸   一刀纸
一盘菜   一桌菜
一间房子 一排房子

上例前后的不同量词表达了个体和集体、微量和多量的差别。

当然,物量词只有量的多少的悬殊,而不像度量衡单位量词间有一定的量的差别(如十进位、十二进位、六十进位等),但绝不能因此就断定物量词是不表量的。正因为如此,我们才称其为"量词"。

二、表度量衡的量词和一般量词是两类不同的词吗?

陈望道先生指出,不应将形体单位和由度量衡制度规定的计量单位混为一谈。他认为,由度量衡制度规定的计量单位和形体单位以文法成分来判别,是两类不同的词。前者可以称为"计量单位词",后者可称为"形体单位词",两类不同的词不能混称为"量词"。我们认为,这种说法也是值得商榷的。因为陈望道先生提出的这两类"单位"的区分标准是站不住脚的。

陈先生认为,第一,单位的量有一定和不完全一定的差别。诚然,从词义上看,它们是有差别的。但词义上的差别不等于语法上的差别。我们认为,不论是由度量衡制度规定的计量单位还是形体单位词,它们的语法特性都是一致的,即它们和其他词的组合关系以及充当句中的句子成分等都是一样的,因此它们完全可以属于量词的一个门类。第二,陈先生认为,计量单位有单名数,也有复名数;而形体单位只有单名数,没有复名数。作为一般的语法著作,实在没有必要对量词作这样琐细的划分。如果按照这种分法,就是度量衡单位也可以再分为若干更细小的门类。退一步说,即便就是陈先生所说的复名数,"形体单位词"是否就绝对不可能有呢?也未必如此。请看:

(1)先据《拓荒者》第二期第六七二页上的定义,"觉得我自己便有点象是无产阶级里的一个"之后,再下"走狗"的定义,为"大凡做走狗的都是想讨主子的欢心因而得到一点恩惠",于是又因而发生疑问道——(鲁迅《"丧家的""资本家的乏走狗"》)

(2)他到传达室登记了名字,招待员领他住西二排五号去。(赵树理《套不住的手》)

(3)去年冬天,和查田定户同时进行的,吸收积极分子参加的整党支部大会上,下堡村有共产党员提出了郭振山尽得一等一级地的问题。(柳青《创业史》)

(4)在这一期上,他写了许多重要的内容,那里刘思扬带进来的淮海战役胜利的消息,天津、北平解放的消息,中共关于和谈条件的

八条二十四款……(罗广斌、杨益言《红岩》)

(5)他设想这个题目到了自己手里,应该分做几章几节。(理由《高山与平原——记数学家华罗庚》)

可见,不仅由度量衡制度规定的计量单位可以有复名数,一般的物量词也可以有复名数。只不过复名数的前后两个量词之间有一种近似于领属的关系。和这类量词组合的数词,有时是表序数的,有时是表基数的。所以,从语法角度来看,还是将由度量衡制度规定的计量单位词和形体单位词都划为量词的一个门类,即语法著作中通称的物量词为好。

三、"数量词"一说应当否定

不少语法著作把数词和量词的组合称为"数量词"。我们认为应该是词组,因为它是词与词的组合。

认为是数量词的理由主要有两点,第一,数词和量词组合是经常的、比较固定的。第二,数词和量词合起来作一个句子成分。这两个理由,都是值得研究的。

先谈第一点。不错,量词的主要语法功能是和数词组合。但是在跟数词组合时,并不都是很固定的,情况也是多种多样的。

首先,持有数量词观点的同志对量词单独使用的情况往往采取排斥的态度。如在动宾结构中,插入的定语如果是量词,就认为是省去了数字"一"。像"喝杯水、有个人、买辆车"等。我们姑且承认这种说法是合理的,既然数词可以省去,可见这种组合就不是很固定的。如果要说是数量词,那么"喝杯水"中的"杯"它不是小于词的单位了么?难道词还有什么省略形式不成!

其次,数词和量词中间可以添加其他成分,可以扩展。常见的除可以添加表概数的"多"、"来"、"把"以外,还可以加形容词"大"、"小"等。这正是词组才有的特点。如:

十多把　一百来辆　千把块

九大间　三小朵　六厚本

如果说"十把"、"九间"等都是"词",怎么可能在中间再插进其他词呢?

再次,量词本身还是有其相对独立性的。单音节的量词一般都可以重叠，表示"每一"的意思。如"个个"、"件件"、"阵阵"、"条条"等。量词也并非只能跟数词组合，它还可以直接和代词、动词、形容词、方位词组合。

1. 跟代词组合。

　　这张　那本　哪条　每条　几次　多少遍

2. 跟动词组合。

　　论斤卖　成批生产　分期付款

3. 跟形容词组合。

　　大堆　小片　整张　长串

4. 跟方位词组合。

　　东间　上次　中册　前排　后段

由此可见，数词和量词的组合也不是很固定的。如果把数词和量词的组合看做是"数量词"的话，那么量词和其他词的组合又是什么词呢？

所以，不管是从数词和量词组合的情况来看，还是从量词本身单独使用以及和其他词类组合的情况来看，数词和量词都应看做是各自独立的词类。数词和量词的组合都应看做是词组不应再看成是词。除动词和量词的组合可以看成动宾词组外，量词和数词、代词、形容词、方位词的组合，一律看成是偏正词组。有些书称为"量词结构"、"数量结构"、"指量结构"的，实际上也是一种偏正词组。

再说第二点。关于数词和量词合起来作一个句子成分的问题。是的，实词一般是可以单独充当句子成分的。量词单独充当句子成分的情况较少（如量词重叠后可以充当句子成分。量词对举时，少数的也能充当句子成分。如："尺有所短，寸有所长"等），这也是量词的一个特点。但是量词和别的词组合后就可以充当句子成分。这就好像水泥不像砖头，可以直接盖房子，但水泥和黄沙、石子等制成的构件也可以盖房子，水泥并不因此而被取消其作为建筑材料的资格。作为词组经常充当一个句子成分的情况还是不少的。既然别的词组可以充当一个句子成分，量词和其他词组合成的词组，也可以享受这样的权利。

四、数量词组的重叠形式

在汉语的实词中,有些是可以重叠的。但词组的重叠形式就比较少。量词和其他词的组合可以重叠却又是一个显著的特点。主要有以下四种。

1. ABB式:这种重叠形式所用的数词只限于"一",表示"每一"的意思。

(1)我举目四望,宽旷的庭园绿化地带,一行行、一层层的黄杨柳,青翠迫人。(冰心《我站在毛主席纪念堂前》)

(2)一站站灯火扑来,像流萤飞走,一重重山岭闪过,似浪涛奔流……(贺敬之《西去列车的窗口》)

(3)自从陈景润被调到数学研究所以来,他的才智的蓓蕾一朵朵地烂漫开放了。(徐迟《哥德巴赫猜想》)

2. ABAB式:这种重叠形式以数词"一"和量词组合的重叠为最经常,表示"每一"、"逐个"的意思。但是也有用其他数词的,用其他数词和量词组合的重叠,表示以"若干个"为一个单位来表达"逐个"的意思。

(1)打仗只能一仗一仗地打,敌人只能一部分一部分地消灭。工厂只能一个一个地盖,农民犁田只能一块一块地犁,就是吃饭也是如此。(毛泽东《一切反动派都是纸老虎》)

(2)老栓走到家,店面早已经收拾干净,一排一排的茶桌,滑溜溜的发光。(鲁迅《药》)

(3)穷庄稼人在粮食零售市场上,几升几升或一斗一斗地买粗杂粮糊口,他们从这里找不到乐趣。(柳青《创业史》)

(4)她给孩子做衣裳,总喜欢两件两件地做。

在数词"一"和量词组合重叠时,有时中间加"大"、"小"之类的形容词,表示强调的意味。

(5)在广场上,现在堆着一大堆一大堆最初收刈下来的大麦……(郭风《电动打麦机》)

(6)人们一小群一小群地向小棕榈林走来。(刘白羽《鼓声像春雷一样震响》)

(7)街的两边一长串一长串的房间,都有门,门也是用铁条子钉起来的,中间有个方洞可以伸出头来。(罗广斌、杨益言《红岩》)

这种重叠形式,还经常表现为代词、动词、形容词和量词的组合后的重叠。这种重叠,强调的作用是很明显的。

(8)因为每天每天我们的同志都在流着大量的鲜血,都在为着那个胜利的日子走上断头台……(杨沫《青春之歌》)

(9)一年里寒暑交替,他好几年好几年没有增添几件新衣。(郭风《他的遗物》)

(10)它们覆盖起一座座山峰,使整座整座山峰都如穿上了剪裁合身的最时新的艳丽的衣衫和裙子。(徐迟《生命之树常绿》)

(11)西瓜成批成批地运进城市。

(12)老韦兆摇了摇头,又在大口大口地抽烟。(峻青《老水牛爷爷》)

3. ABCABC式:这是数词和量词再跟名词组合后的重叠,表示"逐个"的意思,也有强调作用。

(1)这次要是一个班一个班地去发动,掌捏,我看情况一定和上次不同。(杨沫《青春之歌》)

(2)一道街一道街,一条巷子一条巷子兜着兜着,不觉来到什么伪国民参政会前。(曹靖华《往事漫忆——梅园断想》)

(3)白天记在脑子里,到夜里我就一个字一个字地再往笔记本子上写。(李準《耕云记》)

(4)而这真理的火光,不论在任何时候、任何地点,都照明了每一个人每一个人走向革命的道路。(刘白羽《灯火》)

4. AB又AB式:这是在ABAB式中间加上副词"又",突出强调的意味。

(1)就在这短短的一年里,以华主席为首的党中央,领导我们抓纲治国取得了一个又一个胜利。(《人民日报》、《红旗》杂志、《解放军报》社论《光明的中国》)

(2)堤下面,一群群大浪,挟着惊人的吼声,一次又一次地向大堤上扑来,风把浪沫和草屑吹到了我们的身上。(峻青《黎明的河

(3)我只得一层又一层地走上去。(曹靖华《忆当年，穿着细事且莫等闲看》)

　　(4)梆声一遍又一遍，从黑夜敲到天明。(罗广斌、杨益言《红岩》)

　　以上四种重叠形式，经常充当定语或状语，具有描写和强调的作用。它们经常出现在口语和文学作品中，具有较浓的风格色彩。

五、是量词还是名词？

　　一脸汗　一地水　一天星
　　一滴汗　一桶水　一颗星

　　许多语法著作把上面两组加着重号的词都看成量词。有的把第一组称为"临时借用的量词"。

　　看起来两组结构都一样，只有一字之差。但是这相差的一个字却是词性不同的两类词。首先，第一组词均不表示量，它们都不是表量的单位，它们只能跟数词"一"组合，数词"一"在这里表示"满"、"整"的意思。第二组却明显表示量的，它们就可以跟其他数词相组合。如可以说"三滴汗，五桶水，七颗星"，而不能说"三脸汗，五地水，七天星"。其次，第二组的数量词组可以重叠，可以在中间加"大"、"小"之类的形容词，第一组就没有这种功能。如可以说"一滴一滴的汗，一大滴汗"，而不能说"一脸一脸的汗，一大脸汗"等。再次，第一组描写修饰意味很浓，在中心词前可以加"的"，第二组只有计量的作用而无描写修饰的色彩，中间一般不能加"的"。如可以说"一脸的汗，一地的水，一天的星"，而不能说"一滴的汗，一桶的水，一颗的星"。由此可见，第一组加着重号的词都是名词，而不是量词。

　　那么，有没有从名词临时借用的量词呢？有的。如：

　　一脸盆药水　一口袋小麦　一箱子衣服

　　第一，这些词主要是借盛装物的器物来计量的，具有表量的作用。因而它可以跟其他数词组合，可以说"三脸盆药水，五口袋小麦，七箱子衣服"等。

第二,这些词跟数词"一"组合后可以重叠,中间可以加形容词"大"、"小"。可以说"一脸盆一脸盆的药水,一大脸盆药水"等。既然它们具有量词的语法特点,这些名词在这里就临时转化为量词了。

有人会问,数词和名词能够直接组合吗?大家知道,在一般情况下,数词必须借助于量词才能和名词组合。如不能说"三书,四玻璃,五蔬菜",而必须说"三本书,四块玻璃,五斤蔬菜"。但是相当多的语言现象告诉我们,在一定的条件下,数词却是可以和名词组合的。

1. 数词在表示一个总体数字时,可以直接和名词或名词词组组合。

(1)其实,这三户贫农所表示的方向,就是全国五亿农民的方向。(毛泽东《关于农业合作化问题》)

(2)在三年多的时间内,英勇的世界上少有的中国人民解放军,战胜了美国援助的国民党反动政府所有的数万万军队的进攻,并使自己转入反攻和进攻。(毛泽东《中国人民站起来了》)

(3)列宁说过,一个政党如果在千万万小生产者存在的条件下,就想把资本主义一下子统统搞掉,那不仅是愚蠢,而且是自杀。(毛泽东《农业合作化的一场辩论和当前的阶级斗争》)

(4)这座奇迹般的纪念堂,将永远屹立在中国北京天安门广场的中央,在将来的无尽岁月中,将受到来自中国五湖四海亿万人民的瞻仰,也将受到来自全世界五大洲的亿万革命人民的瞻仰。(冰心《我站在毛主席纪念堂前》)

(5)财经贸易系统的一百一十万干部和职工绝大多数是好的,有少数人是不好的。(毛泽东《反对党内的资产阶级思想》)

(6)我国八亿军民早已严阵以待。(徐向前《提高警惕,准备打仗》)

在复指成分中,有的数词表人的总体数字时,也可以直接和名词组合。

(7)现将湖南省委李瑞山,华国锋两同志一九六三年十一月六日写的一个参观广东农业生产情况的报告,以及附在上面的湖南省委一九六三年十二月七日写的一个指示,发给你们研究。(毛泽东《加强相互学习,克服固步自封,骄傲自满》)

以上各例中数词和名词组合时,都没有量词的帮助。有的中间可以加进某个量词,只是语言习惯上不加;有的就根本不能加量词,加了,反而不成话了。

值得注意,这里的数词既然表示一个总体数字,一般数目都比较大,往往是用概数如"千百万"、"亿万"等,也有取其成数如"八亿"、"三千五百万"等。名词也多是表示总体性称呼的,而且往往是指人的。如果是指其他事物,即使是数目较大,量词也是不可缺少的。如:

(1)我们经常说,就比较而言,实现农业现代化比实现工业现代化更难一些,搞八千亿斤粮食比搞六千万吨钢更难一些。(李先念《在全国农田基本建设会议上的讲话》)

(2)全国有几十万个企业,几十万个生产大队,只有每个企业和生产大队都来大搞技术改造,大搞科学实验,先进的科学技术才能广泛地在工农业中得到应用,才能多快好省地发展生产。(邓小平《在全国科学大会开幕式上的讲话》)

(3)这河是多少亿万滴水汇成的啊,这森林是多少亿万株草木构成的啊!(秦牧《社稷坛抒情》)

2. 数词在表示总括性数字时,借助于形容词"大",也可以和名词组合。

(1)全会认为,以华主席为首的党中央,率领我们党一举粉碎了"四人帮",消除了党内一大祸害,使我国避免了一次大分裂,大倒退,挽救了革命,挽救了党。(《中国共产党第十届中央委员会第三次全体会议公报》)

(2)在这同时,国家计划新建和续建一百二十个大型项目,其中有十大钢铁基地,九大有色金属基地,八大煤炭基地,十大油气田,三十个大电站,六条铁路新干线和五个重要港口。(华国锋《团结起来,为建设社会主义现代化强国而奋斗》)

这里有的数词和名词组合表示复指成分。

(3)积极完成党交给的各项任务,在阶级斗争,生产斗争和科学实验三大革命运动中起先锋模范作用。(《中国共产党章程》)

(4)土改完成,立即转入生产、教育两大工作。(毛泽东《中共中央政治局扩大会议决议要点》)

这里,形容词"大"的本义已经弱化,似乎它已分担了量词的一部分职能,仿佛隐含着"项"、"个"的意思在里面。跟"大"相对待的,还有个"小"字。不过"小"字用得较少,有时是和"大"对举时用的,如"五小工业"、"四小名旦"、"五大球,三小球"等。

3. 表序数的数词和名词组合后,往往表示名称。

(1)第一书记同其他书记和委员之间的关系是少数服从多数。(毛泽东《在扩大的中央工作会议上的讲话》)

(2)我们也希望,第二世界国家在和平共处五项原则的基础上同第三世界国家加强联系。(华国锋《团结起来,为建设社会主义的现代化强国而奋斗》)

(3)今年一季度全国消费品的零售总额超过了以往任何一年的旺季水平,二季度继续增长。(华国锋《在全国财贸学大庆学大寨会议上的讲话》)

这种组合方式是不允许加量词的。如果加上量词,意思就整个改变了。如"第一书记"、"一季度"跟"第一个书记"、"一个季度"完全是两码事。

4. 指示代词和数词"一"组合后,可以不用量词,直接跟名词组合。

(1)针对这种情况,作这一规定也是必要的。(叶剑英《在中国共产党第十一次全国代表大会上关于修改党章的报告》)

(2)这一长达十年的冤案,终于在华主席,党中央的英明领导下得到了昭雪。(夏衍《周总理对演剧队的关怀》)

类似的还有"某一"、"同一"、"另一"和名词组合的情况。

这种组合实际上是分两段进行的。先是指示代词跟数词"一"组合,然后再跟名词组合,因此,实际上这是一个含有数词(省去量词)的词组和名词的组合。这种情况带有文言色彩,多出现在书面语中。

以上四种情况都证明了,在一定条件下,数词无须量词的帮助可以和名词直接组合。那么"一脸汗,一地水,一天星"之类,当"一"表示"整"、"满"的意思时,也应看做是数词和名词的组合。我们不妨把这种情况看做是数词和名词组合的一种类型。

六、是量词还是动词？

看一看　听一听　唱一唱
看一下　听一次　唱一遍

不少语法著作把第一组的后一个"看,听,唱"都看成是量词。有的称为"借用动词的量词"。我们认为它不是量词而是动词。

首先,这里的后一个"看,听,唱"并不表示量,而是表示一种"短暂体"、"尝试体"。它和第二组的"下,次,遍"不同。后者则是计量的单位。其次,这里的"一看,一听,一唱"并不是独立运用的语言单位,而对前面所重叠的动词依赖性极强。去掉前面的动词,它就失去了存在的意义。第二组则不同,去掉前面的动词,它还照样可以跟其他词相组合。如可以说"打一下,一次也没有去,读了一遍书"等。再次,退一步说,如果第一组重叠的动词都承认是量词的话,那么几乎所有的单音节动词都会成为量词,这就会导致每个单音节动词却身兼两职的地步。因此,我们认为像"看一看,听一听,唱一唱"之类,可以看做是动词的一种重叠形式,而不必把它看成是从动词借来的量词。

但是,有没有从动词临时借用来的量词呢? 有的。请看：

(1)他不是先就发过一回疯么,和现在一模一样。那时他的父亲还在,骗了他一骗,就治好了。(鲁迅《长明灯》)

(2)七大人正拿着一条烂石似的东西,说着,又在自己的鼻子旁擦了两擦。(鲁迅《离婚》)

(3)万瑶圃连连拱手,并将膝关节和腿关节接连弯了五六弯,仿佛想要蹲下去似的。(鲁迅《高老夫子》)

以上三例和前面的"看一看"之类不同。首先,这是在动词的完成体里,动词和后面重复的动词比较松散,数词和重复前面的动词组合充当补语,不是像"看一看"之类结合得较紧密,不是分属于两种句子成分。其次,前者是动词的重叠形式,中间多用数词"一",很少用其他数词,后者则可以用其他数词来计量。再次,在意义上"看一看"表示动作的短暂,不用于"看一下",而后者是完成体,计量的特点很明显。如"骗了他一骗"就相当于"骗了他一下"。

这里顺便提一下,因为数词"一"是个组合能力十分活跃的词,它可以突破一般数词的藩篱而派生出许多新的意义来。如上面说的"一"可以和名词组合表示"满"、"整"的意思,它还可以和动词组合重叠为 ABAB 式,动词的意思并没有减退,数词和量词组合后重叠所表示的"逐个"的意思也包含在内了。如:

(1)他生怕被人笑话,立志要画得圆,但这可画的笔不但很沉重,并且不听话,刚刚一抖一抖的几乎要合缝,却又向外一耸,画成瓜子模样了。(鲁迅《阿 Q 正传》)

(2)啊!他紧咬着下唇,胸脯一鼓一鼓地发出了急促的呼吸声,活像一只激怒了的狮子。(峻青《黎明的河边》)

(3)车越行越近,我就越发惊奇,这人一跛一跛,行路是非常艰难的。(刘白羽《火》)

这种重叠形式可能是从"一"与动词组合发展来的。"一"和动词的组合,在语言中是经常碰到的。这种组合往往是在两个以上的动作先后相连,动作间时间承接得很紧。有时就形成"一(动)就(动)"的固定句式。

(1)虽然我一见便知道是闰土,但又不是我这记忆上的闰土了。(鲁迅《故乡》)

(2)细心的指导员把手伸进被窝,一试冰凉,判断说:"他走半天了!"(张天民《创业》)

(3)的确,他一到上海,在战火纷飞的日子里,他和我几次到浦东、闵行去劳军,写下了《轰炸中来去》、《东西线归来》等激动人心的报告、速写。(夏衍《知公此去无遗恨》)

(4)他这一问,我倒愣住了。(刘白羽《火》)

以上四例中的先后动作是互相依存的,前一个动作往往是后面动作的条件,后面的动作往往是前面动作的必然结果。这里的"一"和动词组合后,动词的意义并没有改变,语法特点也没有改变,这里的动词明显不是量词。这里的"一"和动词组合后,表示一种"短暂体"。"一"对后面的动词有着修饰作用,表示"刚"、"才"的意思,在句子中充当状语。从词性来看,这里的"一"已具有副词的特点了。

与此相联系的,还有其他词跟动词的组合问题。如:

(1)但我军却突然由川南折回贵州,在茅台附近四渡赤水河,除留一支小部队牵制敌人外,其余急行军通过枫香坝,南渡乌江,直逼贵阳,并且分兵一部车击瓮安,黄平。(刘伯承《回顾长征》)

(2)用不着翻译,我们大家——包括车间里的全体工人,我们代表团的同志和陪同我们访问的朝鲜同志一起举起手臂,跟着他三呼万岁。(袁鹰《在共同流过血的土地上》)

(3)周挺杉问章易之:"二上无名地,让谁做尖刀班?"(张天民《创业》)

这种组合当然应看做是数词和动词的组合。尽管在意念上,计量的特点也很突出,但这些动词都没有转化为量词,在句子中仍然是动词(都带有名词性宾语),数词起了修饰限制作用,仍然做状语。其次,这种句式实际上是文言句式的遗留,是一种表示数量的紧缩形式。只是因为文学语言的表达需要,原有的量词省略去了没有出现而已。这种紧缩形式,文学语言的色彩很浓,经常出现在文学作品的标题中,如"三唱周总理"、"三走严庄"、"三上桃峰"等,使人感到凝练突出。

试论对举重叠[①]

一

对举重叠是汉语中常见的一种语言现象。

在汉语的实词中,几乎每一类词都可以组成对举重叠。它指的是两个意义相近、相对或相反的单音词各自重叠后组成的四个音节的语言单位。陆志韦先生称它是"叠字的并列四字格"。关于各类实词中对举重叠的情况,见下表:

	意义相近		意义相对		意义相反	
名词	坑坑洼洼	世世代代	字字句句	鞋鞋脚脚	男男女女	日日夜夜
	棍棍棒棒	村村寨寨	肠肠肚肚	糠糠菜菜	山山洼洼	老老少少
动词	蹦蹦跳跳	磕磕绊绊	吹吹打打	拍拍捏捏	进进出出	生生死死
	戳戳捣捣	拉拉扯扯	说说笑笑	跑跑跳跳	走走停停	哭哭笑笑
形容词	曲曲弯弯	歪歪斜斜	黑黑瘦瘦	痒痒麻麻	大大小小	远远近近
	傻傻愣愣	破破烂烂	花花绿绿	酸酸甜甜	高高低低	横横直直
方位词					上上下下	左左右右
					前前后后	里里外外
数词			三三两两	七七八八		
			三三五五	千千万万		
量词	双双对对	点点滴滴	斤斤两两	分分秒秒		

从表面上看,这种语言现象和双音节形容词的重叠很相似,于是有人就

[①] 原载《安徽大学学报》,1979年第2期。

把它们放在一起研究,其实它们是两种不同的语言现象。对举重叠不同于"认认真真"、"高高兴兴"之类的双音节形容词的重叠,也不同于"慢慢腾腾"、"皱皱巴巴"之类带叠音词缀的形容词词根重叠形成的四字格。

首先,从结构成分来看,对举重叠的组成部分一般都是能独立运用的单音词,而双音节形容词或带叠音词缀的形容词的组成部分则多是不能独立使用的单音词素。如果把各自重叠部分省去,对举重叠是两个独立的词(如"红红绿绿"——红绿),形容词重叠则变成一个双音节形容词(如"高高兴兴"——高兴),带叠音词缀的形容词重叠则变成了不成词的两个孤立的词素了(如"慢慢腾腾"——慢腾)。第二,从结构方式来看,对举重叠的内部结构都是并列的单音词的各自重叠,而双音节形容词的结构方式就不一定是并列式。像"认认真真"、"高高兴兴"、"和和气气"等就不是并列式的。至于带叠音词缀的形容词压根儿就不是并列式的。第三,从结构过程来看,对举重叠是两个单音词重叠后的并列组合,而双音节形容词则是一个词的重叠,只不过这是一种交错重叠,构成"甲甲乙乙"式罢了。至于带叠音词缀的形容词,则是词根部分重叠后的产物。它们各自的结构过程,可以图示为:

(交错式)　　　(词根重叠式)　　　(分别重叠组合式)

所以对举重叠的两部分是可以在一段话里接连单用的。

(1)遇到下雨,香客在店里坐坐站站都要钱,"坐一坐一吊,站一站五百"。(吴伯箫《崦岈山》)

(2)这个女人,嘴快脚快手快,纺纺织织全能行,地里活赛过一个好长工。她纺线,纺车像疯了似的转;她织布,梃柏乱响,梭飞的像流星……(孙犁《"藏"》)

(3)我们跑的这段路,满是大大小小的弹坑,小坑是炮弹坑,大坑是炸弹坑,有的里面是水。(魏巍《挤垮它》)

以上三例对举重叠中的词都在后面独立使用,可见,对举重叠是独立的词的组合,是很自由的,不像一个词那么固定。

从词性上看，双音节形容词的重叠或带叠音词缀的形容词的重叠，只是形容词的重叠形式。而对举重叠则不限于形容词，名词、动词、数词、量词、方位词都可以组成对举重叠。例子见前表。

从表意上看，双音节形容词的重叠或带叠音词缀的形容词的重叠，表达的意思比较单纯，只是原形容词的基本意义不变，在情态上有着重强调的意味，在节奏上更为悦耳动听，它并非是两个结构成分的意义的组合。而对举重叠在表意上是两个结构成分的意义的组合，表达的意思比较复杂。

因此，如果把对举重叠（两个词重叠后的组合）跟双音节形容词的重叠（一个词的重叠形式）或带叠音词缀的形容词重叠（重叠词根组成的四字格）混为一谈，显然是不妥当的。

二

既然对举重叠跟形容词重叠不是一码事，那么对举重叠算什么？是词还是词组？在语法学中它占有什么地位？这些问题必须进一步搞清楚。

陆志韦先生在《汉语构词法》一书中指出："这样的结构里，前后两段，甲甲和乙乙都独立的，绝无仅有。就是像'说说笑笑'那样的例外，也不能扩展，在句子里任何一段都不能单用。据我们所掌握的资料来说，甲甲乙乙的例子全都是词。北京话有将近三百个。这些词应当完全联写，中间加短横也是极不相宜的。"[①]

他在《汉语的并立四字格》一文中也表明了这种观点。他说："在甲甲乙乙格，凡是甲乙不成双音词的，甲甲乙乙一定是词。例如，'家家户户''三三两两'。"[②]

陆志韦先生强调甲甲乙乙式结构比较严密，不能扩展。他并且认定甲甲和乙乙都不能单用，因而得出结论，它们都是词。

我们认为，陆志韦先生所指的这种甲乙不成双音词（实际上多是两个并列的单音词）组成的甲甲乙乙式——即对举重叠——还是看成词组为好。

如前所述，双音节形容词的重叠是词的变化方式；而对举重叠则是词的

[①] 陆志韦：《汉语构词法》，北京：科学出版社，1957年，第122页。
[②] 陆志韦：《汉语的并立四字格》，《语言研究》，1956年第1期。

组合方式。双音节形容词的重叠主要是修辞色彩上的变化,不是结构成分的意义相加;而对举重叠则是结构成分的意义相加。在结构关系上,双音节形容词的重叠,中间是不能切断的,如"认认真真"不能分开说"认认"或"真真",而对举重叠虽然有一定的固定性,但是也的确有些是可以切断的。并不是像陆志韦先生所说的,任何一段都不能单用。如"远远近近"就可以分开说"远远"和"近近"。再看下面的例子:

(1) 我们必须把文艺界的生产力彻底地从各种**条条框框**中解放出来。(《文艺报》评论员《解放思想,迅猛前进》)

(2) 因为是反映人民内部矛盾,就说不要太尖锐化,就说是大矛小盾,有矛无盾,有矛盾无冲突,这些**条条**怎么能成立?(赵寻《牢记周总理教导,发扬"广州会议"精神》)

(3) 文艺要为现代化服务,必须贯彻百花齐放的方针,提倡题材、体裁、风格的多样化,不要把生动丰富、天地广阔的内容局限在狭小的**框框**里。(《文艺报》评论员《解放思想,迅猛前进》)

以上三例,均见《文艺报》1979年第一期。这里既用了"条条框框",又分别将"条条"和"框框"单用,很明显"条条框框"是"条条"和"框框"这两个词重叠后的组合,当然应该看做是词组。再如前面所举的"坐坐站站"和"坐"、"站","织织纺纺"和"织"、"纺","大大小小"和"大"、"小"都可以证明这一点。

当然,并不是每个对举重叠都可以这样分开使用。一般说来,动词、形容词、量词组合的对举重叠,多数可以分开。如"缝缝补补"、"说说笑笑"、"红红绿绿"、"酸酸甜甜"、"双双对对"、"点点滴滴"等。名词、方位词、数词一般就很难分开。如"山山水水"、"上上下下"、"三三两两"等就不好分开单独使用。这可能与这些词的语法特点有关,名词、方位词、数词一般是不能重叠的。单用时不能重叠,而对举时可以重叠,这又与对举重叠具有描写性的特点——仿佛带有形容词的某种色彩——是分不开的。

由于对举重叠是词的组合,结构就比词要松散些。有一部分对举重叠,它的两个组成部分还可以颠倒。如上述的"条条框框"在同期的《文艺报》上又用成"框框条条"。

(1) 一些**框框条条**,新迷信,就是从有些不懂艺术规律的党委的批评那里来的……(赵寻《牢记周总理教导,发扬"广州会议"精神》)

这种情况在动词的对举重叠中较为常见。

(2)细碎的脚步声,来来去去,去去来来,不知反复了多少次。(梁斌《红旗谱》)

(3)我们歇歇走走,走走歇歇,到了蔡溪,月亮已经升起老高了。(王愿坚《小游击队员》)

(4)眼前万家灯火,飘飘闪闪,闪闪飘飘。(梁斌《红旗谱》)

如果是词,就不会有这么自由。

还有,在日常语言现象中,有些词可以依据不同的表达的需要,分别跟不同的词组合成对举重叠的形式。

盆盆碗碗	盆盆罐罐	坛坛罐罐
老老少少	老老小小	大大小小
世世代代	祖祖代代	祖祖辈辈
高高大大	高高胖胖	矮矮胖胖
跌跌绊绊	磕磕绊绊	跌跌滑滑
挨挨挤挤	推推挤挤	推推搡搡
打打闹闹	吹吹打打	吹吹拉拉
唱唱笑笑	拉拉唱唱	唱唱玩玩
缝缝补补	缝缝洗洗	拆拆洗洗

对举重叠并非现在才有的,在古代汉语中早就出现了。有的对举重叠,直到现在还在继续使用着。当然,随着语言的不断发展,有的对举重叠的意义已有了某种变化。

(1)战战兢兢,如临深渊,如履薄冰。(《诗经·小雅·小旻》)

(2)曩者辱赐书,教以慎于接物,推贤进士为务,意气勤勤恳恳,若望仆不相师用,而流俗人之言,仆非致如此也。(司马迁《报任安书》)

(3)行不独自去,三三两两俱。(《乐府诗集·娇女诗》)

(4)两情若是长久时,又岂在朝朝暮暮。(秦观《鹊桥仙》)

(5)寻寻觅觅,冷冷清清,凄凄惨惨戚戚……梧桐更兼细雨,到黄昏点点滴滴。(李清照《声声慢》)

可见,对举重叠的历史是相当长了。现在在文学作品和口语中更是经常见到。这种语言现象可以说是"古已有之,于今为烈"了。许多对举重叠,经过千百年的使用,有的在语言形式上已经固定下来;有的组成部分已逐渐失去了词的地位,演变为词素了,但是对举重叠现在依然有着生命力,已演变为大家所熟悉的成语。如"兢兢业业"、"鬼鬼祟祟"、"轰轰烈烈"、"朝朝暮暮"、"勤勤恳恳"、"三三两两"等。

对举重叠——包括对举重叠式的成语——在句子中作为一个完整的语言单位,充当一个句子成分,相当于一个词。但是,既然在表意上是两个词的意义的组合,在结构上又比较自由和松散,我们就有理由把它看成是词组,而不能把它看作词。就是已经演变为成语的对举重叠,我们也应该看做是一种固定词组。

综上所述,根据对举重叠的结构特点,我们可以在词组中专列一种类型,称其为"并叠词组"。从大的类型来说,也可以把它划到联合词组之中。

三

在对举重叠中,不管是近义词还是反义词的组合,限制性描写性的特点是很突出的。这可以说是对举重叠的一大特点。

对举重叠大多表示事物的范围、性状和动作,因而无论是什么词性的对举重叠,经常充当句子的修饰成分,即充当定语或状语。

(一)作定语

(1)他在生宝的小炕旁边搭了床铺,又从欢喜家里搬来一个破条桌,用报纸裱糊了坑坑洼洼的桌面,当做写字台。(柳青《创业史》)

(2)可是家里里里外外的事情,还是他一个人当着家。(李准《李双双小传》)

(3)甫志高打量了一下周围的人,多是双双对对的男女,围坐在一张张玻砖桌上笑着,吃着,谁也没有注意坐在角落里的他。(罗广斌、杨益言《红岩》)

(4)草原上美丽极了,长着千千万万说不出名字的野花,像望不尽的蓝天点缀着望不尽的繁星。(曹禺《王昭君》)

(5)石缝里长出些高高矮矮的树木,苍翠,茂密,姿态不一,又给山石添上陪衬的装饰。(叶圣陶《游了三个湖》)

(6)这堆吹吹拉拉的玩艺至少也得值个十块二十块洋钱。(杨沫《青春之歌》)

(二)作状语

(1)数十座茅草工棚,星星点点散落在高高的河岸上。(魏钢焰《没出唇的歌》)

(2)他把胳膊上上下下地活动了一阵。(杜鹏程《飞跃》)

(3)光荣的卫士啊!年年月月,日日夜夜,肃穆庄严地守护着这些手迹……(曹靖华《无限沧桑怀遗简》)

(4)同志们!回去的时候,要三三五五的搭伴走。(梁斌《红旗谱》)

(5)小嘎子心神不宁,他立志要永远永远和谢家誓不两立,要迟迟早早为被污辱的父亲报仇。(魏巍《山雨》)

(6)三个新结识的伙伴,撑着雨伞,互相扶持着,在泥泞的乡间道路上跌跌滑滑地前行,一边继续着刚才的争论。(王汶石《新结识的伙伴》)

在上面的例子中,有些是名词、数词构成的对举重叠。名词、数词一般是不做状语的。这里充当状语,正是反映了对举重叠的描写性特点。

另一方面,大多数对举重叠又没有丧失原来的词性,它保留了原来词性的语法功能。这是对举重叠的又一特点。

1.跟名词的主要语法功能一样,名词性的对举重叠,主要充当主语和宾语,可以受定语的修饰。

(1)庄稼人搬两次家,盆盆罐罐都完了。(李準《大河奔流》)

(2)移葬那天,东阳里的男男女女都参加了葬仪。(魏巍《依依惜别的深情》)

(3)经历了十年文化大革命的风风雨雨,我才真正懂得了什么叫革命。(宗福先《于无声处》)

(4)前些天吃点糠糠菜菜,这些天连树叶树皮也都吃净了……(杨沫《青春之歌》)

前两例是充当主语的;后两例是充当宾语的。一般前面都带定语。这类对举重叠,表示有很多的人或事物。不是指单数,而是指复数。

2.跟动词、形容词的主要语法功能一样,它们在句子中主要是充当谓语,可以受状语的修饰。

(1)你知道,你平常写写划划,拨拨算算,可我就没得好好上民校。(李準《李双双小传》)

(2)里面正围了许多人,在吹吹打打,拉拉唱唱,十分热闹。(茹志鹃《高高的白杨树》)

(3)这人像个运动员,穿着灯笼裤、球鞋,粗粗壮壮的。(杨沫《青春之歌》)

(4)小明呢,却完全相反,瘦瘦小小的……(柯岩《岗位》)

前两例是动词性的;后两例是形容词性的。它们都充当谓悟。它们却不能带补语。动词性的对举重叠不能带宾语。这说明了它既具有描写性的特点,又在程度、范围、方式等方面有强调的作用。

动词性的对举重叠表达作用是多种多样的。有的表示动作的先后承接,如"走走停停,歇歇走走",有的表示多种的动作行为,如"出出进进,补补缝缝";有的表示对动作行为的加强,有强调作用,如"担担挑挑,挨挨挤挤"。前两类主要是意义相对或相反的动词对举重叠,后一类则主要是意义相近的动词对举重叠。

形容词性的对举重叠也有多种表达作用。意义相反的形容词对举重叠,往往从不同的极端来囊括其性状特征,如"迟迟早早"、"高高低低"、"远远近近";意义相对待的形容词对举重叠则从不同的角度来描摹事物的性状,如"黑黑瘦瘦"、"矮矮胖胖"、"痒痒麻麻";意义相近的形容词对举重叠,则加重语气,有强调作用,如"傻傻愣愣"、"破破烂烂"、"曲曲弯弯"。

上面谈到,它们充当谓语时,可以受状语修饰,由于它们都有加重语气和强调的作用,它们都不能受程度副词的修饰。

3.跟数词的主要语法功能一样,数词组成的对举重叠,有的也可以跟量词组成数量词组,充当定语。

(1)那千千万万朵笑脸迎人的鲜花,仿佛正在用清脆细碎的声音在浅笑低语:"春来了! 春来了!"(秦牧《花城》)

一般说来,数词是不能直接修饰名词的,必须依靠量词的帮助。但是数词组成的对举重叠却经常不用量词,就直接修饰名词。

(2)黑森森的树木夹在柏油路两旁,三三两两的电灯在树荫间闪烁。(茅盾《子夜》)

(3)他们是千千万万的无名英雄,是我们国家的真正的栋梁。(周扬《谈社会主义新时期戏剧创作的任务》)

这些数词的对举重叠,都是表示概数的。"千千万万"是言其多。"三三两两"是言其少。"七七八八"则表示芜杂零乱,带有贬义的感情色彩。

4.方位词、量词单独充当句子成分的情况较少,对举重叠后就取得了充当句子成分的资格,主要是充当定语和状语。

在表达作用方面:量词的对举重叠有加强语气的作用,如"双双对对"、"点点滴滴"。这与对举重叠的量词多是近义词有关。方位词的对举重叠,往往表示"到处"的意思,如"前前后后"、"里里外外"。这与对举重叠的方位词多是反义词是分不开的。

最后,对举重叠由于是叠字并列的四字格,在语言中可以使音调和谐,节奏鲜明,悦耳动听,富有声音美。如果两两连用,或与其他非叠字的四字格连用,则使文章声调铿锵,错落有致,增强语言的气势,提高语言的表现力。这种情况在诗歌中表现得尤其突出。李清照的《声声慢》就是文坛上著名的例子。现代散文中,这样的例子可以说是俯拾即是。

(1)漂呵、漂呵,他们世世代代,子子孙孙,生生死死。都在海洋上。(柳杞《夫妻船》)

(2)这消息好比一阵春风,把老苏区男男女女、老老少少的心,都吹得一齐开了花……(曹靖华《三五年是多久》)

(3)如果我的脑子里有一座记忆之宫的话,那么这座殿宇的墙壁上,不知道挂有多少幅大大小小意态不同、神韵不同的海景的图画。(冰心《海恋》)

(4)在共同流过血的土地上,山山水水,苍苍松柏,浩浩长天,不都是最严峻的见证吗?(袁鹰《在共同流过血的土地上》)

善于运用对举重叠,可以使音调悠扬,珠落玉盘,句法俊美,文气畅达,无矫揉造作之态,有金声玉振之势,摹状传情,跃然纸上。

对举重叠既然经常在交际中出现,就应该对这种语言现象进行研究和探讨。但是除陆志韦先生等曾注意过它并进行研究以外,一些比较系统的语法著作中,却至今没有它的位置。有的虽然涉及了,也是语焉不详,一带而过。笔者不揣谫陋,提出一些很不成熟的看法,以作为引玉之砖。

多重复句及其教学[1]

多重复句很常见,而且在表达上用处很多,所以正确掌握多重复句,是十分必要的。根据自己学习和教学的体会谈几点粗浅的看法。

一、什么叫多重复句

一般复句有联合复句和偏正复句两种,它们包含的分句都是单句。有时,复句中又包含了小的复句,即其中有的分句也是复句。这样的复句结构更为复杂,我们叫它"多重复句"。

学习多重复句的首要问题,就是要对"重"有正确的认识。"重",就是层次。"多重",就是不止一个层次。我们先看下面的例子。

(1)这里有爱人分手时连夜做成的手帕,有一参军就背着的绣花袜底,有家传几代的瓷碗,有姐妹的绣花荷包,有洞房花烛之夜的合欢杯,还有未婚妻用红毛线织成的腰带。(魏巍《依依惜别的深情》)

(2)我吃过早饭,坐着喝茶,觉得外面有人进来了,便回头去看。(鲁迅《故乡》)

(1)用排句把六种不同的珍贵礼物说了出来,并且着重指出它们的不同来源。六句的句式结构基本相似。这是并列关系的一般复句。(2)是叙述

---

[1] 原载《语文学习》,1960年第5期。

"我"的一连串活动。这是承接关系的一般复句。这些例句中,分句间的关系并不是一层套一层的关系,它们都只有一个层次,所以都不是多重复句。

一般复句常用两个分句。不过,联合复句也有三个以上的分句(前面的例子就是)的情况。在教学中,学生往往按照分句的多少来判断一个句子是不是多重复句。因此,我们在讲联合复句的时候要明确告诉学生,联合复句可以有三个以上的分句,并多举例说明;然后再讲多重复句就省事多了。如果不这样讲,学生就往往误以为复句只能有两个分句,以后再讲到多重复句时,就会感到难以理解。必须明确:复句中,凡有一个以上的分句是复句的,就是多重复句。

二、多重复句的分类

多重复句是按照层次的多少来分类的,也就是说是按照"重"的多少来分类的。多重复句一般分为二重、三重、四重……现在分别举例,并用符号表示分析结果。

(一)二重复句

(1)这样的人往往经验很多,‖(并列)这是很可宝贵的;｜(转折)但是如果他们就以自己的经验为满足‖(假设)那也很危险……(《毛泽东选集》320页)

(2)我赞美白杨树,｜(因果)就因为它不但象征了北方的农民,‖(递进)尤其象征了今天我们民族解放斗争中所不可缺少的朴质坚强、力求上进的精神。(茅盾《白杨礼赞》)

(二)三重复句

(3)人类的血战前行的历史,正如煤的形成,‖(并列)当时用大量的木材,‖(转折)结果却只是一小块,｜(转折)但请愿是不在其中的,‖(转折)更何况是徒手。(鲁迅《纪念刘和珍君》)

(三)四重复句

(4)马克思列宁主义是从客观实际产生出来又在客观实际中获

得了证明的最正确最科学最革命的真理；^(转折)但是许多学习马克思列宁主义的人却把它看成是死教条，^(因果)这样就阻碍了理论的发展；^(并列)害了自己，^(并列)也害了同志。(《毛泽东选集》819页)

根据自己在教学中的体会，在讲解各类多重复句时，要特别着重地讲解二重复句。因为二重复句使用的比较多，在一般文章和日常谈话中经常出现，所以掌握二重复句对语言运用的作用很大。另外，因为二重复句是多重复句的基础，学好了二重复句，再学习三重、四重的复句就不难了。

三、怎样分析多重复句

多重复句因为结构比较复杂，句子比较长，所以一开始分析，有时会感到无从下手。但是，只要我们正确地掌握多重复句的分析方法，无论它结构怎样复杂，都可以分析清楚。

分析多重复句有两把钥匙。一是总观全局，逐层剖析；一是抓住关联词语，结合意念关系。这两把钥匙要结合起来使用。总观全局，就是要全面地看；逐层剖析，就是要一层一层地往里解剖分析。抓住关联词语，就是要抓住特征，抓住标志；结合意念关系，就是要分析得合情合理。看下边的句子：

(1)只要我们仍然保持艰苦奋斗的作风，只要我们团结一致，只要我们坚持人民民主专政和团结国际友人，我们就能在经济战线上迅速地获得胜利。(毛泽东《中国人民政治协商会议第一次全体会议开幕词》)

(2)苏联愈弄得好，它们(按指帝国主义)愈急于要进攻，因为它们愈要趋于灭亡。(鲁迅《我们不再受骗了》)

(1)我们先总观全局，看看这个大句子的分句间是什么关系。它先用几个结构相似的分句假设许多条件，说明如果能做到这几个方面，"我们就能……获得胜利"。再抓关联词语。前面几个分句都有"只要"，最后一个分句用"就"来呼应。于是我们就可以判定这个大句子是表示假设关系的复句。下面分析第二个层次。这个大句子的偏句是三个结构相似的小分句。这三个小分句说明假设的不同条件，是并列地排在一起的，没有用关联词语，它们是并列关系。经过这样的分析,可以得出这样的结论:这是一个表示假设关系的二重复句,它的偏句,又是一个包含三个分句的并列关系的复句。(2)从全局看,它先提出一个论点,即苏联愈弄得好,帝国主义就愈急于要进攻,然后再把这个论点的原因补说出来。这是把偏句移后,为的使句子所表达的论点更加鲜明突出。从关联词语看,这个大句子有"因为",那就可以断定这是个前正后偏的因果复句。然后分析第二个层次。正句是个小复句。这个复句,它前后都用了"愈"。"愈"像连锁一样把另一个分句衔接起来,这是个连锁句。全句是一个表示因果关系的二重复句,它的正句是一个连锁关系的复句。

有的多重复句某一层次间没有关联词语。例如:

(3)〔困难是杆秤,看你硬不硬。〕你硬它就软,你软它就硬。(四川民歌)

这个复句的第一个层次间没有关联词语,但是两个分句的结构一样,分别说两种不同态度所得到的不同的效果,可以看出它们是并列关系。这个并列复句的两个分句又都是复句,有两个"就"表示关联;再结合上下文,可以判定这两个分句都是假设关系的复句。

我们知道,一个复句的意思总是很完整的。所以分析多重复句时,可以看看所分析的那个小复句的意思是否完整。如果不完整,那就是把层次划分错了。

四、讲解多重复句的几点认识

多重复句的结构比较复杂,在教学中要力戒繁琐,要讲得重点突出,眉目清楚。这样才容易理解,便于掌握。

学生学习多重复句,往往认为学了没有什么用处,学习时不够专心。这主要是因为他们不明白学习多重复句的目的。因此,教师要讲清楚,多重复句可以把思想表达得谨严周密,论说文中更常用这种句型。在毛主席和鲁迅先生的著作中,使用了不少精彩的多重复句,收到很好的表达效果。讲多重复句,要通过实际材料的总结、印证,从而阐明多重复句的作用。要避免"下定义—举例句"的简单化的教学方式。事实证明,举出经典作家的典范用例来讲解,并指出它表达思想的作用,学生是很感兴趣的,对他们的说话和写作也是有帮助的。还有的学生(多半是程度较差的)觉得多重复句太复杂,不容易懂,学习没有信心。针对这种情况,老师要说明学习多重复句的重要性,并加强课外的个别辅导。告诉学生,只要努力学,一定可以学好。同时,要把教材处理好,讲解要做到深入浅出,明白透彻。

当然,最主要的是要能联系学生的实际,使学生学以致用。我们在教学多重复句时结合学生日常运用语言的情况,学生就觉得很有用。有的学生在作文中不能正确运用多重复句,说明一个简单的意思也用了冗长的多重复句。也有的学生不会使用多重复句,不能把意思说得通畅。如果在教学中,结合学生运用语言的种种毛病,举一些范例正面讲解,并且进一步指出多重复句的表达作用,他们学起来就会觉得简单,容易掌握。

另外,教学方法也应该多样化。学生已有一般复句的基础知识,可以让他们和教师共同来分析多重复句。指导学生分析时,可以用简单明确的语句来说明一些方法,像前面所提出的"两把钥匙",学生就很容易记,运用起来也方便。在讲授或总结时,对一些关键性的问题,或者容易搞错的问题,教师要特别强调。如对"重"的理解和抓关联词语的问题就是。也不要一味甲乙丙丁地分析,可以让学生用关联词语造多重复句;也可以让学生把几个意思有联系的单句改成一个多重复句;还可以让学生找出自己作文中运用了哪些多重复句,并对它进行分析,看看用得是否正确,等等。总之,要根据学生的具体情况,采用适当的方法。

汉语析句中的三个平面与句型分析[①]

句法结构的分析是现代语法学的中心。前几年我国语法学界在析句方法上的讨论,说明我国语法学者试图以不同的方法进行探索,改进传统的语法学体系,以求在汉语语法研究上有新的突破。而分清语法的、语义的和语用的分析这三个不同的平面,是解决析句问题的重要前提。

一

在我国语法学界,较早明确提出区分汉语析句中三个平面的,是胡附、文炼两位先生。他们主张:"通过句子结构的分析,去深入了解句子的语义关系。要做到这点,必须认识到造句手段(如语序、虚词等)所表达的内容有语义的、有句法的、还有语用的。"[②]他们还明确指出:"近年来,我们在语法分析方面的讨论取得了一些成绩,可是没有把句法分析与语义分析、语用分析很好地联系起来,应该说是一个缺点。"[③]他们深切地感到:"如何把语法分析与语义分析、语用分析科学地结合起来,是摆在我们面前的新课题。"[④]在这方面,胡裕树先生主编的《现代汉语》1981年增订本中曾做过一些分析。近两年来,在他们的论文中,进一步阐发了这种观点。

---

① 原载《江淮论坛》,1985年第4期。与陈炯先生合作。
② 胡附、文炼:《句子分析漫谈》,载《中国语文》,1982年第3期。
③ 文炼、胡附:《汉语语序研究中的几个问题》,载《中国语文》,1984年第3期。
④ 文炼、胡附:《汉语语序研究中的几个问题》,载《中国语文》,1984年第3期。

语法的、语义的和语用的这三个平面是既有联系又有区别的。语法是指语言符号与语言符号之间的关系,语义是指语言符号与客观事物之间的关系,语用是指语言符号与使用者之间的关系。比方说,主谓、动宾等属于语法平面的;施事、受事等是属于语义平面的;话题(topic)、焦点(focus)等是属于语用平面的。这里应注意把语法与语义区别开来。语法范畴必须根据语言的形式(form),即根据实际观察到的特征来确定。而语义问题就比较复杂,语义并不等于词义。词义是在词典中可以说明的,语义如施事、受事之类是在句中才获得的。离开了句子,施事、受事之类的语义是不存在的,词义则可以脱离句子而存在。如"鸡不吃了","鸡"的词义很明确,"鸡"和"不吃了"的语法关系也清楚,但这句话有歧义。这种歧义的形成,既不是词汇上的,也不是语法上的,而是属于语义上的,即语言符号与客观事物之间关系不同,"鸡"的施事受事不明确。如果"鸡"是施事,指的是鸡不吃食物,如果"鸡"是受事,指的是某人不吃鸡了。语义主要表现在动词和名词的关系上边。菲尔墨(Fillmore)在《"格"辨》中列出的施事格(agentive)、工具格(instrumental)、与格(dative)、使成格(factitive)、处所格(locative)、客体格(objective)等,就是按名词和动词的不同语义关系提出的。比方说:

(1)John broke the window.(约翰打破了窗户。)

(2)A hammer broke the window.(一把锤子打破了窗户。)

从语法关系来看,约翰(John)、锤子(hammer)都是主语,但从语义关系来看,约翰是施事,锤子是工具。

有些语法书常说,语序和虚词是汉语的语法手段,是析句时的语法标记。其实这种说法并不完全准确。语序和虚词所表示的,有的属于语法的,有的属于语义的,有的属于语用的。先看语序:

(3)雨下了。——下雨了。

(4)我找他。——他找我。

(5)你怎么了?——怎么了,你?

例(3)颠倒语序,语义关系未改变,但语法结构关系改变了:"雨下了"是主谓句,"下雨了"是动宾关系,是非主谓句。例(4)颠倒语序,从语法结构关系来看,并没有任何变化,但语义关系发生了变化。在"我找他"中,"我"是施事,"他"是受事;在"他找我"中,"他"是施事,"我"是受事。(5)中,颠倒语序,语法结构关系、语义关系都没有改变,这种意义上的变化属于语用的范围。"你怎么了?"和"怎么了,你?"两句强调的重点不同,这是由于使用语言的人对客观事物的态度不同引起的。

再看虚词:

(6)来人——来的人　看电影——看的电影

(7)我被他批评了。——我把他批评了。

(8)关于田间管理,他的经验很丰富。

(9)对于这个问题,我们有不同看法。

例(6)的语义关系未变,"人"都是施事,"电影"都是受事,但没有"的"这个虚词的是动宾关系,有"的"的是偏正关系,语法结构关系有了变化,(7)的语法关系没有变化,但语义关系不同。"被"指明施事,"把"指明受事。这是由于使用了不同的虚词产生的语义关系的变化。(8)(9)中的"关于"、"对于"的作用是点明话题,是语用上的变化。

二

除要弄清语法、语义和语用这三个概念,还必须弄清这三者之间的关系。过去,有一些语法学者把施事、受事与主语、宾语一一对应起来,认为施事即主语;或把主语与话题等同起来,认为"主语是一句话的话题"。其原因是没有认识到语法、语义、语用三个平面的区别,只片面地看到三者一致的地方,没有看到不一致的地方。

先看主语、宾语与施事、受事的关系:

(10)中国人民站起来了。

(11)人们以极大的敬意看着李四光。

(12)我们要建立一个新中国。

这几句中的主语"中国人民"、"人们"、"我们"都是施事,宾语"李四光"、"新中国"都是受事。语法关系和语义关系是相应的。但有的句子,主语、宾语与施事、受事并不一致。

(13) 钱花完了。

(14) 台上坐着主席团。

(15) 这样的事情谁肯干？

(16) 他什么都懂。

例(13)主语"钱"却是受事。例(14)宾语"主席团"却是施事。这个句子有人说"主席团"是主语，"台上"是状语，有人说"主席团"是宾语，"台上"是主语。争论的焦点实质上是语义关系的分析还是语法关系的分析。例(15)"这样的事情"是受事，"谁"是施事。有人提出"宾踞句首"说，全句析为"宾—主—动"，是从语法关系和语义关系一致的角度考察的。有人反对倒装说，全句析为"主—主—动"，是认识到语法关系与语义关系有不一致的地方。例(16)"他"是施事，大家对"他"分析为主语没有分歧。"什么"是受事，有人析为宾语，有人析为小主语，即作谓语的主谓短语的主语。

在动词与名词的关系中，语义关系也不是仅仅表现为施受关系。如"打算盘"宾语表示的是工具，"打济南"宾语表示的是处所，"打毛衣"宾语表示的是结果；"打冤家"宾语表示的是原因。再如"来客了"与"客来了"中，"客"都是施事，但从语义上看，前句的"客"是无定的，后句的"客"是有定的。就拿例(16)来说，"什么"是受事，但放在动词"懂"的前面和后面就大不一样。"他什么都懂"中，"什么"表示任指，"都"表示总括性范围；"他都懂什么"，"什么"表示否定，"都"表示强调的语气。由此可见，句子中表示出来的语义关系，仅就动词和名词的关系而言，也是相当复杂的。

再看主语与话题的关系。它们有对应的地方：

(17) 朱老忠呵呵笑着。

(18) 这儿真美。

(19) 今天晴天。

例(17)中"朱老忠"、例(18)中"这儿"、例(19)中"今天"，既是主语，又是话题。主语和话题重合。但也有不对应、不重合的：

(20) 早晨哥哥念英语。

(21) 关于这个问题，我们讨论过了。

(22) 她只有八九岁光景，眼睛溜圆，脸色红润，头发很短。

例(20)中,"早晨"是话题,"哥哥"是主语。例(21)中,"关于这个问题"是话题,"我们"是主语。例(22)中,"她"是话题,在意念上影响整个"话题连锁"(topic—chain)之下互相联系的所有分句,只是第一分句的主语、第二分句的主语是"眼睛",第三分句的主语是"脸色",第四分句的主语是"头发"。

综上所述,可看出语法、语义和语用不属于同一平面。因此,不能以语义的或语用的分析来代替语法的分析,也不能把三者笼统地混在一起。赵元任先生把句首介词结构看成主语,说明他没有看到汉语中"主语"与"话题"的质的区别。① 广而言之,新中国成立以来语法学界关于词类、主宾语、析句等问题的几次大讨论,几乎都与这三个平面的问题息息相关。我们认为,要把这几个问题的讨论和研究深入下去,很重要的一点是要划清这三个平面,同时要弄清这三者的关系。

就语法、语义、语用三者关系而言,语法是"杠杆"(lever),通过它联系语义和语用。这首先表现为语义关系只有通过句法关系才能体现出来。施事、受事、工具等关系是在一定的结构中才产生的,因为孤立的词是无所谓施事、受事、工具的。话题、焦点、语调、语气等语用平面上的东西,离开了句子的句法基础,就失去了依据。比方说,人们常用语言单位易位变换的方法以强调焦点。

(23)你的书找到了没有?——找到了没有,你的书?

焦点"找到了没有"传递的是新信息(new information)。但离开了句子的句法基础,是无法形成焦点的。

西方语言学家对于语法学、语义学和语用学的理解也不一致。如C. Morries认为,语法学(syntax)不考虑符号的所指和运用,是对符号最为抽象的研究。语义学(semantics)包括语法学以及对所指的研究,但不包括运用。语用学(pragmailcs)则是对语言运用的研究,包括语法学和语义学。② Comrie认为,语法关系(主语、宾语等)、语义角色(施事、工具、受事等)、语用角色(焦点、话题、论述等)之间彼此独立而又有联系。③ 我们认为 C. Morries 的理解对三者并没有做出科学的界说。例如,汉语中许多积极修辞手法是以

---

① 赵元任:《汉语口语语法》,北京:商务印书馆,1979 年,第 52~53 页。
② JensAllwood:《语用学概观》,载《国外语言学》,1985 年第 1 期。
③ 廖秋忠:《"语言的共性与类型"述评》,载《国外语言学》,1984 年第 4 期。

语法为基础的,但修辞学毕竟研究的是修辞,不包括语法。所以语法、语义和语用虽有密切联系,但它们不能互相取代和包含。应该说,Comrie的看法则比较恰当地反映了三者之间的关系。

三

既然语法、语义、语用是三个独立的而又有联系的平面,语法是联系语义、语用的杠杆,那么,语法分析应该是句子分析的基础。

语法分析在于发现句子中结构形式所表示的结构意义。结构意义主要包括结构层次意义和结构关系意义。传统语法的句子成分分析法表示结构关系意义是用主谓、动宾、偏正等术语,但由于它离开了结构层次谈结构关系,所以对结构关系的分析往往不够准确。例如,对"他已经入了党"这句话的分析,"已经"是状语,"党"是宾语,同时挂到中心词"入"上边。其实,"已经入了党"的结构关系是有层次的,"入"与"党"先组合成动宾关系,然后"已经"和"入了党"组合成偏正关系。再如"厂长采纳了一项工人的建议"和"厂长采纳了一位工人的建议"这两句话,按照传统语法的分析,得出的句子成分是一样的,都是"主‖谓—定—定—宾"。其实它们的宾语是两个结构层次不同的成分。

(24) 一项工人的建议　　一位工人的建议

虽然结构意义与词的词汇意义,乃至整个句子的意义有一定关系,但决定结构意义的,"不是词的具体意义和句子的整个意义,而是语言结构的系统。各种语言的结构系统不同,所以各种语言的结构意义也不一样"①。通常所说的系统,包括两层意思:其一,它是由许多较小的单位组成的,其二,这些单位不是孤立的,它们互相联系,处在一定的关系之中。语法结构系统的特点,在于单位之间组合灵活多样,同时又有一定的规则来加以控制。在汉语中,一般说来,"名+动"是主谓关系,"动+名"是动宾关系。但是也有例

---

① 胡裕树:《有关句子分析的几个问题》,载日本《中国语》,1981年第1期。

外,当前边的单位具有区别性时,也可能构成偏正关系。如"粮食生产"、"学习文件"等。可见,动词的功能并不是单纯的。一类词与另一类词组合在一起所表示的结构意义可能不止一种。动宾关系也是相当复杂的一种关系。拿动词来说,有的动词压根儿不能带宾语(如泛滥、瘫痪、醒、微笑等),有的动词又非带宾语不可(如怀着、具有、认为、觉得等),有的动词可以带宾语也可以不带宾语(如看、想、喜欢、歌唱等)。能带宾语的动词,有的只能带名词性宾语,有的只能带非名词性宾语,有的两种宾语都能带。这反映了词类之间的搭配是具有选择性的。这种选择性不仅把不同的词类区别开来,而且在某一类词的内部可以找出它的次类(次范畴)来。这些都说明了语言的结构意义是在语言结构的系统中表现出来的,这又受着一定的结构规则的制约。语法学家的任务就在于不断地发现和总结这些结构规则。

句子结构分析的目的是为了确定句型。句型是从许许多多句子中抽象出来的结构类型,不同的句型决定不同的结构关系和结构层次。所以在归纳句型的时候,要排除语义关系。如:

(25)来客了!

(26)送客了!

"来客了"、"送客了"都是动宾关系,都是非主谓句,尽管两句中的"客",施受关系不同。但是,语义关系的分析对于析句又是不可缺少的。例(25)的"客"是施事,可以转换为主谓句。例(26)"客"是受事,则没有这种转换形式。

再如:

(27)我看过这部电影。

(28)我看过一部电影。

在归纳句型时,都确定为主谓句中的动宾谓语句,语义关系被排除了。但在析句时应该看到两句中的宾语有"有定"和"无定"的区别。所以例(27)宾语可以移到句首,转换为"这部电影我看过"。例(28)就不能说"一部电影我看过"。但如果再加个"有",改变为非主谓句"有一部电影我看过"又讲得通了。可见,语法分析不同于语义分析,但语义关系对语法结构关系的影响是不可忽视的。

在归纳句型时,还必须舍弃语用成分。如语气和语调:

(29)(a)他来了。(b)他来了吗？(c)他来了！

上面三句的语调和语气不同,它们的句类分别属于陈述句、疑问句和感叹句。但它们的结构层次和结构关系相同,都是主谓句。语气和语调对归纳句型不起作用;但对于语境,对于前后话语结构的影响是大不相同的。

又如全句修饰语、提示成分和独立成分等语用成分,它们附丽于句子,不能脱离句子而独立存在,它们是句子的特殊成分,也可以叫做"非句型成分",有些就是超层次成分,当然不能作为确定句型的依据。

(30)除了少数人之外,大家都赞成这个方案。
(31)祖国,漂泊异域的游子永远把她装在心里。
(32)看样子电话已经修通了。

例(30)"除了少数人之外"是全句修饰语,例(31)"祖国"是提示成分,例(32)"看样子"是独立成分,它们都可以舍掉上面三个句子,都是主谓句。当然,如果找出它们的下位句型,例(30)是动宾谓语句,例(31)是"把"字句,例(32)是动补谓语句。这些语用成分在归纳句型时舍弃掉了,但在分析句子时却不能忽略它们在句中的作用。

(33)他不得不过问这件事。
(34)连他也不过问这件事。

例(33)是双重否定的句式,例(34)"连……也"表示强调的口气,都是语用的格式,确定句型时可以舍去。当然,并不是任何语用成分在归纳句型时都要舍去,如话题就是:

(35)(a)我不认识这个字。(b)这个字我不认识。

例(35)(b)中的"这个字"作为话题突出来,是语用的变化。有人称它是"主语",其实这种主语不是语法平面的,是语用平面的。有的书上叫"话题主语",以别于句法上的主语,话题主语是根据语用的需要,根据说话人的意图而产生的。

可见,在句子分析时,分清了语用成分和非语用成分,有利于确定句子的格局。不过,句型是个系统。句型系统要通过句法分析才能完成。归纳句型的办法是从上位句型到下位句型依次确定。拿来一个句子,先看它是单句还是复句,如果是单句,再看它是主谓句还是非主谓句;如果是主谓句,就根据谓语的结构确定其类型。有的语法学家指出:"主谓句只根据谓语的构成成分划分动词谓语句的下位句型,不跟主语联系起来,有的句型就划分不出来。"①是的,主语的构成成分对谓语有一定的影响。不过,从汉语的实际情况来看,第一,主语一般代表旧信息,谓语一般代表新信息;第二,谓语比较复杂,主语则相对比较简单。主语代表新信息也是这样。如"谁来看过你了?"中的"谁"。可见,一般语法书以谓语来划分句型,还是有客观根据的。

诚然,句法分析也不是自足的。句法分析的基础是短语的层次分析和结构关系的分析。它必须联系语义分析和语用分析来说明句中复杂的语义关系和语用效能。比方说:

(36)(a)我吃完了饭。(b)我吃饱了饭。

这两句都是主谓句,层次和关系相同。从语用上看,(a)可变换为"饭被我吃完了",(b)却不能变换为"饭被我吃饱了"。从语义关系上看,"完"是说明"饭"的,"饱"是说明"我"的。又如:

(37)(a)他抽烟抽病了。(b)他抽烟抽足了。

(38)(a)他早就知道了。(b)他老早就知道了。

例(37)两句的句型相同,结构层次和关系也一样。但从语义上看,"病"是说明"他"的,"足"是说明"抽"的。例(38)两句的句型、结构层次和关系相同,但"老早"可以提到句话,而"早"却不能。这说明二者的语用效能并不相同。

要完成析句的全部任务,语法分析必须和语义分析、语用分析联系起来。可是,语义关系和语用效能的发现,又只能依赖于语法分析,只能在语法分析的基础上进行。换句话说,句中语义关系和语用效能的发现,必须从结构上、语言材料的句法功能上以及词语的选择性上加以说明。

词语的选择性有不同的性质。吕叔湘先生说:"讲到语素和结构的选择性,必须区别语法上的选择和语汇上的选择。比如'甜'所属的类和'星'所属的类是可以组合的,'吃'所属的类和'床'所属的类也是可以组合的,咱们不听见有人说'甜星'或者'吃床',那是因为受语汇意义的限制。"②语法上的选

---

① 饶长溶:《谈谈胡裕树主编〈现代汉语〉(修订本)的析句方法》,载《语法研究和探索》第一集,北京:北京大学出版社,1983年,第252页。

② 吕叔湘:《语言和语言学》,载《语文学习》,1958年2月号。

择性涉及次范畴与次范畴的搭配问题。比方说,动词加上宾语构成动宾关系,但不同次类的动词带不同类型的宾语是有一定的选择限制的。如"给、送、赔、赚"这类动词可以带双宾语,"禁止、主张、觉得、认为、加以、进行"这类动词可以带非名词性宾语。词汇上的选择性,受到词义范围的制约,同时又常常以有指称可能为根据。"小王吃石头","吃"与"石头"不能搭配,如果有所指,在一定语境中也是能搭配的,如"我梦见小王吃石头"。过去有些人在讲词语搭配不当时,往往把语法上的搭配和词汇上的搭配混在一起。其实,语法上的搭配是语法问题,词汇上的搭配往往是语义问题。当然,相当重要的一个原因,是对汉语中词的次范畴研究不够,人们就不容易分清哪些是属于次范畴之间的搭配问题,哪些是受词义选择的制约。

通过以上分析可以看到,分析句子跟理解句子并不完全相同。分析句子的目的是归纳句子格局,理解句子的目的是掌握句子的具体意义。所以,理解句子时,语法平面、语义平面和语用平面是同时进行的,而分析句子虽然要结合语义分析、语用分析,但必须以语法分析为主。

关于句型的确定①

析句的目的是为了建立一个科学而实用的句型系统。对此,近几年来我国语法学界已经予以重视。但究竟如何归纳句型、确定句型、建立句型系统,无论在理论上还是在实际运用上还存在较大的分歧。进一步探讨这方面的问题,对于建立科学的汉语语法学体系,改进语法教学,无疑是有重要的意义。

一

什么是句型?简言之,句型是以全体句子为对象进行分类的句子的结构类型(type of sentence)。句子分析的目的,并不能满足于找句子成分。而是要弄清句子结构的格局,从而归纳出一种语言的句型系统。乔姆斯基(N. Chomsky)说:"语言学家的任务是制造一种装置(称为语法),假定事先已经以某种方式提供出一种语言的一些句子,这种装置就能生成该语言的所有合语法的句子。"②我们认为,句型是客观存在的,语言学家的任务是描写、揭示句型系统,而不是去"制造"句型系统。但乔氏提出的"生成"(generate)的概念,在归纳句型时可以借用、可以想象的日常交际活动中使用的具体的句子何止千万,其语义和语用效能也千变万化。但如果能以全体句子为对象,对它们结构上的共同之点加以概括、归纳,便会发现一种语言的基本结构类型

---

① 原载《松辽学刊》,1987年第1期。与陈炯先生合作。
② [美]乔姆斯基:《句法结构》,北京:商务印书馆,1979年,第86页。

总是有限的。人们掌握了这些基本句型,掌握了一定数量的词,就能造出许多具体的句子,包括从来没有听到过的句子。

近几年来汉语语法界之所以重视句型研究,是因为科学地揭示汉语的句型系统,不仅对加深汉语本身句子结构的规律的认识有重要作用,而且对把汉语作为外语教学以及其他语言进行比较研究,乃至于机器翻译、人机对话等现代化语言研究,也有很大的帮助。不少语法学家试图建立汉语的句型系统,并取得了一定的成绩。然而如何确定句型,归纳句型系统,有一些问题尚须进一步探讨。

有的语法论著往往把句型、句类、句式等同起来,其实它们之间虽有一定的联系,却有很大的区别。

先看句型和句类,句型是结构上的类别,区分句型的依据是结构,句类(Kinds of sentence)是句子功能上(交际单位)的类别,句类的区分,不是以结构为标准,而是以语气为标准,前者是语法的(grammatical),后者是语用的(pragmatical)。分清句型和句类这两个不同的概念,有助于对语法现象的说明,当然,它们之间有区别,也有联系。比方说,不同的句类可以属于同一句型:

(1)他来了。
(2)他来了!
(3)他来了?

这几句话语气各不相同,属于不同的句类:例(1)是陈述句,例(2)是感叹句,例(3)是疑问句,但都属于同一句型,即主谓句中的动词谓语句。同一句类的句子也可以属于不同的句型:

(4)谁?
(5)你找谁?
(6)谁最高?

这几句都是疑问句,但从句型来看,例(4)是非主谓句,例(5)(6)是主谓句,其中例(5)是动宾谓语句,例(6)是形容词谓语句。

有人说,疑问句划分的根据也是按照结构。如"谁来了?"划为特指问句,"他来了吗?"划为是非问句。"你去不去?"划为正反问句,等等,是根据结构特征"谁"(疑问代词)"吗"(疑问语气词)"去不去"(动词肯定否定重叠)等划分的。其实,特指问句、是非问句、正反问句等是根据焦点(疑问点)所分的类别,焦点(focus)是属于语用上的东西,与结构平面上的划分根据是属于两个平面的。从结构上看,这几句仍然属于同一句型,即主谓句中的动词谓语句。

再看句型与句式。有的语法论著把"被"字句、"把"字句、"对"字句存现句等叫做句型。其实这些句子的类别是句式。它们与句型是有区别的。句型是以全体句子为对象进行分类的句子结构类型,句式只是根据部分句子在表达上的特点加以归纳的结果。句型概括了所有的句子,包括未出现的句子;归纳句型,应该也可能建立一种语言的句型系统。句式(如"把"字句、"被"字句等)概括的对象只是部分句子,而不是全体句子;归纳句式,并不能建立一种语言的句型系统。正如词汇中的词可以分为单音词、多音词,又可以分为单纯词与合成词,这是以全体词为对象的两种类别。至于同义词、反义词等的划分则是以部分词为对象的概括。

句式与句型,既有区别,又有一定的联系。比方说,"把"字句、"被"字句可以属于不同句型:

(7)他把这本书还给我。(动宾谓语句)
(8)他把门关得紧紧的。(动补谓语句)
(9)他被汽车轧断了腿。(动宾谓语句)
(10)我的手被他打伤了。(动补谓语句)

但是"把"字句有强调受事宾语的作用,"被"字句有强调受事主语的作用,这又属于语用上的部分。"把"字句、"被"字句影响到后面的动词(一般是及物动词),使得动词后面带有连带成分,这就与句型有密切的关系。再如"把"字句、"被"字句,往往是动宾谓语句(有的是双宾语句)转换而来的,这当然也与句型系统的联系有关。但"把"字句、"被"字句毕竟只是一种句式,而不是结构上一种新的句型。

可见,分清句型、句类和句式这些不同的概念,有助于对汉语语法现象的科学认识,有助于对汉语句型系统的科学认识。这实质上还涉及确定句型是采用单一的结构标准还是多种标准的问题。我们认为,只有坚持以全体句子为对象;从结构上划分句型,才能建立科学的、简明的、实用的句型系统。如果把从结构上划分出来的句型(如主谓句、非主谓句等),与从语气上划分出来的句类(如陈述句、祈使句、疑问句、感叹句等),与表达特点上划分出来的句式(如"把"字句、"被"字句等)等同起来,混为一谈,统统叫做"句型",不仅混淆了语法、语义、语用这三个不同的平面,而且划分的结果必然是相互交叉,无法形成一个比较科学而简明的句型系统。坚持区分语法、语义和语用这三个平面,从结构出发归纳句型,不仅不排斥而且有助于从语气或表达特征上来描写汉语中的句类和句式。

二

在分析句子乃至归纳句型的过程中,我们深切地感到,构成句子的因素是多方面的。其中有语法的,也有语义的和语用的,并不是句子中所有的因素都对句型有影响。在归纳句型时,应该排除不影响句型的因素,才能使句型的面目清楚地显示出来。这里有两项工作是必不可少的。一、确定句型成分,排除非句型成分;二、确定结构格局,排除语用因素的影响。

句子中的修饰成分和独立成分是非句型成分。一般说来,它们在句型归纳中是没有任何地位的。

修饰成分指的是定语和状语。除了少数例外,带有修饰成分的偏正短语,它的功能相等于这个短语的中心语。① 这就说明语言结构具有"递归性"(recursive)。有了这种递归性,基本结构里的成分就可以扩展成非常复杂的结构,但作用仍然等于原先的那个成分。可见,定语、状语这些句法成分的增加,并没有改变句子的格局,例如:

(11)a 霓虹灯亮了。
　　 b 红色的霓虹灯亮了。
　　 c 马路对面的红色的霓虹灯亮了。
(12)a 我看了一部电影。
　　 b 我在光明电影院看了一部电影。
　　 c 我昨天在光明电影院看了一部电影。

例(11)(12)两例中,bc 是 a 的扩展形式,不同的是例(11)是主语的扩展,例(12)是谓语的扩展,扩展后与扩展前,功能完全相同,定语和状语还可以继续

---

① 像"中国的解放"、"态度的坦白"一类结构的功能与中心语是不同的。

扩展下去,但不管扩展得如何复杂,它的功能还是等于原来的中心语,正因为有了递归性,"语言才富有组合上的弹性,能随表达的需要而屈伸自如"。① 这样,尽管定语、状语可以不断地扩展,但句子的格局并没有变化,扩展并不影响句型,这正是因为定语、状语是非句型成分的缘故。

全句修饰语,又称"句首状语",也是一种扩展形式,也是非句型成分,如:

(13)关于这个问题,我们已经研究过了。
(14)昨天他到上海去了。

这正如胡附、文炼先生所指出的,"词用在语句中,可以被功能相同的词组所替换","这种可以互相替换的功能单位,在确定句型时不起区别作用,否则,我们的替换只能在同长度的范围内进行了"。②

增添也不影响句型。独立成分,如呼语、插入语等,在句中跟别的成分不发生结构上的关系,它们的位置又相当灵活,是非句型成分。如:

(15)老张,咱们看电影去。
(16)思想问题,同志们,是必须解决的。
(17)你看,这孩子的嘴多巧。
(18)啊呀,你长得多结实!
(19)风拥着浪花不停地向堤上猛扑,刷——,刷——,刷——。

有的语法论著把以上的句子归入"带独立语的句型"之中,其实,独立成分的存在与否,并不影响句子的结构格局。只是在表达上具有一定的作用,它是个语用成分。正因为在结构上没有什么关系,所以在归纳句型时当然就不能予以考虑。

提示成分也是如此。

(20)祖国,这是一个非常庄严的字眼。
(21)他永远活在我们的心里,敬爱的周总理。

把提示成分提出来,将代词放在它原来的位置上来指称它,目的是为了强调和突出提示成分,以引起注意。这也是一种语用成分,在表达上有一定的作

---

① 叶蜚声、徐通锵:《语言学纲要》,北京:北京大学出版社,1981年,第115页。
② 胡附、文炼:《句子分析漫谈》,载《中国语文》,1982年第3期。

用,在结构上也是非句型成分。归纳句型时,也是没有地位的。

确定句子的结构格局,要排除语用因素的影响,提示成分、独立成分都是语用成分,应该加以排除。除此之外,语用上的变换语序,不改变句子的结构类型,也不影响句型的归纳。这里所说的变换语序,是在交际和交流思想的过程中,说话人根据表达的需要把线性加以变化。这种语用上的线性变化,只是增加了若干色彩,并不改变句子的结构格局。

(22)多么好,祖国!
(23)他只管攀登,在无限风光之间。

这两例一般称为"易位句"。例(22)把主语移后,例(23)把修饰语(状语)移后。这些都是根据语用的要求而变换的。例(22)(23)变换与否却是主谓句,前者是形容词谓语句,后者是动词谓语句。

对下列句子中的语用变换,如何确定句型是有争议的。

(24)我哪儿都不去。
(25)县委书记一点架子也没有。
(26)我电影也爱看,话剧也爱看,所有的艺术样式都喜欢看。

有人认为,例(24)到(26)是主谓谓语句,即谓语"哪儿都不去"、"一点架子也没有"等是主谓短语。我们认为,它们仍是主谓句中的动宾谓语句。因为,这些句子虽然语序起了变化,但这种变化不是语义的,也不是语法的,而是语用的。宾语却有遍指的意思,是被强调的。从语言的层次和线性看,一句话只有先划分主谓之后,才能找出宾语,宾语是谓语部分的成分。它不出现在主语的前边,却可以出现在动词的前边。如果语序变换不是语用的,而是语法的,就会影响到句子的格局。

句型是从具体的句子归纳出来的,但有些句子包含了省略或隐含的因素。王维贤先生指出,汉语有三个不同层次的省略:意念上的省略、结构上的省略、交际上的省略,这三种省略分别属于语言的语义、语法、语用三个不同平面。单纯意念上的省略属于语义学范围,同语法结构分析没有直接联系;结构省略是一种"隐含"而不是省略;交际省略限于可以由上下文明确补充的成分。① 从归纳句型来说,省略不影响句型。

(27)我也做过这种工作,不算太难。

(28)展望未来,我们对前途充满信心。

例(27)第二分句的主语"这种工作"承前一分句的宾语而省略;例(28)前一分句的主语"我们"蒙后省略了。这两句中的省略都是交际上的省略。交际上的省略既然是语用上的省略,一离开特定的语言环境就不成为句子。而且这种省略是有条件的,可以补出来,因此也谈不上改变原来的句型。

隐含是个很有用的概念。它对于理解和分析句子有一定的帮助。例如:

(29)他要求参加。

(30)他要求放他走。

吕叔湘先生在《汉语语法分析问题》中指出,例(29)"参加"之前隐含着"他",例(30)"放"之前隐含着"别人"。隐含不同于省略,必须可以添补的才叫"省略"。例(29)(30)中的"他"和"别人",实际上不可能出现,故只能说隐含而不能说省略。② 既然如此,隐含当然也不影响句型的归纳。

三

确定句型的依据是结构,句子的结构特点是线性的、层次的、关系的。所以,归纳句型及贯彻结构标准,除了要舍去非句型因素外,还必须具有线性的观念、层次的观念、关系的观念。

自1898年《马氏文通》问世以来,我国语法学界流行的是传统语法的析句方法。20世纪50年代,《汉语知识》虽然对传统语法的析句方法作了一定的改革。但采用的基本上还是传统的句子成分分析法,即中心词分析法。这本书说:"主语、谓语、宾语、补语、定语、状语这些句子成分互相配合,产生多种多样的句子的格式。如'主语‖谓语—宾语'是一种格式。'主语‖状语—谓语'是另一种格式。"③它一共把句子分为三类18式,还有

---

① 王维贤:《说"省略"》,载《中国语文》,1985年第6期。
② 吕叔湘:《汉语语法分析问题》,北京:商务印书馆,1979年,第67～88页。
③ 《汉语知识》,北京:人民教育出版社,1962年,第146页。

多种多样的扩充式。这些是按照主、谓、宾、补、定、状这些成分的配置情况来说明句子的格局(句型)的,这种方法的缺点是只有线性观念,混淆了句子成分与句法成分(词组成分)的质的区别。它把主、谓、宾、补、定、状看作处于同一平面,认为每增加一个句法成分(如定语、状语等),就会形成一种新的句型。这样发展下去,句型的数目将会多得难以计算。这自然不利于掌握语言的规律。

归纳句型应着眼于运用语言的生成能力。人们掌握数目有限的句型,就能生成数目无限的具体的句子来。因为这些数目有限的句型是一个有联系的系统,而不是各不相干的一盘散沙。哈利迪(Helliday)说:"模式采取的形式是相似事件的重复。不论抽象程度如何,相似性无疑是个渐进系,其范围一头是'处处相同',一头是'毫无共同之处'。"①句型系统是有层级的确定应有科学的依据,而不是处于同一平面的许多句型的堆积,"次等类的系统使描写能够停留在高度抽象的水平上去反映选择的范围在每一步、每一次提高细度的更细区分"。② 从理论上讲,句型系统可按上位句型到下位句型一层一层地划分下去。但是应该按照实用的要求来描写,描写到某一个层级。总之,理想的句型系统应该是:

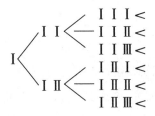

用成分配置法形成的是并列形式的句型,不是一个渐进系,并不能形成上面所标示的句型系统。采用从上位到下位的方法确定句型,可以科学地揭示某种语言句型系统。

目前,我国语法学界对于如何科学地揭示汉语的句型系统,正在进行探索。这里,介绍一下胡裕树先生主编的《现代汉语(增订本)》的句型系统:

---

① Helliday:《Categories of the theory of Grammar》,word Vol17,No3,1961。
② Helliday:《Categories of the theory of Grammar》,word Vol17,No3,1961。

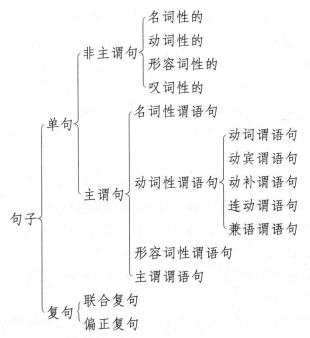

其要点是:

(一)句子分析是为了确定句型,而不仅仅是为了找句子成分。换句话说,找成分不是目的,而是为了确定句型服务的。

(二)句型是层层确定的:方法是从上位句型到下位句型。拿一个句子来说,先确定它是单句还是复句。如果是单句,再确定它是主谓句还是非主谓句;如果是主谓句,再根据谓语的结构来确定它的类型。

(三)每一层次的句型,都有它所特有的组成部分。如复句的组成部分是分句,主谓句的组成部分是主语和谓语,等等。

(四)语气、语调、增添、扩展、省略等不影响句型的确定。

有人问:析句要把句子分析得很细致,这样的分析不是太简单了吗?

我们认为,析句的目的不是找句子成分,而是归纳句型。归纳句型、建立句型系统的目的,是为了科学地掌握语言结构的规律,有效地指导人们的语言实践。正如胡裕树先生所指出的:"归纳句型,是着眼于'生成'的能力,而不是着眼于不必要的细致的描写。把一个句子先分成许多最小的单位,然后层层归纳。描写是细致的,可不一定是必要的,因为距离'生成'的目的还远。"①传统的成分分析法虽然分析得具体、细致,但并不能建立科学而简明的句型系统,而归纳句型、建立简明科学的句型系统,则可以收到以简驭繁、以一当十的效果。何况,必要时,还可以用句法分析(词组分析)作为对句子分析的补充,进一步寻求词语间的结构关系。不过,句子分析与句法分析毕竟是两种性质不同的分析,我们不能把句子成分和句法成分混为一谈。

有人问:主谓句为什么要根据谓语的类型来确定下位句型,为什么不从主语方面来分类呢?

第一,从语义信息的传达看,主语一般代表已知信息,即旧信息(old information),谓语一般代表未知信息,即新信息(new information),划分主谓句的下位句型,不考虑信息的传递。第二,从句子的语义结构看,谓语的语义结构比较重要。拿动词谓语句而言,动词是语义结构的核心,谓语动词对其他内层结构成分有选择性,它能反映句子结构的特点,它对句意的表达和句型的形成有至关重要的作用。第三,从句法结构来看,谓语比较复杂,而主语则相对比较简单。当然,主语有时也可能代表新信息,但其结构一般都相当简单。如"谁拿走了我的书"中的"谁"就是。可见,根据谓语的结构来划分主谓句的下位句型,还是有客观根据的。

有人问:主谓句根据谓语中心的词性,分出动词性谓语句、形容词性谓语句、名词性谓语句,怎么又单独列出一类主谓谓语句呢?

主谓谓语句是汉语中比较特殊的语言现象,是汉语的一个特点。一般说来,它是由动词谓语句或形容词谓语句变换而来的。但是,主谓谓语句的主语含有话题(topic)性质,所以有人叫"话题主语"。严格地说,话题主语就是话题,不是语法上的,而是语用上的,是根据说话人的态度而产生的。近几年来,西方有些学者以及我国台湾的一些学者(如汤廷池、曹逢甫等)认为,汉语与西方语言的重要区别之一是,汉语是"趋向以言谈为中心的语言"、"话题居显明地位的语言"。当然,他们的一些看法也有可商榷之处,但主谓谓语句的确是汉语中一种比较特殊的句型,它也是依据谓语的结构划分出来的,把它独立出来与名词谓语句、动词谓语句、形容词谓语句并列,有助于认识汉语句型系统的特点。

有人问:谓语动词是语义结构的核心。谓语动词的内层成分与句子的相

---

① 胡裕树:《有关句子分析的几个问题》,载日本《中国语》,1981年第1期。

关性程度较高,那么从上位句型到下位句型的层层确定的方法,似乎是从外层到内层,越内层越不重要,这是否是自相矛盾?

这是一种误解。从上位句型到下位句型,这是分析句子的步骤,目的是为了归纳。建立有层级的句型系统,并不是意味着谓语部分(特别是谓语动词)不重要,也不说明下位句型不重要。步骤问题是个先后问题,不是个主次问题或轻重问题。当然,这里也涉及对句型系统的理解问题,有的提出首先找出中心,然后上排下连,形成一个辐辏式的结构,这必然模糊了句子的层次关系。有的提出,把核心的内层成分和外层成分一举并列进行描写,是不能形成一个有层级的句型系统的。句型是个渐进系,描写和分类从上位开始,更加有利于揭示下位句型的结构特征。因为越是分析到下位,句子的结构特征越显得充分,相反,如果把外层成分和内层成分并举同时进行描写,不仅句子分析不容易分析得准确,往往可能出错,而且还可能模糊句子的基本格局的轮廓,难以建立科学而简明的句型系统。

句子分析和句法分析的区别与联系[①]

我国语法学界对要不要区分句子分析和句法分析(词组分析)、要不要区分句子成分和句法成分(词组成分),持有不同看法。我们认为,句子分析和句法分析是性质完全不同的两种分析;正确区分它们的不同,并把句子分析与归纳句型紧密结合起来,是汉语析句方法上的一项改革。

一

要认识句子分析和句法分析(词组分析)的不同性质,首先须明确句子和词组是两个不同的概念、两种不同性质的语法单位。

许多语法书上都认为,句子是语言的动态单位,是语言的基本使用单位;词组是语言的静态单位,是语言的基本构件,是语言的备用单位。这说明句子可以用来表达思想,传递信息;词组却只能表达某种概念,不能用来表达思想,传递信息。所谓"备用单位"和"使用单位"还反映了词组是句子的建筑材料,它往往是句子的一个组成部分,而句子则是建筑材料组装的成品,它在结构上具有独立性和不被包含性的特点。

诚然,有些句子就是由一个词或者一个简单的词组构成的。它们之所以能成为句子用来交流思想,是因为适应了具体环境中的交际需要,与客观现实有了特定的联系,具有特定的内容。孤立的一个词或词组如果不具有这种表述性特点,就不能起到交流思想的作用。

[①] 原载《齐鲁学刊》,1987 年第 3 期。与陈炯先生合作。

句子的表述性和特点，往往体现在语调上。因而有人认为，词或词组加上一定的语调就是句子。这种认识把词组和句子的质的差别，理解得过于简单化了。句子和词组相比，除了多出语调之外，还有些什么呢？

文炼先生指出："从抽象句子的角度看，句子是形式和意义（狭义的）统一体，可以认为，全句意义之外不能再有所谓'内容'。从具体句子的角度看，可以认为句子存在着形式（form），意义（meaning）和内容（content）的'三位一体'（trinity）。"①具体的句子在使用过程中同一定的语境相联系，它有所指称，其指称意义有人称之为内容。词和词组不直接与客观现实相联系，它们没有指称意义，没有内容。如"他"有第三者义，但作为具体句子的"他！"，不但有第三者义，还具体指某个人。又如"今天星期日"这个句子，它有确定的含义，一年之中，我们可以把这个句子使用50几次，每次的内容都不相同。②内容是说话环境给句子所增加的意义，它不等于词义，也不等于词义的简单相加。这是词和词组所不具有的，它只能存在于具体的句子中。

除了内容这个指称意义外，句子还具有社会文化意义、联想意义和暗示意义。这也是词组所不可能有的。如近年常有人说："我们要向前看。"这在平反冤假错案时，带有丢弃前嫌、团结前进的意思。它是前几年所加的社会文化意义。但对于那些沉浸在蝇头小利之中、眼光狭隘的人来说，可能通过"钱"、"前"谐音，产生了联想意义。而对于那些从事思想教育工作的人来说，这句话又具有规劝、提醒的暗示意义。这些意义有时是重合在一起的。不过，"联想的主动权在接受信息的方面"。③

大家知道，句子和词组都有线性的特点，但线性变换的特点是句子所特有的。词组线性变化，要影响到意义和结构关系的变化。例如"歌唱工人"和"工人歌唱"，不仅由动宾词组转变为主谓词组，词组的意思也有了根本的不同。句子在语用上的线性变换，基本意思和结构关系均不改变。如：

(1) 你怎么了？

　　　怎么了，你？

(2) 河边上有许多红的、黄的石子儿。

---

① 文炼：《关于句子的意义和内容》，载《语文研究》，1984年第1期。
② 文炼、允贻：《歧义问题》，哈尔滨：黑龙江人民出版社，1985年，第2～3页。
③ 文炼、允贻：《歧义问题》，哈尔滨：黑龙江人民出版社，1985年，第27页。

河边上有许多石子儿,红的、黄的。

例(1),通过线性变换,把谓语"怎么了"移到主语"你"的前边,这是为了强调谓语"怎么了"。例(2)中,修饰语(定语)"红的、黄的"移到中心语"石子儿"的后边,也是为了强调定语。这种线性变换是属于句子的,在词组中不可能找到。这种变换也并不改变句子的基本格局(句型)。

大家知道,词组和句子都具有层次性。但是在句子的层次结构中,可以有超层次的成分,这也是词组所没有的。例如:

(3)树上的黄莺儿,你看,叫得多好!
(4)据说他准备写一部关于工厂改革技术的长篇小说。
(5)刘胡兰烈士,我们永远怀念她。
(6)童年,这是多么美好的时光啊!

例(3)中的"你看"及例(4)中的"据说",都是独立成分。它们不与句中的其他成分发生结构上的关系,是句子的特殊成分。它们只出现在句中,不可能成为词组的组成部分。例(5)中的"刘胡兰烈士"及例(6)中的"童年",都是提示成分,也是句子的特殊成分。这是由于语用上的需要,把句子中的某个成分提示出来,而用代词在句中填补它原有的位置,它不属于主语或谓语的组成部分。它也是只出现在句中,而不出现在词组中。

从另一方面看,也不是任何词组都可以通过加上语调变成句子的。词组中有自由词组,也有粘着词组。自由词组可以独立成句;粘着词组只能成为句子的一部分,不能独立成句。介宾词组一般都是粘着词组。如"在共产党的领导下"、"当祖国需要的时候"、"关于你的问题"等。主谓词组中间加"的"也会转化成粘着词组。如"你的来"、"他的死"、"工人的搬运"等。动宾词组中间加"的"或"了"也会转化成粘着词组。如"吃了东西"、"吃的东西"等。其他如"总而言之"、"综上所述"等也是粘着词组。这些粘着词组不可能加上语调变成句子。

通过以上分析可以看出,句子和词组是两个不同性质的概念,当然就不能用词组分析(句法分析)来代替句子分析。

二

不能以词组分析(句法分析)来代替句子分析,不仅因为词组和句子是两种不同性质的语言单位,还因为词组分析和句子分析是两种不同性质的分析。

句子分析和句法分析的对象和目的各不一样。前者的对象是句子,目的是归纳句型。后者的对象是词组,目的是分清不同层次中组合成分之间的结构关系,并了解其功能。关于句子分析,胡裕树先生曾指出:"实际上句子成分的划分、配置不是句子的终极目的,句子的语法分析是要找出系统的、全面的句子结构的格局、模式以及它们的变化,它们之间的联系,以揭示语法的规律。"[①]这里有几点值得注意。

长期以来,我国语法教学在分析句子时,一直是划分句子成分(多数是主语、谓语、宾语、补语、定语、状语六大成分)。这种分析是不够的,不能给它们贴上成分标签就完事。这种"贴标签"式的句子分析法,出力很大,收效甚微。学习者普遍感到学了无用,在指导人们的语言实践上,范围相当狭窄。它不仅把一个句子搞得支离破碎,而且完全是一种静止的、孤立的分析,没有把这种句子的结构规律、变化和活动的规律分析出来,这就不可能激发起学习的兴趣,以致使这门本来是应该密切联系人们语言实际的科学,不能够有效地发挥它应有的作用和威力。句子分析找出句型,对指导人们的语言实践很有作用。句子是无限的,句型却是有限的。掌握了句型就有助于理解无数个具体的句子,提高人们分析语言的能力,有助于生成无数个具体的句子,提高人们运用语言的能力。当然,从理解和生成句子的过程中,又可以把语言的句型系统不断地丰富和完善起来。

我们所说的句型(types of sentence)是指句子结构的格局和模式,即结构类型,不是指句类(kinds of sentence)。句类是句子的交际功能的类别,如陈述句、疑问句、祈使句等,是按句子的语气来分类的。当然,句型和句类有一定的联系,但两者毕竟不是一码事,不能混淆。句型是语法的,句类是语用的。

---

① 胡裕树:《有关句子分析的几个问题》,载日本《中国语》,1981年第1期。

既然句子和词组是两个不同性质的单位,那么句子成分和句法成分(词组成分)属于两个不同平面上的东西。在析句中严格区分它们的性质是完全必要的。吕叔湘先生说,撇开语调和在句子身上的"零碎"(包括连词和其他关联词语、评注性的词语、语助词以及叹词、呼语词等),"单就句子本身来分析,它的直接成分也只有主语和谓语这两样。宾、补、定、状不是句子的成分,只是句子成分的成分,离开句子没有主语、谓语,离开了句子仍然有宾、补、定、状。有名词就可以有定语,有动词就可以有宾语、补语、状语。不正是这样吗?"[①]这便是说,第一,分析句子就必须撇开语调和挂在句子上的"零碎"。因为语调和这些"零碎"是句子特有的,而在词组中是没有的,所以句法分析可以直接找其组成部分及其关系,句子分析则必须撇开它们才能找到句中的直接组成部分——主语、谓语。第二,分析句子必须区分句子成分和句法成分。在主谓句中,句子的直接成分只有主语和谓语,它们不能离开句子而存在;宾、补、定、状是句子成分的成分,即词组的成分,它可以离开句子而存在。

既然句子分析的目的是为了归纳句型,那么在归纳句型时撇开那些非句型成分是十分必要的。从句子本身来看,除了语气、语调、关联词语外,像独立成分(如呼语、感叹语、评注性词语等)、提示成分是超层次的成分,它们都是非句型成分。

(7)啊呀,天,你长得多结实啊!

(8)看起来,连你也不认识他。

分析句子时,例(7)先去掉语词"啊"、语调"!"和表示感叹的独立成分"啊呀,天",再找出句子的直接成分"你"(主语)"长得多结实"(谓语),确定它是主谓句。例(8)去掉语调"。"关联词"连……也"和表示估计的独立成分"看起来",再找出句子的直接成分"你"(主语)"不认识他"(谓语),确定它是主谓句。

从词语的组合来看,词语的组合关系也很不一样。像主谓词组、动宾词组、后补词组以及偏正词组都是只有两项的封闭式词组。联合词组,是开放式词组。它可以任意的平行扩展,不管如何扩展,它总是组合成分的等价物,因而在归纳句型时,只需要以某一组合成分来归纳其下位句型。

(9)他高高的个子,大大的眼睛。

---

① 吕叔湘:《汉语语法分析问题》,北京:商务印书馆,1979年,第62页。

(10)她聪明而美丽。

(11)这孩子又笑又闹。

以上三例都是主谓句。归纳其下位句型时,只根据它的某个组成部分的功能定其句型。例(9)是名词谓语句,例(10)是形容词谓语句,例(11)是动词谓语句。

偏正词组从组合成分来看是两项,但它可任意添加,即多层次的扩展。如果把每增加一个定语或状语就认为是增加了一种新的句型,那么,句型就会无限制的膨胀,归纳句型也会成一句空话。偏正词组是一种向心结构,不管多层次地扩展得如何复杂,总是中心成分的等价物。因而偏正词组就可以以其中心成分定其下位句型。如:

(12)这张桌子三条腿。

(13)他真勇敢!

(14)雨不停地下着。

以上三例,例(12)是名词谓语句,例(13)是形容词谓语句,例(14)是动词谓语句。

当然,"把"字句、"被"字句是特殊情况。尽管"把"、"被"这两个介词组合的介宾短语进入句子,往往处于状语的地位,但这种介宾短语的存在,对动词及其连带成分有直接影响和限制,所以"把"字句、"被"字句作为特殊的句型是有道理的。

这样,主谓词组、动宾词组、后补词组由于功能上的不同,很显然,它们都是句型成分,在归纳主谓句的下位句型时,都以其不同的语法功能而显示其不同的句型特点。这里,动宾词组情况比较复杂。从结构上看,有的带双宾语,有的带单宾语;从功能上看,有的带名词性宾语,有的带非名词性宾语,这就可以进行更细致地描写和归纳。

兼语词组和连动词组是两种特殊的动词性词组。它们的组合成分之间没有常说的联合、偏正、动宾、后补等关系。它们一般都能扩展,但不是多层次或并列式扩展,而是延伸式扩展。兼语词组不管如何扩展,它只有动词、兼词、兼语的陈说部分三项,连动词组不管如何扩展,它的线性排列顺序是有强制性的,而且往往后一动作的出现就意味着前一动作的消失,传递新的信息。既然它们有自己的特殊性,把它们作为谓语的句子归入特殊句型也是适当的。

在主谓句中,尽管主语有时可以省略,但主语的功能不同,对谓语有直接影响。主语虽是不容忽视的成分,但在主谓句中,表述性往往由谓语来体现。从无数的主谓句中可以发现,虽然句型很有限,但比较起来,谓语却极为活跃并丰富多彩。句子的结构关系和语义关系的中心,往往由谓语结构内部反映出来。即不同谓语结构方式表现出不同格局的句型。所以,要掌握主谓句的下位类型,就必须抓住谓语这个关键。故据此可把现代汉语的主谓句的下位句型,分为名词性谓语句、动词性谓语句、形容词性谓语句、主谓谓语句等。这几类还可以进行再下位分类。例如,动词性谓语句又可以分为动词谓语句、动宾谓语句、动补谓语句等。

一般说来,主谓句找出谓语的基本结构,就可以归纳出句型。当然,归纳出句型并不等于完成了析句的全部任务,这就必须在语法分析的基础上进行语义分析和语用分析,把析句的三个平面有机地结合起来。

句子分析和句法分析是两种不同性质的分析,但又存在着十分密切的联系。一方面,句子分析要以句法分析为基础。如"天气好。"是主谓句,其结构关系是主谓关系;"好天气!"是非主谓句,其结构关系不是主谓关系。另一方面,句法分析又是句子分析的补充。如上所述,确定句型不等于完成了析句的全部任务,句子里复杂的语义关系必须通过进一步的句法分析加以明确。在确定句型之后,必要时可以把句中的片段抽出来作句法分析。如"桥上站着一个人。"是一个动宾词组作谓语的存现句。我们把谓语"站着一个人"抽出来作句法分析可以知道,这是个动宾词组,从宾语跟动词的关系来看,宾语是施事。宾语又是个偏正词组,定语"一个"表示是无定的。这样它就和其他的动宾谓语句区别开来了。

三

传统的语法析句方法繁琐零碎,不利于人们掌握语言的基本结构与规律,不能适应语文教学改革和科学技术迅速发展的要求,不能适应四化建设的要求。因此,对析句方法进行探索和改革是人心所向,大势所趋。

析句改革的一个重要方面就是要把句子分析和句法分析区别开来。句子分析应着眼于归纳句型。严格区分句子分析和句法分析,明确句子分析的目的是分析句型、建立句型,对于建立科学的汉语语法体系、提高语法的社会效用,无疑有重大意义。

进行句子分析的目的是要找出科学、简明、实用的句型系统。传统的析句法按照主、谓、宾、补、定、状的配置归纳句子的格局,由于强调词和句子成分的对当关系,一个多层次组合的句子往往被分解得支离破碎,不仅模糊了结构层次,而且往往歪曲了结构关系。现在有人试图用句法分析来代替句子分析,看来是重视了词组的作用,注意了组合的层次性,但因为不去自觉地归纳句型,效果仍很有限。这实际上是在传统析句法的内容上贴上几张新鲜的装潢罢了。

进行句子分析,一方面要看到句型之间的相互联系和转化的关系。如有的主谓谓语句("这事情,阿Q后来才知道。")和动宾谓语句("阿Q后来才知道这事情。")关系相当密切,在一定条件下可以互相转化。动宾谓语句("我们消灭了进攻的敌人。")和"把"字句("我们把进攻的敌人消灭了。"),主谓句("干菜好香!")和非主谓句("好香的干菜!")等,都有这种互相转化关系。另一方面要看到每一个句型的种种变化形式。如加接和省并就是两种常见的句子变化的方法。"他给我钱花"是双宾语句和兼语句加接的形式。"他给不给我钱?"是双宾语句肯定与否定省并的形式。

《马氏文通》问世已近90年。前50年,我国语法学家重视句法研究,探讨汉语的句法特点。新中国成立后,人们开始探讨汉语独特的词法内容,重视词法的研究。以后又逐步把重心转向句法。近几年来,许多专家都深切地认识到,改革析句方法必须把句型研究放到析句的重要位置上来。汉语语法研究重点的不断变迁,反映了我国语法学家对汉语语法体系认识的深化。我们相信:经过大家的努力奋斗,汉语的句型系统一定会被发现和建立起来,一个科学、简明而实用的句型系统,会在不远的将来,由我国语法学家总结出来。

动词性宾语句与相关句型的选用[①]

一

句型是一个系统。这个系统是以句法结构为主的,是多层次的。不同的句型之间具有不同的结构和层级关系。每种句型都是独立存在,相对稳定。由于汉语本身的结构所具有的特点,相同的词语经过不同的加工、组合、配置就可以形成分属于不同句型的言语成品——句子。因而,不同的句型之间往往又是相通的。这样,句型之间(同层级的或者是不同层级的)往往是对应的,可以变换的。这就为我们的语言运用提供了优越的条件。我们可以根据不同的条件,通过选择和组合不同句型的句子来恰当地表达我们的思想感情。

分属于不同句型的同义句的选用,主要有两种方式,一种是成分的变换,一种是成分的隐现。

句法成分的变换,也有两种手段,一是语序的直接变化,二是依靠虚词来实现成分的移位。任何句子都以句法结构为基础,同时可以在语义上和语用上得到解释。不同句型的变换,反映了句法结构的变化,在语义上和语用上也能看出它变化的轨迹,看出它对句法结构产生的积极影响。在观察相关句型的变换时,进行句法、语义和语用的分析,不仅有助于我们正确理解、阐释和运用句子,而且还可以透过语义或语用对句法结构的影响,探求其发展变

[①] 原载《语法研究与探索》,第6辑,北京:语文出版社,1992年。

化的规律。

　　成分的隐现也是如此。隐含与省略是两个不同的概念,但是二者之间并非有一条不可逾越的鸿沟。在句法结构的发展变化中,似乎也可以看到它们之间的血缘关系。句法结构中的某些隐含成分,很可能就是从省略演化而来的。

　　动词谓语句是现代汉语主谓句中的一个较为复杂的子系统。其中,在动宾谓语句中,动词性宾语句和小句宾语句、兼语谓语句之间具有相当密切的关系。在一定条件下,可以通过语序的变换或成分的隐现,构成同义句。经过比较,可以看出其中既有句法的,也有语义的或语用的。从这个意义上说,变换和隐现既是语法分析的手段,也是语言表达方式上的一种适切的选择。

二

　　先谈变换。在动词性宾语句中,动宾短语作宾语是最为常见的一种。动宾短语作宾语的句子和小句作宾语的句子可以相互变换。

　　　　(1)知道怎么对付这件事——知道这件事怎么对付
　　　　(2)了解该怎样打这场球——了解这场球该怎样打
　　　　(3)懂得如何讲好这节课——懂得这节课如何讲好
　　　　(4)讨论做不做这项工作——讨论这项工作做不做
　　　　(5)论证建不建这项工程——论证这项工程建不建

两种句型对比,语义关系并没有改变,而是由于语用上的需要,为了强调动宾短语中的宾语,才变换为小句作宾语的。受事宾语提到小主语的位置,正是语用的要求才形成了这种结构关系上的变化。这两种句型都隐含着宾语的一个施事。在动宾短语作宾语的句子中,如果这个施事与全句主语是同一事物,就无须补出来;补出来反而显得冗赘。如果这个施事是与全句主语相对的另一事物,就必须补出来。如例(1)"我知道(我)怎么对付这件事"中,这个"我"无须补出。要是"我知道(他)怎么对付这件事",这个"他"必不可省。其他各例也是如此。但是小句宾语句的施事,不管是不是同一事物,均不能补出来,一旦补出来,不是不合乎语言运用的习惯,或听起来不顺当,就是产生歧义,可能引起误解。如例(4)、例(5)改为:

市委讨论市委这项工作做不做——市委讨论统战部这项工作做不做

建委论证建委这项工程建不建——建委论证水利局这项工程建不建

前者有语病,后者有歧义。一般说来,动宾短语作宾语的句子,宾语是有定的,往往是受事而不可能转化为施事,否则就和变换的语义相悖。如"我知道怎么对付你"就不能转化为"我知道你怎么对付"。

另外,这两种句型表达的行为都是尚未实现的,而且具有多种实现的可能性。这种未然性是由疑问形式的词语("怎么"、"怎样"、"如何"以及肯定否定重叠)语义制约所造成的。如果换成"为什么",则行为可能是已然的。

句型变换中还有另一种类型。在动宾短语作宾语的句子中,带宾语的动词如果是心理动词,宾语中的动词往往是非自主动词,宾语前面隐含着一个名词性成分。这个名词性成分可能是处所,也可能是人物。隐含处所的,表示某种状态,具有揣测衡度的情味。如:

(1)希望关着门——希望门关着

(2)感到退了潮——感到潮退了

(3)怀疑亮着灯——怀疑灯亮着

以上三例中,动宾短语宾语或变换成的小句宾语前面可以分别加上处所词("剧场"、"海边"、"楼下")作动宾短语或小句的状语。

隐含人物的,情况比较复杂。它可能是受事,也可能是领有或其他的语义关系。这与动词的非自主性有关。如:

(1)当心淋着雨——当心雨淋着

(2)担心闪了腰——担心腰闪了

(3)害怕误了这趟车——害怕这趟车误了

以上三例中,隐含的名词性成分可能是受事,如"当心(你)淋着雨","当心雨淋着(你)"。也可能是表示领有的。如"担心(他)闪了腰"、"担心(他)腰闪了"。动词表示的动作行为或者是未然的,或者是现实出现的与原意相反的情况。动作行为没有实现的,正是表达者所期望的,动作行为实现了,却不是表达者所期望的。表达者所期望的正是"没有淋雨"、"没有闪腰"、"没有误车"。

动宾短语作宾语的句子和小句作宾语的句子的变换,取决于动词次范畴的不同功能类别。决定性的因素有的来自带宾语的动词,有的来自作宾语的动词。动词在语义上对所带的宾语有特定的要求和制约,就形成了动词和宾语的不同关系,也形成了全句主语和小句主语的不同关系。

前面的两组句子构成的变换的条件,就在于作宾语的动词。不论是自主动词还是非自主动词,动宾短语都是通过提前宾语转换成小句的。这与谓语动词的关系不大。因而,全句主语和小句主语的关系就形成了多种形式。

三

再说隐现。动宾短语作宾语的句子和小句作宾语的句子,有时是通过名词性成分的隐现而构成同义句的。也是由于语用的需要才实现对不同句型的选择。

这种同义句的构成,关键多由于带动词性宾语的动词,少数是取决于宾语中的动词。

带动词性宾语的动词,有几种不同的语义蕴含。

有的隐含的宾语中的名词性成分与全句主语是相一致的。如"检讨、交代、坦白、后悔、假装、打算"等。

　　(1)他检讨抄袭过别人的作品——他检讨(他/自己)抄袭过别人的作品

　　(2)他交代去年秋天偷过自行车——他交代(他/自己)去年秋天偷过自行车

　　(3)我后悔当了两年演员——我后悔(我/自己)当了两年演员

全句主语与隐含的宾语中的施事具有一致性,是这类句子的特点,也是构成同义句的基本条件。而制约名词性成分(施事)的中轴是谓语动词。由于语用中的选择的要求,小句的主语则往往转化为"自己",而很少重复全句的主语。

有的隐含的宾语中的名词性成分(施事)与全句的主语是不一致的。如"提议、通知、同意、支持、欢迎、揭发、抗议、鼓励"等。这类动词在语义上都是指向他事物的。不过,动宾短语作宾语的句子隐含的施事着重于泛指,而小句作宾语的句子的施事着重于特指。小句宾语正是突出特指对象所发生的行为。

(1)我提议去跳舞——我提议(在座的)去跳舞

(2)师生支持收回被占用的校舍——师生支持(学校)收回被占用的校舍

(3)我们欢迎提出宝贵意见——我们欢迎(专家们)提出宝贵意见

有的隐含的宾语中的名词性成分(施事)与全句的主语可以一致,也可以不一致。这里的谓语动词的语义指向是多元化的,起决定性作用的是宾语中的动词。如"忘记、觉得、决定、争取、琢磨"等。

(1) { 忘记想什么了——忘记(自己)想什么了
      忘记叫什么了——忘记(他)叫什么了

(2) { 争取早日入党——争取(自己)早日入党
      争取改变态度——争取(对方)改变态度

这里宾语中的动词("想"、"叫"、"入"、"改变")是关键性词语,它直接影响施事的身份。

这种情况,也不限于动宾短语作宾语的句子。有些动词宾语句,也可以选择其相应的小句宾语句。如:

(1)值得重视——值得(大家)重视

(2)引起注意——引起(我们)注意

(3)比赛跑得快——比赛(谁)跑得快

(4)得到表扬——得到(上级)表扬

动词宾语句往往有语境的帮助,隐含的成分不言自明,显得明快简洁。小句宾语句将名词性成分(施事)加以申说,有强调作用,语气显得疏朗。

与此相类似的,还有兼语谓语句和双宾语句等。这些句子由于处于特定的语境之中,交际对象明确,也可以通过名词性成分的隐现,选用不同的句型。

(1)促使早日完成任务——促使(他们)早日完成任务

(2)请批示——请(领导)批示

不过,有时候名词性成分的隐现,不仅形成不同的句型,在表达上也有差别。动词性宾语句往往表示泛指,兼语谓语句则表示特指。请比较:

(1)允许犯错误,也允许改正错误——允许厂长犯错误改正错误
(2)制止发动战争——制止对方发动战争

如果兼语陈说部分是"作、为、当"等,动宾短语作宾语的句子和兼语谓语句,有的也可以进行变换。

(1)小李提拔为处长——提拔小李为处长
(2)三车间选择作典型——选择三车间作典型

这种变换形式有一种发展趋势,那就是"作、为"等逐渐与前面的动词相结合,而发展为一个合成动词。如果动词是单音节的,这种趋势就更为明显。这样,动宾短语宾语句就有演化为动宾谓语句的可能。

双宾语句与动宾短语作宾语的句子、小句宾语句也可以构成同义句。

(1)小王问今天下午开不开会——小王问书记今天下午开不开会
(2)测验外语学得怎么样——测验学生外语学得怎么样

两例中后面的句子都是双宾语句。它的直接宾语都是动词性的,往往是用疑问形式来表达,前面的句子隐去了表人的间接宾语。例(1)是动宾短语作宾语的句子,例(2)是小句宾语句。隐去的成分也是不言自明,并不影响思想的交流。两例前后句在句义上有差别,信息量并不一样,后句大于前句。

四

当然,也不是任何动词作宾语的句子都可以通过语序变换或成分隐现而演化为小句宾语句或兼语谓语句的。像"加以、进行"之类的形式动词只能带动词宾语,不可能变为小句宾语句或兼语谓语句。

有些动词性宾语具有事物义,也难以演化。像"忍受、丧失、制造、统一、促进、放松、练习、享受"等,所带的宾语尽管是动词,但都可以用"什么"来发问,宾语上往往可以带定语,使整个结构具有名词的功能,这些当然不能演化为小句宾语句或兼语谓语句。如:

(1)忍受折磨——忍受地主的折磨

(2)统一认识——统一全党的认识
(3)丧失警惕——丧失革命警惕
(4)放松学习——放松外语学习

　　有的动词性宾语是不及物动词,宾语中隐含的施事与全句的主语一致,动词性宾语前面往往有时间、处所、范围词修饰,即使用"怎么样"发问,也不能变换为小句宾语句或兼语谓语句。

(1)企图逃跑
(2)接近胜利
(3)继续干活

以上三例的宾语前面可以加"夜里/狱中"、"全面/最后"、"早晨/水上",但不能加施事。

　　同样,有的小句宾语句和兼语谓语句,也因为种种原因,而不能演化为动词作宾语的句子。

(1)苹果卖一块钱一斤
(2)纪念《实践论》发表五十周年
(3)利用小孩为他们传信
(4)买这条狗看家

例(1)作宾语的小句是名词作谓语,就无法变为动词宾语句。例(2)作宾语的小句中,主语属于新信息,也不能演变为动词宾语句。如果其主语属于已知信息,这个名词性成分可以改用代词,也很少出现空位。例(3)、例(4)中的兼语成分都是不可缺少的,"利用"、"买"后面一般要带一定的连带成分,它们都是及物动词,后面的宾语要求是名词性成分,所以也不能靠隐现来转化为动词宾语句。

　　但是,当兼语陈说部分有"来、去"等表趋向的动词时,兼语本身又是已知信息,或在前面出现过,这种转化又有了可能。如:

(1)利用小孩来为他们传信
(2)买这条狗去看家

例(1)可以变换为"小孩利用来为他们传信"。例(2)可以变换为"这条狗买去看家"。

可见,在兼语谓语句中,兼语后的"来、去"与动词有着藕断丝连的关系,一旦兼语移位或脱落,动词可以不费劲地跟"来、去"粘合在一起,仍然可以支撑这个句子站起来。

五

无论是语序变换或成分隐现所形成的同义句,在选用时都会受到语境的制约。表达者、表达对象、接受者和表达环境(场合、气氛以话语链衔接等)均会影响对句子的选择。这种种因素又总是有机地结合在一起。如前所说,动词性宾语句由于语用上的强调才变换为小句宾语句的,同样,小句宾语句中的主语也由于在前后的话语中出现过,才可能隐去,演化为动词性宾语句。当然,还有表达者的身份、视点,表达对象的特殊内容,接受者的身份、类型以及表达的场合、气氛等一系列因素的影响。在选用时,它们都会积极而踊跃地发挥着应有的作用。如:

(1)有人有家伙,我们的粮食保证丢不了!(赵树理《灵泉洞》)

后一个分句是个动词性宾语句。可以变换为"我们保证丢不了粮食",构成了动宾短语宾语句,话题是"我们",重在申述"我们"的态度。也可以变换为"粮食,我们保证丢不了",构成主谓谓语句,话题是"粮食",把宾语提到了全句主语的位置加以强调。但是最适当的还是这个动词性宾语句。这句把宾语"粮食"提前加以强调,把"我们"变成领头的定语,不仅与前一分句紧密相连,更主要是由于具有领有的性质,明确了"粮食"的属性,这不是一般的粮食,而是自己的劳动果实,所以尽管句型可以多种变换,但选用要从是否适当来考虑。再如:

(2)我看过去的事不必再提了吧。(曹禺《雷雨》)

这是周朴园和鲁侍萍的一句对话,是个小句宾语句。"我看"放在句首适合周朴园这个一家之主又是董事长的身份。"过去的事"对于他来说是个心病,是有愧疚的,生怕对方旧事重提,因而放在小主语的地位,使"不必再提了吧"委婉而淡化。这个句型的选用是很适切的。

(3)岳明怨天怨地,都怪当初没找个有地位有头脸的工作。(胖胖《改行》)

(4)在谈判建交时,两国政府曾就澳门问题达成原则谅解。(《"中华人民共和国政府和葡萄牙共和国政府关于澳门问题的联合声明"草签文本的报告》)

例(3)前一分句出现了主语"岳明",后一分句选用了动宾短语宾语句,而没有再添上"岳明"变为小句宾语句。例(4)后面有"两国政府"作主语,全句修饰语"在谈判建交时"就没有必要加上"两国政府"。的确,"隐含"在表达上也是很有作用的。

兼语谓语句与动词宾语句的选用也是这样。如:

(1)以上如无不要,请报转各地区、各部门贯彻执行。(国家工商行政管理局《关于在全国逐步推行经济合同示范文本制度的请示》)

(2)国务院同意国家工商行政管理局《关于在全国逐步推行经济合同示范文本制度的请示》,现转发给你们,请认真贯彻执行。(《国务院办公厅转发国家工商行政管理局〈关于在全国逐步推行经济合同示范文本制度的请示〉的通知》)

"请示"与"通知"均有明确的接受对象,所以就没有选用兼语谓语句,而是隐去"兼语"选用了动词宾语句和动宾短语宾语句。

我们感到,加强对这些血缘关系接近的句型的语序变换和成分隐现的研究,对于我们认识动词的语义作用,观察其不同句型的语用功能,比较不同句型的特点,具有一定的意义。

这种比较和研究也有助于我们对不同语体的语言要素的分析和总结。这种动词性宾语句和相关句型通过语序变换和成分隐现,为不同语体的系统提供了营养。上述句型就常见于谈话语体、文艺语体和公文语体,成为这些语体的有机组成部分。

缩略语试论[①]

在现代交际活动中,缩略语处于一个相当重要的位置。在报章杂志上,在影视节目里,在公务文件中,在日常交谈时,缩略语俯拾皆是。其使用范围十分广,使用频率相当高,生成能力特别强。遗憾的是,语言学界对它缺乏应有的重视,研究成果更是寥若晨星。笔者不揣浅陋,就其中的几个问题,试加论析,作为引玉之砖。希望能得到大家的匡正。

一

为了表达的简洁明快,将较长的词语进行简缩,形成一个短小的词语称为"缩略语",例如:

  复旦大学→复旦
  环境保护→环保
  扫除文盲→扫盲
  死刑缓期执行→死缓
  奥林匹克运动会→奥运会
  农业户口转为非农业户口→农转非

缩略语是由原词语缩略而成的。它必然是后生的。即原词语出现在前,缩略语产生于后,否则就不是缩略语。一些汉语缩略语词典把"俄罗斯"解释为

[①] 原载《第五届世界华语文教学研讨会论文集》,(1997年,台湾)。

"俄罗斯苏维埃联邦社会主义共和国"或"俄罗斯联邦"的缩略语,显然是错误的。因为"俄罗斯"一词在汉语中早就出现了。元代称"兀鲁思"、"斡罗思",清代称"鄂罗斯"、"俄罗斯",在京城那时还设有"俄罗斯馆",所以不能把比"俄罗斯联邦"出现早得多的"俄罗斯"看成是缩略语。同样,有的缩略语词典把一些国家固有的名称看成是缩略语也是错误的。例如:

　　印度→印度共和国
　　越南→越南社会主义共和国
　　朝鲜→朝鲜民主主义人民共和国
　　葡萄牙→葡萄牙共和国
　　意大利→意大利共和国
　　秘鲁→秘鲁共和国
　　巴西→巴西联邦共和国

这一类的国名很多,不能都看成是今天某个国家全名的缩略语。我国的一些地名也有别名。这些别名,有的古已有之,而且有的也不跟现在地名同字,不可能是原词语缩略而成的,但是有的缩略语词典也把这类别名作为缩略语收了进来,显然是不妥当的。例如:

　　上海→沪、申
　　重庆→渝
　　福州→榕
　　广州→穗
　　甘肃→陇
　　安徽→皖
　　云南→滇
　　湖北→鄂

缩略语既然是由原词语缩略而来的,故缩略语必须是原词语中的文字。就是一些用数词总括的缩略语,其数词外的成分也必须是原词语中的文字。例如:

　　三苏→苏洵、苏轼、苏辙
　　两伊→伊朗、伊拉克

如果不符合这个条件,就不是缩略语。例如:

  初唐四杰→王勃、杨炯、卢照邻、骆宾王
  四害→苍蝇、蚊子、老鼠、臭虫

原词语中都没有"杰"、"害",这些词语都不是由原词语缩略而成的,只是用数词总括一下这些并列成分的类别或性质,所以都不能看成是缩略语。

二

  缩略语出现后,一般说来必须与原词语共存。缩略语与原词语不是一个取而代之、新陈代谢的关系,而是互有特点、互相依存的关系。当然,这里使用的频率和使用的范围是有差别的。往往缩略语使用的范围要广得多,使用的频率要高得多。原词语反而变得很冷僻,很少有人使用,但绝大多数没有死亡,例如:

  冠心病→冠状动脉粥样硬化性心脏病
  高考→普通高等学校招生全国统一考试
  收录机→收音录音两用机

除了少数专门性科学著作或机关公文(包括试卷的标题)外,一般都使用缩略语而不使用原词语。绝大多数人都很熟悉以上三例缩略语,可以说属于常用词语的范畴,而对原词语则比较生疏,甚至难以准确地写出原词语来。缩略语生命力之旺盛可见一斑。那么,少量原词语会不会因而走向衰亡?看来也不能排除这种可能性。北京有四个地名:东单、西单、东四、西四。这四个地名都是根据原来牌楼的数目命名而缩略的。

  东单→东单牌楼
  东四→东四牌楼
  西单→西单牌楼
  西四→西四牌楼

现在牌楼早已撤除,这四个地名的来历,除专门工作者(如从事历史、考古、城市建设研究的专家)外,知道的人越来越少。人们只是把这四个地名作为一种代号,不再去追究它缩略前的原型。这样,可能原词语就走向消亡,缩略语就作为一般的词语活跃在人们的语言生活之中。

不过绝大多数缩略语与原词语是要长期共存的,有的甚至长达千年以上。如"炎黄"(炎帝、黄帝)、"《左传》"(《春秋左氏传》)、"沧桑"(沧海桑田)、"杞忧"(杞人忧天)、"作嫁"(为人作嫁——为他人作嫁衣裳)等。对于缩略语和原词语来说,其共存是一般的、基本的,取代是个别的、偶然的。

缩略语与原词语共存说明其有各自存在的必要性与合理性。这种共存的必要性与合理性的一个重要方面是因为它们之间存在着某种差异性。

在构造方式上,缩略语与原词语大多是一致的。例如:

文化教育→文教(并列)
特别快车→特快(偏正)
支援边疆→支边(动宾)

把国营企业上缴利润改为按国家规定的税种及税率缴纳税金→利改税(陈述),但是也有少数是不一致的。例如:

辅仁大学(偏正)→辅仁(动宾)
工业、农业(并列)→工农业(偏正)
身体好、学习好、工作好(并列)→三好(偏正)

这是由于对原词语采取截取部分、合并同类项和数字统括等形式改变了原有的结构方式而形成的缩略语。尽管这些缩略语与原词语结构方式不同,但其表达的语义并没有什么差别。

一般说来,缩略语和原词语的语素排列次序是一致的。但是也有少量的缩略语的语序排列次序与原词语并不一致。例如:

血防领导小组→防治血吸虫病领导小组
上钢五厂→上海第五钢铁厂
女附中→附属女子中学

这类语序不同的缩略语与原词语的结构方式是一致的,都属于偏正结构。语序的改变不仅不影响语义的表达,而且使缩略语的语义更加显豁。如果还按照原来的语序,反而使语义晦涩费解,读起来也很别扭拗口。

正如有些学者所指出的,汉语与印欧语不同,缩略语基本上是语素型的。不过,语素型的缩略语,其语素义的表达方式却不是单一的。它多种多样,所表达意义受着各种不同的条件的影响和制约。因此,不能采用某一种运作方式来分析其语素义。有的要联系各语素之间的关系来分析;有的要结合其舍去的语素成分来理解。总之,不能孤立、片面地看,要综合、全面地看,这样才可能做出正确、科学的分析。例如:

  北京师范大学→北师大
  外交部长→外长
  工厂矿山→厂矿
  教师学生→师生

这一组缩略语尽管提取的语素位置不同,但却都是从原词语的直接成分——合成词中提取其语素的。有不少缩略语在提取语素时,要舍去一部分语义组合成分——语素成分,这就不能采取上面的方式来理解缩略语与原词语的语义联系,不能从缩略语的语素义来追寻原词语的语义组合成分,要增补出舍弃掉的语素成分才行。例如:

  海协→政府间海事协商组织
  东盟→东南亚国家联盟
  211 工程→到 21 世纪初集中财力、物力,办好 100 所左右
    具有带头、示范作用的重点高等学校的教育建设工程

仅从缩略语字面上是看不出其原词语的准确内容的,所以分析其语素义时必须加以增补才不至于产生歧义和误解,何况还有其他一些特殊形式。有的缩略语的一个语素表示两个以上的语义内容。如"广电部"(广播电影电视部)中的"电",既表示"电影",又表示"电视"。有的字不是语素,只是音译词的一个音节。如"中莎会"(中国莎士比亚研究会)。这些也必须联系和补充有关语素成分,才能正确地理解和分析缩略语与原词语之间的关系。

  一般说来,缩略语与原词语的语法功能是相同的。原词语是什么词性,缩略语也具有什么词性。但是也有一些特殊情况,即缩略语与原词语在语法功能上并不完全一致。如:

  维和→维持和平
  推普→推广普通话
  特供→特殊供应

短训→短期训练
　　教辅→教学辅导
　　保教→保育和教养

以上数例的原词语都是动词性的,而缩略语都不具有动词性,变成了非谓形容词(区别词),只能作定语用了。这是由于对原词语加以缩略,把自由形式演化为粘着形式,其表达功能丧失,获得了限制功能。又如:

　　产销→生产和销售
　　人流→人工流产
　　能耗→能源消耗

以上数例的原词性都是动词性的,而缩略语都不具有动词性,变成了名词。这是由于缩略后的词语淡化了动词性,成为陈述的对象,显现出某种事物性。

　　缩略语与原词语在表达意义上是一致的,是等义的。但是它们在风格上、在情味上却有着明显的差别。一般说来,原词语比较庄重和细密,缩略语则比较简洁和明快。只需要把原词语和缩略语分别放到同一个句子里去比较,这些风格情味上的差别还是很明显的。需要说明的是,原词语比较庄重,并不说明它不简洁。缩略语比较简洁,并不说明它不庄重,只不过简洁或庄重更能够反映它的特点罢了。

三

　　把较长的原词语演化成缩略语有一定的条件。按照这一定的条件组合而成的缩略语,由于它符合汉语语素组合的规律,能够较好地反映原词语的语义特点,就必然为人们所乐于使用,具有强大的生命力。

　　首先,在缩略时要根据区别性特征来提取关键性语素。我们从许多四音节词语缩略为双音节时提取的不同语素可以证明这一点。

　　[提取一、三音节]
　　　　挖掘潜力→挖潜　　　　文学艺术→文艺
　　[提取一、四音节]
　　　　烈士家属→烈属　　　　脱离生产→脱产

[提取二、三音节]
  香港大学→港大   电影评论→影评
[提取二、四音节]
  历史资料→史料   西皮二黄→皮黄

以上四组提取的都是关键性语素,换另外一个语素就不能体现缩略语的语义内容。可见,提取的语素是具有区别性特征的。我们再从一些学校的缩略语来看看如何根据区别性特征提取语素的。

  复旦大学→复旦   同济大学→同济
  交通大学→交大   上海大学→上大

前两例采取截取部分的方式不会引起歧义和误解。后两例如果也采取截取部分的方式就变成了"交通"、"上海",必然产生歧义和误解,于是就采取在词语中分别提取语素的方式,缩略为"交大"、"上大"。

  应该看到,有的词语演化为缩略语时,不同的人提取的语素是不同的。这里有的有优劣之分,在人们使用的过程中将逐步优胜劣汰;有的难分高下,就要共存相当长一段时间。例如:

$$\text{爱国卫生运动委员会}\begin{cases}\text{爱委会}\\\text{爱卫会}\end{cases}$$

$$\text{房地产管理局}\begin{cases}\text{房地局}\\\text{房管局}\end{cases}$$

$$\text{邮政编码}\begin{cases}\text{邮编}\\\text{邮码}\end{cases}$$

$$\text{文学研究所}\begin{cases}\text{文研所}\\\text{文学所}\end{cases}$$

根据我们询问有关单位的人员,他们认为"爱卫会"、"房管局"用得较多些,具有区别性特征。因为"卫"、"管"是比"委"、"地"更为关键的语素,具有区别性特征。"文学所"多用于社科院内部,外面的人绝大多数还是用"文研所"。至于"邮编"、"邮码"是个使用习惯问题,现在用"邮编"的居多。这些异形缩略语多是由于不同的简缩理据而形成的。有的异形缩略语是由于时空语境的不同而形成的。例如:"清华大学",大陆缩略为"清华",台湾缩略为"清大"。

又如"华东师范大学",在全国通用的是"华东师大"(以区别于"华中师大"、"华南师大"),在上海及附近省通用的是"华师大"(在中南及华东外的省区就可能产生歧义和误解)。可见其区别性特征也还脱离不了地域的制约。

其次,缩略时还必须符合民族语言的词语结构特点。众所周知,印欧语言的缩略语多采取提取词语字母的方法,汉语的缩略语主要采取提取词语中语素的方法。在现代汉语中,词的长度除单音词外。一般控制在二至三个音节。其中以双音节为最多,三音节是少量的,四音节最少。双音节是现代汉语中词汇的最有代表性、最为典型的语音形式。于是,不光是四音节的词组缩略成双音节,一些三音节词也能缩略为双音节。例如:

  机关枪→机枪 大使馆→使馆
  飞机场→机场 花鸟画→花鸟

有些缩略语双音节与三音节并存,双音节用得多些。例如:

  上影厂→上影(上海电影制片厂)
  社科联→社联(哲学社会科学联合会)
  微型机→微机(微型电子计算机)
  工体场→工体(工人体育场)

特别是在口语中,双音节的缩略语用得更为经常和普遍。

四

缩略语的创造,多数具有类推性。即创造了一个缩略语后,可以类推出一群成族的缩略语。当然,由于类推的方式和角度不同,产生出的缩略语也不同。这里需要紧紧抓住核心语素。例如:以企业中的"钢"(钢铁公司)为核心语素,加上表地名的语素就可以构成"鞍钢、上钢、武钢、重钢、太钢、攀钢、酒钢、马钢、首钢、包钢……";以体育活动中的"运会"(运动会)为核心语素,加上表不同类型的语素就可以构成"奥运会、全运会、城运会、工运会、农运会、残运会、青运会、大运会……";以陈列展示的语素"展"(展览)为核心语素,加上表不同性质的语素就可以构成"美展、画展、影展、邮展、书展、灯展、车展、工展、农展……"。

同一个核心语素,由于类推的性质、方式的不同,也可以类推出不同层次、不同范围、不同类型的成族缩略语素。例如,以"大"(大学)为核心的语素。按地区的不同,可以类推出"北大、南大、上大、厦大、山大、安大、武大、川大、辽大……";按专业的不同,可以类推出"工大、农大、医大、师大、财大、矿大、纺大、外大……";按学校性质的不同,可以类推出"电大、函大、职大、业大、夜大、刊大……"。

　　不同的核心语素,由于分类的不同,也可以类推出不同的成族缩略语。例如球类运动,集体竞技的,就可以分为"男篮、女篮、男排、女排、男足、女足";个体竞技的,又可以分为"男团、女团、男单、女单,男双、女双、混双……"。

　　当然,这种类推也不是无限制的。类推中会遇到一些残缺的部分。这些目前尚残缺的缩略语,遇到适宜的条件就可能应运而生。如足球,由于"女足"的兴起和发展,"男足"也就出现了。如:"篮球、排球、足球、手球"等都有"男、女"之分,而"乒乓球、羽毛球、网球"就没有"男乒、女羽、男网"等缩略语。但是,如果举办一个只限于男子或女子的比赛,那么"男乒锦标赛、女羽挑战赛、男网擂台赛"也就自然出现了。又如"运动会"有"青运会",却还没出现"老运会、少运会",现在足球已有了"青足"、"少足",那么只要举办老年或少年的运动会,"老运会、少运会"也可能出现。现在已举办了多次"冬运会",似乎其他季节的运动会还没有特别分出来,可是笔者所在的学校就出现了"春运会"、"秋运会"等缩略语。当然,如果不具备一定条件,有的缩略语就无法创造出来,只是一个空符号。

　　可见,缩略语的能产性是很强的。而且有些核心语素可以造成数以百计的缩略语。例如标示单位名称的"联"、"协"、"会"、"办"等的能产性就很惊人。

　　有时孤立地看某一个缩略语,觉得不规范,总要有所责难,但放到同类成族的缩略语中,就觉得并不是不规范,而是相当合理合法了。如有人曾发表文章,对"工行"(工商银行)、"人行"(人民银行)加以批评,认为缩略得不合理,但如果和"建行"(建设银行)、"农行"(农业银行)、"交行"(交通银行)放在一起并列,就觉得没什么不合理的了。

　　缩略语的能产性,不仅表现在它自身的成族创造,而且还表现为一些双音节缩略语成为构成新词的一部分,有了构造新词的能力。例如:

调研＋员→调研员
防洪＋墙→防洪墙
夜大＋生→夜大生
劳保＋鞋→劳保鞋
测绘＋局→测绘局
扫盲＋班→扫盲班

随着社会的日益发展,人们之间交往日益频繁,人们生活的节奏日益加快,就要求在较短的语流中包含尽可能多的信息量。所以缩略语将会越来越多。缩略语可以说是古已有之,于今为烈,越来越成为人们交际生活必不可少的语言成分。

五

缩略语跟语境的关系非常密切。首先,语境跟缩略语的通行面有着紧密的联系。一般说来,对语境依赖性越大的,通行的面就越小,反之,对语境依赖性越小的,通行的面就越大。例如"科技"、"文教"、"工农业"、"高中"通行面就很广,可以说是全民通用。但是像"法理"(法学理论)、"现汉"(现代汉语)就只通行于高校法律系和中文系。"《发凡》"(《修辞学发凡》)、"《要略》"(《中国文法要略》)就仅仅通行于语法修辞学界。它们很难进入全民词汇中来。还有一些只在某个特定语境才出现的缩略语。一般是原词语出现后加上注解:"以下简称××"。这是为了节省篇幅而采取的缩略形式。这类缩略语对语境的依赖性极强,离开了特定的语境就失去了生命力。这种临时的"缩略语"只起一个代号作用,是一种偶发形式,很难吸收到全民词汇中来,只能在这个特定语境中充当代用品,应排除在正常的"缩略语"之外。

在口语中,这种偶发形式,这种临时的"缩略语"是经常听到的。由于特定语境的帮助,本来不同义的缩略语,这时临时变成了同义形式。例如,在北京的公共汽车上,报下站的站名时常采取这种偶发形式。于是"师大"就等于"北师大","北口"指的就是"和平里北口","小街"与"南小街"同义。可见,语境也有不同的层次。上面说的口语中的语境是最小层次。还可以有稍大的或更大的层次。在小层次上同义的,到了大的语境层次就不一定同义了。例如"山东师范大学"有"山东师大"、"山师大"和"师大"三种缩略形式。在济南市,这三个都是同义的,都可以互相代用。出了济南市在山东省,"山东师大"和"山师大"是同义的,"师大"就不能取代"山东师大"了,因为山东省还有其他的师范大学,在这个稍大的语境层次中,"师大"就不是"山东师范大学"的缩略语了。出了山东省,到了其他地方,只有"山东师大"是"山东师范大学"的缩略语。在这个更大的语境层次上,"山师大"就与"山东师大"不同义了。因为"山师大"也可以指"山西师大"。这种同义形式有两种情况,一种都是缩略语,只不过另一个有同形形式。如"南大",既可指"南京大学",也可指"南开大学",还可以指"南昌大学"。另一种就不是缩略语,只是一种临时的偶发形式,如"北口"与"和平里北口"。在一个省市出版局内部,口语中常说的"少儿"、"教育"、"科技"、"美术"等指的就是不同的出版社。这当然只是临时的缩略运用,也不是真正的缩略语。

还有一种是同形的缩略语。由于时间、地点的差异,同形缩略的含义是各不相同的。例如,我国古代,"三军"指的是"上军、中军、下军",现代则指"陆军、海军、空军"。"三包",商业部门指的是"包修、包换、包退",农业生产指的是"包工、包产、包干"。因为有时间、地点的差异,使用时不会引起歧义。这是由于语音形式和书写形式与语义内容的矛盾而产生的同形形式,具有一定的偶然性。因为语境的不同,表义也就不同。又如"联大",在教育上是"联合大学"的意思;在国际事务上是"联合国大会"的意思。这也不会引起表达上的混乱。另外还有一般词语和缩略语同形的问题。例如"人流"指"人工流产",这是缩略语,指"像河流似的连续不断的人群",这是一般词语,也不会造成歧义。

六

缩略语在语言修辞上也有一定的作用。它主要是具有简洁明快的风格特点,不仅如此,由于它主要是采取提取关键性语素的方法,所以使人感到醒目显豁。它还可以与其他修辞手法相结合,具有特殊的动人魅力。例如:

(1)这个大学毕业生不去"天南海北",要去"新西兰"。
(2)通过大打整顿交通秩序的人民战争,基本做到了"五马进厩"。

(3)初步改革了计划体制,企业开始摆脱了任务靠安排、材料靠分配、产品靠统销的"三靠"状况。

以上三例来自新闻报道和公文文件。例(1)中的"天南海北",指的是"天津、南京、上海、北京"等大城市。"新西兰"指的是"新疆、西藏、兰州"等边疆地区。这里字面上用的是成语和地名,实质上表达的是不留恋城市要去边疆地区工作的愿望。这里巧用了成语和地名,使人感到别开生面。例(2)中的"五马进厩","五马"指马路堆物,马路搭建,马路设摊,马路堆土、垃圾,马路停车。这里是取字抽头组成"五马",再利用谐音,把它比拟为"马",然后再用拈连手法,以"牵马进厩"的动作来反映对这些妨碍城市交通的现象的处置,使人感到新鲜、生动、活泼。例(3)是把缩略语和排比句组合在一起,凝练而又富有节奏感。

汉语标点符号发展演变史略①

20世纪是不平常的世纪。在这个世纪中,中国现代语言学从诞生、发展,并逐步走向成熟。同样,我国的新式标点符号,在传统的旧式标点符号的基础上,吸收了国外先进理论和有用的经验,也经历了由创立、发展到比较成熟的阶段,形成了比较完善的系统,成为我国书面语中必不可少的有机组成部分。

标点符号包括标号和点号两部分。一般说来,点号是表示语言中的停顿和说话时的语气的;标号是表示词语的性质和作用的。人们在交际过程中,要说很多的话。这些话不可能一口气说下来,中间必然有各种不同的停顿。这些停顿,有的是说话换气时的自然停顿,有的则是因为表达的需要而停顿。只有这样,才能把意思准确、清楚地表达出来。在书面语上,就要借助于标点符号,把这些停顿明确地标示出来。人们说话时有不同的语气。有时直陈,有时感叹,有时质疑,有时音节需要拖长,有时表达需要时断时续……这些不同的语气,在书面语上也需要用不同的标点符号,把表达者的语气和音容准确形象地显示出来。在书面语中,有的语句使用不同的标点符号,或者标点使用在不同的位置,语句的结构是不同的。为了使语句结构清楚,层次分明,也需要使用标点符号。有些词语在句子中具有特殊的性质或作用,用了标点符号就可以把这些特殊的性质或作用,鲜明地表示出来。使用标点符号,有时可以使语句更加凝练,有时还可以产生特殊的修辞效果。总之,标点符号

---

① 本文为《汉语标点符号流变史》绪论。《汉语标点符号流变史》由作者和管锡华、岳方遂合著,湖北教育出版社,2002年。

的用处广泛,作用不小。郭沫若指出:"标点之于言文有同等的重要,甚至有时还在其上。言文而无标点,在现今是等于人而无眉目。"①"标点一定要恰当。标点好像一个人的五官,不能因为它不是字就看得无足重轻。"②吕叔湘、朱德熙也说:"每一个标点符号有一个独特的作用,说它们是另一形式的虚字,也不为过分。应该把它们和'和'、'的'、'呢'、'吗'同样看待,用与不用,用在哪里,都值得斟酌一番。"③这就充分说明了标点符号的重要价值。它可以帮助文字准确地、精密地记录语言,表情达意,和文字居于同等重要的地位。

标点符号是在文字产生之后,随着书面语交际的需要,陆续创造出来的。它经历了一个从少到多,逐渐成为一个完善的体系的演变发展过程。

中国是世界文明古国。汉字是具有五六千年历史的世界上最悠久的文字之一。汉字书面语也是世界上最古老的书面语。汉字及其书写的书面语一直延续了数千年而没有中断,并且有占世界人口约四分之一的人,长期使用着它。这的确是值得我们中华民族自豪的。

汉语的标点符号也是源远流长的。早在甲骨文时代它就萌芽了。甲骨文中最早出现的是隔开语言层次的符号。金文中隔开语言层次的符号已经前进了一步。它不再是形状长短不一的线条,而是放在字边的钩识号,与后来的标点符号的形状和位置接近。这是一个很重要的进步,在形体上已具备标点符号的应有特征了。④《侯马盟书》出现于春秋末期,写于玉石之上,出现了标示短语和句子之后停顿的不规则的点号,这又是在甲骨文、金文基础上的了不起的发展。战国时期《长沙子弹库楚帛书》中起分章作用的长方号,独占一格,开了点号使用占格的先河。《睡虎地秦简》中的圆点号、钩识号具有点号的作用,已经较广泛地用于句读了。这些进展,与社会政治经济文化的发展有着密切的关系;社会的发展要求书面语表达的日渐复杂化。当然,这也与书写材料、书写工具的改进分不开。从刻铸演变到书写,就有可能较

---

① 郭沫若:《正标点》,《郭沫若全集》文学编第19卷,北京:人民文学出版社,1992年,第396页。
② 郭沫若:《关于文风问题答〈新观察〉记者问》,载《新观察》,1958年第7期。
③ 吕叔湘、朱德熙:《语法修辞讲话》,北京:中国青年出版社,1952年,第319~320页。
④ 甲骨文和金文中还出现了不同形状的重文号。以后出现的重文号更多,形状各异。重文号的作用是代替重复出现的文字(见《标点符号词典》,山西人民出版社,1994年,第205页),与现今表示词语的性质和作用的标号有些区别。

方便地表达复杂的内容,区分不同的层次和意义,可见书面语的发展带动了标点符号的演进。

两汉时期是我国旧式标点符号的发展期。这个时期出现的标点符号可谓琳琅满目,多姿多彩。长沙马王堆汉墓中的竹简和帛书,银雀山汉墓竹简,居延汉简,武威汉简和流沙坠简中标点符号得到了充分的展现。特别是《马王堆一号汉墓竹简》、《马王堆三号汉墓帛书》、《居延汉简》和《武威汉简》是这方面的突出代表。例如,表示句读的有逗号、顿点号、钩识号、圆点号、竖长点号、黑方号、圈句号、三角号、乙字号、卩字号、马字号、横 S 号等。这些符号多用于一句之末,顿点号、逗号、钩识号、圆点号、竖长点号,多用于句中,顿点号和逗号亦用于句中,相当于现在的顿号和逗号。而马王堆汉墓中的逗号,不管是从形体上,还是从作用上看,跟现今的逗号几乎完全一样,具有标示作用。例如,用于简端,起提示着重作用的有黑方号、网纹号;用于篇首、章首,起分章作用的,有圆点号、顿点号和圈句号;用于条后的有钩识号、斜线号、卩字号、黑三角号;标示器物名数的有圆点号、尖角号、顿点号;标示总括、说明语的有黑方号、竖长点号、顿点号和圆点号;隔开"经"、"记"语的有扁方框号、圆点号;标示删节语的有括号;隔开人物名称的有竖长点号和平捺号等。这里有两点值得注意,一是逗号的出现(见马王堆汉墓中的竹简和帛书),一是顿点号与圈句号的配合使用(见流沙坠简),因与新式标点符号用法一致,使我们感到十分亲切和惊异,似乎感受到古今之间的一种相通的情愫。

由于教学和解经的需要,汉代注释之学、章句之学,得到迅速的发展。早在汉代之前,在教学中就有"离经辨志"的内容。《礼记·学记》说:"古之教者,家有塾,党有庠,术有序,国有学。比年入学,中年考校,一年视离经辨志。"郑玄注:"离经,断句绝也。"开始用间隔的方法表示文句的停顿。汉代为了解经而使用"句读",于是有了一套较为定型的标点符号:句号和读号(即钩识号和顿点号)。

从魏晋到隋唐,我国标点符号的运用进展不大。有些符号产生了新的用法和变体①。如圈句号用于标示书名和人名,起到了书名号和专名号的作

---

① 例如标示删除的方围号,标示灭字的卜字号、直角号、三角号,标示代字的竖线号和代字号,标示补入的斜线号,更正写倒的文字的尖角号等,均是符号而非标点。由于多是标点符号的变体或同形,在有关章节加以陈述以示区别。

用。圆点号标示缺漏,相当于一个虚缺号。新出现的方匡号,用于断字、断句,并有标示篇名,区别正文和注文的作用。

不过,在章句理论上,在两汉的基础上得到一定的发展。刘勰《文心雕龙·章句》篇,对篇、章、句、字的关系做了系统的阐述,对句首、句末的虚词做了功能上的定位,给句子的起讫明确了标志。其后如陆德明、孔颖达、裴骃、司马贞、张守节等人的有关章句和句读的理论和实践,对后世都产生了积极的影响。湛然给句和读分别下的定义,并一直为后代所引用,这是从语气角度最早给"句"、"读"下的定义。① 宋代以后,由于经济的发展、科技的进步,像印刷术的革新,旧式标点符号逐渐走向成熟。具体表现在以下三个方面。

首先,旧式标点符号种类众多,用法纷繁,但形体却趋于规范,使用走向自觉。如宋代金履祥的《尚书表注》,用长方匡号标示篇名,扁方匡号标示官名、水名,短竖线号标示国名,黑三角号标示山名,半圆号标示湖海沼泽名,方围号标示州名。分工之细,前所未有,各司其职,趋于规范。再如,元代把短竖线号用于并列的各条之首表示分条,圆括号用于标示曲牌和角色。跟现在括号的规范用法几乎一样。又如,表示重要语句的长竖线号或圈句号,用于文旁,也已带有着重号的性质。尽管这时期标点符号的使用,纷纭复杂,但在某一部著作或某一个学者的笔下,还是分得很清楚的,其形体和用法都是一以贯之的。

第二,形成了标点符号不同的使用系统。这一时期,不少学者在使用标点符号的过程中,构建了自己的一套句读体系来进行批点和校勘,以适应点校和教学的需要。例如,陈骙的《南宋馆阁录·校雠式》规定:"诸点语断处,以侧为正。其有人名、地名、物名等合细分者,即于中间细点。"还规定用于校勘的一些符号,用雌黄点涂去错字,用雌黄圈删去衍文,用乙字号勾出倒字,用朱点点发多音字等。这是第一个由官家制度的在校书中使用的标点符号系统。比陈骙稍晚的南宋学者黄榦的《勉斋批点四书例》分为"句读例"和"点抹例"。"句读例"中的"句"表示"文意断"。"读"则表示"文意未断,复举上文",并指出语气助词作为标志。"上反言而下止"、"上有呼下字"、"下有承上字"均从"文意未断"着眼。"点抹例"通过不同的形状颜色和位置来标示不同

---

① 天台沙门湛然《法华文句记》卷一:"凡经文语绝处谓之句,语未绝而点之以便诵咏谓之读。"

的语意、语句(像"红中抹"、"红旁抹"、"红点"、"黑抹"、"黑点"等)。《宋真德秀批点法》包含了"点"、"抹"、"撇"、"截"四部分。"点"中又分为"句读小点"、"菁华旁点"、"字眼圈点","抹"、"撇"、"截"都有规定的用途,构成了一个包含句读号、评点号和段落号的标点符号系统。虽然唐以前已有用朱笔点抹表达语意和句读的现象,宋代把用红黑等色点抹标示词语性质归纳到标点符号系统之内(见《勉斋批点四书例》),但是把不同颜色和点、截、抹、圈的不同形体位置相结合,构成一套较完整的标点符号系统则是元代程端礼的《批点韩文凡例》。他在议论和叙事两种文体中,用不同颜色和标示方法的 17 种符号①来标示语意和停顿,什么符号用于何处,向读者提示什么,都作了明确的规定。明代唐顺之有《大明唐顺之批点法》,归有光有《评点史记例意》继承了宋元的传统,在形体长短、虚实上有所变化,不过这些主要是评点体系而不是句读体系。这一时期所形成的各种标点符号的体系,是对以前我国古代传统的系统总结,具有承上启下的作用。在评点书籍上,具有一定的规范意义和实用价值。这些较为突出地反映了我国的旧式标点符号已日渐趋向成熟。

　　第三,对标点符号的作用有了明确的认识。宋岳珂说:"监蜀诸本,皆无句读。惟建本始仿馆阁校书式,从旁加圈点,开卷了然,于学者为便,亦但句读经文而已。"②校刊书籍,加了圈点,就"开卷了然,于学者为便"。《宋史·何基传》记载何基读书时说:"凡所读无不加标点,义显意明,有不待论说而自见者。"这里指出,加了标点而使"义显意明"。这些对标点符号作用的认识,对后世有较大的影响。而"标点"一词在书面语中出现,这是第一次。

　　到了清代,旧式标点符号使用面进一步拓宽,除经书外,在文学作品中,也比宋元明使用得广泛。唐彪的《书文标记圈点评注法》的体系把标记和圈点区分开来。圈点近似于点号,用了圈点,使"读者易于领会",不至于"上字下读,下字上读"。标记近似于标号,如年号、国号、地名、官名。"非加标记。则披阅者忙于检点,不能一目了然"。清代专名号、括号形成众多变体,使用相当广泛。风靡全国的桐城文派对标点十分重视,在标点的推行方面起了积极的作用。由于"旧刻经史俱无句读",许多典籍"辞义古奥","引用者多有破

---

　　① 即黑画截、红画截、黄半画截、黑侧抹、青侧抹、红侧抹、黄侧抹、黄中抹、红中抹、红侧圈、黄侧圈、红圈、黑侧圈、红侧点、青侧点、黄正大圈、黄正大点。
　　② 岳珂:《相台书塾刊正九经三传沿革例》,见《知不足斋丛书》。

句",方苞的奏札,希望能"熟思详考,务期句读分明,使学者开卷了然,乃有裨益"。① 姚鼐认为,"圈点启发人意,有愈于解说","熟读必觉有大胜处"。② 他们身体力行,对古籍做了大量的评点工作。虽然遭到了一些人的反对,但他们的评点实践,仍然产生了很大的影响。

值得注意的是,清代学者对句读做了不少考证和研究工作。武亿的《句读叙述》是第一部汇集历代句读资料的专书,他的《经读考异》则是第一本研究古籍句读异同正误的专书。他对句读进行了溯源考证,不仅考释了"句投"、"句度"、"句逗"等,而且对句读的异同进行了探讨。提出"对文则异,散文俱同"的观点。俞樾对"阴文号"、"方匡号"的历史进行了考证。还考证了"方圈号"与"方匡界画号"的区别,考证了以空字来表示句读的来源。指出空字是由于"西域梵文传入中国不便诵读","皆每句空一字"。近人黄侃考证了"句"和"读"的演变,论述了由同义向异义的转化情况;通过对"语言"与"喉吻"的矛盾的考察,进而区分了音节句读与文义句读的不同,具有一定的科学价值。

到了清末,我国旧式标点符号使用的历史已有3000多年。标点符号发展到数十种之多,并且有了各种不同的符号系统。它的普及面也在逐步拓宽。学者也开始对标点符号进行理论上的探讨。但是由于种种条件的制约,它始终没有形成一个全民使用的、与书面语同时存在的、规范了的标点符号体系。

首先,历朝政府都忽视甚至轻视标点符号的作用和价值。3000多年来,没有颁布过一个要求全民使用的符号系统。标点符号的使用几乎全局限在校雠家、讲学家、评点家的狭小范围之中。尽管印刷术不断更新,但印刷出版的典籍,包括政府出面编纂的各种类型的典籍,很少使用标点符号。跟我国浩如烟海的出版物相比较,使用标点符号的书籍可以说是少得可怜。既没有巨大的行政力量的推行,又没有在广大群众中作深入人心的普及,这就极大地限制了标点符号的推广和发展。

其次,尽管到了宋元以后,旧式标点符号已形成了若干系统,但是这些系统由于是为评点、校雠和讲学所用,所以句读符号与鉴赏符号、校正符号糅合在一起。句读符号始终未能独立出来,形成自己的体系。从某种意义上说,

---

① 方苞:《奏重刊十三经廿一史事宜劄子》,《方苞集》下,上海:上海古籍出版社,1983年,第567页。

② 姚鼐《答徐季雅书》。

这也限制和降低了旧式标点符号的使用效能。

再次,我国旧式标点符号变动性随意性大,规范性差,也束缚了旧式标点符号的推广和发展。在旧式标点符号中,多号一用、一号多用的情况相当普遍,甚至还出现多号合用的现象。符号的形状也因人而异、因书而异,甚至用不同的颜色来表示不同的内容,缺乏统一的标准,这就不利于人们的掌握和使用。看起来,各种符号多姿多彩,有数十种之多,使用起来,各行其是,这就不仅使人感到莫衷一是,无所适从,而且也桎梏了标点符号健康成长的生命力。这样,标点符号作为书面语必不可少的有机部分的重任,就不能不历史地落在新式标点符号的肩上了。

鸦片战争以后,西学东渐,中国先进的知识分子向西方寻求国富民强的理论,认识到开通民智、提高民族文化科学水平的重要。于是,随着新思想、新文化、新科学的输入,西方的标点符号也传输进来。

1869年,同文馆学生张德彝在《再述奇》这部日记体的游记中,记述了泰西各国的9种[1]标点符号。1904年,严复在《英文汉诂》一书中率先使用了西式标点符号。

西式标点符号的传入,加速了中国旧式标点的演变。人们开始结合自己的传统,参酌西式标点,创造中国新式标点符号系统。这种创造是和清末兴起的切音字运动结合在一起的。

1896年,王炳耀在《拼音字谱》中构建了一个《句义表》,共有10种标点符号。[2] 这是我国创造的第一个新式标点符号系统。这个系统的符号,有的是继承传统的,有的是引进西方的。有的是重新创制的,标志着新式标点符号的诞生。卢戆章在1906年出版的《中国字母北京切音合订》和《北京切音教科书》中提出的15种符号,继承传统的更多一些(如"句首号"、"要语号"、"完止号"等都是王炳耀《句义表》所没有的。有的则是借用传统的形体表达新意,像"读号ム"、"相同号‖"、"人名号〈"、"地名号×"等)。其他,如朱文熊、刘孟扬的切音字著作,北京拼音官话报社出版的《官话报》都使用和创制了一批新式标点符号。这就充分证明了我国新式标点符号,从一开始就是把

---

[1] 即"。"、","、";"、":"、"!"、"?"、""""、"()"、"——"(见《法郎西游记•同治八年四月》)。

[2] 即"一读之号"、"慨叹之号"、"惊异之号"、"诘问之号"、"释明之号"、"一句之号"、"一节之号"、"一段之号"、"句断意连之号"、"接上续下之号"。

吸收引进和继承传统结合在一起的,同时也进行了若干创新和改造的工作。

"五四"运动时期,新思想、新文化的洪流以不可阻挡之势,汹涌奔腾,席卷全国。在新式标点符号的制订和推广中,胡适、陈望道和《新青年》聚集的一批先进知识分子,作出了卓越的贡献,建立了不可磨灭的功绩。

1916 年,胡适在《科学》杂志上发表了万字论文《论句读及文字符号》,这是我国第一篇全面系统地论述新式标点符号的论文。这篇论文阐明了标点符号在书面语中的功能。指出:"无符号则文字之意旨不能必达,而每多误会之虞","无符号则文字之用不能及于粗识字义之人","无符号则文字之结构,与句中文法上之关系皆无由见也"。把使用标点符号对于表情达意、普及文化和正确表述语法结构的效能,明确地阐发出来。值得注意的是,他还把标点符号分为句读之符号(相当于点号),句读之外,尚有他种文字上之关系,如引语符号、本名符号之类的文字符号(相当于标号),这是最早对标点的两大类划分。他在这个系统中分列了 10 种符号①的名称、定义和使用方法。1918 年,他在《中国哲学史大纲·凡例》中,列出了本书所用的句读符号和他种文字符号计 12 种。这些就为新式标点符号的进一步体系化和标准化,奠定了坚实的基础。

陈望道是倡导和使用新式标点符号的一员猛将。1918 年 5 月,他在《学艺》上发表《标点之革新》一文,指出:"文字之标识不完备,则文句之组织经纬时或因之而晦,而歧义随以叠出。而语学浅者,尤非恃其为导莫能索解",而"标点可以神文字之用"。"由于旧式标点颇嫌太少,不足以尽明文句之关系,其形亦嫌太拙。当此斯文日就繁密之时,更复无足应用无碍也"。因此,革新标点为当务之急。要革新标点就必须实行文字横行书写方式。认为这是为生理学、心理学所证明了的,不可"盲遵古制"。他主张革新标点应"旁取西标",并提出了五条理由。他先后发表了《横行与标点》、《点法答问》、《新式标点的用法》、《点标论第二·点标之类别》等文。1919 年 10 月发表了他在浙

---

① 在康奈尔大学时所写的日记中,这些符号大多有所记载(即《标点符号释例》、《论文字符号杂记三则》、《文字符号杂记二则》、《西人对句读之重视》、《论文字符号杂记四则》,见《藏晖室札记》卷五、卷十一、卷十二、卷十三)。即住号(.。)、豆号(,、)、分号(;△)、冒号(:;)、问号(?)、诧号(!)、括号(())、引号(""「」)、不尽号(……⋮)、线号(——|)。附录中有破号(⌢)。

江省立第一师范学校的讲稿《新式标点的用法》。① 明确将新式标点分为点清词句"关系"的点类和标记词句的"作用"的标类两大类。点类包括逗点(，)、停点(；)、集点(：)、住点(。)。问标(点)(?)和叹标(点)(!)兼具"点"、"标"两种性质。属于标类的有提引标(' ' " ")、夹注标(( )[ ])、附注标(1,2,3……)、搭附标(——)、虚缺标(……)、省略标(，)、音界标(•)和名标(＿＿)、书名标(～～)。文中详细地说明了这些标点符号的用法，并举了典型的例句。这个系统跟胡适等提出的标点系统大致相同。多出了的"附注标"、"虚缺标"、"音界标"，直到现在仍在广泛使用，只不过在名称和形体上有所变化罢了，像"音界标"连形体也完全一样。② 这些都反映了陈望道在标点论上的远见卓识。

　　陈望道在标点论上的远见卓识，首先表现在他把标点与书写排印格式紧密地结合起来。革新标点必先确定文字之纵横行。他认为横行实较纵行之利为多。在《横行与标点》的通信中，对《新青年》纵行排印，提出了尖锐的批评，希望他们以革新为帜，加力放胆前去，实行横行。纵行排印，造成中文与横书的西文错开，加上圈点与标点杂用，这是缺乏诚意的表现。陈望道这时的见解与数十年后横行排印的现实相对照，使人分外佩服他高瞻远瞩的彻底的革新精神。其次，他最早定名的"顿号"、"逗号"(1922年)为人们所广泛接受。他还较早地论述了符号间的关系。如单引号与双引号的套用(1919年《新式标点的用法》)；顿号、逗号、停号、集号、句号表停顿的逐级延长等。现在的许多论述标点符号的著作，仍然沿用这种说法。应该说，陈望道在标点理论上的研究也是十分杰出的。再次，陈望道1918年主张"旁取西标"，阐发了"旁取西标"的五点理由。1920年在《点标论第二•点标之类别》一文中进一步指出："愚思制定新式，不如采用西制；而采用西制，又当稍加厘定——因西制系历史的成绩，非是合理的组织也。"所以要着重找出"已为华文所采用及可为华文所采用者"，"因其质性而类聚之"，得总为六类，"更就其质性而抽象之"，则成两列，曰点，曰标。这是一种科学的实事求是的态度。既大胆引进，又不照搬照抄。根据华文的特点，加以变通和改造。这种见解在当时是

---

　　① 1990年国家语言文字工作委员会和新闻出版署修订发布的《标点符号用法》增加了"间隔号"。即陈望道1919年提出的"音界标"。
　　② 《浙江省立第一师范学校校友会十日刊》1～5号。又《教育潮》第5期。

难能可贵的。

当时宣传新思想新文化的核心刊物《新青年》，成了鼓吹新式标点符号的主要阵地。陈独秀、钱玄同、刘半农等积极倡导使用新式标点符号。钱玄同与陈独秀的两次通信，提出的应用之文改革大纲的13件大事中，强调必须使用句读及符号；并且把直行文稿改为横行，以便于使用新式标点。针对当时有人提出中文有表疑问感叹的虚字是否要用问号和叹号时，胡适、钱玄同均表示这两种符号都不可废，因为有些疑问句和感叹句中并不用虚字。为了统一《新青年》使用的标点，钱玄同在1918年发表了《句读符号》一文，提出采用繁简二式的意见。接着《新青年》全面采用了新式标点，改革了行款形式。1919年，《新青年》第七卷第一期上公布了《本志所用标点符号和行款的说明》。这个说明列出了《新青年》使用的13种标点符号，规定了每页分上下两栏，每段的第一行必须低两格，点号必须置字之下占一格的位置。除《新青年》外，像《科学》、《学艺》、《每周评论》、《法政学报》、《东方杂志》、《太平洋》、《新潮》等十多种报刊都使用了新式标点符号。新式标点符号的使用面在不断扩大。

1919年，高元在《法政学报》第8期上发表的《新标点之用法》；1919年，项衡方在《东方杂志》第16卷2号上发表的《新句读法》；1920年，戴崶在《学生杂志》第7卷10号上发表的《白话文符号用法的研究》，对新式标点的正确使用和大力推行起了积极的作用。

仁人志士的提倡，书报杂志的使用，还是有一定的局限性的。在不断地研究、讨论和创制各种新式标点符号并经过一段时间使用实践的基础上，1919年4月，国语统一筹备会的第一次大会上，马裕藻、周作人、朱希祖、刘复、钱玄同和胡适六人向教育部提出了《请颁行新式标点符号议案》。同年11月29日，胡适又对《议案》作了一次修改。1920年2月，北洋政府教育部发布第53号训令，向全国颁布了这套新式标点符号的议案。这是我国历史上第一套国家法定的新式标点符号系统。这在我国书面语发展史上具有极为重要的意义，在我国标点符号发展史上开辟了一个新的时代。

这个方案"远仿古昔之成规，近来世界之通则，足资文字上辨析义蕴，辅助理解之用"（见《训令》），是一个集体智慧的产物，也是"五四"时期，制订和使用新式标点符号的总结。尽管这个方案兼顾了旧式标点符号，把旧式标点符号作为附录，但新式标点符号作为法定的统一标准，在全国迅速推广，无疑起了规范作用。

新式标点符号的使用和推行,使一些封建守旧派如丧考妣,拼命反对和抗拒。"五四"时期,针对一些守旧派的攻击,《新青年》发表了署名王敬轩的冷嘲热讽的"攻击信"。刘复在答王敬轩的双簧信中,进一步阐明了新式标点符号的功用,给以有力的驳斥。20年代,学衡、甲寅派文人以"保存国粹"为名,再次向新式标点符号进攻,遭到了陈独秀、鲁迅、项衡方等人的回击。反对论者大势已去,几声抽泣,几声凄厉,已成不了什么气候。当时,不仅是报刊,出版的中小学课本,一些整理出版的古书,也使用了新式标点符号,新式标点符号在群众中迅速普及开来。

应该看到,尽管教育部颁布了新式标点符号的议案并发布了训令,但是,连教育部机关也没有实行。黎锦熙在《国语运动史纲》中说:"教部且然,其他行政机关就更不用说了。"以致胡适在致罗家伦的信中感叹:"此事我真要失望了。"当时一些政府文件仍用文言,标点的使用就受到很大的限制。1930年国民党政府的教育部颁布了《划一教育机关公文格式办法》。1933年,行政院和国民政府分别发出了《通令》和《训令》,要求各机关定期实行"简单的标点符号",将来逐渐采用教育部《划一教育机关公文格式办法》上规定的各种符号,但收效并不明显。

这个时期出现的一件值得重视的事情,就是新式标点符号进入了大中小学的课堂。首先,它是和作文法结合在一起的。1922年上海民智书局出版的《作文法讲义》是陈望道在复旦大学中文系讲授作文法的讲稿。这本书就有《新式标点用法概略》的内容。接着1926年,夏丏尊、刘薰宇合著的《文章作法》(开明书店出版),阐述了标点符号的作用。以后如孙起孟著的《词和句》(1936年开明书店出版),夏丏尊、叶圣陶合著的《文章讲话》(1938年开明书店出版),唐弢著的《文章修养》(1939年文化生活出版社出版),朱自清著的《国文教学》(1945年开明书店出版)都包含有讲授新式标点符号的内容。其次,它是和语法教学结合在一起的。1924年,黎锦熙著的《新著国语文法》由商务印书馆出版,这是我国第一部讲授现代汉语语法的著作。《标点符号和结论》是该书最后一章。它把《请颁行新式标点符号议案》分节全录,加以注释、增补。对新式标点符号进行阐释,增补了一些例句,对议案中的某些规定进行补充和匡正,并提出了一些需要注意的问题,并非只是简单的附录。以后,杨伯峻的《中国文法语文通解》(1936年商务印书馆出版)及王力的《中国现代语法》(1943—1944年商务印书馆出版)、《中国语法理论》(1944年商务印书馆出版),都把标点符号作为一项内容来讲授。这一时期出现的研究和讲解新式标点符号的专书则有胡怀琛的《标点符号使用法》(1931年世界书局出版)、颜仪民的《最新标点符号》(1932年北平戊辰学社出版)、乐嗣炳的《怎样使用标点符号》(1933年上海大众书局出版)、马国英的《新式标点使用法》(1935年中华书局出版)、萧剑青的《标点符号使用法》(1936年上海经纬书局出版)、黎锦熙的《国文国语公文应用标点符号》(1942年中国文化服务社陕西分社出版)、黄承燊的《标点符号的意义和用法》(1947年台湾书店出版)、锡金的《标点符号怎样使用》(1949年三联书店出版)、郑友虺《标点符号使用法》(1950年北京和记印书馆出版)等。一些论文对标点符号的探讨已相当深入。如C.P的《逗点","》,钱闻的《疑问号的用法》、《叹号、复叹号、疑问号》,胡怀琛的《引号用法的变化》,牛文青的《专名号用法举例》等,都是论述某一标点符号的专论,剖析得十分细致。① 至于总论标点符号的文章就更多了。

　　1951年9月,中央人民政府出版总署制定公布了《标点符号用法》,②这又是标点符号发展史上一件划时代的大事。中央人民政府政务院于10月5日发出了《关于学习标点符号用法的指示》。指出《标点符号用法》的制定和公布,是为了纠正当时机关文件和出版物上使用标点符号的混乱,使全国有一个标点符号用法的统一规定。要求政府机关、新闻出版单位和各级学校一律加以学习,按《标点符号用法》的规定,统一标点符号的使用。为了切实消灭乱打标点符号及其他文字混乱的现象,要求各机关指定固定的文字秘书,各编辑部指定专职的文字编辑,专司订正一切稿件中文字混乱和标点符号混乱之责。建国初期,革命和建设的任务千头万绪,十分繁重。政府对标点符号的规范和运用如此重视,这是空前的,在世界上也是少有的。

　　于是全国立即掀起了学习《标点符号用法》的热潮。《人民日报》连载的

---

① C.P:《逗点","》《学艺》4卷6期,1922年);钱闻:《疑问号的用法》、《叹号、复叹号、疑问号》《国文教学》3卷3期,1945年);胡怀琛:《引号用法的变化》《读书青年》2卷5期,1937年);牛文青:《专名号用法举例》《华北日报》,1947年10月30日,1947年11月6日)。

② 《标点符号用法》规定的标点符号共14种。即句号(。)、逗号(,)、顿号(、)、分号(;)、冒号(:)、问号(?)、感叹号(!)、引号(「」)、括号(())、破折号(——)、省略号(……)、着重号(.)、专名号(—)、书名名(﹏﹏)。每种符号都有定义、白话文例句和具体用法。还规定了标点符号的书面位置和书写格式。比30年前颁布的《议案》更加完善、周密、实用,可以说是大大前进了一步。

吕叔湘、朱德熙的《语法修辞讲话》设立专讲,阐述标点符号的用法,除《标点符号用法》规定的14种外,还增加了分读号和连读号;对分段、转行、引文、对话、附注等行款,也作了具体的阐说。作者针对当时应用中出现的问题,搜集了大量的病例进行分析,具有匡谬正俗的作用。这时论述和讲解标点符号用法的著作和论文,如雨后春笋,应运而生。徐世荣的《标点符号讲话》(1952年大众出版社出版)、张拱贵的《标点符号的理论和实践》(1954年上海东方书店出版)、周振甫的《标点符号用法例解》(1954年中国青年出版社出版)、王自强的《标点符号用法讲话》(1956年新知识出版社出版)等,就是其中突出的代表。标点符号的大普及,书面语的不断改进,给人们的文化生活带来极大的影响。这时标点符号才真正成为书面语中必不可少的有机部分,成为人们学习和写作中须臾不可离开的东西。

不久,全国的报刊实行横行排印,标点符号的使用又得到进一步的改进。引号大都由"「」『』"改为""''"。而书名号和专名号,除少量特殊读物外,已日渐萎缩,很少使用。这样表达书名的任务就加重到引号上了。但是用引号来标示书名仍然是很有限的。《中国语文》根据横排的要求,率先引进"《》〈〉"作为新的书名号,迅速流传开来,得到人们的一致认可。有些标点符号的使用范围,也有了新的拓展。如表示间隔作用的小圆点,不仅用来标示外国人名和某些少数民族人名内各部分的分界,而且用来标示书名与篇名之间的分界(像《诗经·豳风·七月》),诗体和诗题、词曲牌和词曲题的分界(像《七律·冬云》、《天净沙·秋思》),并列成分之间的分界(像"雪峰·溪流·森林·野花"),朝代和作者之间的分界(像"唐·李白")等。再如括号常用的是弧形的一种,其他几种是在一篇里需要几种括号区别几种用法时才用。其实在文外注释、附录或补充说明性词语上,词牌曲牌上,也多用六角括号或方括号;工具书的词目、教科书中的小标题也多用方头括号。

由于近40年来,文字书写、书刊排印绝大多数由纵行改为横行,标点符号的用法也有了新的发展和变化,就有必要对《标点符号用法》进行修订。1990年,国家语言文字工作委员会和新闻出版署联合发布了修订后的《标点符号用法》。

修订后的《标点符号用法》,将原列的14种符号,增加到16种,新添了连接号和间隔号。简化了说明,更换了例句。针对书写排印改为横行,一些说法也作了相应的变动。例如,明确规定专名号只用在古籍或某些文史著作里面。在与专名号配合使用时,书名号可以用浪线。修订后的《标点符号用法》,基本上反映了我国标点符号发展变化的实际,基本上适应书面语发展变化的需要。

《标点符号用法》公布后,修订组编写了《〈标点符号用法〉解说》,对16种标点符号的用法进行了阐发,介绍了修订的《标点符号用法》的概貌。还在附录中介绍了隐讳号、虚缺号、斜线号和星号。编写组还发表了一些介绍和解答性的文章,宣传和讲解《标点符号用法》。

1994年7月,在国家技术监督局的提议下,国家语言文字工作委员会和新闻出版署联合召集北京语文学界、新闻出版界、教育界以及科技界专家学者座谈,进一步听取意见后决定将《标点符号用法》改制为国家标准。经过一年多的改制工作,1995年11月,国家技术监督局批准并发布了中华人民共和国国家标准《标点符号用法》,1996年6月1日起开始实施。

1990年以来,我国及时地出版了一批讲解《标点符号用法》的著作。如凌远征、王新民、侯玉茹的《最新发布标点符号用法例解》(辽宁教育出版社1990年出版),苏培实《标点符号用法讲话》(原子能出版社1990年出版),吴邦驹的《标点符号的用法》(学苑出版社1990年出版,华艺出版社1996年出修订版),宁鸿彬、徐同的《新颁〈标点符号用法〉通释》(教育科学出版社1992年出版),苏培成的《标点符号实用手册》(中国社会科学出版社1994年出版,语文出版社1999年出修订本),雷智勇的《最新标点知识及运用》(北京语言文化大学出版社1998年出版),林穗芳的《标点符号学习与应用》(人民出版社2000年出版)等。这些出版物各有特色,具有一定的广度和深度。

近百年来,我国的书面语发生了很大的变化。新时期以来,这种变化尤为显著。在标点符号的使用上也出现了一些新的质素。原有的标点符号,像冒号、破折号出现了一些新兴的用法。一些新的符号陆续出现,需要加以总结和规范。像"隔行号"、"浪纹号"、"示亡号"、"单双斜线号"、"单双竖线号"、"终篇号"、"条首号"、"箭头号"等。标点符号的修辞作用受到了人们充分的重视。在文学作品中还出现了个别语句无标点的现象。应该承认,有些无标点的语句,确有特殊的表达作用;但是也有相当数量的无标点语句是没有任何表现力的矫揉造作的产物。

语言运用是个复杂的社会现象,标点符号也是如此。这表现在标点符号之间使用的界限不是那么泾渭分明的,带有一定的模糊性。如顿号与逗号、分号与句号之间的界限就是很有弹性的,有时是模糊的。这还表现在同一个意思是可以用不同的符号来表示的,像破折号与冒号、破折号与括号、破折号与省略号,在特定的语句中具有互代功能。就是同一种符号,在书写排印时也会有不同的形体,像括号、着重号、连接号等。这就说明标点符号的使用有一个合理度,也可称为"宽容度"。不能采取非此即彼的简单化态度,一概斥之为不规范。就规范来说,也不可能是那个"惟一的"才是规范的。在语言运用中,实际情况则有"错"、"不太正确"、"也可以"、"正确"、"好"等多种情况出现,这就要区别不同情况来判断其存在的合理性。至于标点符号使用中出现的模糊现象和交叉现象则更是一种正常的现象。这种现象继续发展下去就可能出现分化。一种是具有表达的效能而合理存在下去,成为某一标点符号的一种有效功能;另一种则是由于产生某种负面效应而逐步衰落以至消亡,完全被另一标点符号的有效功能所取代。

我国的旧式标点符号经历了漫长的历史发展过程,却在书面语的舞台上,始终未能成为主角。新式标点符号从诞生到成熟,才走完了整整一个世纪,却已经为千百万群众所掌握,成为现代书面语中必不可少的成分,可以说是完全占领了书面语这个广阔的舞台。但是对标点符号的研究和探讨,在语言学科中,依然是十分薄弱的,有的方面甚至还是空白。有鉴于此,系统地研讨一下我国标点符号的流变和发展是十分必要的。

我们不能割断历史,现在是历史的必然发展。我们又不能忽视现在,现在又是未来发展的源头。现在有着历史的基因,但与历史有着不同的气候、不同的土壤和空气。因此,我们既要充分看到新式标点符号与旧式标点符号的承继性,更要看到新式标点符号的改革、创新和发展。历史的观点、发展的观点都是需要的。陈望道说得好,要"把屁股坐在中国的今天,一只手向古代要东西,一只手向外国要东西"。"假如讲中外,而能以中为主,讲古今而能以今为主,把屁股坐在中国的今天,从同一个实际出发,又以同一的原理原则为指导,我们相信,不但大家不致不可能合在一起,成效亦是可以预期的。"[①]这是我们应该遵循的基本原则和正确的态度。

[①] 陈望道:《关于语言研究的建议》,见《陈望道语文论集》,上海:上海教育出版社,1980年,第633页。

现代汉语教学的阶段和层次[①]

现代汉语是大学中文系的一门重要的基础课。但是,大家对这门课的教学效果越来越不满意,要求进行根本性改革的呼声也越来越强烈。

我们认为,现代汉语教学是一个宏大的系统工程,只有把它放到语言教学的全过程中去观察,才能找到问题的症结,才能开出对症的药方。

一

我国在学校教育中,花费在语言教学上的时间不少,但效果并不好。原因之一就是现行的大中小学语言教学,在教学目的、教学内容等方面,缺乏全局的考虑和规划,造成了阶段要求不明、知识层次不清的局面。

从教学目的来看,大学与中学几乎完全一样。现行的《全日制中学语文教学大纲》提出,语文教学要教"必要的语文基础知识,进行严格的语文基本训练,使学生热爱祖国语言,能够理解和运用祖国的语言文字,具有现代语文的阅读能力、写作能力和听说能力"。这些要求与现行的几本《现代汉语》教材提出的目的要求,没有明显区别。

从教学内容来看,大学与中学所讲的知识差别也不大。例如,初中第一册的第一篇《形声字》讲到了形声字的八种结合方式(左形右声,右形左声,上形下声,下形上声,外形内声,内形外声,形占一角,声占一角),而有的大学教材也只讲了形声字的前六种结合方式。又如笔画、笔顺问题,查字词典问题,小学就学

[①] 原载《语文建设》,1991年第5期。

过了,大学教材却又花相当篇幅重复。再如初一教材就讲了汉语语素的性质和特点,有单音节、双音节和多音节的(其中有联绵字、音译外来词),有自由语素、半自由语素(粘着语素)、不自由语素(词缀),汉字和语素的关系,都和大学教材相差无几。至于语法、修辞方面的内容,重复的就更多了。

十几年的语言教学,大量的是重复劳动和无效劳动,当然谈不上语言教学的实际效果。长期以来,各个学历段都在各自孤立地谈论教学改革,而很少认真地考虑一下语言教学的整体性问题。教育领导部门有责任组织不同学历段的语言教学专家和教材编写人员协同作战,统筹考虑,进行全面的规划,自觉地加强宏观的调节指导。应该对大、中、小学的语言教学制定不同的教学目的,规划不同的教学内容,以适应不同的知识层次。这个问题不解决,语言教学就必然陷入盲目性之中。

二

我们应该对不同学历段的学生的语言能力和认识能力有个正确的认识。吕叔湘先生曾经指出,学习语言的一般过程是模仿→变化→创造[①]。小学生的口语能力已经相当强,但书面语能力又十分弱,很不平衡。初中以后,句子渐趋复杂,使用的关联词语增多,思维渐趋精密,偏于书面语的语法现象也学会了。进入大学阶段,书面语能力进一步发展,语言能力趋向于创造性的发展。

知识与能力之间往往有一个相互转化过程。有时候,具备了某种能力却还没有掌握这方面的系统知识;有时候,学到了某种知识却还没有具备这方面的能力。从学校教育来说,就是传授知识,提高能力,促使两者转化。

我们语言教学的弱点在于重知识的传授而轻能力的培养。对学生已获得的能力,往往漠不关心;对学生传授的知识,又很少考虑到如何运用,使其转化为能力。如果知识的传授浮光掠影,而能力的训练又没有切实有效的措施,知识与能力就长期处于脱节的状况,教学效果就不会好。我们的汉语教学就是这样。大学在"炒"中学甚至小学的"夹生饭",学生长期处于重复劳动之中,学生的学习主动性和积极性就不可能激发起来。"夹生饭"不断"炒","炒炒冷冷","夹生饭"永远也"炒"不熟。

[①] 吕叔湘:《谈语言的学习和教学》,载《文字改革》,1962 年 12 月号。

现在,一个文科大学生不会查字典、不能准确注音、写字倒笔顺的情况,并不是个别的。这些在小学就学了的知识,到了大学还没有转化为能力,就是因为知识到能力的转化期缺少必要的教学安排和教学措施。

大、中、小学的语言教学几乎都提出了说普通话的要求。但是在方言区中真正会说普通话的学生是少数。根据我们的观察,学生在学前阶段和小学阶段普通话说得好一些,中学阶段就差一些,进了大学(特别是在本地区上大学的)就更差了。文化水平提高了,语言知识增多了,说普通话的能力反倒退化了。原因是多方面的,但其中有一点就是中学阶段,特别是初中阶段出现了一个教学普通话的断裂带。

小学期间,孩子的语言以模仿为主,可塑性最大。老师是语言的最有权威的模仿对象,影响相当大。进了中学,语言教学的内容,削弱甚至废弃普通话,而这时学生正处于十三四岁,语言习惯逐渐定型。随着课程的增多、学生交际面的拓宽,方言的影响和熏陶形成了强大的冲击波。孩子进入了青春期,羞涩感逐渐增强,甚至怕被亲友和家长误解和指责。方言区的学生觉得说普通话不那么自如和协调,感到不好意思。加上学校语言教育的松弛,几年时间,就把学生在小学形成的说普通话的能力销蚀掉了。到了大学再抓,为时已晚,更何况大学也没有什么得力的措施和坚实的教学内容。所以推广普通话首先是抓小学,但关键是中学。在孩子语音习惯定型期,不抓推广普通话的教育,不能不说是一个重大的失误。再如正字法、标点符号的运用、字典词典的使用等,也存在类似情形。如果在初中进行一定的强化训练,这种能力就会巩固下来。所以语言教学应有针对性,应针对不同的年龄和学历,提出具体明确的要求并采取切实可行的措施,使其在教学过程中得以贯彻。

长期以来,我们的现代汉语教学全神贯注于单一的结构分析,也是效果不好的一个原因。音节结构、字形结构、词语结构、句子结构,总之结构分析成为语言教学的核心和主要部分。当然,一定的结构分析对于语言教学是必要的,但语言能力的培养主要不是来自对结构的洞察和分析。结构分析与语言运用还有相当的距离。因为单一的结构分析只是对语料的静态的切分,只有助于对语料的认识和理解,并不能完全解决语言的运用问题。从语言的结构分析出发制订的语言规范,有些是很靠不住的。从语言的结构分析出发提出的"病句",如搭配不当、成分重复和残缺等,有不少都要打上问号。①

---

① 如"恢复疲劳"之类,有人曾判定为病句,理由是搭配不当。

我们认为,小学阶段应在口语教学的基础上进行基本句型的教学。初中以后,注意到学生语言的变化发展,讲比较复杂的句子,巩固和发展基本句型教学的成果。高中进行复句的教学。大学则着重于句型的对比和变换,以及话语分析、交际能力的教学和语言运用的综合能力的培养,同时进行初步的语言研究能力的训练,加强对语言运用实际的考察和分析。

大学生学习语言已经进入了创造阶段。他们已不再满足于模仿和变换,而是在语言材料大量积累的基础上,要求在语言运用中较多地体现其个性。他们创造了许多新颖的独特的表达方式和表达手段。随着世界观的逐渐形成、思维方式的精密化,他们的思辨能力加强了,理性色彩增加了,语言运用也呈现出千姿百态、色彩缤纷的景象,进入了较高的层次和阶段。

遗憾的是,目前大学的现代汉语教学并没有考虑学生的这些特点,仍然执著于固定不变的知识传授方法。大学生感到知识讲授与他们语言运用实际相距甚远。他们对这种隔靴搔痒的教学很不满足,甚至感到很失望,于是就从非语言学科学习语言,缓解这方面的饥渴。

三

现有的《现代汉语》教材写得过"满"也是一个突出问题。编写者怕内容不全面、体系不完整,影响教材乃至教学的质量,于是每一章每一节写得很全、很细。其实,这样反而会把主要的规律淹没在大量的材料和解说之中,使人抓不住要领,真正需要阐发的重点和难点不能突出。这是一种见物不见人的思想在作怪。我们编写语言教材应该把教材使用者这个重要因素考虑在内,心里要装着授课的教师和学习的学生。

从授课教师来说,由于教材写得很"满"、很"全",教师在有限的课时内讲授较多的内容,只好跟着教材转,进行说教式的"满堂灌"。这就必然限制甚至取消了教师能动作用或灵活性。编写教材的确也是一种艺术,要善于剪裁。有的地方要抓住不放,精雕细刻;有的地方要蜻蜓点水,一掠而过;有的地方则引而不发,含而不露。要给教师充分发挥的余地。

从学生的学习来说,由于教材写得很"满"、很"全",学生在繁忙的学习和作业中,只好抱着教材不放,有的学生甚至连教材本身的问题都来不及思索,很难有多余的时间和精力阅读其他的课外资料,吸收新的研究成果。这当然也就限制了学生学习的主动性和创造性。大学生的语言应用能力、分析能力和研究能力的获得,主要不是来自教材,而是来自课内和课外训练的有机结合上。好的教材应该有意识地引导和促进这种有机结合的实现,使学生有时间和精力进行分析、比较,从而丰富、加深课内学习的知识,进而形成自己的观点。可惜的是,现行的教材这方面的工作做得实在太少了。

教材中知识与应用脱节是个长期存在、一直没有得到解决的问题。我们认为,多做些练习并不就是将知识与应用相结合了,关键在于做什么样的练习,怎样去做练习。吕叔湘先生曾深刻地指出,我们的语言教学,有时候"讲"和"练"的关系搞颠倒了。他认为:"讲解和练习都是为了教好学好语文,很难分主次,但是如果要追问两者之间的关系,恐怕只能是讲为练服务,不能说是练为讲服务。"[1]现在的练习,"大都着重试验学生是否把念过讲过的东西记住了(练为讲服务),不太注意学生能否创造性地运用(讲为练服务)"。[2] 当前,巩固性、复习性的练习多,启发性、思考性的练习少。所以,练习做了不少,但能力提高不快。考试题目也是这样。这些都反映出课程的综合效能较低,难以产生好的教学效果。教材与练习应该为培养学生的语言运用能力服务,而不应是教师学生绑在一起为教材的内容服务。

在众多的教材中,胡裕树先生主编的《现代汉语》语法部分的练习很有特点,每节都安排一定分量的具有启发性、思考性的练习,有关记忆方面的习题则安排得较少。这是值得提倡和发扬的。因为"知识转化为熟练的技巧,既要记忆,又要练习,还要思考",启发性练习,"目的在启发学生独立思考,训练学生分析语言的能力"。[3]

在大学期间,培养学生动口、动手、动脑的能力非常重要。在现代汉语教学中,应该留出较多时间进行言语交际训练,进行书面语言的整体评改,进行语言使用的社会调查,让学生多接触语言的实际,搜集、分析各种语言现象,把理论和实践真正有机地结合起来,以培养学生的综合语言运用能力。

---

[1] 吕叔湘:《关于语文教学的两点基本认识》,载《文字改革》,1963年4月号。
[2] 吕叔湘:《关于语文教学的两点基本认识》,载《文字改革》,1963年4月号。
[3] 胡裕树主编:《〈现代汉语〉使用说明》,上海:上海教育出版社,1987年。

中编

修辞拾趣

试谈辞格的特点①

近年来,关于辞格理论问题的探讨开始热闹起来了。有的学术会议上,往往为了论证一种修辞现象是不是辞格,争论得十分热烈。某些修辞著作中已肯定的辞格,有的同志提出了质疑。这些都不能不引起人们对辞格理论的重视和兴趣。那么,究竟什么是辞格呢?辞格的特点是什么呢?

陈望道先生的《修辞学发凡》问世已整整半个世纪了。这部中国现代修辞学的奠基之作,对辞格下的功夫最深,研究得最深入透彻,成就最突出。尽管这部著作没有集中来论述辞格的性质和特点,但他对辞格的许多理论上的阐发散见于各个章节,仿佛是茫茫夜空中的一天星斗,熠熠生辉。特别是关于积极修辞的许多精辟论述,对于辞格是完全适用的。笔者打算结合学习这部著作的体会,谈一谈对辞格及其特点的粗浅认识,以求得到批评指正。

辞格,又称"修辞格"。有的修辞书称为"修辞方式"或"修辞手法"。②

辞格的形成与人们运用语言有着极为密切的关系。人们运用语言为要达到理想的表达效果,就必须在适应题旨情境的要求之下,有效地运用各种修辞手段,这既包括了消极修辞也包括了积极修辞。一般情况下这两种修辞手段是交替运用的。总的说来,消极修辞是早于积极修辞的,消极修辞也比积极修辞使用的范围要广泛,使用的频率也要高些。但是,人们日常运用语言,绝不会以意义明确、伦次通顺、词句平匀、安排稳密为满足的,有时也要求

---

① 原载《〈修辞学发凡〉与中国修辞学》,上海:复旦大学出版社,1983年。
② 唐钺称为"修辞格"(见《修辞格》,北京:商务印书馆,1923年),张弓称为"修辞方式"(见《现代汉语修辞学》,天津:天津人民出版社,1963年)。

表达得鲜明生动,要求表达的艺术化,使别人不仅能领会你所表达的意思,而且还能受到感染。千百年来,我们的人民创造了许许多多具体、形象、生动、有力的运用语言的手法,经过广大群众长期地、反复地运用,逐渐得到巩固,同时也有所发展,再经过关心这些语言现象的人加以归纳和总结,找出其中运用语言的规律,这就形成了一个个辞格。可见,辞格是属于积极修辞范畴的。积极修辞比消极修辞的要求要高一些。但是如果过于追求积极修辞,而忽视甚至放弃消极修辞,也会把积极修辞引向死胡同,也就会丧失了积极修辞应有的表达效果。

辞格是积极修辞的一个重要部分,积极修辞的种种理论对于辞格往往具有指导意义。我们认为辞格的特点,主要表现在三个方面。

首先,辞格在表达效果上具有生动性。关于这一点,陈望道先生在《修辞学发凡》一书中,有较多的论述。归纳起来是:在内容上它富有体验性、具体性;在形式上,对于语辞的形、音、义,都随时加以注意或利用,它要求有力和动人。同一切艺术手法相仿,它不仅用心在概念上明白地表出,在表达的法式上也是具体的、体验的、情感的,它是以生动地表现生活的体验为目的的。

语辞的范围比较广泛,它不仅包括字、词,也包括句子和语段等。如语辞的形体的利用,表现在字上的有析字;表现在词语上的有析词、镶嵌、仿拟;表现在句子以上的有对偶、排比、顶真、回环、错综等。对于语辞的声音的利用,则有飞白、双关、复叠等。对于语辞的意义的利用有比喻、夸张、借代、拈连、移就、反语、委婉等。对语辞的形、音、义加以注意和利用,才使得语辞呈现出动人的魅力,这里反映了作者的艺术趣味和美学观点。这种动人的魅力正是来自利用语辞的形、音、义而体现出来的语言的形体美、音韵美和形象美。

在理解辞格的生动性时,我们不能仅仅局限于具体形象这一点,生动性的体现是多方面的。这是因为人的感情上的体验也是多方面的。具体形象的画面固然动人,但在声音上、形体上的艺术化,同样能给人以美的享受,同样能赏心悦目,动人心弦。例如:

(1)他们的品质是那样地纯洁和高尚,他们的意志是那样地坚韧和刚强,他们的气质是那样地淳朴和谦逊,他们的胸怀是那样地美丽和宽广!(魏巍《谁是最可爱的人》)

(2)这时候鸡都快叫了,张木匠见艾艾还没有回房去睡,就发了脾气,"艾艾,起来!"因为他喊的声音太大,吓得艾艾哆嗦了一下,一骨碌爬起来,瞪着眼问:"什么事,什么事?"(赵树理《登记》)

例(1)是排比。孤立看每一个排比语句并不形象化,似乎也没有什么特别感人之处,但如果把这些语句排比在一起,读起来如行云流水,流畅自如,就会产生动人的效果。陈骙说排比可以"壮文势,广文义",以声音的和谐和形体的整饬打动读者。例(2)是反复。孤立看反复的一个句子"什么事"也没有什么出奇之处。但一经反复,就把艾艾在酣睡中惊醒的极度紧张情态,活灵活现地表现了出来。可见,利用语辞形体和声音的因素,和具体形象的描绘刻画一样,也能够取得生动感人的效果。

再如比喻,一般都认为它是以具体、熟悉、形象的事物来做比的,可以化未知为已知,化抽象为具体,化深奥为浅显,化平淡为生动。但是有这样一个例子:

(3)月光如流水一般,静静地泻在这一片叶子和花上。薄薄的青雾浮起在荷塘里。叶子和花仿佛在牛乳中洗过一样,又像笼着轻纱的梦。虽然是满月,天上却有一层淡淡的云,所以不能朗照;但我以为这恰是到了好处。月光是隔了树照过来的,高处丛生的灌木,落下参差的斑驳的黑影,弯弯的杨柳的稀疏的倩影,却又像是画在荷叶上。塘中的月色并不均匀,但光与影有着和谐的旋律,如梵婀玲上奏着的名曲。(朱自清《荷塘月色》)

作者在这一段里用了一系列的比喻。其中有两个比喻似乎比较抽象。一个是"像笼着轻纱的梦",另一个是"如梵婀玲上奏着的名曲"。其实这两个比喻同样是具体的、体验的,作用于人们的感情。梦境的朦胧、乐曲的和谐,几乎是人们都体验过的。在这里,作者没有在视象上着意用墨,而是利用读者的联想,把幻觉、听觉和视觉粘合在一起,这就把月夜荷塘的朦胧而和谐的美景渲染得淋漓尽致。人们正可以根据已有的体验,建立具体的联系,产生情感上的共鸣。

生动性是辞格的生命。语言的运用失去了生动性,辞格也就随之消亡。生动性是积极修辞的根本特点,同样也是辞格的一个根本特点。

当然,辞格是否生动感人,是以适应一定的题旨情境为标准的。如果脱离了一定的题旨情境的要求,拼命堆砌辞格,不仅达不到生动感人的效果,反而会把辞格引向邪路。例如,对偶是一种很有表现力的辞格,直到现在还为人们所乐于使用。但是这种辞格曾经有过畸形的发达时期,成为语言运用的镣铐,后来不断遭到广大有识之士的反对是理所当然的。再如,引用也有一定的表达作用,但有时追求生僻冷怪的典故,借以矜奇炫博,搞得语言晦涩费解,像猜谜一样,使人看了生厌,当然也在排斥批判之列。这与辞格的生动性毫无共同之处,恰恰是妨害了辞格生动性的有效发挥。这是辞格运用中的一股逆流。

辞格的第二个特点是在组织结构上具有规律性。陈望道先生曾批评有的人抓住一些修辞的末梢现象来喋喋不休地谈所谓运用辞格的原理。他认为,应当抓住各个辞格的组织和功能,才是抓住了辞格的本质和关键。当然,由于修辞现象的繁复和飘忽无定,比解剖语法的组织和功能要困难得多,但是作为一个修辞学家不应避难趋易,专去留心那些末梢现象。

令人高兴的是,许多修辞学著作对一些具体辞格的组织结构进行过不同程度的探讨和分析,虽然这种探讨分析的方法和结果并不一致。《修辞学发凡》对这一点也是十分重视的。例如,他将比喻的组织结构分为思想的对象、比喻语词和另外的事物三部分,根据思想的对象和比喻语词的隐现和差别来对比喻进行内部的再分类。他把借代的组织结构分为随伴事物和主干事物,本名和相对待事物名称的代替关系。双关则根据双关语辞的形音义关系分析成"音类同"、"音形类同"、"音形义类同"三种。有的修辞学著作试图从语音、词汇、语法三个要素上对一些辞格进行结构上的分析和归纳。吴士文同志曾对《修辞学发凡》所列的 38 种辞格,在组织结构上进行过比较全面深入的探讨和分析。他把这些辞格归纳为"描绘体描绘对象体或近值隐体"、"换代体换代同值隐体,依存示意体"、"引导体引导随从体"、"形变体形变原形体"四类[①]。

这些探索所取得的进展和成果都证明了辞格必须注重组织结构的必要性和可能性。

对辞格进行组织结构上的分析,可以比较具体、实在地找出语言运用上的组织规律,举一反三,触类旁通,可以较快地提高运用语言和鉴赏语言的能

---

① 吴士文:《辞格结构形式初探》,载《辽宁师范学院学报》,1979 年第 4 期;《修辞格的实用价值和结构形式的初步探索》,载《丹东师专学报》,1979 年第 1 期。

力。这样做,也可以促使修辞学科研究的逐步深化,可以促进修辞学的研究和语音、词汇、语法等语言学科以及其他有密切联系的学科的研究有效地结合起来,更加促进修辞学的迅速发展。

辞格的组织结构是为表达特定的内容服务的,组织结构对于内容的表达有一定的帮助。但是组织结构也有相对的独立性,辞格要适应题旨情境的要求,许多修辞学著作在情境方面谈得多,题旨方面谈得少。离开了题旨的要求,辞格也就必然失去了生命力。有些文字游戏式的辞格的没落就是明证。如回文(这里指的不是回环,而是狭义的严格的回文)就有回文诗、回文词之类,由于它过于迁就文字而把题旨的要求放到次要的位置,动人肺腑的作品可以说是极为罕见的。陈望道先生认为"其内容被形式牵制",是"难能而并不怎么可贵的东西"。再如,镶嵌中有《水浒传》中嵌"卢俊义反"四字的七绝。这首诗除了暗含"卢俊义反"的字具有一定的表达作用外,整首诗并没有多少诗意。陈望道先生批评这种形式"不容易用得自然,所以用处也就异常地少"[①]。我们在对辞格进行组织结构的分析时,要防止形式主义的倾向。这一点我们要向陈望道先生学习。他对如此众多的辞格进行比较细致的分析,却没有对辞格的结构形式有着"偏爱",而总是把它和表达题旨结合在一起,对于运用辞格中的不健康的艺术趣味和纯形式的观点总是进行有说服力的批评。

最近,有些同志根据辞格应以一定的语言结构单位作范围,以一定的标志作特征的思想,提出了以句子为辞格结构单位的设想。把辞格局限于句子范围之内,对于相当多的辞格就难以作出合理的正确的分析。例如:

(4)千锤万击出深山,烈火焚烧若等闲。粉身碎骨全不怕,要留清白在人间!(于谦《石灰吟》)

(5)去年相送,余杭门外,飞雪似杨花。今年春尽,杨花似雪,犹不见还家。(苏轼《少年游》)

例(4)如果把辞格局限在句子的范围之内,就看不出什么运用语言的妙处来,只有统观全诗才能看到作者运用比喻的匠心。例(5)孤立看每一句不过都是比喻,上下两句结合起来阅读才能发现两个比喻句原来是运用了回环这个辞

[①] 陈望道:《修辞学发凡》,上海:上海教育出版社,1979年,第4、168、198页。

格,把去年和今年在意境上作了鲜明的对比。这一类的例子很多。例如,传诵一时的郭小川的名著《团泊洼的秋天》,就用了成段的排比来抒发革命战士的壮美情怀。贺敬之脍炙人口的《三门峡——梳妆台》,每段之间都运用了顶真的手法来衔接。鲁迅小说中的许多反复辞格也都是在语段甚至篇章中表现出来的。他的诗《我的失恋》是地道的全篇的仿拟。其他诸如拟人、映衬、示现、引用、设问、镶嵌、错综等辞格,在语段乃至篇章中表现的例子可以说是俯拾皆是。把这么多修辞现象都当作特殊情况处理,恐怕也未必妥当吧。

辞格的第三个特点是在使用成分上具有变异性。唐钺先生曾指出:"凡语文中因为主要增大或者确定词句所有的效力,不用通常语气而用变格的语法,这种地方叫做修辞格。"①陈望道先生在谈到积极手法的表现形式时说:"这种形式方面的字义、字音、字形的利用,同那内容方面的体验性具体性相结合,把语辞运用的可能性发扬张大了,往往可以造成超脱寻常文字、寻常文法以至寻常逻辑的新形式,而使语辞呈现出一种动人的魅力。"②这里"超脱寻常文字、寻常文法、以至寻常逻辑的新形式"和"变格的语法"指的就是变异性。辞格正是运用超出常律的语辞,从而具有动人的魅力。

这种变异性表现为改变了语辞原来的适应范围。在语言中任何语辞都有一定的适应性。在运用语言时可以因特殊的表达需要而改变这种适应性。例如:

(6)当年毛主席带领队伍下山去挑粮食,不就是用这样的扁担么?那肩上挑的哪里是粮食?挑的是中国无产阶级革命!(袁鹰《井冈翠竹》)

(7)她既然只把张信当成她"过渡时期"的丈夫,自然就不能完全按"自己人"来对待他,因此她安排了一套对待张信的"政策"。(赵树理《"锻炼锻炼"》)

(8)在无能的人面前,才有那么多该死的"意外"。(杜鹏程《在和平的日子里》)

例(6)是拈连。动词"挑"经常是和表示具体物件的名词相配搭的。如"挑粮食、挑行李、挑水"等。这里改变了原来所适应的搭配关系,变成"挑无产阶级

---

① 唐钺:《修辞格》,北京:商务印书馆,1923年,第1页。
② 陈望道:《修辞学发凡》上海:上海教育出版社,1979年,第4页。

革命"。这显然是一种变异的用法。例(7)也是如此。"过渡时期"、"政策"经常用于政论语体,用于比较严肃的场合,如阐述党的路线方针政策时用,这里却用于日常口语之中,表达个人之间的关系,这就在语体色彩上加以变异。倪宝元先生把这种辞格称为"降用"①。例(8)是移就。这里把表人的性状语辞利用到抽象事物上,把感情移植上来,这当然也不是寻常的语法规律所能表现的。辞格大大地扩大了语辞的适应范围,在语言的运用上又开拓了一块新的天地。

这种变异性还表现为语辞的意义临时起了变化,因题旨情境的要求而赋予了新义。如:

(9)枪杆子里面出政权。(毛泽东《战争和战略问题》)

(10)不费红军三分力,消灭江西两只羊。(井冈山民歌《会师井冈第一仗》)

例(9)是借代。"枪杆子"的原有含义有改变,这里指的是武装斗争,而不是指具体的枪支。例(10)是双关。字面上指的是家畜的"羊",骨子里指的是国民党杨池生和杨汝轩两个师。这些新义是临时性的,是借助于特定情境而获得的,不属于语词本身的义项。

语辞运用的变异性表现是多方面的。有时可以在词语的形体上加以变化,如"仿词"、"飞白"等。语辞之中只有"帮忙"而无"帮闲",只有"阔人"而无"狭人",但在鲁迅的笔下却临时组成了"帮闲"、"狭人"等仿造的词语,使语言增加了幽默讽刺的效果。

辞格的这些特点,不仅适用于已归纳的辞格,也同样适用于新总结的辞格。如"通感"就是。"通感"这种修辞方式历史很悠久了,但总结为辞格还是最近二十年的事。钱钟书先生对于亚里士多德在《修辞学》中没有谈到通感感到很遗憾,希望修辞学在讲修辞时应该谈到它②。后来周振甫先生在《诗词例话》中多次讲到这种修辞手法③。近年来有些文章进一步阐述了这个辞格。现在有人认为这个辞格不能成立。理由是通感是一种生理和心理现象;如果把通感作为辞格,那么许多辞格都要取消。大家知道,生理现象、心理现

---

① 倪宝元:《修辞》,杭州:浙江人民出版社,1980年,第99页。
② 钱钟书:《通感》,载《文学评论》,1962年第1期。
③ 周振甫:《诗词例话》,北京:中国青年出版社,1979年,第4、143、249页。

象和语言现象都有密切的联系,但它们之间并不是一回事,不能画等号,更不能用所谓"生理现象或心理现象"来取代语言现象,因此已作为语言运用的一种辞格——通感的存在,丝毫不因有了这种心理现象或生理现象就轻易地被取消。其次,通感成为辞格,其他的辞格也不会被轻易"吃掉"或"取消"。难道因为有了"微过风处,送来缕缕清香,仿佛远处高楼上渺茫的歌声似的"这样通感和比喻相结合的例子,整个比喻辞格就要被吃掉了吗？比喻与夸张结合、对偶与比喻相结合,映衬与夸张结合……这类的辞格与辞格的结合运用比比皆是,并不影响各辞格的存在,怎么通感一与比喻、拈连、移就等结合就要"吃掉"、"许多"辞格呢？其实"通感"还有许多不跟其他辞格结合用的例子。

(11)"四人帮"禁锢了群众之口,但是这些火热的歌都在人们心里唱呀！(刘白羽《火一般炽烈的歌手》)

(12)寒流呀,像冲破了闸,冰川呀,像炸开了花；空气哟,冷得发辣。(郭小川《大风雪歌》)

(13)看着他慢慢朝前面走去,坐在礼堂后面的黄佳英的脸刷的一下红起来了。(刘宾雁《本报内部消息》)

以上三例都未和比喻、拈连、移就相结合,如果不是通感是什么格呢？我们认为是通感。唱"火热的歌"、空气"冷得发辣"、"脸刷的一下红起来了",在表达效果上具有生动性；在组织结构上具有规律性,这里多是通过形容词(包括象声词)来体现的,用吴士文同志的说法是"描绘体描绘对象体或近值隐体"。既然符合辞格的特点,就有成立辞格的可能和必要。

陈望道先生的《修辞学发凡》是一座宝库。关于辞格和题旨情境的关系,关于辞格的内容与形式的关系,关于辞格的上落生灭,关于辞格的适应与变化,他都有许多科学的论述,值得我们不断地学习和借鉴。本文只就辞格的特点谈一点学习的体会,以纪念《修辞学发凡》出版五十周年。

论"兴"[①]

一

一谈到"兴",人们多会想到《诗经》,认为这是《诗经》的研究内容。在研究祖国悠久的民歌语言艺术时,"兴"的研究的确是一个相当重要的题目。"兴"作为民间歌谣的一种表现手法,我们的祖先,在几千年前就已经认识到了。《周礼·春官》云:"大师教六诗:曰风,曰赋,曰比,曰兴,曰雅,曰颂。"《诗大序》的说法与此大致相同。一般人认为风、雅、颂是诗的分类、体制,赋、比、兴是诗的表现手法。[②] 这种看法基本上是正确的。但是,为什么偏偏把"赋、比、兴"放在"风"的后面呢?这是因为"赋、比、兴"正是"风"的表现手法的一个纲领。迮鹤寿说得好:"赋、比、兴所以列于风之下者,风则赋、比、兴俱备;雅则有赋有兴,而其为比者罕矣;颂则全是赋而绝少比、兴矣。"[③]刘勰说:"毛公述传,独标兴体。"由此可见,前人已认识到"兴"在民间歌谣创作中的地位,他们对"兴"这一表现手法也是非常重视的。我们说"兴"是民间歌谣的一种

[①] 这篇文章的写作,得到张煦侯、张涤华二位老师许多具体的指导和帮助,谨表谢意。原载《合肥师范学院学报》,1962年第1期。

[②] 章绛(太炎)在《六诗说》中认为"赋、比、兴"跟"风、雅、颂"一样,同是诗的一种体制。关于"兴",他认为是一种近于"诔"、"述赞"的颂诗。他写道:"……周官字为廞,大师大丧帅瞽而廞。作匶谥。郑君曰:廞,兴也。兴言之行,谓讽诵其治功之诗,故书廞淫。郑司农云:淫,陈也。陈其生时行迹为作谥。瞽矇讽诵君。郑诗曰:主谓廞作柩谥时也,讽诵王治功之诗以为谥,此为兴与诔相似亦近述赞,则诗之一术也。"(见《国粹学报》5卷2期)

[③] 见《蛾术编》卷七十五迮鹤寿的按语。

常用的手法是有事实根据的。《诗经》305篇,毛诗注明"兴也"的共计116篇。其中"风"占72篇,"小雅"占38篇,"大雅"和"颂"加在一起也只有6篇。当然,毛诗所标的"兴",跟我们所说的"兴"的概念是否完全一致,还有待于更进一步的考察研究。但是,这个数字就足以说明"兴"在民歌中,即在"风"中的地位了。"国风"总共160篇,"兴"占了72篇,几乎每两篇就有一篇"兴"诗。文学史的事实也证明了这一点。历代的民歌,无论是《诗经》、《楚辞》、两汉乐府,还是六朝民歌、元明曲词,其中运用"兴"这种手法的,真是比比皆是,不胜枚举。我翻了一下社会主义的新国风——《红旗歌谣》运用"兴"这种手法的诗歌就有30首左右。大家只要去翻一下各省的民歌选集,"兴"诗可以说是俯拾即是。

尽管民间歌谣中大量地使用着"兴",发展着"兴",然而对于"兴"的含义,千百年来却有着各种不同的理解。归纳起来,有以下三种:

1. "兴"有比喻的意味。如《周礼·大师》郑注:"比,见今之失,不敢斥言,取比类以言之。兴,见今之美,嫌于媚谀,取善事以喻劝之。"郑司农说:"比者,比方于物也,兴者,托事于物。"孔安国也说:"兴,引譬连类。"

2. "兴"是诗的发端,与正义无关。如挚虞说:"'兴'者,有感之辞也。"(《文章流别论》)李仲蒙认为:"触物以超情谓之兴,物动情者也。"(胡致堂《与李叔易书》)郑樵说:"'关关雎鸠'……是作诗者一时之兴,所见在是,不谋而感于心也。凡兴者,所见在此,所得在彼,不可以事类推,不可以义理求也。"(《六经奥论》)姚际恒也说:"兴者,但借物以起兴,不必与正意相关也。"(《诗经通论》)近人刘大白、顾颉刚也持有这种看法。刘大白说:"兴就是起个头,借着合诗人底眼耳鼻舌身意相接构的色声香味触法起一个头。"(《白屋说诗》)顾颉刚认为"兴"句跟承接的一句是没有关系的,它们所以会这样成为无意义的联合,一来是因为押韵,二来是可以借有力的兴句作个陪衬,作个起势。(见锺敬文编《歌谣论集》、《起兴》)

3. "兴"是言已尽意有余。钟嵘《诗品》说:"文已尽而意有余,兴也。"

这些说法当然都是通过对数量众多的诗歌进行分析研究而得出来的结论,都概括了"兴"的某一个方面的意义,有其正确的部分,但同时也存在着片面性,有的认识甚至还是十分荒谬的。像第一种看法,他把"兴"与"比"对举,看到了"兴"句的内在比喻含义。由这点出发,他们进而把"兴"强说成什么"美刺教化"的工具。传统的解经的人就把"关关雎鸠"牵强地说成"挚而有别",接着就引申到什么"后妃之德"。这种穿凿附会的解释,带来的流弊很大,使它进一步为统治阶级的礼教道德服务。同时,这种用"善恶之喻"来区别"比"、"兴"的不同,把"兴"说成"善事喻美",不符合《诗经》的实际情况。"兴"虽然有比喻的意味,但它与"比"这种表现手法是不同的,这种说法,没有把"比"、"兴"的界限划分清楚。"比"、"兴"作为两种不同的表现手法,是有其各自的特征的。第二种看法,看到了"兴"的一些特殊现象,即"兴"句并不取义,所谓"不可以事类推,不可以义理求也"。但它忽视了"兴"的一般现象,忽视了"兴"的内在含义及其表达作用。应该承认,"兴"的产生,往往是因为诗人歌唱时的思路的发展,由所感之物进展到诗的正题,但是一般说来,任何诗人在诗中用甲物起兴而不用乙物,这里就有一个选择加工的过程,更何况民歌通过众口相传,不断地提炼润色呢?第三种看法的根本缺点在于它忽视了"兴"的最本质的特点及其特有的语言样式,容易把"兴"和其他艺术手法混为一谈。当然,它揭示了"兴"的含蓄婉曲的一面还是应该肯定的。这三种看法,以前两种最有影响,很少有人支持钟嵘的说法。

正是由于这些看法都有其合理的部分,概括了兴句的某一方面的特征,同时又有其片面性,因而一些学者就企图综合各家之长得到一个较为完善的说法。这方面较早的最有影响的首先应推刘勰。刘勰在《文心雕龙》中曾专门论述"兴"的艺术手法。其中关于"兴"的解释,有以下两点:①"兴者,起也"。这就是发端起情的意思。②"比显而兴隐"、"起情者,依微以拟议","兴则环譬以记讽","观夫兴之托喻,婉而成章,称名也小,取类也大"。

刘勰继承了汉代注疏家(如郑玄等)的说法,但又有所发展。他不仅看到了"兴"的比喻性,而且发现这种比喻性具有自己的特色,那就是"隐",就是"依微以拟议","婉而成章"。它不是明显的打比方,而是含蓄委婉地求得意境上的和谐。这是刘勰的特见。后世说诗的,有很多人接受他这个见解。孔颖达《毛诗正义》中论"赋、比、兴"的次序就这样说:"言事之道,直陈为正,故《诗经》多赋在比、兴之先;比之与兴,虽同是附托外物,比显而兴隐,当先显而后隐,故比居兴先也。"宋朝的吴咏也说:"毛氏自'关雎'而下,总百六十篇,首繁之兴……而比、赋而与焉,盖谓赋直而兴微,比显而兴隐也。"王应麟在《困学记闻》里引述了这一段话,也在自注中指出吴咏的话是本于《文心雕龙》的。

清代何焯也说:"千古区分比、兴二字,莫善于刘彦和。"①所有这些,都说明了刘勰的说法对后世影响极大。

此外,对兴的取义和不取义,阐述较多的应该算是朱熹了。朱熹说:"兴者,先言他物以引起所咏之词也。"又说:"兴有取所兴为义者,则以上句形容下句之情思,下句指言上句之事实;有全不取义者,则但取了一二字相应而已。"他的意思是从严粲的《诗缉》中的说法袭用来的。严粲把"兴"分为"兼比"与"不兼比"两种。朱自清先生就明确指出:"《毛传》'兴也'的'兴'有两个意义,一是发端,一是譬喻,这两个意义合在一块儿才是'兴'。"②

总而言之,对"兴"的解释是逐渐发展,逐渐完善起来的。即便如此,那种众说纷纭的现象也还没有完全清除,特别是"兴"与"比"的区别,往往成为诗学研究者的一个难题,所以有些学者和诗人索性就"比兴"不分家,结果又造成了理解上的混乱。

二

是的,对"兴"义理解的纷歧,与"兴"的表现形式的复杂多样是分不开的。因为"兴"的复杂多样,就很难用几个字来概括它的特征。我们认为"兴"在诗歌中至少存在以下四种情况。

(一)全诗或其章节的发端,与正意往往表现为平行句式。

1. 一朵朵红花山顶顶开,
   办起了公社幸福来,

   草里头挑草灵芝好,
   公社就是上天桥。

   羊肚子手巾包冰糖,
   一个个社员喜洋洋。

   一对喜鹊空中飞,
   知心话捎给毛主席听。

---

① 何焯:《评冯班〈钝吟杂录〉》。
② 朱自清《诗言志辨》、《毛诗郑笺释兴》。

百灵子过河沉不了底,
想起了公社就忘不了你。①

从上例可以看出,"兴"不仅是全诗的发端,而且可以是全诗中各章节的发端。因此,我们可以进一步说,在一般情况下,各章节发端的"兴"句之间在意义上往往有关联,有的在时间上,有的在空间上,有的在思路的发展上。如:

2. 河中的鱼儿跟水游,
   飞起的雄鹰云里走,
   我盼阿哥像雄鹰,
   入社别落人后头。

   河里的浪头海里流。
   高空的雄鹰远方走,
   我盼阿哥像河里浪,
   跟党一直走到头。

3. 杨柳条,软翻翻,
   东村大嫂下田畈,
   一路走来一路忙,
   屋里小囝一大班。
   ……

   石榴花,红火火,
   社里办起托儿所,
   又做游戏又唱歌,
   又吃糖来又吃果。②

这样的"兴"句,分段引发开来,回环复沓,形成结构整齐匀称的格式。这种格式在《诗经》里就很多。我们说"关关雎鸠,在河之洲"是"兴","参差荇菜,左右流之"也是"兴"。从"左右流之"到"左右芼之",从"蒹葭苍苍"到"蒹葭萋萋",从

---

① 《想起了公社忘不了你》,《红旗歌谣》第11页,以下引用的新民歌,未注明出处者均见《红旗歌谣》。
② 《社里办起托儿所》,《浙江歌谣》,第29~30页。

"坎坎伐檀"到"坎坎伐轮"等,各节结构相似,在时间和思路上都有所进展,这样的民歌极便唱和。这种格式久而久之,就逐渐固定下来。有时用固定的"兴"句来引发,就形成了固定的曲式。像《四季歌》、《五更调》、《十二月令》等就是。

(二)有的"兴"句有比喻的意味,但又不同于一般比喻。如:

1. 吃菜要吃白菜心,
   当兵要当新四军,
   新四军爱的是穷人,
   穷人要当新四军。(《当兵要当新四军》,《安徽歌谣》194 页。)

2. 毛主席像红太阳,
   明明亮亮照四方……

3. 新水井,亮闪闪,
   好像姑娘水汪汪的眼。

"兴"有比喻意味,如例 1,白菜最好吃的是菜心,这个"兴"句是用来暗喻世上最好的兵是新四军。但这又和比喻不同。首先,"兴"在结构上一定是平行句式,比喻则不一定,比喻物和被比喻物往往在一个句子里,如例 2 就不是平行句式。有的比喻即便是平行句式,但比喻意味很显著,不像"兴"只是象征而已,所谓"比显而兴隐"正是如此。如例 3 就是。因此例 1 是"兴";例 2、3 是"比"。这一点可以从四方面来分别指出:第一,比喻往往有比喻词语(如"像"、"好似"之类),"兴"没有。比喻即或没有比喻词语,往往也可以加上。第二,"兴"总是一开始描述自然界其他事物,如草木鸟兽之类,然后才接触主体,而比喻往往一开始就是被比喻的主体本身,像例 3 就是。第三,比喻可以明显地看出比喻事物与被比喻事物,而"兴"却比较含蓄曲折,往往只能从意境上去体味其中的象征或比喻意义。第四,从诗歌的艺术构思来看,"兴"往往是先见自然风物而触起思想感情的表露,"比"乃是先有思想感情,而后寻找一个相似的事物来比方。所以"兴"里的自然风物,出于自然,出于真实,而"比"中的自然风物,往往出于制作,出于假定。① 请看下面的例子。

4. 东方红,太阳升,

---

① 杨次道:《赋比兴的研究》,载《学艺》,第 9 卷 8 期。

中国出了个毛泽东。(《东方红》)

很显然,这是有比喻意味的"兴"而不是纯然的比喻。这支歌的作者李有源同志,在一天清晨,挑着木桶,哼着小曲上葭县城,一轮红日从东方徐徐升起,照得他满面红光。他,走着走着,忽然凝视着东升的太阳,停下了脚步,联想到党和毛主席的英明伟大,想到减租减息穷人翻了身,想到丰衣足食,生活改善……他感到周身都温暖,这就引起了他创作的冲动、歌唱的欲望,就这样,他写出了《东方红》。① 再从它的表达作用上看,"兴"主要的不是为了使正意鲜明生动,便于人们理解接受,主要是求得情景上的和谐,增强艺术感染力。当然,艺术构思与表达作用的关系是非常密切的。

如果我们认定"比"与"兴"都是两种艺术表现手法的话,通过以上的分析,似可说明它们之间的区别。

(三)有的"兴",常常通过对自然景物的描写创造出诗的意境、诗的气氛。如:

1. 千里的雷声万里的闪,
   快里马撒红了个遍。(李季《王贵与李香香》)

2. 蓝格英英的天上遮乌云,
   哥有心看妹听说妹妹嫁了人。(李季《当红军的哥哥回来了》)

3. 一对喜烛结红花,
   毛主席几时来我家,
   看看我们的红日子,
   说说我们的心里话。

4. 花喜鹊,尾巴翘,
   哥哥娶了个新嫂嫂,
   大眼睛,黑眉毛,
   脸孔像个五月桃。

例1例2是陕北"信天游"里常用的句子,在这里,一个表现了迅猛异常、雷霆万钧的气势,一个表现了在幸福中对过去悲惨遭遇的回忆,道出了凄清悲切

---

① 杨兴:《〈东方红〉和它的作者李有源》,载《延河》,1961年7月号。

的情景。例3例4则是根据汉民族的传统习惯,红烛开花,表示贵客来临,喜鹊象征喜事,民歌经常用它来表现欢乐吉祥的情景。这种句式简直已经达到固定化的程度了。

这种"兴",在诗中起着衬托渲染的作用,不仅可以造成鲜明的意境,而且在语气节奏上是个起势,为下面的正意做个准备。

(四)只有极少数的"兴",与诗的意义毫无关系,只是为了押韵,为了起势的需要。如:

1. 胡麻麻开花一色色蓝,
   合作化的好处说不完。

   种地要种压青地,
   合作化就是上天梯。

   大红公鸡抖翅膀叫,
   合作化以后咱上民校。

但是,也有些民歌看起来似乎"兴"句与诗的内容毫无关系,仔细想想,还是可以看出其中细微的联系的。如:

2. 武山的大米兰州的瓜,
   疼不过老子爱不过妈,
   亲不过咱们的共产党,
   好不过人民当了家。

3. 小斑鸠,咕咕咕,
   我家来了个好姑姑。
   同我吃的一锅饭,
   跟我住的一间屋。

4. 红豆豆,白心心,
   妈妈跟我去说亲,
   荣华富贵我不要,
   我要嫁给新四军。(湖北《红豆豆》)

例2中的大米、瓜是武山、兰州的名产,对于当地人民来说是最亲切不过的了。用这个起兴,还可以表现诗歌的地方特色。例3因为是儿歌,斑鸠的咕咕叫跟儿童喊姑姑恰好谐音,符合儿歌的语言特点。例4中红豆、白心含有爱情的真挚纯洁的意思。谁不知道"相思红豆"的典故呢?由此可见,就是那些一般来说不取义的"兴",仔细推敲推敲,也不是都全无关系的。我们越来越感到,那些真正全不取义,仅仅为了便于开头,做个陪衬的"兴",实在是极少极少的。

  通过以上的论述,我们可以用这样三点来概括"兴"的特征:1.表示发端;2.跟正文在语言形式上是平行句式;3.往往通过对外界事物的描述来寄托和表现与诗意隐微的意念关系。

  上面,我们指出,"兴"是民间歌谣常用的一种表现手法,又从意义与结构两方面对"兴"作了一些分析。我们还要进一步阐明,"兴"是民间歌谣中极有用的表现手法,有着巨大的表达作用。

  由于每个"兴"句都必须是全诗或章节的发端,它就好像光彩夺目的戏剧的序幕,一开始从自然界的事物引入本题,由他物到本体,以让听众和读者有思想准备,便于接受。古人说写作要"工于发端",开头要像"凤头"一样漂亮好看。高尔基也说:"开头第一句最困难,好像音乐先定调一样,往往要用许多时间才能找到它。"好的"兴"就是好的开头。所谓"启行之辞,遂萌中篇之意"(《文心雕龙》、《章句》)。开头好就能吸引读者看下去,如果不好,读者看了诗的前两句就感到索然寡味,摇摇头把它扔在一边,这首诗后面无论写得怎样精彩也没有用了。好的"兴"既能引发诗意,又能引人入胜。"兴"可以避免诗歌形象的平板,使之曲折多姿,造成情境上的波澜。

  其次,"兴"句是从自然界的事物引入本体的,而他物与本体在某一方面多多少少都有些联系,因此诗人不是无端发"兴"。好的"兴"句都是经过作者对眼前或心中盈千累万的事物加以选择加工而提炼出来的,所以很多"兴"句含义深沉,浸透着作者的心血,凝聚着作者的智慧,因而"兴"句常常发人深思,耐人咀嚼。也许这就是刘勰的"称名也小,取类也大"所达到的艺术境界,也许这就是钟嵘所说的"文已尽而言有余"的艺术魅力的所在吧。正因为起兴之物与本体事物的关系十分密切,在艺术构思中,它是依靠联想来实现的。而"意"与"境"的融合,往往就造成极美妙的诗境。它烘托渲染,像一幅色彩斑斓的图画;它音流和谐,像一段婉转醉人的乐章。它委婉含蓄,像曲径通幽,远闻柳浪莺语;它鲜明突出,像横空出世,仰观绝壁奇峰;它象征隐喻,有的像玲珑小巧、珠光宝气的翡翠碧玉一样晶莹可喜,有的像寒光刺目、迎风过草的利剑投枪一样锋锐有力。因此,"兴"句具有很大的艺术感染力,能给人极大的美的享受,给整个诗篇增添光彩。

再次,正因为"兴"句是由某一点生发开来的,诗人可以根据自己所成写成很美的"兴"句,进而构成新颖的好诗。请看下面的例子:

1. 孔雀东南飞,
   五里一徘徊,
   十三能织素,
   十四学裁衣……(《古诗为焦仲卿妻作》)

2. 月子弯弯照九州,
   几家欢乐几家愁,
   几家夫妇同罗帐,
   几家飘散在他州。(宋金《京本通俗小说》)

3. 小白菜呀,地里黄,
   三两岁呀,没有娘……(山东《小白菜》)

例1一开始写孔雀东南飞,用来象征仲卿与兰芝的爱情,不仅可以引起下文,同时因为它一开始就表现出一种徘徊眷恋的情调,造成凄怆缠绵的悲剧气氛,全诗的思想在兴句上就点出来了。这个"兴"句妙就妙在它在发端借孔雀东南飞来提摄全篇,当你读完全篇再来回味兴句时,真是耐人咀嚼,可见诗人艺术结构上的工力。例2诗人是从月光起兴的,但又不是停留在对月牙儿的欣赏上,而是超过了一眉新月,淡淡清色,想到九州之内有多少人在快乐的团聚,又有多少人家破人亡,离乡背井,愁苦无门,月亮是平等地照着九州,可是九州之内又是何等的不平等啊!"兴"句是一幅清冷的图画,含义婉转深沉,意味无穷。例3由地里干黄无人照料的小白菜,联想到年幼无娘的孤儿。小白菜是这样的小,生活的折磨又使它变得干瘦枯黄,唉,这哪儿是写小白菜呢?作者开始并没有写孤儿,从小白菜直接过渡到孤儿三两岁没有娘,把孤儿的可怜悲切的心情含蓄、委婉地吐露出来。这首儿歌,好像电影中的精彩的蒙太奇一样,在空镜头之后紧接着就是正意的出现,自然新颖,水乳交融,可以说是相得益彰。这样的"兴"句打破了一般开头写景的特点,正是诗人匠心经营的结果。

"兴"句有着如此巨大的表达作用,千百年来它一直在民间生根、发芽、开花、结果,这是很自然的。人民深深知道它的表达效果,因而就创造了多种多样的形式。可以这样说,有民歌就有"兴"。民歌发展,"兴"也在发展。

三

但是有些人并不认为"兴"在发展,相反却认为"兴"逐渐少了,甚至已经消失了。刘勰认为:"炎汉虽盛,而辞人夸毗,诗刺道丧,故兴义销亡。"(《文心雕龙·比兴》)这种方法,主要是根据郑玄的说法。郑玄说:"比,见今之失不敢斥言,取比类以言之。兴,见今之美,嫌于媚谀,取善事以喻劝之。"、"兴"与"比"的分别,他们认为比喻恶的是"比",比喻善的是"兴"。成伯屿也继承了这种说法:"物类相从,善恶殊态。以恶类恶,谓之为比;'墙有茨'比方是子者也。以美喻美,谓之为兴,叹咏尽致,善之深也,听'关雎'声和,知后妃能谐和众妾;在'河洲'之阔远,喻门阃之幽深;'鸳鸯于飞',陈万化得所;此之类也。"①姑且不说他们用怎样荒谬的观点把"比"、"兴"横加解释,为统治阶级的道德伦理服务,就是论断的本身也是不符合实际情况的,也是站不住脚的。郑玄自己既不按照这条规矩办事,他笺的"兴"诗,"美"比"刺"要少得多。所以黄侃就说:"墙茨之言,毛传亦自为兴;焉见'以恶类恶即为比'乎?"②孔颖达也看到这一点,他在《毛诗正义》里做了折中。他说:"比云见今之失,取比类以言之,谓刺诗之比也。兴云见今之美,取善事以劝之,谓美诗之兴也。其实美刺俱有此兴者也。"这种说法貌似公道,但由于仍固执于美刺,一来把"比"、"兴"两种不同的表现手法僵化,继承前人衣钵,把它们涂上一层封建礼教的色彩,二来混淆了"比"、"兴"的界限,长期以来,"比"、"兴"搞得缠夹不清,非常玄秘,实际上是取消了"兴"的独立地位。这种说法近几十年来逐渐被人扬弃了。所以,用"诗刺道丧"来证明"兴义销亡",是毫无根据的。

可是,汉魏以后"兴义销亡"的说法仍然有影响。黄侃在《文心雕龙札记》中说:"自汉以来词人鲜用兴义。因缘诗道下衰,亦由文词之作,趣以喻人。

---

① 成伯屿:《毛诗指说》。
② 黄侃:《文心雕龙札记》。

苟觉者恍惚难明,则感动之功不显。用比忘兴,势使之然。虽相如、子云,末如之何也！然自昔名篇,亦或兼存'比兴'。及是世迁贸,而解者只益纷纭。一卷之诗,不胜异说。九原不作,炯墨无言。是以解嗣宗之诗,则首首致讥禅代,笺少陵之作,则篇篇系念相延。曾当时未必不托物以发端,而后世则不能离言而求象。由此以观,用比者历久而不伤晦昧,用兴者说绝而立致辨争。当其觉古,知兴又之难明。及其自为,亦逐疏兴义而希用。此兴之所以浸微浸灭也。"这种看法的根,还在刘勰。刘勰说:"明而未融,故发注而后见也。"(见《文心雕龙·比兴》)认为"兴"的含义认得不够清楚明朗,所以必须写下注释以后,才能看出它隐微的含义。我们赞成"比显兴隐",赞成"兴"是"婉而成章",而不赞成"明而未融,发注后见"。这是因为他们把兴义的隐微委婉,理解成恍惚难明、幽隐难辨。应该承认,比起"比"来,"兴"用得是要少得多,可是在诗歌中,特别是在民歌中,"兴"却并不罕用,也无须发注,兴义自见。如果从兴义的隐微出发,就说兴义使人恍惚难明、不胜异说,未免言之太过了吧。兴是比较含蓄的,但含蓄而不晦涩；兴是委婉的,但委婉而不费解。含蓄委婉正是艺术上的好手法。用不着去翻那些民歌选集,就拿本文前面举出的"兴"句来说,那些不都是朴实清新、浅显生动的好句子吗？只有统治阶级的文人学士们才写出一些含糊其辞、不知所去的诗来的。我们赞成"比显而兴隐"的说法,正是因为"显"与"隐"是两种不同的艺术表现手法,都可以很好地完成表达思想感情的任务,好像两种不同的颜色似的,都可以在画家的手中,描绘出新鲜诱人、光彩炫目的图画来。

关于"兴义销亡"的原因,还有一种看法也很值得商榷。朱自清先生曾认为,起兴的办法"可以证明一般民众思想力的薄弱,在艺术上是很幼稚的。所以后来诗歌里渐少此种：六朝以来,除拟乐府外,简直可以说没有兴"。他进而引洪兴祖的话说："且不必远举例,就说楚辞吧。洪兴祖的《楚辞补注》说：'诗之兴多而比赋少,骚则兴少而比赋多。'这可见艺术渐进步,那里粗疏的兴体,便渐就淘汰了。"是的,"兴"起源很早,一开始也可能是原始简单,因为任何表现手法一开始都不是十全十美、完美无缺的。"兴"也跟一切表现手法一样,经过千百年来人民的加工、丰富而不断发展演进。"兴"起源早,却并不原始幼稚,从"兴"的表达作用来看"兴"句,特别是好的"兴"句,的确是具有很多的艺术手腕的人才能写得出来的。长期以来,"兴"不断发展,现在,它已经成为民间歌谣中具有生命力的一种描写手法了。值得高兴的是,"兴"不仅在民间歌谣中发展,而且也影响到一些接近人民的诗人。我国古代的一些受民歌影响很深的诗人,如屈原、陶潜、白居易、刘禹锡等,在他们的诗作中也间或运用这种手法。今天,社会主义的新民歌,对诗人有着极为深刻的影响。一些不断刻苦学习民歌的新诗人如田间、李季、贺敬之、阮章竞、张志民等,也在他们的作品中使用了"兴",这就使得他们的诗篇更为丰富多彩。如果我们现在还持有兴义原始粗疏的看法,至少可以说他没有看到"兴"的表达效能,贬低了"兴"的艺术价值。

今天,社会主义的新民歌已经形成一股汹涌澎湃的艺术洪流,为诗歌创作开拓了无限宽广的道路,我们相信,随着新民歌创作的日益发展、提高,"兴"也必然有所发展,成为今天诗歌创作的一种有效的表现手法。

论现代汉语中的"通感"[①]

"通感"是一种很有用的修辞手法。但是，以往的汉语修辞学著作却没有提到过它。

钱钟书先生在 1962 年第 1 期的《文学评论》上首先提出了这个问题，并且通过中国古代诗歌和欧洲诗歌中的例子，对"通感"作了相当透辟的分析。时间过了 18 年，遗憾的是现在我们手头所能见到的陆续出版的汉语修辞学专著，仍然见不到它的踪影。

是不是这种修辞手法比较"冷僻"，无须引起人们的注意？不是。它使用的频率还不算低，与已在修辞学著作中占有一席之地的某些修辞手法为伍，应该说是毫无愧色的。是不是它仅存在于我国古代和欧洲的诗歌中，在现代汉语里已经消亡了呢？不是。恰恰相反，它却生机盎然地活跃在现代文学作品里。它不仅是一种比较常用的修辞手法，具有一定的表现力，而且在汉语词汇的发展上，也还具有一定积极的作用。笔者试图从这些方面对"通感"进行一些分析和探讨，可能是很粗陋的，亟盼得到批评和指正。

一

在人们交流思想的过程中，为了提高语言的表达效果、增强语言的感染力，有意地把人的各种不同感觉（如：视觉、听觉、嗅觉、味觉、触觉等）互相沟通起来，这种修辞手法就叫做"通感"。正如钱钟书先生所指出的，在这里"颜色似乎会有温度，声音似乎会有形象，冷暖似乎会有重量……"在视觉里仿佛

[①] 原载《江淮论坛》，1980 年第 5 期。

获得了听觉的感受,在听觉中又仿佛感应到了嗅觉的气息。请看:

(1)"四人帮"禁锢了群众之口,但是这些火热的歌却在人们心里唱呀!(刘白羽《火一般炽烈的歌手》)

(2)推开窗户一看,呀!凉云散了,树叶上的残滴,映着月儿,好似萤光千点闪闪烁烁的动着。(冰心《笑》)

(3)南京的日光,大概没有杭州猛烈,西湖的夏夜老是热蓬蓬的,水像沸着一般,秦淮河的水却尽是这样冷冷地绿着。(朱自清《桨声灯影里的秦淮河》)

(4)傍晚,凉风从台湾海峡吹来。路旁的金合欢花散出甜丝丝的清香。厦门的夏夜是迷人的。(杨朔《海天苍苍》)

前三例是把触觉分别和听觉、视觉沟通起来。"歌声"能有"火热"的感觉,"绿水"和"云朵"也有了"冷"、"凉"之感。这里实际上是把人的感情灌注到所要反映的事物中去了。后一例是把味觉和嗅觉结合在一起。花的"香气"里糅合着"甜味",这就把花刻画得更加美好迷人。以上四例所选用的都是表示感觉的形容词,在句中充当修饰语——定语或状语。所以它们的修饰和描写的意味是很足的。

当然,"通感"并不只是通过这种修饰关系来体现的,虽然它是最常见和最主要的。它还可以通过陈述关系和补充关系来体现。如:

(5)通过闸门的水,像一匹匹发亮的白缎挂下来,发着吼声,发电机和其他机器的声音在山谷中撞击着,发出巨大的轰鸣。(靳以《佛子岭的曙光》)

(6)多少年啊!你唱着世道的不平,

唱着国破家亡,天灾人祸,

从幼年一直唱到头发斑白,

歌声里滴着眼泪和鲜血。(闻捷《莲花山的儿子》)

(7)寒流呀,

像冲破了闸,

冰川呀,

像炸开了花,

空气哟,

冷得发辣。(郭小川《大风雪歌》)

例(5)"各种机器的声音"这个听觉形象仿佛有了可见的形体,在山谷中相互"撞击"起来。这就打破了听觉和视觉的界限。把视觉形象"撞击"放在谓语的位置,就大大增加了"声音"的形象性。例(6)也是把听觉和视觉结合起来,就把"歌声"所要表达的内容鲜明地呈现在读者的眼前,只用了眼泪和鲜血两个事物就概括和代表了唱的世道不平歌的全部内容。这里作者选用了动词"滴",把它放在谓语地位,这就使"歌声"获得了视觉形象,"歌声"的内容也表现得更为深刻动人。例(7)是把触觉和味觉相沟通,烘托了"冷"的程度。"发辣"在这里充当补语,是补充说明谓语"冷"的。由于它是用味觉来烘托触觉,这就把人的皮肤对温度的"冷"的感觉所产生的内心感应,描绘得淋漓尽致。

以上是"通感"最常见的表现方式。它主要是选用和提炼动词和形容词,通过人体感官上各种感觉的沟通,进一步强化人们所得到的感受,使所要反映的事物,表达得更为具体形象,鲜明生动,使人有耳目一新之感。这就必然增强语言的感染力,大大提高了语言的表达效果。

二

唐代诗人白居易在《琵琶行》中,曾创造了一个"此时无声胜有声"的艺术境界。但是人们在运用"通感"这种修辞手法时,常常形象生动地造成"此时有声胜无声"的艺术效果。这种艺术效果的取得,主要是通过运用象声词来实现的。象声词,主要是形象地描摹事物运动过程中发出的声音的。有些本来不发出声音的状态和行为,由于运用了象声词,就出现了声音。这不仅弥补了事物"无声"的不足,而且还能够把事物的这种状态和行为描绘得活灵活现,生动形象。

运用象声词表现"通感",一般有两种情况。

(一)有些事物的状态和行为,变化较快,这就使人感到这些事物的状态和行为,在急剧变化中,仿佛要发出声音似的。这些象声词的运用,不仅使人感到如闻其声,而且因为声音速度飞快,还含有"突然"、"猛然"的意味。

(1)这两人刚刚讲完,张野就从座位上站立起来。看着他慢慢朝前面走去,坐在礼堂最后面的黄佳英的脸刷一下红起来了。(刘

宾雁《本报内部消息》）

(2)一见面,两人"呼拉"拉住我的手,亲得不行。(莫伸《窗口》)

(3)马全有呢,一听"要打仗了",就跐蹓地冲起一站,心里轰地冒起一股火。(杜鹏程《保卫延安》)

(4)她一骂出来,没有等小四答话,群众就有一半以上的人"哗"地一下站起来:"你要造反!"、"叫你坦白呀叫你骂人?"……(赵树理《"锻炼锻炼"》)

以上四例,第(1)(3)两例,是用听觉形象"刷一下"、"轰地"来刻画人物的表情和心情的急剧变化的。其他各例都是表现人们的行为动作的速度之快的。这些象声词具有修饰作用,它们都放在形容词和动词的前面充当状语。

(二)有些事物在运动的过程中,只有视觉形象,没有声音,有的是心理活动,更是没有声音可言。 人们在运用语言时,加进特定的象声词,不仅增强了事物本身的形象性,而且对这个事物的运动、变化,起突出和强调的作用,给人的印象更为深刻。

(1)晓燕闭着眼睛没有说话。泪水顺着她的脸颊汩汩而下。(杨沫《青春之歌》)

(2)旅长递过土豆来,周大勇往起一站,伸手去接。因为起来得太猛,眼前突然一团黑,还啪啪地爆火星子。(杜鹏程《保卫延安》)

(3)玉翠站在一边,看着这一切的细微末节,她说不尽的感谢,也制不住的慌乱。突然见到昌林那么个咬牙咧嘴的傻愣样儿,不知怎么心里"卜哧"了一下,差点没笑出声来。(康濯《春种秋收》)

这些象声词,除了做动词的修饰语外,有时就直接取代了动词的某些作用,在句中直接充当谓语了,例(3)就是。不管它是充当动词修饰语,还是取代动词的职务直接充当谓语,给人的印象是形象而深刻的,强调的作用是很明显的。把听觉和视觉以及内心感觉沟通起来,象声词在这里可以说是有画龙点睛之妙。

三

"通感"是沟通人们各种官能感觉的,是具体、形象、生动的。惟其如此,有时候人们就想方设法把一些抽象的事物具体化,把一些难以用感官来体验的事物变得可见、可听、可尝、可嗅、可感,这也是一种感觉的沟通吧。不妨将其姑且看作是"通感"的一种扩大运用的形式。

(1) 这个孩子,感情实在重。(杨朔《海天苍苍》)

(2) 此地天裸露着的多些,故觉夜来的独迟些;从清清的水影里,我们感到的只是薄薄的夜——这正是秦淮河的夜。(朱自清《桨声灯影里的秦淮河》)

(3) 杜学诗这话可更辣了。他那猫脸上的一对圆眼睛拎起了,很叫人害怕。(茅盾《子夜》)

(4) 为什么给你那苦到根上的女子,要起这么甜的个名字呢?(魏钢焰《红桃是怎么开的?》)

感情可以论轻重,夜色可以有厚薄,言语可以分苦辣,名字可以有酸甜,诸如此类,把这些似乎很有些抽象意味的词语,诉诸人们的各种官能感觉,这就必然赋予这些词语以形象的特点了。仿佛这些本来抓不着、摸不到的事物都变成了有声可闻、有形可观、有味可品的具体生动的东西了。

四

值得注意的是,"通感"并不是一种孤立的语言现象。在人们运用语言的实践中,它还往往和其他修辞手法结合在一起使用。这不仅在语言的表达方式上多色多彩,而且在表达效果上相得益彰。

最常见的是和比喻相结合。

(1) 八月十四的月亮,如即将开放的玫瑰,浓含香色,鼓胀欲绽。

……老秦,仿佛闻到了月光的淡淡香气!(魏钢焰《没出唇的歌》)

"月光"本来是个视觉形象,人们居然能够闻到它的"淡淡香气",这与作者把月亮比喻为"即将开放的玫瑰"是分不开的。既然月亮可以像浓含香色的玫瑰,那么月光当然也会散发出淡淡香气了。视觉形象在这里通过比喻的媒介,和嗅觉形象糅合到一起了。

(2) 如果你埋藏在我心里太久,

像密封在地下的陈年的酒,

什么时候你强烈的香气,

像冲向决口的水一样奔流?(何其芳《我们的革命用什么来歌颂》)

(3)微风过处,送来缕缕清香,仿佛远处高楼上渺茫的歌声似的。(朱自清《荷塘月色》)

同样是嗅觉形象的"香气",何其芳把它比作"冲向决口的"洪水,经过长期的蓄压,可以看到它那汹涌奔腾的气势;而朱自清却把它比作"高楼上渺茫的歌声",在静夜里,可以听到它那婉转柔和的音响。经过"通感"和比喻的结合,这些来无形、去无声的气味,被描绘得活灵活现,使人有身临其境之感。

(4)首先由一个琵琶国手表演琵琶独奏。弹奏之美妙我简直无法描绘……弹奏快要结束的时候,余音袅袅,不绝如缕,打一个比喻的话,就好像暮春的残丝,越来越细,谁也听不出是什么时候结束的。(季羡林《孟买,历史的见证》)

(5)比风更轻的舞蹈,

珍珠般圆润的歌声,

火的热情、水晶的坚贞,

艺术离开光就没有生命。(艾青《光的赞歌》)

(6)我走进北京的市场,

过客的耳语像桂花飘香。(刘征《北京的市场》)

同样是听觉形象的声音,季羡林把它比作暮春的"残丝",艾青把它比作圆润的"珍珠",刘征则把它比作香气四溢的"桂花"。听觉形象经过比喻转化为视觉形象和嗅觉形象。

在刻画声音的时候,有些没有声音的"声音",同样可以用"通感"和比喻的结合来描写,使它转化为可感的形象。它的表达效果是很突出的。

(7)沉默像一声清磬,摇曳着尾声,周围的活物都在其中凝结了。(鲁迅《长明灯》)

(8)王昭君 单于啊,(抚摸着合欢被)这床合欢被是我送给你的定情之物;

它,轻得没有声音,

像雪花落下,寸心暖,广宇温。(曹禺《王昭君》)

如果说前例是用"有声"来表现"无声";那么后例则是用"触觉"来沟通"听觉"的。如果说白居易《琵琶行》里写过"此时无声胜有声",那么这里则的的确确是用"有声"来更出色地表现"无声"。

其次是和拈连相结合。

(1)山野的空气是香甜的,漆河的流水是香甜的,一座座堡子的寨门打开了,背水姑娘笑脸上留着的夜梦是香甜的,一个个火塘点着了,锅桩屋木瓦上浮出的炊烟也是香甜的……(陆荣《香甜的早霞》)

(2)看呀看,近处的村镇、远处的边关,处处哟,都是红旗一片、凯歌一片。

看呀看,近处的田野、远处的高原,

处处哟,都是黄金一片、笑声一片。(郭小川《秋歌——之二》)

前例用"香甜"这个味觉形象,连续拈用来表现视觉、嗅觉形象;后例则用"凯歌"、"笑声"这类听觉形象与"红旗"、"黄金"这类视觉形象拈用来与视觉"看"相呼应,使人感到有声有色,声情并茂。

再次是和移就相结合。

移就,根据陈望道先生在《修辞学发凡》中的论述,是指原属于甲印象的性状形容词移属于乙印象的,常见的则是把人类的性状移属于非人的或无知的事物。这也可以说是"寓情于物"吧。

(1)江姐没想到对方又提到老彭,她心里一时竟涌出阵阵难忍的悲痛,嘴唇沾了沾苦酒,默默地把酒杯放下了。(罗广斌、杨益言《红岩》)

(2)又过几年,有一回我到外祖母家去,看见炕上坐着个青年妇女,穿着一身白,衣服边是毛的,显然正带着热孝。(杨朔《蓬莱仙境》)

这里的"苦"和"热"并不是原来的事物所固有的。正是把人类的性状移属到非人或无知的事物,把人类的感受情态融合到事物中去,才形成了"苦酒"、"热孝"这样的表达方式。这种表达方式,也渗透着人们对于事物在感觉上的相通之处。这种结合方式的运用,有利于对人物的刻画,能够在读者心中产生强烈的共鸣。

五

以上主要分析了"通感"的各种类型及其表达作用,我们认为,"通感"这种修辞手法,对于全民共同语词汇的积累和发展,对于词义的演变和发展,具有一定的意义。

开始,"通感"这种修辞手法,总是产生于特定的语言环境之中,服务于特定的交际目的,表达特定的交际内容。随着时间的推移、交际的广泛,使用频率的不断增高,某些特定的表达方式就逐渐推广开来和稳定下来。"特定性"逐渐转化为"稳定性";"偶发性"逐渐转为"经常性"。于是,这种修辞手法所表现的语言结构方式,逐渐凝结为固定的表达思想的语言单位。这就逐渐形成了某些词和成语,这些词语就流入到全民共同的词汇海洋中来了。

运用"通感"这种修辞手法的词语,大致有两种结构方式。

一、并列式:

冷静　听见　响亮　香甜　痛苦　热闹　甜美

二、偏正式:

冷笑　臭骂　暖色　热爱　苦寒　凉快　酸痛

上述并列式构成的词,都是两种不同的感觉形象结合起来的。这里面,有的已是偏义复词了,如"冷静"、"听见"、"响亮"等,有的已表示另外的意义了,如"痛苦"、"热闹"等。上述偏正式构成的词,其修饰部分的词素的意义往往已不是原义,而是引申义了。如"冷笑"、"臭骂",看起来是用温度、气味和表示声音的动作结合在一起,但"冷笑"是指态度上的"冷",而不是指温度的高低了。"臭骂"是说骂得很厉害,相当于"痛骂"而不是指气味上的香臭。

与此相联系的是,由于"通感"的长期使用,有些表示感觉的词语,获得了表示别种感觉的某种意义。这种词义上的扩大和引申,也随着时间的推移、范围的扩大,而逐渐稳定下来,于是就摆脱了修辞手法依赖于一定的语言环境这一羁绊,而形成了词义中新的质素,这就扩大了词的使用的天地,使词所表达的意思更为丰富。如"甜"本义是指像糖那种味道,但在语言运用中却引申了其他许多的意义。如:

(1)我也不知不觉地睡了一大觉,睡得很甜。(郭沫若《蔡文姬》)

(2) 眼前,仿佛晃动着一个甜甜的婴孩的笑脸。(罗广斌、杨益言《红岩》)

(3) 许书记眉梢轻快闪动着,甜甜叫我声荣荣,问我今年二十几岁了。(刘富道《眼镜》)

(4) 这一天小何上班的时候,在十分愉快的心情中,竟还夹着一丝甜甜的骚动。(茹志鹃《新当选的团支书》)

例(1)的"甜",表示睡得很熟睡得很香。例(2)的"甜"表示婴孩笑得十分天真可爱。例(3)的"甜",表示说话声音的柔和动听。例(4)的"甜",表示心情上的幸福和喜悦。这些"甜"的含义,都是从味道的"甜"引申而来的。

再如"冷",本义是表示温度的低,后来引申为态度上的不热情、气氛上的不热闹等。因为"冷"有这许多引申义,又可以用这些不同的意义构成不同的词语。如冷笑、冷眼、冷静、冷寂、冷淡、冷清、冷漠、冷言冷语等等。这些词又与其他相近的词,构成了同义词。由于它们在意义上有一些细微的差别,人们就能在选用时,准确恰当地表达自己的思想感情,可见这种词义的扩大和引申,实在是一种多快好省的办法。

综上所述,"通感"是一种使用频率不算低,又很有表现力的修辞手法。运用这种修辞手法所采用的语言材料,主要是动词和形容词。在句中,它往往充当修饰语、谓语和补语。它的作用主要是在表现事物性状和行为的时候,使人的各种感官的体验相互沟通,打破各种感觉之间的界限,产生具体、形象、鲜明、生动的修辞效果。

我们的现代汉语修辞学,再也不应该把"通感"摈弃在大门之外了,它应该当仁不让地大步走进修辞学的堂奥。

对于"通感"辞格的再认识①

1962年,钱钟书先生在《文学评论》上发表了论文《通感》,认为修辞学应该研究这种语言现象。随着修辞学的繁荣和发展,修辞学界对"通感"的探讨和研究逐渐热烈起来。已发表的许多文章,观点的分歧明显而又突出。我们认为,"通感"是一种修辞格,应当加以总结和探究。但是有些同志却认为"通感"不能构成辞格,是修辞的心理基础,这可以秦旭卿同志的《论通感——兼论修辞的心理基础》②为代表,本文拟就秦旭卿同志所提出的几个主要问题,谈谈自己粗浅的认识。

一

"通感"能否成为一个独立的辞格,首先要搞清成为辞格的条件,其次再看"通感"是否具备这些条件。

我在拙作《试谈辞格的特点》③中曾提出,辞格有三个基本特点,即表达效果上具有生动性;组织结构上具有规律性;使用成分上具有变异性。这三个特点从不同的方面说明了辞格的性质。生动性是就表达作用而言的,语言的运用在表达一定的内容,适应题旨情境要求的前提下,还必须产生动人的魅力来感染对方,引起共鸣,这是辞格的最基本的要求。规律性是就语言形式而言的,辞格既然是修辞方式或修辞格式,就必然在语言形式上显示出它

---

① 原载《扬州师院学报》,1985年第2期。
② 见《〈修辞学发凡〉与中国修辞学》,上海:复旦大学出版社,1983年,第315~333页。
③ 见《〈修辞学发凡〉与中国修辞学》,上海:复旦大学出版社,1983年,第304~314页。

特有的规律性来,否则就难以成为一种"格"。变异性是就语言成分而言的,语言成分出现"超脱了寻常文字,寻常文法以至寻常逻辑的新形式"①,突破了语词原有的适应范围,在形、音、义等方面打破了常规,出现了新的形式、新的意义或新的组合。这三个特点虽然表示了不同的方面,但是又互相紧密地联系在一起。这里最关键的是表达效果上的生动性。生动性是辞格的生命。

"通感"完全具备辞格的这三个特点,请看:

(1)她那略带东北土音的普通话甜丝丝的。(喻杉《女大学生宿舍》)

(2)嘤嘤嗡嗡的乐曲散发着芳香。(高洪波《森林的歌声》)

(3)屋顶烟囱里冒出的温暖而又芳香的炊烟……。(王蒙《相见时难》)

(4)我重又躺下,脸颊贴在爽滑的枕席上,感到一种凉凉馨香,这是夜的馨香。(茹志鹃《惜花人已去》)

(5)她也不说什么,一下子紧紧抱住了他,幸福的泪水在脸上刷刷地淌下来了。(路遥《人生》)

(6)再用牙齿把绿军帽沿咬出个圆形的棱角,扣到头上,低低地拉下帽沿,活泼的目光在帽沿底下"梭梭"地闪动。(张一弓《黑娃照相》)

以上六例用的是描写句或叙述句,用来描绘自然景色和事物的动态。普通话的语音里,有甜丝丝的味道,乐曲声中嗅出芳香的气息;看到炊烟有温暖和芳香的感受;接触凉席闻到了香味;流眼泪似乎发出"刷刷"的声音;活泼的目光也会出现"梭梭"的音响。由于作家把各司其职的互不相同的感觉区沟通起来,这就大大地丰富了感知的内容,使人感到具体形象、鲜明生动,增强了语言的艺术魅力。

从以上六例还可以看出,"通感"在组织结构上也是有规律性的。"通感"是在句中的词语组合中体现的。当然,词语的组合有各种各样的关系,如陈述、修饰、支配、并列、补充等,但"通感"的词语组合,大量的经常的是陈述关系[如例(1)(2)]和修饰关系(如例(3)—(6)]。陈述关系(可称为"主谓型")、

---

① 陈望道:《修辞学发凡》,上海:上海教育出版社,1979年,第4页。

修饰关系(可称为"附加型")则是"通感"辞格组合形式中带有规律性的结构。

"通感"在使用成分上也是具有变异性的。任何词语都有它所适应的语境,这种词语所适应的语境与语义、色彩、语体都有密切的关系。"通感"的生动性、形象性和描绘性决定了它是文艺语体中特有的一种辞格。它在词语配合上以官能的交错为特点,这就打破了常规的组合习惯,构成了新的组合形式。这种组合渗透了作家本人的特殊感受,而又能为广大读者所理解。从组合形式来看具有偶发性,从组合规律来看具有变异性。偶发性与变异性在修辞中又往往有不解之缘,像"芳香"这个词,从常规来看是与"气味"之类的名词——"闻"、"嗅"之类的动词相配搭的,现在改变了这种常规,与"乐曲"、"炊烟"组合在一起,在语义上也突破了常规,表现了使用上的变异性。这种变异性的出现,正是为表达上的生动性服务的。

以上我们从三个方面分析了"通感"是完全符合辞格的基本特点的,那么它作为一种辞格来加以总结和研究,应该说是顺理成章的事情。

二

可是,秦旭卿同志认为,"通感"不能独立成为一种辞格。他的一个主要理由就是,"通感"要实行"霸权主义",把许多老资格的辞格吃掉,自己就成为一个"超级大国",[①]他摘取了许多文章中的引例加以分析,着重说明那些作为"通感"的例子,其实都是分别属于比喻、比拟、移就等辞格的。下面我们对其中的一些例子也做些分析,目的在于说明"通感"是可以和其他辞格平起平坐的,绝不会因为有了"通感",其他辞格就有被吃掉的危险。

先说"通感"和比喻。他从六篇不同的论文中引了九个例子,分析说:"以上诸例都是新建的'通感'型的修辞格中的典型例子,有的还是被反复运用的。但哪一个不是老资格的、正统的、典型的比喻辞格的例子呢?无论哪个讲修辞的人都没有理由把它们排除在比喻之外。"[②]这九个例子中有三个引自拙作《论现代汉语中的"通感"》[③],这三个例子是:

---

① 见《〈修辞学发凡〉与中国修辞学》,上海:复旦大学出版社,1983年,第320页。
② 见《〈修辞学发凡〉与中国修辞学》,上海:复旦大学出版社,1983年,第322页。
③ 载《江淮论坛》,1980年第5期。

(7)八月十四的月亮,如即将开放的玫瑰,浓含香色,鼓胀欲绽。……老秦,仿佛闻到了月亮的淡淡香气!(魏钢焰《没出唇的歌》)

(8)我走进北京的市场,过客的耳语像桂花飘香。(刘征《北京的市场》)

(9)如果你埋藏在我心里太久,
　　像密封在地下的陈年的酒,
　　什么时候你强烈的香气,
　　像冲向决口的水一样奔流?

(何其芳《我们的革命用什么来歌颂》)

拙作明确指出,这是"通感"和比喻相结合的例子,认为"通感"和比喻的结合是一种常见的修辞现象。我在对每一个例子分析时,均有"通过比喻"、"经过比喻"、"经过和比喻的结合"等话语。在语言运用中,不同辞格结合在一起的例子可以说是俯拾皆是,论述这个问题的修辞专著不胜枚举。比喻和夸张、比喻和对偶等等结合运用,都没有使任何一个人感到这会使比喻丧失辞格的资格,为什么比喻一和"通感"结合就会出现被"吃掉"的结果呢?拙作明明写着"最常见的是和比喻结合"的字样,这怎么能得出把它们"排除在比喻之外"的结论呢?

引例中提到的其他同志的文章,也是说得很明确的。比方引用张寿康先生的论文《关于移觉修辞格》[①]中的两个例子,张先生也清楚地指出,这是属于"比喻的移觉",引用了张履祥同志论文《"惊天"、"泣鬼"和"移人"的艺术效果——谈古代诗文音乐描写中的"通感"》[②]中的一个例子,张履祥同志分析这个例子时说:"诗人不仅用'嘈嘈''切切'等象声词来摹拟,还选用精妙的比喻……";有个例子引自谭德姿同志的论文《通喻刍议》[③],但谭德姿同志明确指出,这是建立在通感基础上的一种特殊比喻,作为比喻的一种。有两个例子分别引自钱钟书先生的论文《通感》[④]和金志仁同志的论文《互文·通感·

---

① 载《中学语文教学》,1980 年第 3 期。
② 载《修辞学习》,1982 年第 1 期。
③ 见中国修辞学会会刊:《修辞学论文集》(1981 年),第 108～112 页。
④ 载《文学评论》,1962 年第 1 期。

博喻》[1],他们在分析这个例子时似乎没有明确提出比喻,但在前面分析同样类型的例子时,已指出运用了比喻。既然这些文章都没有把它们"排除在比喻之外",不知秦旭卿同志下这个结论的根据在哪里?因此,用这些例子来否定"通感"辞格的存在是没有说服力的。

秦旭卿同志的论文还摘引了另外一种类型的例子来否定"通感"辞格建立的必要,这些例子,除了"通感"和其他辞格合用的以外,还涉及另一个问题,即"通感"和比拟、移就的划界问题。

(10)雨过树头云气湿,风来花底鸟声香。(贾唯孝《登螺峰四顾亭》)

(11)红杏枝头春意闹。(宋祁《玉楼春》)

秦旭卿同志认为这两例都是比拟,不是"通感"。他认为例(10)是把诉之于听觉的鸟声比拟成某种诉之于嗅觉的气体,因而可以闻到香气。例(11)把植物的花比拟成可以吵闹的动物或人。我们认为这种分析不尽妥当。例(10)不能仅仅孤立地来看"鸟声香",而忽略了"风来花底"这个重要的前提条件,有"风"有"花"才有"香",这里的"香气"和"鸟声"融合在一起,传来的鸟声中浸透着香气,而绝不是仅仅把鸟叫声比拟成某种芬芳的气体。例(11)把"闹"比拟为可以吵闹的动物或人,与诗的意境相距也太远了。请注意,这里写的是"红杏枝头",是"春意",是红杏枝头的春意在"闹",这就不能仅仅限于植物的花。那么是不是比拟为可以吵闹的动物或人呢?也不是。钱钟书先生的《通感》一文一开始就批评李渔把"闹"说成"争斗有声","没有道着作者的用意所在",指出这里用"闹"字,"是想把事物的无声的姿态描写成好像有声音,表示他们在视觉里仿佛获得了听觉的感受"。我们读了这句诗,感受到的是花团锦簇、蜂飞蝶舞、绚烂热烈的气氛,是一派生机盎然、蓬勃发展、灿烂繁荣的景象。在这里,视觉形象和听觉形象合为一体,而不会想到把某个本体变成某个比拟体。这与"杨柳在风中招手"、"荷花箭守卫着家乡"之类的比拟的感受根本不同。由此可见,上述两例不应划入比拟辞格。

一般说来,比拟从本体到拟体,有一个转化。"杨柳在风中招手",以"风"为条件,植物"杨柳"向"人"转化。"通感"是感觉区的沟通,两个不同感觉融合在一起,

---

[1] 载《语文学习》,1980年第4期。

任何一种感觉都没有消失,是在甲种感觉中获得了乙种感觉的感受。

"通感"和比拟的不同之处还在于,"通感"描写客体是从人的感受角度来写的,是人感到的客体的情景,着眼于人的感受。比拟则是对客体本身的描绘,使客体获得了人或物的性能,着眼于客体自身的变化。

应该指出,大量的比拟并不是描写感觉的,即使有一些直接描写了感觉,也往往停留在某一个感觉区内,很少出现不同的感觉相互沟通的现象。例如:

(12)鸟儿将巢安在繁花嫩叶当中,高兴起来了,呼朋引伴地卖弄清脆的喉咙,鸣出宛转的曲子,跟轻风流水应和着。(朱自清《春》)

(13)皎洁的圆月,从山背后爬上来,望着空旷的山谷。(耿瑞《月亮,你看到了什么》,《草原》1983年第11期)

例(12)只是听觉形象,例(13)只是视觉形象。如果撇开主语生物或无生物不管,那么这里表示人的动作行为的谓语,内部结构是常规的组合,只有和主语结合在一起才出现了语义组合上的变异,这就构成了比拟辞格。所以比拟和"通感"的区别还是很明显的。

再看"通感"和移就的界限。

(14)剪剪轻风未是轻,犹吹花片作红声。(杨万里《诚斋集》卷三《又和二绝句》)

(15)鸟抛软语丸丸落,雨翼新风汛汛凉。(黎简《春游寄正夫》)

秦旭卿同志认为,这两例都是移就辞格。他并且举例,如"愤怒的葡萄"、"欢乐的篝火"也是移就。因为缺乏一定的语境,"愤怒的葡萄"、"欢乐的篝火"究竟能否归入移就,还是大可以研究的,因与本文关系不大,暂不去管它,但上面两例,我们认为不是移就,而是"通感"。

移就是把甲事物的性状的词语移来描写乙事物性状,多是修饰关系,"通感"也有相当一部分是用修饰关系来表现的,这可能是两种辞格容易混淆的原因。不过,"通感"是两种不同的感觉互相沟通,如例(14)是视觉和听觉相沟通,例(15)是触觉和听觉相沟通,移就则往往是把表示人的思想感情的词语移用到事物上面去,而很少用表示人的某种感觉的词语,如"革命的子弹"、"讨厌的天气"等。

值得注意的是,秦旭卿同志在前面把"鸟声香"看作比拟,这里又把"红声"看作移就,这就带来了一个问题:为什么表某种感觉的形容性词语处于定语的位置就是移就,处于谓语的位置就变成比拟了呢? 如果把"鲜红的声音"、"芳香的声音"划成移就,又把"声音鲜红"、"声音芳香"归入比拟,不是与人们的语感距离太远了吗? 其实这两种表达形式有相通之处,两种组合可以互相转换,表达的内容、表达的效果是基本一样的。因此,把这两种形式都归入"通感",就比划到两个不同的辞格中去要合理得多。

一般说来,表现为修饰关系的"通感",它的修饰语多用形容性词语,而移就既可以用形容词,也可以用名词或动词,还可以用短语来充当修饰语。

(16)我报的账是良心账,我干的活是良心活。(林斤澜《春雷》)

(17)过了一会,王天林挑着水桶出来了,看样子余怒未息,眼睛睁得大大的,嘴唇合得更紧,许多天没有刮的短桩桩胡子挑衅地向四面张着。(马识途《找红军》)

(18)可惜迟了,夜色把一切都淹没了,哎,多么煞风景的夜啊! (杨羽仪《崂山月》,《散文》1983年第3期)

例(16)的修饰语是名词,例(17)是动词,例(18)是短语,这三例都是移就。

再从中心语来看,移就的中心语多是名词性词语,"通感"则不一定,它们中心语可以是名词性词语,也可以是形容词性词语或动词性词语。例如:

(19)芬芳的音符款款飘垂,飘垂在小巷深处,犹如瓣瓣落花消逝在春水里。(何为《白鹭和日光岩》)

(20)南京的日光,大概没有杭州猛烈,西湖的夏夜老是热蓬蓬的,水像沸着一般,秦淮河的水却尽是这样冷冷地绿着。(朱自清《桨声灯影里的秦淮河》)

(21)我低下头来看看志刚,只见他伏在我怀里的头上,出现了几根雪丝般的白发,我的心里一阵酸疼,眼泪刷刷的滚落下来……(峻青《山鹰》)

这三例都是"通感",例(19)的中心语是名词,例(20)是形容词,例(21)是动词。

由此可见,"通感"和移就也是两种不同的辞格。

既然"通感"和比喻、比拟、移就有着明显的区别,它就有可能和这些辞格放在一个平面上,"通感"辞格的建立不会排挤其他修辞格,只会在辞格的行列里增加新的成分,扩大和加深辞格研究的广度和深度。

三

秦旭卿同志认为,"通感"不能成为辞格的另一个理由是,它和辞格属于不同的领域,是修辞格的心理基础。这种观点,也有可商榷的地方。

所谓"心理基础",不能仅仅看成是属于主观因素的东西,一切心理活动都是客观事物在人头脑中的反映。当然,人对客观事物的反映不是消极的、被动的;人在认识客观事物的同时,也在积极地、能动地改造着客观事物,但是客观事物对人的心理活动的影响是最基本的,是具有决定性意义的。人的一切认识都来源于社会实践,社会实践也在不断地提高和丰富人们的认识。

人们的认识活动是以感觉为基础的。因为人们对客观事物的认识是从感觉开始的,正如列宁所指出的:"不通过感觉,我们就不能知道实物的任何形式,也不能知道运动的任何形式,感觉是运动着的物质作用于我们的感觉器官而引起的。"①但是,感觉只能反映事物的个别属性,如颜色、声音、形状、气味、温度等,在这些反映事物个别属性的基础上,把感觉的材料综合为完整的形象,才形成知觉。知觉的完整与否,取决于感觉材料的是否丰富。在感觉中,一般说来,视觉和听觉是基本的,嗅觉、味觉、触觉倒往往起辅助作用。人们在认识客观事物时,人体中的各个感觉分析器是相互作用的。知觉实际上是各种感觉分析器共同作用的结果,可以理解为各种感觉的联合形式。各种感觉之间相互作用的形式也很丰富,它包括了各种感觉的相互影响、各种感觉的相互补偿、各种感觉的相互兼有等。这在生理学、心理学上称为"联觉"(有的书中也称为"通感"),只是各种感觉相互兼有的现象。这只是各种感觉相互作用中的一种特殊形式,它不能和感觉、知觉相提并论。秦旭卿同志把"通感"和感觉、知觉等放在一个平面上是不合适的。

那么,生理学、心理学上的联觉(通感)是否就等于语言运用中的"通感"

---

① 列宁:《唯物主义与经验批判主义》,《列宁选集》第2卷,北京:人民出版社,1972年,第308页。

呢？当然不是。应该承认，作为修辞现象的"通感"，与属于感觉范畴的"联觉"有着一定的渊源关系，但是这毕竟是两个不同性质的东西。作为感觉范畴中的"联觉"，属于初级的、简单的认识，但"通感"这种修辞现象要复杂、高级得多。作为一种生理或心理现象的"联觉"，带有普遍性，但"通感"这种修辞现象往往渗透着作家独特的感受，也可以说是作家本人在特定的社会条件下，在"联觉"的基础上，他个人的经历、性格、气质、素养、风格的结晶。作家所感受到的、表达出来的"通感"，并不一定都是人们所共同感受到的，但却是为人们所能理解的。正如钱钟书先生所说的："诗人对事物往往突破了一般经验的感受，有更深刻，更细致的体会，因此，也需要推敲出一些新颖奇特的字法。"①它要经过作家的艺术加工——即创造性的想象，再用艺术化的语言表达出来。人们常说，"红"颜色能产生"暖"的感觉，于是"红色"属于"暖色"，但修辞上的"通感"却并不都是把"红"写得很"暖"，李贺在《南山田中行》里就有"冷红泣露娇啼色"的描写。同是描写花的香气，杨万里的《郡圃杏花》写的是"行穿小树寻晴朵，自挽芳条嗅暖香"，朱熹的《红梅腊梅》诗则是"冷香无宿蕊，浓艳有繁枝"。同是写春天的鸟鸣，有的作家把听觉和嗅觉相沟通，从声音中感受到花的"香气"，如前面所举的"风来花底鸟声香"就是；有的作家使听觉和触觉相联系，声音里有了柔软的感觉，于是就有"鸟抛软语丸丸落"的诗句。可见，不同的作家，感觉分析器的感受并不完全一样，有的甚至差别很大，就是"通感"的感觉区相同，不同作家的感受也相差很远，苏轼的笔下是"小星闹若沸"（《夜行观星》），黄景仁却感到"隔竹卷珠帘，几个明星，切切如私语"（《醉花阴·夏夜》）。这两例都是视觉与听觉沟通，不同的作家感受就很不相同。由此可见，尽管"通感"和联觉关系十分密切，但"通感"这种创造性的想象毕竟与生理现象或心理现象中的"联觉"有本质的区别，它有着自己的内在规律，而这正是和作家的独特的感受和创造性的劳动是分不开的。因此，绝不能把修辞现象的"通感"和生理现象或心理现象中的联觉（通感）混为一谈。那种把"通感"认为是修辞的心理基础的看法，事实上是混淆了这两种不同本质的现象的界限。

如前所述，感觉是一切认识的基础，但感觉，包括属于感觉范畴的联觉都不能必然地产生修辞上的"通感"。那么"通感"是怎么产生的呢？作为一种

---

① 钱钟书：《通感》，载《文学评论》，1962年第1期。

修辞现象的"通感",仅仅有某种感觉,乃至于联觉是远远不够的,它主要来自联想。钱钟书先生说得好:"本联想而生通感。"①这句话说到了关键之处。如果要谈什么"心理基础"的话,把联想作为"通感"的心理基础,也许要更恰当一些。②

关于"本联想而生通感"的认识,在许多研究"通感"的著作和论文中,都有很多的说明和阐发,如周振甫先生的《诗词例话》、《文章例话》以及张寿康先生、张履祥先生的文章等。

联想,一般分为接近联想、类似联想和对比联想。这三种联想,关系也很密切,经常是结合在一起来运用的。这和"通感"的产生也有很密切的关系。

"通感"中最常运用的是类似联想。它往往抓住两个感觉区在感受上的某些相似之处,把两个感觉区有机地沟通在一起。例如"银浦流云学水声"(李贺《天上谣》),诗人如果不抓住"银浦"和"江河"、"流云"和"流水"的相似点,就不可能把视觉形象和听觉形象融合在一起,引起人们美好的遐想。再如例(7)所举的魏钢焰《没出唇的歌》,前面把"八月十四日的月亮"比成"即将开放的玫瑰",通过类似联想,才能"闻到月亮淡淡香气"。

接近联想在"通感"中也不少。像"风来花底鸟声香",这是由于两个事物空间上的接近,形成了有联系的条件反射,听到鸟声就联想到花香,于是听觉和嗅觉这两个感觉区的通道就打通了。

"通感"有时也通过对比联想来实现。如"无声"与"有声"、"动"与"静"是互相对立的不同状态,有时用"动态"来描写"静止"的事物,用"有声"来表现本来"无声"的事物,使所刻画的事物急剧的变化,形象生动地表现出来。如前面所举的"幸福的泪水在脸上刷刷地淌下来"、"活泼的目光在帽沿底下'梭梭'地闪动"就是。

这三种联想有时是互相结合在一起的。包括上面的某些例子只是我们为了说明的方便,才分开加以分析的。如不少同志引用白居易《琵琶行》中关

---

① 见钱钟书《管锥编》第2册第484页。
② 还有一种是根据格式塔心理学的同形论来解释"通感"的。认为"通感"的形成"完全是因为这各种不同的事物和感觉在大脑力场中造成了同形的张力式样的缘故。这一起着中介作用(联结着主观感受)的张力式样,把各种不同的甚至对立的事物融合为一体,造成了各种感觉可以相通的幻觉"(见滕守尧《艺术形式与情感》,《美学》第4期,上海文艺出版社1982年版)。

于声音的一段描写,就是把三种联想有机地结合在一起的典型例子。

即使把"通感"强行作为修辞的心理基础,别的不说,就说辞格,它又能做几个辞格的心理基础呢?能做比喻的心理基础吗?似乎不伦不类。做比拟、移就或拈连的心理基础也不行。因为这些辞格中的大部分语言现象与"通感"的关系是很小很小的,有很多根本沾不上边。既然如此,何必硬要把它作为"修辞的心理基础"呢?

以上我们从三个方面对"通感"进行了再认识,我们的结论是:"通感"理所当然地成为辞格的一员,它的存在不会"吃掉"其他辞格,"通感"不能成为"修辞的心理基础"。

论修辞中的"移就"辞[①]

"移就"这个名称,最早见之于陈望道先生的《修辞学发凡》中。陈书初版于1932年,对于"移就"这种修辞格的研究,这并不是最早的。像1923年出版的唐钺的《修辞格》,就对这种修辞格进行过阐述,称之为"迁德格"。

遗憾的是,以后出版的修辞学著作,研究和论述这种辞格的却很少。现在,我们对这种修辞现象进行一些分析和探讨,以求得到修辞学界的专家和同志们的批评和指教。

一

什么是"移就"?

唐钺说:"两个观念联在一起时,一个的形容词常常移用在他一个上头。"[②]

陈望道说:"遇有甲乙两个印象连在一起时,作者就把原属甲印象的性状移属于乙印象的,名叫移就辞。"[③]

唐、陈两先生的定义涉及三个问题。一,"移就"所适应的情境:两个观念或印象连在一起的时候;二,"移就"的运用要素:形容词;三,"移就"的表达方式:把原属甲观念或印象移用于乙观念或印象。

先说它所适应的情境。当然,如果探讨"移就"形成的来龙去脉,可以看

---

① 原载《修辞学研究》第1辑,上海:华东师范大学出版社,1983年。
② 唐钺:《修辞格》,北京:商务印书馆,1923年,第45页。
③ 陈望道:《修辞学发凡》,上海:上海人民出版社出版,1976年,第105页。

到,它的确是在两个观念或印象连在一起的时候,然后再把原属甲的词语移用到乙的上头。请看:

(1)我们下午商量了一下,决定明后两天,由各队妇女副队长带领各队妇女,有组织地自由拾花,各队队长带领男劳力,在拾过自由花的地里拔花杆,把这一部分地腾清以后,先让牲口犁着,然后再摘那没有摘过三遍的花。(赵树理《"锻炼锻炼"》)

这里的"自由"原来指的是"自由"拾棉花,接着就把这个本来表示"人"的观念的词语移用到"花"的上头,构成了"自由花"。如果没有前面的妇女的"自由拾花",也就不会出现"自由花"这个修辞表达方式,两个观念连在一起是很明显的。

但是,更常见的却是另一种情况。如闻捷的《吐鲁番情歌》中,有首诗写一群小伙子弹起三弦琴来到姑娘们劳动的葡萄园,他们嘴唇都唱干了,也没尝到一颗葡萄,姑娘们故意摘了几串没熟的葡萄,放到小伙子的手里:

(2)小伙子们咬着酸葡萄,
心眼里头笑迷迷:
"多情的葡萄!
她比什么糖果都甜蜜。"(闻捷《葡萄成熟了》)

这首诗,把葡萄的成熟和爱情的成熟紧紧关合在一起。这里写了"姑娘"和"葡萄"两种不同的观念,在语言上并没有正面刻画姑娘的"多情",而是把"多情"直接移属到"葡萄"上头,描绘的是小伙子们的内心体验,写姑娘就比较含蓄,仿佛有着某种象征的意味似的。这里虽然没有具体的词语的移属,但由于"姑娘"和"葡萄"的同时出现,仍然可以看做是两个观念连在一起。

以上只是"移就"适应的情境的一个方面。值得注意的是,人们在运用"移就"时,相当多的时候并不是把甲、乙两种观念同时连在一起运用的。这在许多描写性的语句中,表现得尤为突出。

(3)在这肮脏的社会上,有钱人大吃大唱;没钱的,连饭也吃不上。(罗广斌、杨益言《红岩》)

(4)眼前一片红瓦接堞的屋顶,在丰满的浓绿之间,处处点缀鹅黄色的天蓝色的月白色的疗养院。(何为《白鹭与日光岩》)

(5) 玉琴举目一看，只见拖拉机离开了原地，在田里小心地爬行。(王汶石《夏夜》)

这样的例子是很多的。仅从上面举出的三个例子中可以看出，运用"移就"时，只是把甲种观念的词语直接移属到乙种观念上头，而不需要甲乙两种观念连在一起，同时并举。

由此可见，唐、陈两先生所下的定义的前提，即规定"移就"所适应的情境，并不能概括"移就"的全部修辞现象。

再说"移就"的构成要素。陈望道先生原来和唐钺先生一样，认为移属的词都是形容词（见 1962 年上海文艺出版社出版，第 119 页）。从 1976 年起，陈望道先生就把"形容词"三字删去，说"把原属甲印象的性状移属于乙印象"，这就比原来的说法准确得多了。因为相当多的"移就"辞并不是用的形容词。如：

(6) 七大人怎样？难道和知县大老爷换帖，就不说人话了么？(鲁迅《离婚》)

(7) 过了一会，王天林挑着水桶出来了，看样子余怒未息，眼睛睁得大大的，嘴唇合得更紧，许多天没有刮的短桩桩胡子挑衅地向四面张着。(马识途《找红军》)

(8) ……天渐渐亮了。车门外，开始出现了一株株树和一座座坟墓的影子，接着，黄的、绿的和蓝的颜色慢慢浮现出来了。那么快，不知不觉中，天空现出了年轻而快活的一抹红色。(刘宾雁《本报内部消息》)

例(6)用的是名词，例(7)用的是动词，例(8)用的是词组。总之，它们用的都不是形容词。

第三，从以上八个"移就"的例子可以看出，在表达方式上，主要是把具有人的思想观念的词语移用到其他物体上面。不过，也有把原用于甲物体的词语，移属到乙物体上来的。如：

(9) 凭祥，这是祖国南大门口的一座玲珑剔透的袖珍城市，也是祖国华丽裙边上嵌的一颗宝珠。(曹靖华《艳艳红豆寄相思》)

(10) 狮头鹅，可以说是中国最大的鹅种了，它那个雄伟的模样，

是很逗人喜爱的。(秦牧《鹅阵》)

例(9)中的"袖珍"原指体积较小、便于携带的物体,这是移用来形容城市。例(10)中的"雄伟"原指气势雄壮和伟大的事物,这里用来形容狮头鹅。

从以上三个方面来看,我们觉得倪宝元先生所下的定义是比较好的。他说:将描写甲事物性状的词语移来描写乙事物性状,这种词语活用叫"移就"。①

倪宝元先生所下的定义,排除了"两种观念连用"的前提,语言成分不限于形容词,抓住了两个核心点:一,甲乙事物的移用;二,语言成分为表性状的词语,准确而又精当。

需要指出的是,尽管移用的词语也有表事物性状的,但是表人的思想观念的词语却是"移就"辞运用的词语的本质和主流。

在句子结构上,移用的词语主要是充当句中的修饰成分,如例(1)(2)(3)(4)(6)(8)(9)(10)是做定语的,例(5)(7)是做状语的。这是"移就"辞最常见的句法结构形式。

有时候,移用的词语也可以充当谓语。

(11)闺女没跟自己说过这种事,自己也希望:这是那些吃饱了没事干的人,嘴闲的难受,就胡扯乱拉地造谣言。(刘真《春大姐》)

只不过这种充当谓语的现象比较少些罢了。

二

"移就",是一种很有表现力的修辞手法,下面谈谈这种辞格的修辞效果。

第一,"移就"辞可以规定所要描写的事物的性状,鲜明突出地表现事物的本质属性。

(1)咱们重庆工人,不能拿自己清白的手,去给反动派帮凶!(罗广斌、杨益言《红岩》)

(2)我报的账是良心账,我干的活是良心活。(林斤澜《春雷》)

---

① 见《修辞》,杭州:浙江人民出版社出版,1980年,第95页。

(3)又一阵残暴的脚步声,震动着魔窟,渐渐近了,就在窗前经过。(罗广斌、杨益言《红岩》)

这里"清白的手"、"良心账"、"良心活"、"残暴的脚步声"规定了事物的本质属性,表达了人物的态度或作者的评价,结构紧凑,语言凝练,可以收到言简意赅的效果。

这种表达方式,由于长期广泛地使用,有的逐渐稳定下来,凝固成词、惯用语或成语,加入到全民共同语的词汇海洋中来。如"狂风"、"暴雨"、"愁云"、"病院"、"喜酒"、"寿桃"、"情书"、"管闲事"、"怒发冲冠"、"恶语中伤"、"包藏祸心"等。

第二,"移就"辞可以表达人们鲜明的立场和态度。它往往是选用反映特定思想感情的词语表达对事物的褒贬态度。

(4)活不出去就算了。要是活了出去,再端起机轮,我要叫反动派吃够革命子弹!(罗广斌、杨益言《红岩》)

(5)听到前院弹花机的响声,和许多男男女女的说笑声,再看看自己冷清清的家,和挂在墙上的弹花弓,越使他伤心、嫉妒。恨不得冲到前院里,一斧头把这架倒运机器砍碎。(马烽《一架弹花机》)

前例移属的词语是褒义的;后例移属的词语是贬义的。这些词语的移属,把人们的爱憎感情鲜明突出地表达出来。

第三,"移就"辞,还可以大大增强语言中的抒情气氛。在写景的文字中,运用"移就"辞,把人物的感情渗透到景色之中,使人感到情景交融、草木生辉。

(6)渠岸、路旁和坟地上的迎春花谢了。肥壮而显得挺大方的蒲公英开了。温柔而敦厚的马兰花啊,也在路旁讨人喜欢哩。(柳青《创业史》)

(7)显示着工人们的力量、骄傲和光荣的红旗高高地飘在湛蓝的天空中,格外灿烂夺目。(靳以《佛子岭的曙光》)

这种抒情气氛,不仅表现在对自然风物的描绘上,寓情于物,而且在人物心理活动的刻画上,可以准确地展示人物的内心世界,使人强烈地感受到人物感情冲动的脉搏,引起感情上的共鸣。

(8)小飞蛾手里拿着两个罗汉钱,想起自己那个钱的来历来,其中酸辣苦甜什么味儿也有过……把它没收了吧,说不定闺女为它费了多少心,悄悄还给她吧,难道看着她走自己的伤心路吗?(赵树理《登记》)

(9)可我万万没想到,灾区小姑娘嘴里的救命粮,是让曹达这个混蛋拿去挥霍了!(邢益勋《权与法》)

以上两例"移就"辞的运用,都灌注着人物激烈的感情,鲜明突出,动人心弦,给人的印象十分强烈和深刻。

第四,"移就"辞还可以用来准确地刻画人物。当把甲观念的词语移用到乙观念上头时,可以把人物的音容笑貌融合到里面,这样就可以更鲜明地突现人物的情态和性格,给读者留下深刻的印象。

(10)他极小心的,幽静的,一锄一锄往下掘,然而深夜究竟太寂静了,尖铁触土的声音,总是钝重的不肯瞒人的发响。(鲁迅《白光》)

(11)虽然他决定不去的时候,从北海小山上跑下来,双腿不禁簌簌地颤抖,眼里满含着羞愧的泪珠。(杨沫《青春之歌》)

(12)她恨富裕中农轻薄的儿子有眼无珠,只看见她的外貌,却看不见她的内心。她细密的牙齿咬住红润的嘴唇。她要把这封不要脸的信撕碎,投到汤河的绿水里去。(柳青《创业史》)

例(10)的"不肯瞒人的发响"生动地反衬出陈士成深夜掘地、紧张惶恐、诡秘心焦、生怕外人知道的情态。例(11)刻画了革命青年许宁在参加火热的革命斗争还是留恋安逸的家庭生活的选择中的痛苦激烈的思想斗争。例(12)把人物的情绪渗透到行动中去,表现了徐改霞这个农村少女对给她写情书的郭永茂的轻蔑和愤懑。

正因为"移就"在写景、状物、叙事、抒情等方面具有一定的表现力,所以这种修辞手法就经常出现在文学作品之中。

三

"移就"辞有很多是把表达人的思想观念的词语移属到其他物体上面的,这一点跟"拟人"就有某些相似之处。但是,"移就"与"拟人"毕竟是两种不同的修辞方式,它们之间有着根本的区别。

第一,"拟人"重在比拟,它要求某些本来不具有人的思想感情的事物"人格化",使它变得跟人一样。"移就"则只是把人的思想观念移植到其他物体上头,并不要求这个物体"人格化",并不要求它变得跟人一样,会说话,能行动,具有人的思想感情。

(1)杜甫川唱来柳林铺笑,
　　红旗飘飘把手招。(贺敬之《回延安》)

这是"拟人"。这里把"杜甫川"、"柳林铺"、"红旗"都人格化了。因为它重在比拟,在选用人格化的动词时,都要很切合这些事物本身的特点。"移就"就不是这样。同样是谓语,如前面举例中"嘴闲的难受",但却并不是把"嘴"当作人来写的。即使有"闲"这个词语的移用,也没有使"嘴"人格化。"移就"在选用辞藻上也不一定要特别考虑事物本身的特点。

"移就"是寓情于物物不变,"拟人"是将物拟人物变人。

第二,在句式上,有些"移就"辞经常表现为用表示人的思想观念的词来修饰其他事物,仅此而已,无须再做其他描写和说明了。"拟人"则不同,它不仅把人的思想观念渗透到其他事物之中,而且有时还要用描绘人的一些行为情态的词语来刻画这些事物,使物具有人一样的言谈举止,音容笑貌。

(2)在节日里,
　　我们的党
　　　　没有
　　　　　　在酒杯和鲜花的包围中,
　　　　　　　　醉意沉沉
　　党
　　　　正挥汗如雨:
　　　　　　工作着——
　　　　在共和国大厦的
　　　　　　建筑架上!(贺敬之《放声歌唱》)

这种情况,在"移就"辞中是绝对不会出现的。

第三,在描写对象上,"移就"或是在对客观事物进行描绘时,灌注了人的思想观念,或是在刻画人的时候,把人的思想观念移植在附属于人的或与人有密切关系的事物之上。这后一点则是"移就"经常见到的表达方式,而且是为刻画人服务的。而"拟人"则不是对人的刻画,而是把其他事物当作人来刻画。

(3)她把嘴唇伸得长长地哼了一声说:"不提媳妇不生气,古话说:'娶个媳妇过继出个儿'。媳妇也有本事,孩子也有本事,谁还把娘当个人啦?"说着还落了几点老泪。(赵树理《传家宝》)

(4)江姐回头看时,一长列穿着破烂军衣的壮丁,像幽灵一样,从雾海里显现了,一个个缩着肩头,双手笼在袖口里,周身索索地发抖,瘦削的脸颊上,颧骨突出,茫然地无表情,一双双阴暗的眼睛,深陷在绝望的眼眶里……(罗广斌、杨益言《红岩》)

(5)……要不是共产党来,恐怕连我也保不住能活下去,即使活着,一辈子也难出口舒坦气!(李準《信》)

这里的"泪"、"眼眶"、"气"都是与人有关的,附属于人,把表达人的思想观念的"老"、"绝望"、"舒坦"移属在它们上头,正是为更好地刻画人物服务的。这里绝不是把"泪"、"眼眶"、"气"当作人来描写。而"拟人"则是独立地把其他事物描写成人。如上面例(2)就是把"党"人格化了的。

"移就"既然是两种不同观念的词语的移属,这就很容易与"拈连"相混。应该把它们清楚地区别开来。

首先,"移就"中两种不同观念的词语的移用,往往是把人的思想观念的词移属到其他物体上面;"拈连"则是两种任意观念的词语的拈用。"移就"的结构方式,经常是修饰语和中心语的关系;"拈连"则往往是动词和宾语的关系。

(6)铁人望着远方沉重地说:"玉门是好,可是太小了,太少了。同志们,北京汽车背着煤气包呀!咱们国家身上压着煤气包呀!"(魏钢焰《历史的谱写者》)

(7)有位年纪比我约大两倍的同乡说:"进城考洋学堂,也该换一身像样的衣服,怎么就穿这一身来了。"

我毫不知天高地厚,一片憨直野气,土铳一样,这么铳了一句,"考学问,又不是考衣服!"(曹靖华《忆当年,穿着细事且莫等闲看!》)

上面两个例子都是"拈连"。不管在表达对象和表达方式上,"移就"和它都有明显的不同。

其次,在关涉人的思想观念时,"拈连"往往是从具体到抽象,从具体的其他事物拈用到抽象的人的思想活动中来,使人的抽象的思想活动具体形象。这与"移就"也不同。"移就"所移属的事物总是比较具体的。

(8)白洁是一面镜子,在这面镜子里,不仅照出了我织的布上有疵点,也照出了我思想上有疵点。(崔德志《报春花》)

(9)是的,一篮咸菜是可以用数字来计算的,一个共产党员爱党的心,怎么能够计算呢?一个党员献身的精神怎么能够计算呢?(王愿坚《党费》)

上面这两个"拈连"的例子中,前边的"布上有疵点"、"咸菜是可以用数字来计算"是具体的,拈用到"思想上有疵点"、"爱党的心"、"献身的精神怎么能计算",这就从具体到抽象、变抽象为具体。而"移就",如前面举的"老泪"、"绝望的眼眶"、"舒坦气"总是比较具体的,它没有这种从具体到抽象,变抽象为具体的过程。

再次,从表达效果来看,"移就"重在刻画描写,重在气氛上的烘托渲染,而"拈连"则着重在意思上的深化,往往语意警策,发人深思。

(10)周大勇说:"多可笑!像你这棒小伙子还能残废?你不记得咱们李政委常说:一个人思想不残废,他就永远不会残废。"(杜鹏程《保卫延安》)

(11)你看着吧,中央已经三令五申,可曹书记名义上是给市委职工盖食堂,实际上在给他们少数领导人盖高级内部电影院。听听这声音吧,这那里是砸地基,这是在砸群众的心啊!(邢益勋《权与法》)

上面这两个"拈连"的例子,含义深刻,耐人寻味。"移就"着重于情景交融,寓情于物,可以动人肺腑,但却很少有这样的具有思想深度的警句。

此外,"移就"与"借喻"也不相同。虽然它们都是两个事物中,原用于甲事物上的词语移来用于乙事物上面,但是"借喻"着重在两个事物的相类似,"移就"着重于两个事物的相联系。"借喻"还可以加"像"引进被比物构成"明喻"。"移就"就没有这种可能。这两种修辞手法还是比较容易区别的,这里就不再赘述了。

试谈"反语"[1]

人们在运用语言的时候,时常不是正面说明某种意思,而是故意用意思相反的话来表达,这就是"反语"。

我们所接触到的语言现象中,"反语"以嘲讽性的为最多。

这一类"反语",往往是把一些好的字眼,用在令人憎恶的事物身上,表示对该事物的憎恶、蔑视和讽刺。这在对敌斗争中,可以起到唇枪舌剑的作用。如:

(1)刘秀英　大为,你妹妹今天来的这个朋友,人好不好?

何　为　妈,您这话问了我足有二十遍了!我告诉您了。根据报纸上官方介绍,他是天底下头等大好人,浑身上下毫无缺点,连肚脐眼都没有。

刘秀英　不知道他老实不老实?

何　为　老实,老实极了!是上海文攻武卫的这个(伸大拇指),专管抓人杀人!(宗福先《于无声处》)

(2)这个条件一经我们的可爱的蒋总统提了出来,几千万的工人、手工工人和自由职业者,几万万的农民,几百万的知识分子和公教人员,惟有一齐拍掌,五体投地,口称万岁。倘若共产党还不许和,不能维持这样美好的生活方式和生活水准,那就罪该万死,"今后一切责任皆由共党负之"。(毛泽东《评战犯求和》)

例(1)是刘秀英向儿子了解女儿何芸的"朋友"唐有才的情况,何为没有正面

---

[1] 原载《语文战线》,1982年第2期。

叙说、描绘唐有才如何坏,这里运用了"反话",却把唐有才的"人品"的恶劣,刻画得淋漓尽致。前一段,说他是"天底下头等大好人",讽刺意味已经很浓了,前面又加上"根据报纸上官方介绍",后面再说他"浑身上下毫无缺点,连肚脐眼都没有",竭力进行挖苦嘲讽,很明显这是在说反话。后一段,先说他"老实极了",马上采取强烈的对比手法,指出他是专管抓人杀人的上海文攻武卫的头头,前面的"老实极了",很清楚是在说反话。例(2)对人民公敌蒋介石,不直呼其名,而称其伪官衔,前面又冠以"可爱的"这样戏谑性的修饰语,反语的意思十分明确。后面再把"惟有一齐拍掌,五体投地,口称万岁"、"罪该万死"之类的语句,放在人民和共产党身上,真是"嬉笑怒骂,皆成文章"。两例的语言都很轻松,冷俏,但话里藏锋,使人感到十分辛辣和尖刻,具有很强的战斗力。

当然,嘲讽性的"反语",有些是用于人民内部的。对于人民内部的落后思想或者缺点错误,或投以冷嘲热讽,给以强烈的批判,或从反面透露出本意,促使对方觉悟和转变。

(3)鲁　贵　叫她想想,还是你爸爸混事有眼力,还是她有眼力。

四　凤　(轻蔑地)自然您有眼力啊!(曹禺《雷雨》)

(4)你也真行,就这样的部件居然也能出厂!姐夫,你这书记怎么当的?要是我,有个地缝我都能钻进去!(赵梓雄《未来在召唤》)

嘲讽性的"反语",有时也可以把一些贬义的词语用在正面人物身上,通过"贬低"正面人物,透露出对反面人物的嘲讽和蔑视。如例(2)中说共产党"罪该万死"就是对蒋介石的嘲讽和轻蔑,再如:

(5)中国是弱国,所以中国人当然是低能儿,分数在六十分以上,便不是自己的能力了,也无怪他们疑惑。(鲁迅《藤野先生》)

为了使嘲讽性"反语"意思更显豁,除了通过一定的语言环境和上下文透露出正意外,有时在反话的词语上加上引号,在说话时这些词语往往重读;有时加上"所谓"、"似乎"、"如此"之类的具有"反语"意味的字眼。

(6)又是一大"新生事物",十一级干部回家扫地。(宗福先《于无声处》)

(7) 我苦笑了,闭上了眼睛,仿佛看见这些所谓"朋友"的面目,以及他们怎样个"帮忙"。(茅盾《腐蚀》)

这类"反语",不仅常见于文学作品中,而且还经常活跃在政论文章里。毛泽东同志和鲁迅先生都是善于运用"反语"的能手。这种手法,往往是用谈笑的口吻,代替了愤怒的声音,它常常抓住对方的弱点,通过"反语"的运用,使对手陷入尴尬的境地,然后再战而胜之。这种手法通过嘲弄讽刺,使人感到深刻有力。读起来,真是使仇者痛,而为亲者所快,战斗力是很强的。

跟嘲讽性"反语"相对等的,还有一种喜爱性"反语"。

这一类反语,往往是把一些坏的字眼,用在自己喜爱的人物身上,表达自己对对方的亲昵、喜爱和戏谑。例如,有时在称谓时,故意用咒骂的称呼来表示对对方的喜爱,有时通过对对方的评论和态度,透过一些坏的字眼,流露出好的正意。

(8) 金桂抓住玉凤一条胳膊又用一个拳头在她头上虚张声势地问她:"你不是说是你李成哥回来了?"

玉凤缩住脖子笑着说:"一提他你去得不快点?"

"你这个小捣乱鬼!"金桂轻轻在玉凤脊背上用拳头按了一下放了手……(赵树理《传家宝》)

(9) 成岗迟疑了一下,又提出新的要求,"把收听广播的任务也交给我吧,我的工作的确不重!"

"你简直是'野心'勃勃!才给别人写信致敬,又要叫别人'失业'?我早就看穿了你的思想活动!"李敬原眼角透出一丝笑意,但很快就消失了。(罗广斌、杨益言《红岩》)

(10) "怎样?欢迎我去吧?"

"不欢迎。"马丽琳有意这么说,说完了她的眼睛向他一瞟,露出非常欢迎的神情。(周而复《上海的早晨》)

这类"反语",使人感到骂里含爱,亲切可喜。人们对自己所喜爱的人物,故意用一些咒骂式的话语来表达,这不但不会使对方不快,反而使他感到很亲昵,很舒服,很有感情。这看起来似乎不尽合理,实际上却是一种复杂感情的合理而曲折的表现。

还有一种既不表示嘲讽的感情,又不表示喜爱的意味的"反语",我们姑且把它称为诙谐性的"反语"。

这一类反话,往往是用在自然风物的描绘或事件的叙述上。它也是把一些坏的字眼用来表示好的事物,或者是把一些好的字眼用来表示坏的事物。它没有嘲讽的意味,没有喜爱的情态,主要是洋溢着幽默诙谐的色调。如:

(11)刚才拽二号的胖女子,趁人们不注意,伸手到二号皮夹克里摸出来一把瓜子,嚷道:"看!俺大娘多好,老书记一出门,就预备下请客的东西了!"

这女子,说话就像机枪连发似的,两只胖手飞快地给大家"分赃"。(魏钢焰《艳阳漫步》)

(12)屋里的人声顿时静下来,大伙儿都像我一样吃惊地把目光转向门口,只见那儿立着一个人……全身被雨浇得湿淋淋的。水还在从她的帽沿上往下滴,连眉棱、鼻子尖儿、脸颊都流着水珠儿。

"啊哈,葛梅同志!"我放下耳机,站起身大声说:"少见!怎么选了这么个'好'时候?请坐!"(管桦《葛梅》)

例(11)把分瓜子吃,叫做"分赃";例(12)把下暴雨叫做"好"时候,使人感到幽默诙谐,俏皮有趣,禁不住要发出爽朗的笑声来。这样,文章也不会使人感到板滞,相反往往使人觉得生动活泼,妙趣横生。

这两类反语——喜爱性反语和诙谐性反语——多出现在文艺作品中,这两类反语,还有助于对人物性格的刻画,特别是用于人物语言,使人物的个性更为突出,音容笑貌,跃然纸上。

"反语"很有表现力,为人们所常用。在口语中,在文学作品中,在政论文章中,我们会经常见到一些精彩的"反语"。这些都可以作为我们运用语言的借鉴。不过,我们在运用"反语"时,还应该注意下面几个问题。

首先,要适应语言环境的要求。"反语"是在特定的语言环境中才出现的一种特定的表达方式。它对语言环境的依赖性很强。我们往往是根据上下文的不同条件,来构成不同的"反语"。所谓"语言环境",包括表达思想时所处的社会环境和自然环境。如例(6),如果没有林彪、"四人帮"对广大干部的残酷迫害,就不会出现十一级干部回家扫地,这"又是一大'新生事物'"的反语。所谓"新生事物"正是那个特定的社会环境的绝妙反映。再如例(12),如果没有滂沱大雨,葛梅没有"全身被雨浇得湿淋淋的",那么就构不成"怎么选了这么个'好'时候"这样的反语。不仅如此,所谓适应语言环境的要求,还表现为在论辩时,往往拈用论敌的谬论,然后摆出事实,加以对比反驳,这就比正面的驳斥更为鲜明有力。如鲁迅的《友邦惊诧论》中就有这样的例子:

(13)好个"友邦人士"!日本帝国主义的兵队强占了辽吉,炮轰机关,他们不惊诧,阻断铁路,追炸客车,捕禁官吏,枪毙人民,他们不惊诧。中国国民党治下的连年内战,空前水灾,卖儿救穷,砍头示众,秘密杀戮,电刑逼供,他们也不惊诧。在学生的请愿中有一点纷扰,他们就惊诧了!

这里拈用了国民党政府通电中的"友邦人士,莫名惊诧"的话语,在"友邦人士"上加引号,再用"好个"表示激愤嘲讽的语气,反语的意思是很清楚的。接着举出一系列铁的事实,造成强烈的对比,就把这些"友邦人士"的丑恶嘴脸,揭露得淋漓尽致了。在针锋相对的论辩场合,拈用论敌的某些话语构成"反语",则是经常用到的。可见,脱离了特定的语言环境,就不可能构成鲜明生动的"反语"。

其次,反语的语意一定要明确。运用反语时,人们有时乍听到也许会感到惊奇,但立即就能够领会说话人的正意。我们不能说得含糊其辞、不明不白,更不能使人把你的"反语"误解成"正意"。人们为了使"反语"的语意更加显豁,常常在反语的词语上加上引号,或者加上"所谓"、"似乎"、"如此"之类的字眼,或者在语调情态上加以特别的强调和暗示,如例(10)就是,在很多时候,人们把"反语"和"正意"连在一起,或者先说明正意,再引出反语;或者先说出反语,再申说正意,这样正反相比,反语的语意就十分明确。反语的嘲讽、诙谐或喜爱的修辞作用就能体现得更加充分。

最后,"反语"是依赖于特定的语言环境的偶发性运用,因此一些已经"约定俗成"的表达方式,已经失去了"反语"应有的修辞作用,成为一种固定化的日常用法了,就不应再看做是"反语"。比方说,在汉语里,有些句式用否定副词与不用否定副词,意思是完全一样的,像"她差一点吓死了"与"她差一点没吓死",两句话意思完全一样,没有什么特别的修辞效果,已成为人们习惯上的固定用法了。常见的如"好容易"与"好不容易"、"好热闹"与"好不热闹"等等,表达的意思也完全一样,这些都不应该看做是"反语"。

试论"排比"①

排比是一种常用的修辞手法,绝大多数修辞学著作都对它进行了探讨和研究,但是人们对它的认识并不一致。因此,有必要把这些问题提出来加以商榷,以求得到修辞学界的专家和同志们指正。

一

第一,排比是对偶的"扩大"和"发展"吗?

有些著作明确提出:"排比是对偶的扩大和发展。"②这种提法,很容易使人得出这样的结论,即在时间上,先有对偶后才有排比,排比是由对偶演变发展来的。至今我们还没有发现由对偶演变发展为排比的有力例证。在我们所能看到的中国古代文化典籍上,排比的出现还是很早的,③却没有找到比这更早的有关对偶的材料。如果撇开历史的演变不谈,仅从我们日常运用语言来看,能不能说排比是由对偶演化而来的呢?也不能这么说。不错,排比和对偶都着眼于语句的结构,但它们实在是两种不同的修辞手法。不管是在交际目的、表达内容方面,还是在结构方式、修辞效果方面,它们都不一样。一般说来,对偶着眼于两两相对,以对仗工整为满足,不再扩展;排比则着眼

---

① 原载《浙江师范学院学报》1982年第4期。
② 见北京大学中文系汉语专业:《语法修辞》(修订本),北京:商务印书馆,1978年,第161页。
③ 在现在发现的古代甲骨卜辞中,就有排比了。郭沫若《卜辞通纂》中的"癸卯卜,今日雨。其自西来雨?其自东来雨?其自北来雨?其自南来雨?"就是典型的排比句。在《易经》、《诗经》和先秦诸子的散文中,排比就更多了。

于多项并举,以文气酣畅为特色,可以延伸。这是两种本质不同的辞格。人们不是先组成对偶然后再扩大为排比的。人们一开始就把多种事物组织成结构相似的语句进行排比,而不会想到去把什么对偶加以"扩大"。何况在语言实际中,许多对偶是不能扩大成排比的。由此可见,说排比是对偶的扩大和发展,既不符合排比形成的历史,也不符合语言运用的实际。

持有这种观点的同志,可能过多地考虑了句子的结构形式,以为抓住结构形式上的某些"特点",便于初学者掌握。但是,这样做的结果,容易使读者混淆,容易引起不必要的误解,也没能抓住排比的实质。

第二,有的提出排比句要"结构相同"[①]"字数大体相等"[②],这些提法也是不尽妥当的。

从分句(包括词组)的语言形式来看,要求结构"相同"或"相似",是对偶和排比的一个重要区分点。对偶要求结构相同,排比只要求结构相似就可以了。事实上,大量的排比句的语言结构并不相同。例如:

(1)在这个白光里,每一个颜色都刺目,每一个声响都难听,每一种气味都揉合着地上蒸发出来的腥臭。(老舍《骆驼祥子》)

(2)随着运动的发展,想想吧,假若我们的工厂、公社、仓库的管理人员们,都能以雷锋捡牙膏皮的精神注意节约;假若我们的学生、干部,都能用板子上揳钉子的精神进行学习;假若我们服务性行业,商业部门的同志们,都能用风雨中送人母子回家的精神为人民服务;假若我们的艺术家们,都能用雷锋那样对党对人民的热爱和赤诚去歌唱;假若我们大家都像雷锋那样去帮助同志,我国人民和年轻一代的精神面貌将会提到怎样的高度!我们的社会主义建设将会出现何等沸腾的景象!(魏巍《路标》)

以上两例,排比的语言成分,在结构上只是相似,而并不完全相同。例(1)的三个分句,前两个分句的谓语是形容词为中心的偏正词组,后一个分句的谓语则是动宾词组。例(2)排比的五个分句,结构也不一样。有的谓语是动宾

[①] 见向锦江《排语》,载《语文学习》1952年6月号,第22页;郑远汉编著:《现代汉语修辞知识》,武汉:湖北人民出版社,1979年,第115页。

[②] 见华中师范学院中文系现代汉语教研组编:《现代汉语修辞知识》,武汉:湖北人民出版社,1972年,第73页。

词组,有的则是动词性的偏正词组。

我们说排比句结构上相似,并不排斥有些排比句是结构相同的,但是把"结构相同"作为排比的一项必要条件则是不妥当的。

同样,排比句中有不少是字数大体相等的。但是排比句也确有不少是字数长短不一的。上面两个例子可以证明这一点,它们的各排比句的字数是参差不齐的,有的竟相差一倍以上。陈望道先生在《修辞学发凡》中明确指出,排比的字数是不拘的。可见,也不能把"字数大体相等"作为排比的一项必要条件。

第三,还有人提出排比的语句要"意义相近",①这种提法也是不符合排比的实际情况的。是的,有时为了强调某一种意思,连续运用了意义相近的语句。例如,我们常听到这样的话:"你不害羞,不脸红,不怕难为情?"这些分句的意义相近,但却不是排比,而是同义的反复。排比的事物的同范围、同性质是就大的门类而言的,具体到排比语句,应该是不同的事物,否则跟反复还有什么区别呢?

再如:

(3)每天天还没亮,母亲就第一个起身,接着听见祖父起来的声音,接着大家都离开床铺,喂猪的喂猪,砍柴的砍柴,挑水的挑水。(朱德《母亲的回忆》)

(4)当祖国度过了沸腾的白天,
当人们从梦里露出甜蜜的微笑,
当熟睡的婴儿脸上现出幸福的酒窝,
当晶莹的露珠挂上嫩绿的幼苗……
同志呵,你可知道,
我们敬爱的周总理的办公室呵,
灯光又亮了通宵。(石祥《周总理办公室的灯光》)

上面两例中,例(3)是表现清晨劳动这个范围的不同事物,但"喂猪"、"砍柴"、"挑水"在意义上并不相近。例(4)的每一个排比的成分在意义上也不相近。所以,要求排比成分"意义相近"也是不对的。

---

① 见张弓《现代汉语修辞学》,天津:天津人民出版社,1963年,第151页。

第四,如何理解排比的语言成分?

有人认为,排比可以由句子成分组成。句子成分,可以由词组构成,也可以由词来构成。① 我们认为,排比的语言成分可以是词组,也可以是句子,却不能是词。因为排比一般是以结构匀称、气势畅达见长的。词一般说来音节较短,排列在一起难以形成匀称的结构和畅达的气势,反而因停顿的频繁,使人感到急促和零碎。因此,我们说,排比的语言成分应明确指出是属于词组和句子,当然,也可以发展成排比段。

排比的语言成分,一般是在三个以上。两个结构相似的语言成分,有人主张就不称其为排比了。② 因为这种两句的组织,主要还是着眼于两两相对,但词句又不完全相等,这类可以看成是广义的对偶。

我们认为,排比之所以构成"排",还在于它们结构上的并列关系。排比句往往是并列复句。有些结构相似的表示先后有序的连贯复句,就不宜看做排比句了。如:

(5)我真想站起来,跑出客厅,冲到雨里,奔到街上。(巴金《从镰仓带回的照片》)

(6)它们下了溪水,转入大河,流进赣江,挤上火车,走上迢迢的征途。(袁鹰《井冈翠竹》)

上面两例的每个分句都是动宾结构,是叙述先后发生的不同动作或行为,分句间不是并列的关系,就不能称其为排比句了。

必须指出,作为排比的并列复句,在意义上并不都是一律平等的,有时排比句之间有轻重之分。它们在意思表达上的由轻到重,或由重到轻,并不妨碍结构上的并列关系的存在。如:

(7)与此同时,万恶的"四人帮"却利用职权,轮流到总理面前搞"车轮战",干扰总理,迫害总理,摧残总理。是可忍,孰不可忍!(朱敏《深情忆念周伯伯》)

(8)辛酸的感情伴随着撕心的痛苦,折磨老阎。失去小刘,就等

---

① 张璃一:《修辞概要》所举的六个排比句中,就有两个是由词来构成的。北京:中国青年出版社,1953年,第93页。

② 见张弓《现代汉语修辞学》第151页。持有这种观点的人,现在越来越多了。

于老阎丢了魂。他不能没有小刘,建设工地不能没有小刘,工人阶级不能没有小刘,这世界上也不能没有小刘。(杜鹏程《在和平的日子里》)

上面两例在意思的表达上,或语意逐渐加重,或范围逐步扩大,但在句法结构上仍然是并列的关系。

在排比的各语言成分中,有一些重复的词语,张弓先生称之为"提纲词语"。① 如前面两例中的"总理"和"不能没有"就是。抓住"提纲词语",对于理解和分析排比句都是很有作用的。不过,也有少数排比句,是没有这种"提纲词语"的。只要它们结构相似、语意平列,仍然应该看成是排比句。如:

(9)在旧社会,多少从事科学文化事业的人们,向往着国家昌盛,民族复兴,科学文化繁荣。(郭沫若《科学的春天》)

(10)他身上的细胞神经强烈地反映着他们的甘苦、心愿、感觉、悲喜,所以他才有如此敏锐的政治目光,坚韧不屈的脊骨,彻底清醒的头脑,扎实坚定的脚印。(魏钢焰《忆铁人》)

综上所述,我们认为,排比在语意上是相关的和并列的,即同范围、同性质的事物;在结构上是相似的,常有相同的提纲词语;在数量上,一般是三个以上的语言成分;在成分上,必须是词组或句子,甚至是段落。

因此可以说,排比是用三个以上结构相似的并列语句,把相关的意思连续地说出来的一种修辞手法。

二

根据排比的各语言成分在意义上的不同关系,可以分为平列的排比和层递的排比两种。

(一)平列的排比

有的书在给排比分类时,分为句子成分的排比、分句的排比和句子的排比三类。在句子成分的排比中,又根据语法上的主、谓、宾、补、定、状六种成分,分为六小类。这样的分类,不仅流于烦琐,而且只着眼于结构形式,不大

---

① 见张弓《现代汉语修辞学》,天津:天津人民出版社,1963年,第151页。

涉及表达作用,实用意义并不大。

我们把平列的排比分为列举式和生发式两类,是从排比的表达作用来分类的。

1. 列举式:

这是列举不同的事物,不同的方面,加以分说,往往起到以点概面的作用。

(1)陕甘宁边区是全国最进步的地方,这里是民主的抗日根据地。这里一没有贪官污吏,二没有土豪劣绅,三没有赌博,四没有娼妓,五没有小老婆,六没有叫化子,七没有结党营私之徒,八没有萎靡不振之气,九没有人吃摩擦饭,十没有人发国难财,为什么要取消它呢?(毛泽东《团结一切抗日力量,反对反共顽固派》)

(2)老乡们,男女老少仿佛从地底下钻出来似的活动开了,有的帮部队碾打粮食;有的帮部队烧火做饭,有的帮战士们缝补衣服,有的扛着枪四处巡逻;有的扛着担架,急急地奔走……(杜鹏程《保卫延安》)

上面两例都是列举了几个不同的方面——选取了几个典型方面——起到了以部分概括全体的作用。有时作者点明了这里只是选取了几个典型事例,后面就加上省略号,表示还可以列举出许多,语意是很明晰的。

这种平列的排比,往往有共同的"提纲词语",有时为了简明地表达排比的内容,就用数词来概称。如例(1),就可以标数概括为边区的"十没有"。再如:

(3)一位知心的日本朋友曾经问我对日本的印象,我说日本有四多。哪四多呢?车祸多,广告多,保险公司多,当铺多。(杨朔《樱花雨》)

在语言运用中,把排比句进行标数概括的为数不少。如"三不主义"、"四个坚持"、"三老"、"四严"、"五不怕"、"十不精神"等等,都是从排比句概括出来的。

2. 生发式:

生发式和列举式不同。它不是列举事物的各个不同的方面,而是对某一事物,不断地加以生发和引申,所以这种样式有着明显的强调或不断深化的作用。

(4)彭总的英雄形象非常鲜明地出现在我的眼前,好像我刚刚

跟他握手告别回到半山的洞子里似的。他还是那么亲切,那么诚恳,那么平易近人。(巴金《〈爝火集〉后记》)

(5)多少天人们谈论那次讲话,多少回人们回味那次讲话,多少年人们体现那次讲话。(吴伯箫《北极星》)

(6)红花岗,是他们的刑场,是他们的战场,也是他们举行那庄严而高尚的婚礼的礼堂。(齐怀《刑场上的婚礼》)

例(4)是从人们的感受上加以生发,强调出彭总的待人接物的高尚品质。例(5)从"谈论"、"回味"和"体现",对于毛主席的讲话作用不断加以引申,既强调了内容又深化了句意。例(6)是从"刑场"、"战场"到"礼堂",对刑场上的婚礼加以不断深化,从而发掘出其中的深刻意义,歌颂了革命烈士的崇高品质和高尚情操。

(二)层递的排比

跟平列的排比不同,这种排比在意义上不是平等的,而是有轻重、大小、先后之分。有些修辞学著作称之为"层递"。

1. 阶升式:

排比的语言成分,逐步从低到高,从小到大,从轻到重,从近到远,好像上台阶一样,步步高升。如:

(7)在他革命的一生中,他是真正做到了有一分热,发一分光,永不变色,永远忠实于党,忠实于阶级,忠实于人民。(罗瑞卿《学习雷锋》)

(8)哥,我虽然倒下去了,但是,我永远相信延安一定会收复,窜到陕甘宁边区的敌人一定会消灭,美帝国主义的走狗一定会打倒,人民解放的事业一定会胜利,新社会一定会建立,共产主义一定会实现。(杜鹏程《保卫延安》)

例(7)是范围上从小到大的逐层扩展,例(8)是时间上从先到后的逐项推移。

2. 递降式:

和阶升式相反,递降式排比的语言成分,逐步从高到低,从大到小,从重到轻,从远到近,好像下台阶一样,依次下降。如:

(9)战争的规律——这是任何指导战争的人不能不研究和不能不解决的问题。

革命战争的规律——这是任何指导革命战争的人不能不研究和不能不解决的问题。

中国革命战争的规律——这是任何指导中国革命战争的人不能不研究和不能不解决的问题。(毛泽东《中国革命战争的战略问题》)

(10)呵！亲爱的可敬的朝鲜人民！在纷飞的战火中,你是那样的刚强！敌人把你的城镇变成了废墟,你没有哭,敌人把你的家园烧成了灰,你没有哭,敌人杀死了你的亲人,你没有哭,敌人把你绑在大树上,烧你、烤你,你没有哭；你真是一把拉不断的硬弓,一坐烧不毁的金刚！可是今天,当你的战友——中国战士们要离开你的时候,你却倾洒了这样多的眼泪！(魏巍《依依惜别的深情》)

和阶升式比较起来,递降式的使用频率要低得多。递降式大都是范围上的从大到小,如例(9);也有距离上的由远到近,如例(10);以及其他的类型。

不少修辞学著作是把排比和层递分开来作为两种不同的辞格的。我们觉得除了表意上有轻重、大小、先后之分外,一般说来在语言形式和表达作用上,它们的区别不大。层递的排比也是结构相似,句子之间也是并列关系的分句,在表达上都有增强文章气势的作用,因此把它放在排比之中是恰当的,不需要另列一格。至于有些词语的意义上的层递,已不属于句式的整饬的修辞范围,当然就不能包罗于排比之中了。

三

上面说的是单个的排比。人们在运用语言时,由于表达的需要,单个的排比不够用,就组成了复杂的排比。或者有时作者为了追求语言形式上的匀称和声韵上的反复美,单个的句子的排比不能满足要求,也就组成了复杂的排比。复杂的排比可以分为连续的排比和段落的排比两种。

(一)连续的排比

人们在感情激动时,为了把情感抒发得淋漓酣畅,往往采用连续的排比。连续的排比,有时成串的一气贯通,有时又采取大小相包的形式。如:

(1)我十分憎恨地主,憎恨资本家,憎恨一切卖国军阀；我真诚的爱我阶级兄弟,爱我们的党,爱我中华民族。为着阶级和民族的解放,为着党的事业的成功,我毫不希罕那华丽的大厦,却宁愿居住在卑陋潮湿的茅棚,不希罕美味的西餐大菜,宁愿吞嚼刺口的苞粟和菜根;不希罕舒服柔软的钢丝床,宁愿睡在猪栏狗窠似的住所,不希罕闲逸,宁愿一天做十六点钟工的劳苦! 不希罕富裕,宁愿困穷! 不怕饥饿,不怕寒冷,不怕危险,不怕困难。屈辱,痛苦,一切难于忍受的生活,我都能忍受下去! 这些都不能丝毫动摇我的决心,相反的是更加磨炼我的意志! 我能舍弃一切,但是不能舍弃党,舍弃阶级,舍弃革命事业。(方志敏《死》)

(2)戈壁滩依旧那样苍茫,天气依旧那样炽热,风依旧那样猖狂。可是,在那一块块大大小小的绿洲里,在那临风摇曳的青纱帐里,在那一大片接连着一大片的庄稼地里,在那枝头累累的果林里,哪儿还能找到一点荒凉的影子呢?(袁鹰《戈壁水长流》)

(3)仿佛是岛上的山岗的墨泼似的轮廓,东部岛岸上的悬崖和松树的剪影似的轮廓,

仿佛是悬崖上我们的海军观察所的轮廓,

仿佛是公社渔具厂的烟囱,公社蒸汽厂的烟囱,公社水产加工厂的烟囱,村里天后宫:渔民小学的屋顶和球场边翠竹的影子;村里江氏家祠:渔民保健院的两边高高翘起的鱼尾形的屋脊的轮廓,

最初开始隐约地浮现出来。(郭风《曙》)

连续的排比,如排炮连发,声震寰宇;如海潮滚滚,一泻千里。如例(1)是四组排比句,连续说出来,慷慨激昂,掷地有声,充分抒发了方志敏同志的革命襟抱,革命深情。例(2)是两组排比句,层次有序,气势雄伟,对于戈壁变绿洲的喜悦之情,跃然纸上。例(3)则是另一种情况。这是散文诗式的句子,第一组排比中的第三个排比成分中,又包含着小的排比成分。既有整饬的语言结构,又细致地刻画了沿海渔村的新貌,仿佛是泼墨写意中糅合着局部的工笔细描,给人的印象突出而深刻。

二、段落的排比

段落的排比,在散文和诗歌中用得较多。它语言整饬,条理清晰,读起来散中见整,音流婉转,有一种回环往复的韵味。而段与段之间的承接照应、变化发展,不但给人的印象深刻,而且也使人感到趣味盎然。

(4)有时丈夫对她说:"今晚开群众会,你去参加吧!"她对他笑笑,不说什么,依然坐在灯下,仍然拿起针线来。

过不久,丈夫又对她说:"明天党支书作报告,你去听听!"她对他笑笑,不说什么,第二天,照常托着洗衣篮子,照常到井边去了。

不久,丈夫又对她说:"村里要办个妇女识字班,你也去报名吧!"她对他笑笑,不说什么,仍旧低着头,仍旧去做自己早已安排好的三百六十天每天该做的事。(王汶石《新结识的伙伴》)

(5)他哭了,不是因为邻居的眼色,这个从南市来的孩子从小见惯了各种各样冷漠和怀疑的眼色。

他哭了,不是因为路人的歧视,这个在各国港口为中国争取到荣誉的海员,有的是对付歧视的办法。

他哭了,不是因为亲人们——妻子儿女,特别是哥哥,那个一心一意支持他走上这条路的哥哥的质询。虽然他们疑虑的视线在他心上织起了压迫的和有罪的雾似的迷网……(柯岩《船长》)

例(4)通过段落排比,对举了三件事情,把小说的主人公之一好媳妇吴淑兰温柔贤淑的性格刻画得惟妙惟肖。例(5)写我国远洋航运事业的优秀干部贝汉廷被林彪、"四人帮"迫害,以致离开了航海事业,到航道局去挖河泥。他思念和向往着大海。这时,他用泪水来倾诉满腔的愤懑和痛苦的心情。这里既写出了林彪、"四人帮"的残酷迫害,又写出了贝汉廷对远洋航运事业极为深厚执著的感情。

一些修辞学著作在论述排比时,只讲到句子为止。其实段落的排比,在语言实际运用中还是经常遇到的。这种排比方式,在政论语体和文艺语体中用的较多。段落的排比,在我国出现得很早,并不是新出现的修辞现象。如《诗经》中的《伐檀》、《硕鼠》等诗就是运用了段落的排比。

既然复杂的排比,有其一定的表达作用,又在语言实践中经常见到,就有单独提出来进行研究的必要。

四

排比是一种很有表现力的修辞手法,也是一种使用范围较广,使用频率较高的修辞手法。从先秦的典籍到当前的白话文著作,排比可以说是俯拾皆是,可以看到它使用历史的悠久。从口语语体到书面语体,不管是文艺语体、政治语体还是科技语体和公文语体,到处都可以看到排比的身影,可见它使用范围的广泛。当然,原因是多方面的,但这与排比具有独特的表达作用是分不开的。宋代陈骙曾论述排比的作用是"壮文势,广文义",①并举出了四十几法作为例证。陈骙所说的这两点是对排比修辞作用的一个很好的概括,他把排比的作用从声音到意义、从形式到内容都谈到了。一个"壮"字,一个"广"字,可以说是抓到了问题的实质。下面我们打算从四个方面来阐述它的表达作用。

第一,选取典型,以点概面。排比往往是从一个事物的几个方面来阐述这个事物,或者列举几种情况来表现一个总的问题,因而它常常是抽取几个典型的、有代表性的事物来排比,这样就可以通过典型来概括一般,以点来概括面,具有很大的概括力。如:

(1)灯光下,学习马列、毛主席著作,灯光下,批阅文件、报告,灯光下,接待四海宾朋,灯光下,会见各地工农兵代表……(石祥《周总理办公室的灯光》)

(2)我们流连他老人家少年时代游泳的池塘,放过牛、砍过来的小山,教育全家投身革命的灶屋,耕种过的菜地和稻田,博览群书、探求真理的住房,指点江山,激扬文字的校园。(毛岸青、邵华《我们爱韶山的红杜鹃》)

例(1)写了四个方面,概括了周总理夜以继日为革命操劳的繁忙情景。排比句后面用了省略号,点出了这里只是选取了几个典型的场面,起了以典型代全部的作用。例(2)选取了毛泽东同志青少年时代活动的六个地方,概括了这一时期的整个革命活动,表达了作者对革命纪念地无限依恋的情怀。

透过几个"点"来看到整体的"面",通过典型来表现一般,文章表达的意思要比字面的意思丰富得多,这应该说也是"广文义"的一个方面吧。

第二,鲜明突出,印象深刻。排比往往通过"提纲词语",把要表达的内容的重点,加以强调,给人的印象十分突出鲜明。这应该说是"广文义"的又一

---

① 见陈骙《文则·文章精义》,北京:人民文学出版社,1960年,第30页。

个方面。它是通过排比不断强化人们的感受的。如：

(3)要做一番英雄事业,就得有一把硬骨头,不怕千辛万苦,不怕千难万险,不怕摔跟头,勇往直前,百折不挠。(姚雪垠《李自成》)

(4)科学和科学家,在旧社会所受到的,只不过是摧残和凌辱。封建王朝摧残它,北洋军阀摧残它,国民党反动派摧残它。(郭沫若《科学的春天》)

有的排比成分原来是一句中的修饰语,如果独立开来组成排比,既可以化长为短,使句子疏朗醒目,又具有强调的作用,给人的印象鲜明而深刻。如：

(5)我也许写得太简单,我并没有充分写出我的感情,甚至在,英国"三道头"命令我举起双手等候检查的时候,甚至在法国守兵厉声叱骂不许我走过兵营正门前的时候,甚至在日本海军陆战队兵士封锁虹口马路禁止通行的时候,甚至在英美水兵喝醉酒在大街上掷酒瓶打人、侮辱妇女的时候,甚至在日本侵略军包围租界进行大搜捕的时候,甚至在美国吉普车在马路上横冲直闯辗死行人,美国兵坐车不给钱打死三轮车夫的时候,我仍然充满信心地反复念着"上海,美丽的土地,我们的!"(巴金《上海,美丽的土地,我们的!》)

有时,运用层递排比,从事物的某一个方面,或某一个角度,由大到小,由浅入深,逐层阐发,逐步推进,给人的印象也就会一次比一次强烈,一次比一次深刻。

(6)他挖了半尺深,借着月亮光看了看,摸了摸,是沙壤土。他又往地下挖了一尺深,看了看还是沙壤土。他又狠狠地往地下挖了三尺深,又看了看,还是沙壤土!(李準《参观》)

排比由于结构相似,形式整齐,放在长短错综的句式中,就给人一种鲜明突出的感觉,读起来也仿佛异军突起,新人耳目。

第三,周密透辟,细致入微。排比用来说理,可以把道理说得透辟周详;用来叙事,可以叙述得有条不紊,细致入微;用来状物,可以把事物刻画得有声有色,栩栩如生。

(7)中华人民共和国的三十年是光荣伟大的三十年,是中国人民同国内外敌对势力进行复杂斗争的三十年,是经历了曲折道路而

取得社会主义革命和社会主义建设巨大胜利的三十年。(叶剑英《在庆祝中华人民共和国成立三十周年大会上的讲话》)

(8)走出十多步,我扭回头。我看见了孩子的泪汪汪的大眼。

走出二十多步,我扭回头。我看见了孩子那高高的小鼻子,那扭歪了的小嘴巴。

走出几十步,我扭回头。我看见了那一圈白白的绷带;不,什么也看不清,我的眼被泪水糊住了。(王愿坚《妈妈》)

(9)大理花多,多得园艺家定不出名字来称呼。大理花艳,艳得美术家调不出颜色来点染。大理花娇,娇得文学家想不出词句来描绘。大理花香,香得外地人一到点苍山下,洱海边,顿觉飘飘然不酒而醉。(曹靖华《点苍山下金花娇》)

例(7)十分准确周密地总结了新中国成立30年来的伟大成绩。例(8)细致地刻画了一个革命妈妈,因地下工作的需要,忍痛卖掉亲生儿子换得盘缠,将去上海前,母子之间难以割舍的动人情景。例(9)通过"多"、"艳"、"娇"、"香"四个方面,描绘渲染了大理花姹紫嫣红、千姿百态的盛况。

第四,气势畅达,铿锵有力。如果说上面主要表现为"广文义"这一作用,这里就着重于"壮文势"了。排比由于句式整齐,一气呵成,读起来连贯通畅,真如长江大河,汪洋恣肆。排比,一般格调比较雄壮豪放,宜于抒发壮美的情怀。在情感激动时,也常常运用排比,使人有力重千钧之感。

(10)他们的品质是那样的纯洁和高尚,他们的意志是那样的坚韧和刚强,他们的气质是那样的淳厚和朴实,他们的胸怀是那样的美丽和宽广!(魏巍《谁是最可爱的人》)

(11)我就是常看造谣专门杂志之一人,但看的并不是谣言,而是谣言作家的手段,看他们有怎样出奇的幻想,怎样别致的描写,怎样险恶的构陷,怎样躲闪的原形。(鲁迅《归厚》)

(12)有人说,只要建设,不要破坏。那末,请问:汪精卫要不要破坏?日本帝国主义要不要破坏?封建制度要不要破坏?不去破坏这些坏东西,你就休想建设。(毛泽东《新民主主义的宪政》)

例(10)如行云流水,流畅自如。例(11)则气势挺拔,明快有力。例(12)用在论辩场合,与反问、借代相结合,读起来锋芒逼人,力透纸背。

当然也还可以找到一些其他的修辞作用。如有的排比使人感到幽默诙谐,妙趣横生,有的排比又使人感到含蓄委婉,隽永有味……但这些都不是经常见到的。排比的表达作用主要的还是上面的四点。

试论"委婉"[①]

"委婉",在现代汉语里有两个含义:一是表示曲折婉转;二是表示平和动听。这两个含义是有联系的,因为平和动听往往是与表达上的曲折婉转分不开的,但它们之间又有区别。曲折婉转是就表达方式而言的,平和动听是就表达作用而言的。

着眼于它们之间的联系,有的修辞学著作就把它们归入"婉曲"辞格。如倪宝元先生的《修辞》,就把"婉曲"分为"婉言"和"曲语"两类。着眼于它们之间的区别,有的修辞学著作就把它们分为不同的辞格。如陈望道先生的《修辞学发凡》,把近于平和动听的归于意境上的辞格,把近于曲折婉转的归于词语上的辞格。前者依据作用,后者依据组织。

下面我们就对这两种语言现象做一些粗浅的分析,谈一点自己的看法,以就教于修辞学界的同志们。

一

在语言的词汇海洋中,委婉语具有平和动听的作用。大家知道,人与人有着各种不同的关系(阶级、地位、职务、辈分、年龄等),在交际过程中又有着各种不同的题旨情境,为了达到理想的交际效果,在组织语言时就不能不受这种种因素的制约。这就形成了委婉的表达方法,委婉语就是这种表达方法凝固化的结果。

在曹禺的话剧《日出》中,方达生看到以前的"朋友"陈白露过着腐化生

[①] 原载《修辞学研究》第2辑,合肥:安徽教育出版社,1983年。

活,感到非常惊异和十分痛心,规劝她跳出火坑,方达生十分拘谨,不便向她和盘托出,就再三斟酌用词的委婉平和。

(1)方达生　竹均,怎么你现在会变成这样——
　　陈白露　(口快地)这样什么?
　　方达生　(话被她顶回去)呃,呃,这样地好客,——这样地爽快。
　　陈白露　我原来不是很爽快么?
　　方达生　(不肯直接道破)哦,我不是,我不是这个意思。……我说,你好像比从前大方得——
　　陈白露　(来得快)我从前也并不小气呀!哦,得了,别尽拣好听的话跟我说了。我知道你心里是说我有点太随便,太不在乎。你大概有点疑心我很放荡,是不是?(曹禺:《日出》)

这里用了"好客"、"爽快"、"大方"等字眼,尽量把话说得婉转些,为的是避免刺激对方,故意用一些语义较轻的词语来表达。这是批评对方时,常用的一种表达方法。批评不能只图一时的痛快,如果用一些平和动听的词语,就不会刺激对方,就能使对方愉快地接受你的意见。比方说"胆小怕事"和"小心谨慎",显然后一种说法,对方容易接受些。我们这样说绝没有否定严肃认真、不留情面的批评的意思。有的时候倒是"良药苦口利于病","响鼓要用重锤敲"。

有时候,为了激励对方进步,还需要用一些积极的词语,这也是一种委婉的用法。例如检查卫生,要是贴上"不清洁"的标签就太刺激对方了,有个卫生检查团改为"争取清洁",用以激励人们前进,收到很好的效果。"争取清洁"既具有辩证的发展的观点,也很平和动听。同样,把落后的单位称为"后进单位",把某些尚未就业的青年称为"待业青年",也是一种委婉的说法。

与此相对照的是对自己往往用一种谦逊的说法,也很委婉动听。如谈自己的观点、心得时说"粗浅的认识"、"不成熟的意见"、"抛砖引玉"等,说到自己的模范事迹时说"做了一点儿工作"、"这是我应该做的"等。

有时候,用一些模糊的说法也可以起到表达委婉的作用。这种字面上的模糊说法,在理解上却是很明晰的。如1972年2月,当时的美国总统尼克松来我国访问,签订了中美上海公报,在中美关系史上揭开了新的一页。周恩

来总理在欢迎尼克松总统宴会上的祝酒词中,有这样一段话:

(2)由于大家都知道的原因,两国人民之间的来往中断了二十多年。现在,经过中美双方的共同努力,友好往来的大门终于打开了。(《周总理在欢迎尼克松总统宴会上的祝酒词》,1972年2月22日《人民日报》)

"由于大家都知道的原因"这一委婉的表达方式,既适应了外交的礼仪,又切合我国的立场,把策略上的灵活性和原则上的坚定性有机地结合起来。

再如:

(3)邵燕祥的诗作的路子很开阔,他无疑是一位有才能的、积蓄着无限心力的诗人。可惜,他并不情愿地停止了他的歌唱,一眨眼就是整整二十年的迫不得已的沉默。中国诗人的命运多艰,这是令人感慨的。(谢冕《和新中国一起歌唱》)

(4)"过去他是场里的会计,文化大革命初期造了反,夺了权,当了革委会主任,做了不少很……"孙静考虑一下字眼之后说:"过火的事情。"(白桦《"向前看"的故事》)

(5)家里人这几年对你的事关心很不够啊!(宗福先《于无声处》)

例(3)"并不情愿地停止了他的歌唱"、"整整二十年的迫不得已的沉默"含蓄地表达了邵燕祥被错划右派之后脱离文坛的情况。例(4)"过火的事情"指在"四人帮"统治时期对革命干部和人民的迫害。例(5)"你的事"暗指婚姻大事。以上各例都是用模糊说法来表达一些"敏感"的问题。尽管词语含义是模糊的,但并不妨碍意思的表达,读者可以透过这些模糊的词语,明晰地领会到作者所要表达的真意。

有时候,人们表达某些敏感性的内容时,不是直接陈述,而是用代词来代替。某些代词也是具有模糊性的。

(6)最后,我倒感到一点不舒服,就是你们虽然寄信寄书给我,不是没有原因的。那就因为我的某几个"战友"曾指我是什么什么的缘故。(鲁迅《答托洛斯基派的信》)

(7)王秀竹 可是,可是,进过火坑的女人一辈子也忘不了那回事!一想起来,我就浑身乱颤,手脚出凉汗!

丁　宏　秀竹,亲爱的,勇敢点,不再想那个,想现在,想将来!……

王秀竹　丁宏,你多么好哇!假如我没经过那回事,清清白白地遇见你,我们的爱情该多么干净美丽啊!(老舍《全家福》)

(8)照部队规定,当战士的是不准谈"个人问题"的。这一条历来很明确,没有任何含糊的余地。干部常在队前讲话说:

"有空余时间,你宁肯去看看蚂蚁搬家,也别往那一方面去动心思。动也白动。"(徐怀中《西线轶事》)

例(6)的"什么什么"指"托派"等。例(7)的"那回事"、"那个"指旧社会备受摧残的妓女生活。例(8)的"那一方面"指的是恋爱和婚姻问题。用代词来表达就委婉含蓄得多了。

选择适当的句式,也是一种委婉的表达方法。人们交流思想,希望对方做出某种反应时,往往用肯定否定重叠的形式构成选择问句,表达一种商量的口气。这就比直接陈述要平和委婉得多。

(9)对面的木桥太小会跌倒行人,要不要修理一下呢?(毛泽东《关心群众生活,注意工作方法》)

(10)投票的办法,因为不识字的人很多,可以用三个碗,上边画上记号,放到人看不见的地方,每人发一颗豆,愿意选谁,就把豆放到谁的碗里去,这个办法好不好?(赵树理《李有才板话》)

(11)左贤王　(抢着说)……是不是可以准备动身了?
　　　单　于　那也好。……(郭沫若《蔡文姬》)

"要不要"、"好不好"、"是不是"都带有一种商量的口气,这种方式就容易被人接受,容易收到理想的效果。

有时候,用双重否定句,也能表示委婉的语气。

(12)我们党内的教条主义思想不能说和这个学派的作风没有联系。(毛泽东《矛盾论》)

(13)妈,我知道旁人会笑话我,您不会不同情我的。(曹禺《雷

雨》）

一般说来，两个意思基本相同的词语，否定形式往往比肯定形式要委婉些。例如"坏"与"不好"、"好"跟"不坏"就是。如果否定副词后面再带有程度副词的话，委婉作用就更明显了。如"不很好"、"不太坏"、"不十分满意"就是。

以上是从词语和句式等方面，谈了委婉的主要表达方式。当然，这并不是说委婉只局限于这几种方式。可以这样说，委婉的表达方式是很丰富的，这里只不过是全豹之一斑而已。但这也可以证明，即便是意境上的辞格在语言形式上也不是毫无规律可循的。

二

长期以来，由于封建宗法制度和唯心主义思想的影响，出现了一些禁忌语，于是就用委婉的表达方式来代替。比如"死亡"在古代人们心目中是个恐怖的或不祥的字眼。与"死"有关的词，却往往用"寿"来表示。如"寿堂"、"寿冢"、"寿器"、"寿木"、"寿衣"等等。说到亲属或朋友的"死"，汉语中就有上百种委婉的说法。如"逝世"、"殉职"、"遇难"、"就义"、"百年之后"等。

(1)周总理乘风飞天，人民献给他最纯洁的白花，最美好的语言，也不因为他是神，而是活在人民心中的亲人。（黄宗英《沧桑之间》）

(2)我已经是到时候的人了，患这病患那病总是走同一条路。（谢觉哉《养病于未病之前》）

(3)郭祥同志，你这一次可真把大家都急坏了。我还以为你真地去见马克思了呢！（魏巍《东方》）

这里的"乘风飞天"、"到时候的人"，都是汉语中长期以来的习惯用法。前者出现在书面语中，后者出现于口语中。"见马克思"则是近几十年来出现的委婉说法。

除此以外，人们还经常用一些典型的行为动作和状态，来表示人的死亡。如：

(4)克明又去摸他的手,然后带哭地吐出了三个字:"手冷了。"(巴金《家》)

(5)马长胜鼓起全身力气一纵身,向敌人碉堡扑去,他身后的两个战士没上来,——他们永远不上来了!(杜鹏程《保卫延安》)

(6)今天光明的新中国已经到来,他这个最有资格看见它的人却永远闭上了眼睛。(巴金《忆鲁迅先生》)

(7)当我们现在用最亲密的声音招呼他的时候,他是再也听不见了。(刘白羽《记左权同志》)

例(4)用人死后的体温消失来代替"死"。例(5)用人的行为的消失来代替"死"。例(6)是用"永远闭上眼睛",例(7)是用"再也听不见了",用这些视觉、听觉的永远消失来代替"死"。

人们对于一些字眼很忌讳,就用其他一些词语来代替,修辞书上称为"讳饰"或"避讳"。对于"死"的忌讳,可能来源于宗教迷信,但也有感情上的原因。现在人们对于自己的亲人、朋友和同志,不愿意也不忍心说出"死"这个字,主要是因为他们之间有着深厚的感情并不涉及宗教迷信。这当然也是一种委婉的表达方式了。

讳饰或避讳的表达范围并不仅限于"死",人们日常生活中的一些事物,有时也采取这种委婉的表达手法。在生活中,人们感到有的词语过于粗俗,就改用一些委婉的说法。如上厕所称为"去一号"、"有事";厕所称为"盥洗室"、"洗手间";月经称为"例假";怀孕称为"有喜";未婚夫妻称为"朋友"。至于影剧院的出口处称为"太平门",医院的停尸间称为"太平房",人行道上的垃圾箱称为"卫生箱",除了避免粗俗之外,有的还有图个吉利的意思在内。

图吉利,这里反映了人们的某些唯心意识,但是也寄托着人们的某些良好愿望。有的仅仅因为同音相谐,感到不太吉利,就选用同义词或其他表达方式。如:

(8)原来本地杆子和各地农民队伍中都有许多词汇是犯忌讳的,用另外创造的词汇代替,一代代流传下来,叫做黑话。例如路和败露的露同音,说成条子,带路的向导叫做带条子的;饭和犯同音,说成瓢子,而吃饭就叫做填瓢子;鸡和急同音,鸡子说成尖嘴子,鸡叫说成尖嘴子放气;鸭和押同音,鸭子说成扁嘴子。……李自成的农民军早已"正规化",不大讲究这种忌讳,尤其自成和他的左右将领,更少忌讳。如果他们有时也把路说成条子,那不过是顺应下级弟兄们的习惯罢了。(姚雪垠《李自成》)

由于避讳,除了黑话以外,还出现了一些行业语和方言词。过去船民们不喜欢人家喊"老板",因为和"捞板"同音,得喊"船老大"、"掌柜的"。他们不说"帆",因为和"翻"同音,而说"篷"。因为"盛"和"沉"同音,他们把"盛饭"说成"装饭"或"添饭"。如北方有的地区把"醋"称为"忌讳",四川有的地区把"猪舌"称为"猪招财"。因为"醋"和"争风吃醋"的"醋"有关,而"舌"与"折本"的"折"同音。

还有一种讳饰,它起源于封建宗法观念。如果说前一种表现了人们的主观意识,那么这一种往往带有外来的"强制性"。这种讳饰主要表现在事物的命名和称呼上。在封建社会里,皇帝具有至高无上的尊严,各级官宦也威然难犯。他们的名字是不能随便叫的;长辈的名字晚辈是不能说的,否则就是"忤逆不孝"。陈垣先生的《史讳举例》搜集了大量的避讳的例子,可以参看。人所熟知的"只许州官放火,不准百姓点灯"的谚语,就是从一个叫做田登的州官的故事发展而来的。田登的名字和"灯"同音,就命令把"放灯"改为"放火",这显然是带有"强制性"的。这种封建宗法思想的长期存在也必然影响到语言的运用。赵树理的《李有才板话》写的是抗日战争时期的事。书中写了贫雇农对于地主这样的"大户人家"也要避讳。老村长阎恒元乳名叫"小囤",贫雇农不只不敢叫"小囤",就是"谷囤"也要改叫"谷仓"。贫雇农则只好叫"小什么"。可见封建宗法制度禁锢人的思想达到了多么严重的地步。新中国成立以后,随着社会主义制度的建立和巩固,这方面有了根本的改变。党中央多次指出,对于领导同志应该以"同志"相称。但是有的干部往往不喜欢群众直呼其名,非要在姓之后称呼个什么长才高兴,否则就有点大不尊敬之感。这也不能不说是封建宗法意识的反映吧!

事物的名称原本是约定俗成的。有些名称只不过是事物的标记,但是在十年动乱时期,林彪"四人帮"大搞所谓"扫四旧",在名称上拼命追寻其中的"微言大义",于是改名之风一度"盛行",一些地点、街道、单位、商标,因涉嫌于"四旧",都换了千篇一律的"革命"的名称。这也是一种讳饰吧!像安徽的黄梅剧团也改称"红梅剧团",有的人姓"钱"也改了姓,似乎这都属于"四旧",

应该"扫荡"干净。由此可见,封建宗法意识的影响是如何的深,它甚至可以借助"革命"的旗号来兴风作浪,蛊惑人心。

如果把有关宗教迷信和封建宗法意识的影响除外,讳饰也还有一定的积极作用。如前面所说的关于"死"之类的讳饰,就可以避免粗俗和直露,在表达上比较文雅和含蓄。它饱含着浓烈的感情,具有强烈的感染力。

三

委婉的曲折婉转的一面,主要是就表现方法上说的。它不是对所要表达的事物直接地进行刻画和叙述,而是从侧面来描述,透露出正意来。我国古代文学作品就经常运用这种表现方法,使作品曲折跌宕,变化多姿。

在刻画人物时,有时实写他人来曲折地反映本人。

> (1)好一个娇女,走在公路上,小伙子看呆了,听不见背后汽车叫;走在街面上,两旁买卖都停掉;坐在戏院里,观众不往台上瞧……(高晓声《水东流》)

> (2)这平日不显山,不露水,感情深沉的女人,此刻,那清亮的丹凤眼湿润了。她一把将二猛拉起,道:"走,回家,欢欢心里想念着你呵!"(谭谈《山道弯弯》)

例(1)写少女的美,是通过小伙子、商店营业员和观众的表现来曲折反映的。这就比直接刻画姑娘的外貌和体态要生动简洁得多。这种手法显然是从乐府诗《陌上桑》借鉴来的。例(2)通过主人公的话语"欢欢心里想念着你",暗指自己心里想念的炽烈。这里曲折地刻画了这个感情深沉的妇女的性格,生动而真切。

也有通过描写与人有关的物件来写人的。

> (3)挂在墙上的地图下,丢了一二十个纸烟头。地图旁边的窗台上,丢着三四个烧得不能再点的蜡烛头。大约,司令员在地图下消磨了一个通宵。(杜鹏程《保卫延安》)

> (4)一顶雪白的草帽,在金黄色的麦田上移动着。草帽没有随着风的方向飘,它顺着一条被麦子遮住的田边小路,在肥大的麦穗上,向村子里移动着。

在离村子不远的一块大麦地边,草帽忽然停住了。这时候,从草帽下边露出一张脸来。(李準《农忙五月天》)

例(3)通过"一二十个纸烟头"和"三四个烧得不能再点的蜡烛头",点出了司令员通宵达旦工作的动人情景。例(4)通过对移动着的草帽的描述,生动别致地刻画了奔走在田野里的主人公。这些都比直接描写要生动感人。

刻画人物是多方面的。

(5)和下堡小学年龄大的女学生们一样,庄稼院的女人们,怀着对英雄的崇拜和对英雄媳妇的羡慕,来看相片。但她们却被相片脸颊上赖赖巴巴的一片,弄得不好说话。

"身体好着哩……"

"个子不小……"

"五官端正,好……"

她们避而不提杨明山脸颊上赖赖巴巴。但你从她们表情上看出,她们都有点败兴。(柳青《创业史》)

生活中常有这样的事情,用称赞身体结实来暗示面孔的丑陋。称赞你的文章字迹端正,可能就暗示着内容并不见佳。这也是曲折地反映人们态度的一种委婉方式。

(6)我在省里住了两个月,还不知道百货公司门朝哪里。(李準《耕云记》)

(7)小冬子:"我是说,咱们在这没有人烟的地方,打算待多少年了?"

老战:"我吗?我昨天把坟地都看好了!"(李準《老兵新传》)

(8)大铜钟,是四十八村的,今天谁敢捅它一指头,这片铡刀就是他的对头。(梁斌《红旗谱》)

(9)江姐停顿了一下,微笑着说:"我还想和你谈个问题。成岗,你为什么还不给你妈妈找个好媳妇?"(罗广斌、杨益言《红岩》)

例(6)表明很少出门,用"不知道百货公司门朝哪里"来反映,十分形象生动。例(7)表明在这里战斗了一辈子,用"把坟地都看好了",态度坚决而又带有诙谐的情趣。例(8)不说"我"的态度如何,而推出"铡刀"来做砸钟人的对头,铿锵有力,音容笑貌跃然纸上。例(9)不直接说找对象,绕个弯子,说"给你妈妈找个好媳妇",活泼亲切,情趣盎然。以上都从不同的角度,运用曲说来刻画人物形象,使人如闻其声,如见其人。

当然,曲说也可以用来描写、刻画与人有关的其他事物。

(10)代表主任今天和她说的话,只有路旁的嫩草、渠里的流水和稻地里复种的青稞知道,它们不会说话。(柳青《创业史》)

(11)乡下有一句俗话说:"来了督粮官,天高三尺三。"为什么说天高三尺三呢?因为督粮官一来乡下,地皮都要给刮掉三尺三,于是天就比原来的高三尺三了。(马识途《找红军》)

例(10)通过只有小草、流水、青稞知道,暗指谈话的绝密可靠。例(11)通过"来了督粮官,天高三尺三"这条谚语,透露出旧社会反动官吏对人民剥削的惨重。

从以上各例的分析可以看出,"曲折婉转"与"平和动听"是有联系的。它们都不是直接地正面地表达某种意思,而是换一个角度,换一种生动别致的说法来取得理想的表达效果。但它们之间,又有很大的不同。如果说"平和动听"的目的是求得对方的接受,"曲折婉转"则是运用绕弯子的表达方式以感染对方。"平和动听"分布比较广泛,文艺、政治和公文事务语体都常见到,而"曲折婉转"则只出现在文艺语体之中。"文似看山不喜平","曲折婉转"可以增加文章的波澜,使得作品的层次起伏有致,引人入胜,这点又是"平和动听"所难以具备的。

我们从"平和动听"和"曲折婉转"两个方面对委婉辞格做了一些分析。我们既要看到它们之间的区别,又要注意到它们之间的联系。既要看到它们的积极表达作用,又要警惕它们之中的某种消极因素。去其糟粕,取其精华,才能使我们语言运用更加纯洁健康,活泼生动。

试谈辞格的运用[1]

一、辞格运用的语体分布

辞格运用的范围是相当广泛的。文艺创作要经常地、大量地运用辞格。口头交谈、科学著作、报刊评论、新闻报道、调查总结、政府报告、个人书信、商业广告等也都要运用辞格。只是法律公文、规章制度、合同契约以及纯粹处理事务的简要表达形式（如电报、讣告、假条等）不用或极少使用。

当然，就是可以运用的一些语体中，也不是每一篇文章都非使用辞格不可。辞格在这些语体中的运用也很不相同。例如文艺语体，几乎所有的辞格都可以使用。其他语体就只能用一部分辞格。双关、拟人、呼告、通感、飞白、跳脱等在科技语体、政论语体中就极为罕见。

辞格的这种分布状况的不一致，有两个重要原因：一是语体的要求，二是辞格本身的特点。

语体对辞格的选择，有固定性的一面，也有流动性的一面。固定性，显示了语体对辞格的规定性要求，显示了语体对辞格运用的规律性。例如科技语体也使用比喻，但经常是用来阐明一种原理或说明事物之间的关系，所以主要用的是明喻；语言形式比较活泼多样的，如借喻、引喻、讽喻等就很少使用。政论语体注重语言的鼓动性和战斗性，思辨色彩和节奏气势是相当强调的，因而设问、对比、排比、反语、对偶等也是常用的。不过，对偶不像文艺语体要求那么工整，往往是用宽式的偶句来体现句式的匀称和节奏的和谐。流动性

---

[1] 原载《修辞学习》，1986年第6期。

表现为经常运用于某语体的辞格,由于表达的需要,偶尔也会出现在另一语体之中。如拟人是经常运用于文艺语体的,科技语体中偶或一用,使人感到生动有趣,印象深刻。吕叔湘在《汉语语法分析问题》中论述"宾语"时,说到在动词后边扩大到包括时量和动量,甚至施事,"但同时从动词前撤退"。针对有人提出取消连动式的观点,又说:"看样子连动式怕是要终于赖着不走了。"①以上两句都运用了拟人手法,收到了很好的表达效果。吕叔湘的论文写得那么明晰流畅而又有个性,形成了独特的语言风格,这与辞格的运用有一定的联系。政论语体经常大量使用政治术语,"降用"辞格并不多见,但偶尔一用,也会产生诙谐讽刺的作用。如毛泽东在《反对党八股》中说:"拿洗脸作比方,我们每天都要洗脸,许多人并且不止洗一次,洗完之后还要拿镜子照一照,要调查研究一番,(大笑)生怕有什么不妥当的地方。"②在各种语体中,辞格的运用,如果说固定性体现的是一般的、经常的方面,那么,流动性体现的就是个别的、特殊的方面。没有一般性、经常性,语体就难以稳定,无法定型;没有个别性、特殊性,语体就难以发展,势必走向僵化。

过去,我们在论述语体中辞格的运用时,有过于简单化的毛病。例如,在论述公文语体时,强调它的准确平实,而很少谈到辞格的运用,甚至说一般不用辞格。其实,一般所说的公文语体范围相当宽泛,语言形式差别较大,那就不应当"一刀切"。一些总结、报告在叙述典型事例时,就运用了不少辞格。就是某些命令、通知、指示中也会运用某些辞格。例如,著名的"三大纪律,八项注意"中有一条是"不拿群众一针一线"就运用了"借代"。毛泽东《关于平津战役的作战方针》原是一份电报,第一段就说平津一带的敌人"都已成惊弓之鸟",这里运用了"比喻"。我们还应该看到,不同的语体的语言运用,毕竟有较大的差别,辞格的运用自然也有明显的差异。作为一种语体,它对辞格有着固定性的要求,我们运用辞格,应该适应语体的这种合理的要求。

辞格门类繁多,在语体中会有不同的分布。掌握了语体中辞格分布的基本状况,对于我们合理有效地运用辞格,无疑是有很大帮助的。

---

① 吕叔湘:《汉语语法分析问题》,北京:商务印书馆,1979年,第70~83页。
② 《毛泽东选集》,北京:人民出版社,1969年,第840~841页。

二、辞格运用的标准依据

辞格运用一要贴切,二要动人。要做到这些,就必须要弄清楚辞格运用的标准和依据。

首先,辞格的运用必须适应题旨情境的要求。陈望道一贯强调,辞格的运用必须根据内容来决定,不能一味追求形式。脱离了内容的要求,辞格这朵鲜花就会因失去土壤而枯萎死亡。古往今来,以辞害意的教训是不少的。回文诗、回文词过于迁就文字形式,而把题旨的要求放到次要的位置,所以动人肺腑的作品极少,现在这种文字游戏式的辞格已没落,而为回环所取代。因为"其内容被形式牵制",是"难能而并不怎么可贵的东西"。[①] 再如藏词中的藏头,除了"而立之年"几个凝固化的用法外,也已经趋于灭亡了。1958年"大跃进"时期,诗风浮泛,言事增其实,辞出溢其真,许多"传诵一时"的夸张之作,违背了客观现实,盲目追求离奇巨大的形象,争相浮夸,造成了很坏的影响。辞格运用得好也是与题旨相切合的。拿比喻来说,杨沫在《青春之歌》中,刻画不同人物的眼睛时,选用了不同的喻体。在主人公林道静的眼里看到的,共产党员林红的一双眼睛"又黑又大,在黯淡的囚房中,宝石似的闪着晶莹的光";而反动的国民党官僚胡梦安则是一双"狼样闪着白光的眼睛"。比喻中渗透了人物的爱憎之情,这有助于题旨的准确表达。同是一个人的眼睛,思想境界变化,也选用了不同的喻体来表现。过去的林道静沉默寡言,虽然美丽,但眼睛呆滞无神,"愁闷得像块乌云",现在的林道静,接受了革命思想的熏陶,眼睛就闪烁着欢乐的光彩,"明亮得像秋天的湖水,里面还仿佛荡漾着迷人的幸福的光辉"。不同的喻体的选用,感情色彩非常鲜明,形象地表现了林道静思想上质的飞跃。

情境包括交际对象、语言环境和交际方式等。辞格运用还必须切合情境。1976年清明,天安门广场变成了广大群众哀悼周总理、怒斥"四人帮"的战场,变成了诗的海洋。在当时严酷的斗争环境下,不少作者运用了一些辞格,曲折而明确地表达自己的感情。如《向总理请示》中用"江桥摇"与江青、张春桥、姚文元中的"江桥姚"谐音,采用双关辞格抒发对"四人帮"的愤恨和

[①] 陈望道:《修辞学发凡》,上海:上海教育出版社,1979年,第198页。

蔑视与对周总理的敬重和热爱。1972年2月,当时的美国总统尼克松来我国访问,签订了中美上海公报,在中美关系史上揭开了新的一页。周总理在欢迎尼克松总统的宴会上说过这样一段话:

> 由于大家都知道的原因,两国人民之间的来往中断了二十多年。现在,经过中美双方的共同努力,友好往来的大门终于打开了。
> (见1972年2月22日《人民日报》)

"由于大家都知道的原因",这是用模糊词语构成的婉曲辞格。这个婉曲辞格的运用,非常切合当时的情境,既适应了外交的礼仪,又坚持了我国的立场,把策略上的灵活性和原则上的坚定性有机地结合起来。

修辞讲究表达得体。要做到"得体"就要注意修辞运用对题旨情境的依附性,把题旨情境作为辞格运用的依据和标准,"到什么山上唱什么歌",要"看菜吃饭,量体裁衣"。否则不可能取得理想的表达效果。

其次,辞格的运用还必须注意辞格本身的特点,遵循辞格本身的特有规律。陈望道早就指出,辞格的表达方式是具体的、体验的、情感的,往往掺上个人的色彩。辞格运用得有力动人,具有语言的魅力,那么运用者本人必须感受得十分强烈,是情绪激动时的自然流露,而不应是无病呻吟或强作多情。柯岩正是对周总理有着深沉的爱,才运用反复的辞格写出了炽热感人的《周总理,你在哪里?》,给人留下极为深刻的印象。臧克家正是对鲁迅的伟大人格有着深切的感受,才运用对比辞格写出了感人肺腑的诗篇《有的人》。情深而意显,这是表达者亲自感受到的激情效应,而它却直接去感动听众和读者。

这里还必须注意结合辞格本身的特点,适应辞格本身的规律;有的辞格,如对偶、排比、顶真、回环等重在结构上的匀称,在讲究语言的声律美的文字中经常运用,有的辞格,如比喻、借代、示现、换算等,重在描绘形容,在描绘具体事物的形象时,就必不可少;有的辞格,如夸张、反复、拟人、拈连等,重在抒发炽烈的感情,在壮怀激烈的语言中会脱口而出,动人心弦;有的辞格,如设问、反问、反语、引用等,重在表现思辨的逻辑性和说服力,在论战的文字里就能信手拈来,妙语连珠。

三、辞格运用的表达形式

辞格运用的表达形式很多,大致分为单用、连用、套用、兼用四种。

(一)单用

(1)对于汉奸、豪绅、地主的叫骂应当给以驳斥,对于中间派的怀疑应当给以解释,对于党内的不正确的观点,应当给以教育。(刘少奇《关于土地问题的指示》)

(2)世界上如果确实有"缘"的存在,那么丁云鹤和他的房东老郑,应该属于只有"人缘"而没有"情缘"的一对……(李準《瓜棚风月》)

(3)我们送他到大门口,门外不见轿车,唯有一辆自行车。原来,他是骑自行车来的,怪不得"不声不响"。……他挥挥手,跨上"不声不响"走了。这位"不声不响"的新市长身上,我们看到了我们时代的新风尚,看到我们党的干部新的形象。(叶永烈《平民市长》)

例(1)是排比,例(2)是仿词,例(3)是借代。单用的现象非常普遍。除文艺语体外,其他语体运用辞格绝大多数都是单用的,特别是科技语体和公文语体。

(二)连用

1.同一辞格连用。

(4)他俩仿佛两杯水倒在一起,怎么也分不开。吵架就像在水面上划道儿,无论划得多深,转眼这条痕迹也不会留下。(冯骥才《老夫老妻》)

(5)美人松的树干挺拔,扶摇直上青天,凌空展开她的绿臂,远眺像个美丽的姑娘。她的细长挺拔似姑娘苗条的体态,她的斑白树纹似姑娘白皙的肌肤;她婀娜多姿的青枝绿叶,像姑娘绿色的头巾。(关鸿《长白山传奇》)

(6)戈壁滩依旧那样苍茫,天气依旧那样炽热,风依旧那样猖狂。可是,在那一块块大大小小的绿洲里,在那临风摇曳的青纱帐里,在那一大片接连一大片的庄稼地里,在那枝头累累的果林里,哪儿还能找到一点荒凉的影子呢?(袁鹰《戈壁水长流》)

同一辞格的连用以比喻、排比、对偶、反复为最多。例(4)是比喻连用,第二个比喻是从第一个比喻引申而来的。前者影响后者。例(5)也是比喻连用。第一个比喻起统率作用。前者跟后者是总分关系或领属关系。例(6)是排比连用,在节奏上有紧锣密鼓之感。

2. 不同辞格的连用。

  (7)姑娘从泉边汲水归来了,
    辫梢上沾着几滴水珠;
    欢笑盛开在眼睛、眉毛上,
    心啊,要从嘴里跳出!(闻捷《秘密》)
  (8)千锤百炼吧,中国的"铁榔头"!有朝一日,当祖国人民需要你"一锤定音"时,切盼你能敲得重重的,响响的,敲出我们的国威来!(鲁光《中国姑娘》)

不同辞格的连用,以比喻和其他辞格连用居多。例(7)是比喻和夸张连用,例(8)是比喻和拈连连用。这里连用的两种辞格有一种互补作用。

 (三)**套用**
 1. 同一辞格的套用。

  (9)橙子黄了,弯弯的树梢上坠下一个个金子般的月亮。(赵敏《早落的果子》)
  (10)功高天下而无欲,威震中外而不骄,生为工农,死为工农,问千古英雄有谁能伍。
  假马列以令诸侯,裹红旗以图权位,这也翻案,那也翻案,使一身解数无事生非。(《天安门诗抄》)

例(9)是比喻的套用。例(10)是对偶的套用。
 2. 不同辞格的套用。

  (11)红的像火,粉的像霞,白的像雪。(朱自清《春》)
  (12)荒野上开着一片野生的牵牛花,都是一律的蓝色。这花是只知道有清晨,不知道有炎昼和黑夜的,一万个清洁的小喇叭,齐向云天奏着朝歌。(郭沫若《前线归来》)

例(11)是排比中套用比喻。例(12)是拟人中套用借代。
 辞格在套用时,其地位不是平等的,往往是统率地位的辞格带领从属地位的辞格。从表达上看,处于统率地位的辞格是表达效果的主要体现者。
 (四)**兼用**
  (13)想不到郭振山勃然大怒,大眼珠在鼓眼泡里瞪得拳头大。

(柳青《创业史》第二部)

  (14)战士军前半死生,美人帐下犹歌舞!(高适《燕歌行》)

  例(13)是比喻和夸张兼用,例(14)是对偶和对比兼用。兼用是两种辞格合而为一,给人印象倍加强烈。

  辞格的连用是铺陈式的,套用是包孕式的,兼用是融合式的。铺陈式像连发的枪弹,很有气势;包孕式像统帅三军的将军,层次严整;融合式像凝聚起来的拳头,十分有力。

浅论词的感情色彩[①]

在现代汉语词汇中,特别是在区别细微的丰富的同义词中,词的修辞色彩是很鲜明的。由于词的修辞色彩不同,它的使用范围不同,因此就具有不同的风格意义。

有些词除了表达一定的意义外,还能同时表达说话人的一种喜爱或憎恶的感情,这种词就带有感情色彩。请看下面几组词。

　　起义→兵变→叛变
　　本领→本事→伎俩
　　理想→幻想→妄想
　　雄辩→争辩→诡辩

上面每组词,前面的词表示尊敬喜爱赞美的感情,我们管它叫"褒义词"。后面的词表示憎恶讽刺的感情,我们管它叫"贬义词"。中间的词既不含有喜爱的感情也不含有憎恶的感情,我们管它叫"中性词"。这里要声明一点,并不是任何词都能一串子排成"褒—中—贬"的。

这就使我们注意到另一种现象,那就是还有很大一部分词不带有感情色彩。

虚词一般不带有感情色彩。因为虚词往往只具有关联作用,没有实在的意义,即使有些修饰作用(如副词),也仅限于表示动作或性状的程度、范围、时间、肯定或否定等。在实词中,代词和数量词也没有感情色彩。

[①] 原载《学语文》,1960年第6期。这里所说的词的感情色彩,包括成语在内。成语虽是词组,但和自由词组不同,结合得很紧,在句子中相当于一个词,所以我们在论述这个问题时,顺便也论及词组的感情色彩问题。

一般的名词、动词、形容词,即标志着一般事物的名称、动作和性状的概念的词,也不具有感情色彩。如山、水、人、鸟、看、跑、研究、大、高、柔软、困难……。但它所标示的概念,能够独立地表示喜爱或憎恶的感情的,就具有感情色彩了。如"英雄、标兵、左派、革命、起义、解放、伟大、英明、顽强……"均带有喜爱的感情色彩,就是褒义词。相反如"流氓、汉奸、右派、叛变、捏造、污蔑、叫嚣、勾结、卑鄙、毒辣、阴险……"均带有憎恶的感情色彩,就是贬义词。

凡是词义本身就能够明确地表示爱憎的感情的是最地道的带有感情色彩的词。像我们上面所举的例子就是。也有些词,本身并没有感情色彩,但经过一番变化以后就有了;还有些词因为运用在特定的场合也就具有了感情色彩。

(一)有些名词或形容词,儿化以后就带有喜爱的感情色彩。请比较下面的例子。

小孩儿→小孩子
老头儿→老头子
大个儿→大个子
黑黑儿的→黑黑的
亮亮儿的→亮亮的
红扑扑儿的→红扑扑的
凉蕴蕴儿的→凉蕴蕴的

人们对小巧的东西一般都很喜欢,因此常常用"儿化"来表示爱称(或小称),重叠的或加叠音辅助成分的形容词加"儿化"后,也有表示喜爱的感情的作用。一些原来表示憎恶的感情色彩的词就不能"儿化"。如"阴惨惨、乱糟糟、冷清清、臭烘烘……"。

(二)有些双音形容词可以重叠为"A 里 AB"式,重叠后,可以表示憎恶、嫉恨。如"糊里糊涂、马里马虎、慌里慌张、肮里肮脏、洋里洋气……"。

(三)有些词本身并没有什么感情色彩,但它的引申义或比喻义却带有感情色彩。如"红"、"白"本来是两种颜色,但"红色专家"、"白专道路"就有感情色彩。"上游、中游、下游"本来指河流的不同区域,但"力争上游,甘居中游,甘居下游"就有感情色彩了。"东风"、"西风"本来是指不同的风向,但"东风压倒西风"就有感情色彩了。

(四)由于词运用的场合不同,因此有些词往往也具有不同的感情色彩。我们来把几组例子比较一下。

(1)他们顽强地与死亡作战。
我们消灭了顽强抵抗的敌人。
(2)必须强调指出:个人主义在今天是万恶之源。
我们应该首先充分发挥主观能动性,不能一味强调客观困难。

很明显,以上两组例子中的"顽强"、"强调"运用在不同场合,在感情色彩上是如何不同。

写文章是和一个人的立场观点分不开的,选择什么样的字眼用在什么事物身上,都反映着作者的立场观点和方法。毛主席的文章和《人民日报》社论是运用词的感情色彩的典范,在这些文章中赞成什么反对什么,是非爱憎非常鲜明,文章充满战斗的激情。在《湖南农民运动考察报告》中,毛主席是这样刻画那些封建地主的:

在农会威力之下,土豪劣绅们头等的跑到上海,二等的跑到汉口,三等的跑到长沙,四等的跑到县城,五等以下土豪劣绅崽子则在乡里向农会投降。

毛主席称他们是"土豪劣绅"是"崽子"。而对农民运动则是另一种笔调。

这是四十年乃至几千年未曾成就过的奇勋。

"奇勋"二字,是我们伟大的领袖毛主席当时对农民运动的赞扬,毛主席歌颂农民运动"好得很"而不是什么"糟得很",农民运动绝不如一些反动的家伙所污蔑的是什么"痞子运动"、"惰农运动",毛主席把种种对农民运动的诽谤污蔑驳得体无完肤,而把农民,特别是把乡村中一向苦战奋斗的主要力量的贫农,称为"革命先锋"。

《人民日报》今年纪念列宁诞生九十周年的时候,发表了一篇文章叫《沿着伟大列宁的道路前进》。这里有这样一段话:

帝国主义者及其帮凶现代修正主义者和各国一小撮反动派,现在特别疯狂地使用各种卑鄙的方法,企图挑拨中国和社会主义国家间的牢不可破的兄弟团结。这些挑拨者恶毒已极而又愚蠢已极。

说现代修正主义是帝国主义者的"帮凶",说反动派是"一小撮",用于他们身上的字眼是"疯狂"、"卑鄙"、"挑拨"、"恶毒"、"愚蠢"等,都极符合他们的情况,这和作者正确的立场观点是分不开的。因此它就能引导读者对这些反动的家伙有正确的认识,这是人民的感情和无产阶级的感情的表现。

相反,如果我们对不同感情色彩的词运用得不好,就会使人感到态度模棱两可,立场不鲜明,就会减弱或有损于文章的表达效果,甚至产生相反的作用。如:

> 今天下午召开了村民大会,当场把老东山孙守财几户富裕中农的粮食,地瓜干,一粒不少,一两不差地退还。并且民兵队长江水山当众向他们道歉,指导员曹旅德还借机大肆宣传了贫农中农是一家共同打反动派的道理。(《迎春花》)

"大肆"是贬义词,是个坏字眼。指导员宣传革命的道理,应该用"极力、大力"等。

当然,词义的褒贬不是一成不变的,随着社会的变化和发展,随着人们思想感情的改变,随着是非善恶的标准的改变,词的感情色彩也在不断地变化着。过去的许多贬义词现在变成了褒义词,过去的许多褒义词,今天却变成了贬义词。比如"清高、礼教、老爷、小姐"等等都由褒义词变为贬义词了。而"通俗、平凡"等则由原来的贬义词变成了褒义词。在这方面,成语的感情色彩的改变似乎更突出。如"千方百计"、"牢不可破"、"因陋就简"均已由贬义转为褒义。而"明哲保身"、"知难而退"、"谨小慎微"则由褒义转为贬义了。正确地使用不同感情色彩的词,可以把我们的立场观点、思想感情表现得更加鲜明、突出。但是,由于表达思想的需要,我们故意说一些反话,也就是说故意叫字面上的意思跟心里的意思相反,使词的感情色彩有了根本变化,具有很强烈的表达效果。这种现象,修辞学上叫做"倒反"或"反语"。

反语在口语、政论、杂文中常用,可以表示出幽默讽刺的口气,有些可以表现诙谐的情感。有时候,我们故意用些好的字眼加在敌人的头上,辛辣讽刺,锋芒毕露,可以发挥巨大的战斗作用。

(1)如果帝国主义好汉们决心发动第三次世界大战,他们除了促使世界资本主义制度根本灭亡以外,不会得到什么别的结果。(毛主席《在苏联最高苏维埃庆祝十月革命四十周年大会上的讲

话》)

(2)我们从来就认为敌人是我们最好的教师,现在杜勒斯又在给我们上课了。(《再论无产阶级专政的历史经验》)

在书面语中,经常在反语词上加引号,在反语词前面如果加"所谓"之类的词语,反语性就更加明确。

(3)只要看一看美日反动派对这个条约的所谓"批准"是何等的丑不堪言,就可以知道艾森豪威尔所吹嘘的所谓"胜利"是什么样的一种"胜利"。(人民日报评论员《美帝国主义跳进黄河也不会死心》)

在电影《万紫千红总是春》中,彩凤要求丈夫根发支持她参加里弄生产组,要丈夫给填报名单,因为有丈夫的支持就可以对婆婆进行思想上的教育。这时根发就冲着她说:"好!你这个'阴谋家'!要我填我就填,反正我是妈妈的儿子!"这"阴谋家"三字,用在心爱的妻子的身上,诙谐有趣,仿佛使人觉得妻子更加可爱了。

我们在运用反语时,一定要使人们从上下文和语调上明显知道这是在说反话,在运用时也要注意分清对象掌握分寸。用得好,就可以收到极妙的表达效果,但不可以乱用。

在批驳对方谬论的论战性的文章中,先把对方的谬论摆出来,然后再进行批驳,这不是一般的批驳,而是首先似乎同意对方谬论,然后接着就以其人之道还治其人之身,自己所同意的论点和对方的论点在字面上似乎完全一致,但所包含的内容、所表示的思想感情则是与对方根本不同。这样就会使文章有抑有扬,波澜起伏,而且赋予本来的贬义词以褒义,显得观点格外鲜明。

(1)"你们独裁"。可爱的先生们,你们讲对了,我们正是这样。中国人民在几十年中积累起来的一切经验,都叫我们实行人民民主专政,或曰人民民主独裁,总之是一样,就是剥夺反动派的发言权,只让人民有发言权。(毛主席《论人民民主专政》)

(2)有人批评我们"好大喜功,急功近利"。说得正对!难道我们能够不好六亿人民之大,喜社会主义之功吗?难道我们应当好小

喜过,绝功弃利,安于落后,无为而治么?(刘少奇《中国共产党中央委员会向第八届全国代表大会第二次会议的工作报告》)

我们写文章,有时故意"望文生义",使古语为我们所要表达的新的意思服务,一些本来的贬义词临时赋以褒义。比如"得寸进尺"是个含有贬义的成语,旧社会里许多人追名逐利,贪得无厌,就常用"得寸进尺"来形容。何仁同志的《"得寸进尺"新解》却说:"凡是立有共产主义雄心大志的人,对待社会主义建设事业的进展,总是抱着'得寸进尺'的态度的。他们永远不满足于既得的成就,而是精益求精,快上加快,好了更好,在将近完成一项任务的时候,立即根据新形势提出更高的奋斗目标。"他还说:"得寸以后停步不前,这是停滞,虽然不是我们不断革命论者所主张的;得寸以后进寸,这是缓慢地前进,也不是我们不断革命论者所要求的;只有得寸以后又求进尺,才能高速前进,不断跃进,这才是我们不断革命论者的目的。"[①]这样就把"得寸进尺"这个成语,赋予积极的意义了。再如"喜新厌旧"这也是个表示贬义的成语,可是上海《劳动报》就专开一栏为"喜新厌旧集",大力赞扬革新创造,反对老套保守,收到了很好的修辞效果。

上面所说的几点,主要是从修辞手法的角度出发,恰当、科学地运用不同感情色彩的词,赋予它们以新的感情色彩,增强了文章的表现力,使得文章更加准确、鲜明、生动,达到了"情文并茂"的境界。

作为全民共同语词汇海洋中的一部分,带有感情色彩的词不仅可以精确地表达我们的思想感情,反映我们的立场观点,而且可以创造不同的修辞手法,增强语言的表达效果。因此,我们在学习语言时,留心这一部分带有感情色彩的词,掌握它,运用它,就是一件十分重要的工作了。

---

① 见《北京日报》,1960年6月1日2版。

学习毛主席诗词中的炼字艺术[①]

许多初学写作的同志很喜欢写诗。写诗的热情很高,这是好事。我最近读了一些诗,大部分诗作立意很好,选取的题材也很典型,只可惜在语言上还欠认真地推敲,以致使诗篇大为减色。

最近,我重读了毛主席已发表的诗词。我深深感到,毛主席的诗词,能给予我们以巨大的精神力量,而且是我们学习写诗中锤炼语言的光辉典范。本文想就诗歌中炼字这一点,谈谈学习毛主席诗词的一点体会。先拿毛主席最早发表的《沁园春·长沙》来说吧:

> 看万山红遍,
> 层林尽染;
> 漫江碧透,
> 百舸争流。
> 鹰击长空,
> 鱼翔浅底,
> 万类霜天竞自由。
> ……

"悲秋"是一些古代诗人的情怀。"文人多悲秋",一些古代诗人把秋天涂上一层惆怅凄清的色调。在我们伟大的领袖毛主席笔下的秋天,却是朝气蓬勃,一片活力,真是"万类霜天竞自由"。这里使我们看到,满山红叶,山林像被谁用彩色染饰过一般,红艳艳的;河水碧清见底,千百只船在墨绿的江面上

[①] 原载《湖南文学》,1961年第7期。

疾速奔驰。"红遍"配上"碧透",一山红叶相衬千舟竞发,山水相映争辉,色彩是何等鲜明夺目!"鹰击长空,鱼翔浅底"中的"击"和"翔"用得更加绝妙。秋天,天高气爽,一个"击"字写出了苍鹰的矫健,扑向太空的雄姿;正因为"漫江碧透",一个"翔"字道出了鱼儿摇尾摆鳍、活跃水底的情态。一个是雄健矫美,一个是活泼柔和,这样的秋景充满着生气,这是用五彩的画笔、高度凝练的笔法熔铸出来的瑰丽遒劲、生动活泼的图画。谈到这里,谁都为毛主席高超的熔炼词句的笔力所惊服!

再看《清平乐·六盘山》,一开始就是:

> 天高云淡,
> 望断南飞雁。
> ……

"天高云淡",四个字非常典型地勾画出秋天爽朗的景象。登上六盘山峰,远眺万里晴空,自然更感到天高地阔,心旷神怡。秋天的典型事物正是北雁南飞,登上高峰,目送南飞雁群,雁群逐渐南去,已望不见了,所以说是"望断"。这里的"望断"不仅是目送雁行,望得极远,而且因为雁群由近而远,因此在时间上说也是望得很久的。因为是南望,必然引起对走过的道路的回顾,因为是久望,必然引起对未来前程的深思。这就充分表现出长征的决心,突出了"不到长城非好汉,屈指行程二万"的豪迈情怀。这个"断"字,可以说是下得好极了。

我们再来看看《菩萨蛮·大柏地》的开头:

> 赤橙黄绿青蓝紫,
> 谁持彩练当空舞?
> ……

雨后斜阳,蓝天彩虹。"赤橙黄绿青蓝紫",开头突然写出彩虹的七种华丽色彩,像一面三棱镜反映太阳一样,把彩虹的光谱分解了出来。在诗句中七个字写七种颜色,这是很大胆的笔法。接着"谁持彩练当空舞?"一个"舞"字,就把静静的七种斑斓的色彩写活了。是谁拿着一匹彩绸在云天漫舞呢?看过舞台上演出"红绸舞"的同志,对毛主席的这诗句怎能不拍案叫绝。那朵朵白云间横挂一道彩虹,缩小看来,正像红绸舞的一个活泼的截面。两句话联在一起,静景就顿时动化了。

在《水调歌头·游泳》中,我们还可以看到毛主席惊人的炼字功力。

> 一桥飞架南北,
> 天堑变通途。
> ……

长江自古以来就是中国南北的天堑,但是今天,江面上已有横跨的大桥,天堑已变通途。长江大桥的建筑是社会主义建设的一项震惊世界的成果。这里"一桥飞架南北"的"飞"字用得极好。所谓"飞架",反映了建设长江大桥工程的神速,所谓"飞架",好像大桥是自天上飞下,横跨宽阔的江面,高大雄伟,颇有腾空欲起之势,从而使我们感到长江大桥雄伟壮美!

打开毛主席已发表的二十几首诗词,几乎首首都能找到这样的炼字艺术。毛主席的诗词之所以达到登峰造极的地步,当然首先和领袖伟大崇高的革命思想感情是分不开的。正因为毛主席具有坚定的共产主义世界观,正因为毛主席是无产阶级最伟大的战士,所以就能看到事物的本质,就能准确恰当地来表现它,就能写出睥视千古、伟大壮丽的诗篇。

作为一个诗歌习作者,我们首先要好好地深入学习毛主席的思想,不断加强思想改造。除此之外,我们还要认真学习毛主席驾驭语言的能力。

一个伟大的语言艺术大师,他所掌握的语汇是异常丰富的,掌握的语汇越丰富就越能够取精用宏,在词汇的海洋中提炼珠宝般的语言,从而收到"画龙点睛"的艺术效果。我们写诗,往往心里也很激动,但是笔头迟钝,语言平淡,有的确是因为词汇贫乏的缘故。由于我们没有多少生动活泼坚实有力的语言,写来写去总是那死板板的几条筋,毫无生气,所以我们要想写出丰富多彩的诗歌,就应该像毛主席教导我们的那样,下苦功好好学习语言。

一个伟大的语言艺术大师,对待写作的态度是非常认真的。杜甫谈到自己写诗的感想时说:"新诗改罢自长吟","语不惊人死不休"。贾岛更是苦心推敲诗句,因而感慨地道出"二句三年得,一吟双泪流"。鲁迅先生的写作态度很严肃,他自己的作品——包括诗歌——就经过一再修改。他说:"写完后至少看两遍,竭力将可有可无的字句段删去,毫不可惜。"(《答北斗杂志社问》)我们伟大的领袖毛主席更是谆谆教导我们:"我看重要的文章不妨看它十多遍,认真地加以修改,然后发表。"(《反对党八股》)从报刊上已发表的毛主席诗词的手迹(我相信这不会是初稿)来看,都是经过多次修改过的。毛主席在他十八首诗词给《诗刊》发表时,还重新作了一番校订的工作。我们初学写诗的同志,往往缺乏这方面的锻炼。写诗常常是一挥而就,文不加点,写好了也很少看看,修改修改,就轻率地投到报纸杂志。这实际上是一种责任感不强的表现。

综上所述,我们要想写出精彩动人的诗歌,首先要学习毛主席的思想,树立正确的观察事物的立场、观点、方法,在这个基础上,要严肃地对待诗歌创作,不断地推敲修改,要投身到革命斗争的洪流中去,好好学习语言,特别是要好好学习人民群众的生动活泼的语言,记住毛主席所教导我们的:"因为语言这东西,不是随便可以学好的,非下苦功不可。"(《反对党八股》)

论词语的变异运用[1]

一

现在有一种看法,修辞是一个选择的过程。这种提法有一定的合理性。的确,有许多修辞现象是从现有的语言材料中精心选择的结果。像唐代诗人贾岛就曾为"僧推月下门"还是"僧敲月下门"的诗句而颇费踌躇。这个众所周知的推敲诗句的文坛佳话,典型地反映了修辞是如何呕心沥血地选择词语来准确地反映思想内容的。再如,汉语中表达"死亡"的意思的词语数以百计,其中如"逝世"、"就义"、"殉职"、"蒙难"、"圆寂"、"晏驾"等"委婉语",就要根据不同的表达对象来进行选择,才能有效地表达思想。可见,选择在修辞活动中处于相当重要的地位。

但是,选择毕竟只是修辞手段的一种。修辞还有另一种手段,那就是变异。

变异不是对现有的众多的语言材料的精心选择,而是对现有的某一语言材料进行变格的运用。这是跟选择居于同样重要地位的一种修辞现象。选择和变异是两个并列的修辞手段。

从修辞材料来看,选择是从众多的词语中找出一个最恰当的字眼来,变异则是从某一词语衍化出新的表达体来。这个表达体可能是语言中已有的某个词语,也可以是语言中并不存在的一种临时组合物。即便是语言中已有的某个词语,既然是变异运用,那就无论如何也摆脱不了被变异词语对它的

---

[1] 原载《修辞学论文集》第3集,福州:福建人民出版社,1985年。

影响。它的生存权是完全依附于被变异词语的。被变异词语总是确定的,第一性的,变异后的词语——语言中可以找到的某个词语——总是第二性的,是前者的衍生物。选择就不同,选择的词语往往是不确定的,也没有甲词语对乙词语的依附性,自然也谈不上什么乙词语是甲词语的衍生物。如前面所说的"僧推月下门"和"僧敲月下门",除"推"、"敲"外,还可以有别的字眼选择,"敲"对于"推"没有任何影响或依附作用,也不是它的衍生物。再看:

(1) 先是"待业",现在呢,是"待婚",不,是"待恋"。(姜天民《第九个售货亭》)

(2) 她是"博士",我什么也不是。"不是"见了博士,自然很惭愧。(苏叔阳《安娜小姐和杨同志》)

例(1)中"待业"是词,"待婚"、"待恋"是由"待业"而变异产生的衍生物——临时组合物,是在"待业"的影响下产生并依附于"待业"这个词的。这不是几个并列词语的选择,而是一种词语的变异运用。不少修辞书把这种修辞现象称为"仿拟"或"仿词",就反映了修辞中的变异性。例(2)"不是"是语言中现成的短语,但在这个句子中,作者运用了谐音的手法,使它和"博士"联系了起来,"不是"经过变异运用,临时具有了名词性。如果没有"博士"这个被变异体,后面"不是"这个变异体就无法出现。显然,它是属于第二性的,是用谐音手法产生的衍生物。

从修辞的两大分野来看,选择中也有些属于积极修辞现象,例如"映衬"就是通过对反义词语的选择,而增强其表达效果的。但是,相当多的选择是属于消极修辞的范畴。变异却是一种积极修辞的现象,变异与消极修辞是无缘的。上面举的两个变异的例句,可以看出它的积极修辞的特点。

从词语本身来看,和变异相对待的是常规修辞。常规修辞往往是某种选择的结果。不过,常规修辞和变异修辞也不是完全相排斥的。有些变异修辞,经过一段时间的广泛运用,也可以逐渐转化为常规修辞。例如,开始由"促退"、"先进"衍生出来的"促进"、"后进",这无疑是一种变异修辞,即利用反义语素,临时组合为"促退"、"后进"这种"促进"、"先进"的衍生物,但是,当"促退"、"后进"用得多了,用得久了,逐渐凝固成词,成为全民语言中的一个现成的建筑材料,这就由变异转化为常规了。变异转化为常规,实际也就由变异转化为选择。由此可见,变异中包含了选择的因素,选择中也有变异的成分。变异和选择是矛盾的对立统一体,在修辞活动中,又常常互相依存和转化。这两种手段交互运用、交互作用,就形成了修辞的一幅幅色彩斑斓的画卷,一曲曲动人心弦的乐章。

  词语变异运用的范围也是十分广泛的。大家知道,词语的语音形式、词汇意义、语法功能和修辞色彩,构成了词语的完整内容。由于修辞的需要,人们在运用语言时,可以对词语的某一方面进行变异,以增强语言的表达效果。当然,这几个方面也不是孤立的,互无关涉的。恰恰相反,这几个方面在变异运用时,也是互为补充、互为作用,有机地结合在一起的。例如,当我们对词语的语音形式进行变异时,不可避免地要牵涉词汇意义、语法功能和修辞色彩;我们对词语的词汇意义进行变异时,也会涉及语音形式、语法功能和修辞色彩。同样,也应该肯定,人们在运用语言时,对词语进行变异,也必然有所侧重,有变异的中心。因此,词语变异运用的方面既有一定的相互联系性,又有各自的相对独立性。这样,我们既可以把词语变异运用的各种形式,明确地区别开来,又使它们处于修辞的一个统一完整的体系之中。

二

  语音是语言的物质外壳。语言的意义是通过一定的语音形式传达给对方才发挥交际功能的。对词语的语音形式变异运用,可以产生一定的修辞效果。例如"摹拟"和"反语"是很有表达作用的修辞方式。这两种修辞方式就离不开对语音的物理性质和社会性质的某种变异,特别是对语调的变异。例如:

  (3)齐凌云 其实呀,我并不象你们想的那么神气!念初中,在中间休息了一年,初中毕业,又没考上高中!你看妈妈那个挖苦我呀!(学妈妈的语调)啊,一朵鲜花似的大姑娘,赶情是个大草包啊!连高中都考不上!我神气什么呀!现在,我回家一说考上了女售货员,去站柜台,要不挨一通儿雷才怪!(老舍《女店员》)

  (4)鲁贵 (自傲地)叫她想想,还是你爸爸混事有眼力,还是她有眼力。

  四凤 (轻蔑地笑)自然您有眼力啊!(曹禺《雷雨》)

例(3)为了形象地刻画人物性格,在语音的音色等方面进行变异,摹拟妈妈的语调,取得了生动的表达效果。例(4)在语调上加以变异,反语的意思十分明显地表现出来。

语音的变异,有时还表现在谐音上。

(5)他现在叫谢福畴,你听这个音,不是要向我们复仇么?(魏巍《东方》)

(6)你们女同胞都成熟起来,真是神速。"有志者,誓进城嘛!"(徐乃建《杨柏的"污染"》)

(7)小聚问:"收起钱来了吗?"登高说:"倒收起'后'来了!"(赵树理《三里湾》)

例(5)将"福畴"变异为"复仇",这是用谐音的方法,巧妙地衍生出来的。例(6)仿照谚语"有志者,事竟成",用谐音的方法,改为"有志者,誓进城",增加了语言的幽默诙谐的情趣。例(7)先将"钱"谐音变异为"前",再拈出反义词语来对比,对前者起否定作用。在论辩性的话语中就可以经常运用这种谐音方法来否定对方的观点。

一般说来,词的语音形式是固定的。但在诗歌中,为了押韵的需要,有时将词的语序颠倒过来,这也是一种语音形式上的变异运用。如:

(8)我们烦忧的
　　再也不是债主的算盘
　　　和东家的小秤大斗,
只是我们的
　　科学、技术和文化不发达
　　　我们还落后。
不错,这是我们的
　　古老的历史所遗留,
可是,
　　在伟大的社会主义时代
　　　我们就不能不感到愧羞!(郭小川《人民万岁》)

这里把"羞愧"颠倒成"愧羞",显然是为了押韵而采取的一种临时的变通用法。这既不是不规范的生造词,也不是固定下来的新造词,而是一种偶发性的语音变异运用。这种变异运用,对于诗句的声音和谐优美是有一定的作用的。

当然,颠倒词语的语素顺序,并不仅仅是为了韵律的和谐,有时也是为了意义上的改变。语序的颠倒,带来了意义上的变化,适应新的内容表达的需要。这与上例很不相同。像电影《一江春水向东流》中,把"前方吃紧"变异为"后方紧吃"就是。"紧吃"显然是从"吃紧"演变而来的。蒋子龙在《乔厂长上任记》中写道:"他们说'四人帮'倒了,还有'帮四人'呢。""帮四人"也是从"四人帮"变异而来的。

这种语词的语音形式的固定性和修辞时出现的临时的变异性的矛盾统一,促进了语言的健康发展。我们强调语词的规范化使用是完全必要的,同时也要允许因修辞需要而出现的某些变通的合法存在。

(9)第二天早起,她们的头发上结了霜,男同志笑她们说:"嘿,你们演《白毛女》都不用化装了!"她们也笑男同志:"还说哩,你看,你们不是'白毛男'吗?"(魏巍《年轻人,让你的青春更美丽吧》)

(10)一天,上官云珠对我说:"我再也不演交际花交际草了。"(黄宗英《星》)

例(9)是利用反义语素,仿照"白毛女"组合成"白毛男",例(10)是利用类义语素,仿照"交际花"组合成"交际草"。这都是对原有的语词的固定语音形式变异运用的结果。

语言运用中,还可以出现"析词"现象,这是语词的语音形式的固定性和修辞中的临时变异性的矛盾统一的一种表现。

(11)公益局一向无公可办,几个办事员在办公室里照例的谈家务。(鲁迅《弟兄》)

(12)赵大大　开了小差不处分,还欢迎,还联欢,我想不通!

鲁大成　想不通也得通!指导员的话当耳边风了。

赵大大　我欢不起来嘛!

鲁大成　欢不起来也得欢!(沈西蒙、漠雁《霓虹灯下的哨兵》)

例(11)将"办公"这个词,拆开来;例(12)将"欢迎"、"联欢"中的语素"欢"独立出来使用。"语素"经过变异就取得了"词"的资格。

文字是语言的书写形式,是记录语言的符号体系,不过,文字也有相对的独立性。这在汉字中表现得尤其突出。"析字"格也可以看出这一点。

(13)我送来一包毒药,夫人可叫心腹丫头给十八子送茶时下在壶里,岂不结果了么?(姚雪垠《李自成》)

(14)何物合成愁?离人心上秋。(吴文英《唐多令》)

例(13)写军师徐以显煽动张献忠的爱妾丁夫人谋杀李自成,将"李"拆成"十八子",这显然是一种变异的运用。例(14)将"愁"拆为"心上秋",描写离人的忧闷心绪,真是绝妙好词,却又使人感到信手拈来,运用自如。

三

词语的意义指的是词语的内容。它是约定俗成的,具有一定的稳定性。由于修辞的需要,有的词语的意义临时有了改变,这也是词语的一种变异形式。

有的词语有它本身固有的意义,在特定的语言环境中,借用它来指代别的事物,会产生特定的修辞效果。

(15)门外飘来那姑娘远去的歌声:"洁白的羽毛……"这根"洁白的羽毛"终于飘走了。(任正平《第八颗是智齿》)

(16)大炮吼叫,一阵比一阵猛烈,钢铁向敌人头上倾倒。(杜鹏程《保卫延安》)

例(15)"洁白的羽毛"指的是唱这首歌的姑娘,例(16)"钢铁"指的是用钢铁制造的炮弹,在修辞学上这叫做"借代"格。借代格是借用与本事物有关的另一事物名称来代替它,因而借用的词语,多是名词性词语,但它并不表示词语原来的意义,而是经过变异去表达新的概念了。

有的词语有它本身固有的意义,这往往不是组成的语素意义的相加,在特定的语言环境中,"望文生义",理解成语素成分的意义组合,也会产生一定的修辞效果。比如:

(17) 演员在舞台上看到台下千百双眼睛,就有些战战兢兢,当然演不好戏。因此要"目中无人"。(周恩来《在文艺工作座谈会和故事片创作会议上的讲话》)

"目中无人"一般用来指人的狂妄自大。这里是教育演员,不要眼睛里尽是观众,搞得很紧张,影响了演戏。要"目中无人",心中有戏。

有时借助某个词语的字面意义,加以发挥别解,也很有表达作用。①

(18) 说话之间,到集美了。咳,集美,集美呀,你真集人间之美了。(曹靖华《前沿风光无限好》)

(19) 学问学问,要学要问。(1984年3月26日《陕西日报》)

以上两例,词语有重复,但前后两个词语表达的意思并不相同,这里的别解是偶发性的,并不是词语本身的一个义项,而是对词语的意义进行变异的结果。

有的词语有它本身固有的意义,这个意义有它特定的使用场合,但是当使用语境有了改变,对词语的意义加以变异,这就必然会增加一定的修辞色彩。最常见的是"大词小用",修辞学著作中称为"降用"。②

(20) 屋子有多长,铺就有多长。据说,当时每个工人的铺位是一尺半。不过实际睡的时候,可以向两边"侵略"、"扩张"。(茹志鹃《惜花人已去·蛮荒之恋》)

(21) 曹千里挪动了一下身体,他本以为改变了一下姿势就可以减轻一点痛苦,缓和一下肚内的局势。(王蒙《杂色》)

这里往往是把一些分量"重"的,用于较大场合的词语,降级使用,多数是把政治用语使用到日常生活中来,增加幽默诙谐的情趣。

词语固有的使用语境的变化,还反映在一些行业语的使用上。行业语是一种社会习惯语,它与各种职业和某些特殊生活相联系,通行的范围比较狭窄,多用于本行业内部。当它进入全民日常生活领域之后,往往带有比喻的意味,词语本身固有的意味不能不带有某种变异性。

---

① 谭永祥:《修辞新格》,福州:福建教育出版社,1983年,第8~17页;尹黎云:《"借题"格刍议》,载《中国语文》,1984年5期。

② 倪宝元:《修辞》,杭州:浙江人民出版社,1980年,第99页。

(22)宝山这才发现,这家厨房里还"埋伏"着一个大姑娘。(张石山《镢柄韩宝山》)

(23)爆破专家又热情地和杨方握手,说:"这算是军人的握手。我比你年纪大,但也是在战壕上学,在战壕毕业。从炸敌人碉堡开始,学习爆破专业"。(杜鹏程《第一天》)

例(22)的"埋伏"是军事用语,例(23)的"毕业"、"专业"是教育用语。这里突破行业的范围限制,进入日常生活中来,改变了词语使用的特定环境,语言也就显得活泼俏皮,趣味横生。

四

词语的修辞色彩指的是在运用语言时,为适应特定的语言环境和交际对象的要求,人们使用的词语本身所含有的表达特定的情态和气氛的独特格调。词语的修辞色彩是人们在长期运用语言的过程中逐渐形成的,是具有全民性和稳定性的。带有修辞色彩的词语,总有一定的使用范围和使用情境,要受一定条件的限制。但是,在某个特定的条件下,这种修辞色彩又可以出现变异,不仅不会造成感情上的抵触和气氛上的相悖,而且可以大大增强语言的表达效果。

词语的修辞色彩的变异,主要表现在感情色彩和语体色彩上。

(一)词语的感情色彩上的变异

语言运用时,把褒义词贬用,把贬义词褒用,是常见的一种感情色彩的变异。修辞书上称为"反语"。

(24)哼,多有本事!你在这儿哭吧,打吧,多伟大的男子汉!(贾平凹《小月前本》)

(25)他恍然大悟:他和她被介绍人拉到一起,绝非巧合,而是姑娘长期"蓄谋"的结果。(孙颙《新月》)

"反语"中词语感情色彩的变异,有上下文的提示,有语调上的变异来显示,在书面语上统统用引号或用"所谓"、"似乎"之类的词语把感情色彩的变异突现出来。

有些词语本身并不带有感情色彩,而放到特定的语境中去,就产生了某种感情色彩,这也可以说是一种"变异"吧。一般说来,像数量词语很少带有感情色彩,但是在鲁迅的笔下却不是纯然客观的描叙,凝聚着作者的爱憎之情。

(26)"这断子绝孙的阿 Q!"远远地听得小尼姑的带哭的声音。
"哈哈哈!"阿 Q 十分得意的笑。
"哈哈哈!"酒店里的人也九分得意的笑。(鲁迅《阿 Q 正传》)

"九分"本没有感情色彩,鲁迅用来和"十分"相对照,涂上了鲜明的感情色彩,对那些无耻的看客们讽刺得入木三分。

二、词语的语体色彩上的变异

有些词语带有一定的语体色彩,只在某一种语体中使用。但是,有时带有某种语体色彩的词语,运用在另一种语体之中,增强了语言的表达效果,这是词语的语体色彩上的变异。

公文语体、政论语体运用的词语比较庄重严肃,有时偶尔使用某些口语词,显得形象生动,活泼诙谐。

(27)要严格实行不抓辫子,不扣帽子,不打棍子的三不主义。(《关于党内政治生活的若干准则》)

(28)宁可在别的方面紧缩一点,有关孩子们的事情上不能太抠。(《红旗》杂志社论《全社会都来关心儿童少年》1984 年第 11 期)

使用专门术语是科技语体的一大特点。近几年来,专门术语大量地涌进了文学作品之中。当然,文学作品中的专门术语,有些由于创作题材的限制,是必须要用的,这些大多保留了专门术语的原意。也有一些是在描绘人物的日常生活时运用了专门术语,这些专门术语就往往具有比喻的意味,并不是表达了专门术语本身的原意。这应该看成是一种语体色彩上的变异。

(29)"爱情啊,你姓什么了?"
"我说呵,爱情就姓爱,名叫爱克斯——×!"在大学同宿舍的姑娘常开玩笑,能说会道的小百灵最爱捉弄小芸了。
"这个未知数,该由小芸来解!"
"责无旁贷,她是'现在完成式'嘛……"(范小青《追》)

(30)储经理激动着,大概是一种生物电流传导给了安福仁吧,他激动地穿上了衣服,趿上了拖鞋。(杨东明《人生的不等式》)

这种变异运用,具有偶发性。像前面所说的"降用",有许多实际上是把政论语体中特有的词语用于日常口语,这在修辞色彩上也可以看做是一种变异运用。

在书面语中,有些词语是文艺语体所特有的,有的也用到政论语体或公文语体中来了。如"徘徊",报纸上就有"钢产量徘徊于两千万吨到三千万吨之间"的说法。这里的"徘徊"就增加了文章的形象性和生动性。

应该说明的是,词语跨语体运用并不都是变异运用。例如文学作品中的技术描写就可能会使用一些专门术语,政论语体中关于某技术部门的评论,也不可避免要使用一些专门术语,这些都属于常规运用。只有产生生动的表达作用,使用上带有临时组合性质的,才属于词语语体色彩变异的范畴。

五

词语的语法功能,跟词语本身所属的词类有密切的关系。属于不同词类的词语具有不同的语法功能。一般说来,词类的语法功能既具有选择性,也具有排他性。也就是说,属于甲类词具有和乙类词组合的选择性,而排斥和丙类词的组合。

词语的语法功能也可以产生变异。这种语法功能上的变异,主要表现在两个方面。一是词性上的变异;二是语义搭配上的变异。前者往往属于词类的范畴;后者往往属于词类的次范畴。

先说词性上的变异。因为表达上的需要,故意使甲类词具有乙类词的语法功能,以增强表达效果,这在修辞学上叫做"转类"或"转品"。

(31)我也看看群山,看看河水,很有信心地回答他说:"您老放心,您已经很好地顾问过一次了。"(于炳坤《再航三峡港》)

(32)你向来只做标金,现在乘机会我劝你也试试公债,弄几文来香香手,倒也不坏!(茅盾《子夜》)

例(31)将名词"顾问"转用成动词,例(32)将形容词"香"转用成动词。"转类"是偶发性运用,具有生动诙谐的表达作用,所以和词的兼类不同。词的兼类是词具有两类词的语法功能,是一般的常规用法,"转类"则是词性上的一种变异运用。

再说语义搭配上的变异。在词语发生组合关系时,并不是任何的及物动词都可以支配某个名词的,也并不是任何的形容词都可以修饰某个名词的。如"吃饭"可以,"喝饭"就不行。"袖珍字典"可以,"字典袖珍"就不行。这就说明词语组合时,语义上的搭配十分重要,这就牵涉词类的次范畴划分问题。但是,在文艺语体中,词语的组合常常会碰到"喝饭"之类的现象。这种现象不仅不会阻碍思想的交流,恰恰相反,还会大大提高语言的表现力。

(33)两天来,他日夜赶路,原想在今天赶上大队的,却又碰上了这倒霉的暴雨,耽误了半个晚上。(王愿坚《七根火柴》)

(34)屋顶烟囱冒出的温暖而又芳香的炊烟。(王蒙《相见时难》)

(35)"嗯?"乔光朴一把将石敢从沙发上拉起来,枪口似的双睛对准石敢的瞳孔,"你敢再重复一遍你的话吗?当初你咬下舌头吐掉的时候,难道把党性、生命连同对事业的信心和责任感也一起吐掉了?"(蒋子龙《乔厂长上任记》)

例(33)中尽管"倒霉"是形容词,"暴雨"是名词,但习惯上"暴雨"是不用"倒霉"来修饰的,因为"倒霉"不能表示"暴雨"的性质或状态。这里是把人的思想感情移用到自然界的"暴雨"上,读者感到很生动形象。在修辞学上称之为"移就",这在语法组合搭配上,无疑是一种变异现象。例(34)"炊烟"同样一般也不受"温暖而又芳香"来修饰。屋顶冒出的"炊烟"这个视觉形象中糅合着"温暖而又芳香"的触觉和嗅觉,这是作者在特定语境中产生的独特的艺术感受,是一种创造性的想象,这对读者具有一定的感染力。在修辞学上称之为"通感",这在词语搭配上也是一种变异的组合。例(35)"舌头"可以"吐掉","党性、生命连同对事业的信心和责任感"怎么能"吐掉"呢?但乔光朴的这段话,却发人深省,意味深长,具有深刻的哲理性。在修辞学上称之为"拈连",这是词语变异组合所产生的艺术魅力。

(36)我到了自家的房外,我的母亲早已迎着出来了,接着便飞出了八岁的侄儿宏儿。(鲁迅《故乡》)

(37)黑龙江人常说这里的土,插根筷子都会发芽。(丁玲《杜晚香》)

(38)你看对山,经过这一夜风雨,樱花都催的咧开嘴了。(杨朔《樱花雨》)

人可以"飞"出来,筷子可以"发芽",樱花可以"咧开嘴",这是典型的"比喻"、"夸张"和"拟人",但这也的确是词语搭配中的变异运用。

应该说明的是,词语搭配中的变异现象是很丰富的,这要牵涉很多修辞格式。但并不是这些辞格的任何言语形式都是由变异手段而产生的。比喻、夸张、拟人等等都有这种情况。再如,前面说到的"委婉语"是一种选择,但同样是委婉辞格,有的就产生于词语的变异运用。

(39)隔壁益大钱庄老板钱达人笼着袖子,也凑过来,对二人哈腰努嘴说:"怕是个'草字头'吧。"(陈白尘《鲁迅传》)

这里的"草字头",是从"革命党"变异而来的。

六

深入研究词语的变异运用现象,确立变异在修辞学中应有的地位,具有十分重大的意义。

修辞现象是纷纭复杂,千姿百态的。许多修辞现象,运用变异的观点可以得到合理的科学的解释和说明。这样可以破除修辞就是选择的简单化的观点,推动修辞学研究向广度和深度发展。

运用变异的观点分析修辞现象,还可以把修辞现象和某些不规范的使用语言的现象的界限加以廓清。例如"仿词"和生造词语、"飞白"和错别字等,前者是依赖一定的语境,具有表现力的一种偶发运用,后者则是应当排斥和纠正的。这种需要加以提倡或加以反对的语言使用现象,运用变异的观点可以有效地把它们区别开来。需要加以提倡的,可以规定其条件、范围、方式,并分析其表达效果;需要加以反对的,可以指出其问题的症结所在,产生语病的原因,从而找出纠正的方法。

运用变异的观点,许多语言现象可以得到正确简明的解释。语言的各个学科之间是互相联系、互相渗透的。不少修辞现象,天长日久经过广泛地使用,逐渐转化为语音、文字、词汇和语法等方面的发展规律和研究课题。例如,许多词语就是用变异的修辞手段构造出来的。"须眉"用的是借代,"冲天"用的是夸张,"蚕食"用的是比喻。有的句式也可以用变异的修辞手段来组织。"倒装"本来是个修辞现象,现在演变为语法的规律了。因此,对词语变异的研究可以进一步促进语音学、文字学、词汇学和语法学的研究。

长期以来,对积极修辞的研究虽然取得了一定的成绩,但毕竟还处于一种分散的、孤立的研究阶段,似乎还没有形成一个完整的科学体系。运用变异和选择的观点,可以把丰富多彩的积极修辞现象贯串起来,从中找出修辞的规律,进而可以发现和总结许多新的修辞方式。这对于修辞学的宏观和微观的研究将是十分有利的,可以促使我们更及时、更科学地向修辞的深度和广度进军。

汉语修辞史的编写[①]

郑子瑜先生是研究中国修辞学史的国际著名学者。他的《中国修辞学史稿》问世已经整整10年了。今年又欣逢先生80华诞，又是他从事学术研究工作50周年。可以说是喜上加喜，值得庆贺。打开先生的学术论著自选集，[②]可以清晰地看出一条专心致志研究中国修辞学史的轨迹。除《中国修辞学的变迁》和《中国修辞学史稿》外，从60年代开始，他所撰写的有关中国修辞学史的论文多达30篇，是他这一时期的最主要的成果。35年来，他把主要精力都投入到中国修辞学史的建设上了。这种锲而不舍、精益求精的治学精神，的确令人敬佩。

近年来，他又多次倡导编纂《中国修辞史》。1990年2月，台湾文史哲出版社出版了他的《中国修辞学史》。这实际上是《中国修辞学史稿》的修订本。在这本书的"结论"中，专设一节"修辞史与修辞学史"，指出："将各时代诗文中的修辞现象，选择有代表性的，作史的论述，夹叙夹议，以明修辞现象的变迁和进化，是修辞史；将各时代的修辞理论（也就是修辞学）作史的叙述（或评述），以明修辞思想的萌芽、成熟以至于发展的经过，是修辞学史"，"照道理说，应该先有《中国修辞史》然后才有《中国修辞学史》"，但"也不妨先有《中国修辞学史》然后才有修辞史"。接着在1990年第4期《修辞学习》上，他撰写专文希望大家具有勇于开拓的精神，不断探索新的领域；希望有人来写《中国修辞史》，以填补这一空白。郑子瑜先生还在其他场合发出过这方面的期望和号召。这充分反映了他对编写《中国修辞史》这一思想之执著，期盼之殷切。

[①] 原载《汉语修辞学研究和应用》，郑州：河南人民出版社，1997年。
[②] 1994年1月，首都师范大学出版社出版。

我们认为,编写《中国修辞史》的条件已初步具备。现在着手来进行这项研究工作是适时的,必要的,也是可行的。

一

郑子瑜先生在《中国修辞学史稿》中说:"中国修辞学的萌芽和发展,当然是在中国修辞的萌芽和发展之后,因为必先有修辞然后才能有修辞学。"①作为修辞现象,它的萌芽和发展有一个从简到繁、从少到多、从低级到高级的渐进过程。各方面的发展是不平衡的,有一个萌芽、孕育、繁衍和衰败、消亡的必然过程。我们的先祖在茹毛饮血中从事"杭育杭育"派的语言创作中,不可能一下子创造出一个姹紫嫣红、花团锦簇的修辞园圃来的。

伴随着语言表达而出现的体式,就是语体。人只要在社会中生活,他就要发表意见。不管他采取什么形式,他发表意见的言语成品,毫无例外,总会从属于某一语体。现代的生活,语言的交流频繁丰富,其功能的类型不断交叉和分化,可谓千姿百态。现代语言生活中所形成的种种语体,有的在上古时代就有了,有的在以后的社会生活中逐渐通过功能的分化慢慢形成的。从我们接触到的古代文献资料来看,文艺语体和公文语体起源较早,其他如科技、政论等语体,在初期往往与其他语体兼容在一起,只是到了一定的社会发展阶段才逐步分化独立出来。在初期,其语言要素的不稳定性,是语体兼容的重要特征。例如,《史记》由于吸取了大量的民歌和谣谚,增加了文艺气氛,明人郑瑗认为,"杂以俚语,不可为训";②另一方面,鲁迅则认为《史记》是"史家之绝唱,无韵之《离骚》"。③ 这一贬一褒都共同说明了《史记》语体上的兼容性。应该说这是某一语体孕育期或雏形期的正常现象。研究修辞史必然要研究语体形成和发展流变的历史。语体从某种角度来说,又是对社会生活和语言生活的一种折射,对语体发展史的研究,对于认识和理解社会历史和语言运用的历史,也是有一定的作用的。

语言的运用与社会的政治、经济、文化的发展紧密结合在一起。研究语

---

① 郑子瑜:《中国修辞学史稿》,上海:上海教育出版社,1984年,第7页。
② (明)郑瑗:《井观琐言》卷一。
③ 鲁迅:《汉文学史纲要》。

言运用,对于认识和理解社会政治、经济、文化生活有一定的作用;反过来,在不同的社会背景之下,语言运用的发展变化也是各不相同的,这是因为人们的思想交流和情感传达本身就是一种社会现象。它不可能脱离社会而孤立存在,它必然要受到社会的制约。古人早就提出了"声与政通"的观点。认为"是故治世之音安以乐,其政和;乱世之音怨以怒,其政乖;亡国之音哀以思,其民困"。① 又如"讳饰"这种修辞手法,最初起源于唯心主义思想和宗法等级制度。有些修辞现象的发展变化,也与社会政治、经济、文化生活息息相关。像"对偶",由于在历史上有过畸形发达时期,不同时代,不同思想的人对其褒贬不一。这些都足以说明,语言的运用是历史的产物,是一定文化背景的产物。可见,把修辞现象放到一定的历史文化背景加以考虑是很重要的。这对于现在孤立静止地分析修辞手法的"通病",无疑是一剂良药。

语言的运用是具体的,渗透到社会生活的各个领域,研究语言运用的历史的重要性,绝不在研究语言发展的历史之下。正是由于语言运用跟人们的社会生活更为贴近,更为直接,所以也是最主动、最有生命力和最值得借鉴的部分。古代的暂不去说它,现代语言文字运用研究受到群众的关注和重视,现代语言运用研究从40年代以来形成的丰收繁荣的好势头,都是有力的证明。回顾一下"五四"时期的文言白话之争,30年代的大众语之争,40年代延安整风中对文风的整顿,都充分说明了语言运用与政治、经济、文化的发展的关系是如何密不可分。这些斗争也涉及了不少修辞问题。开展现代修辞史的研究,对于提高语言运用的效益,改善人们的语言生活,又是多么重要和迫切。

二

且不说我国远古时代的最原始的文字,就是较为发达的甲骨文,到现在也已有3000多年的历史了。从甲骨文、金文、小篆到隶书、楷书、记录下来的文化典籍,真是浩如烟海。这众多的典籍,不仅反映了汉语发展演变的种种规律,而且更直接地反映了汉语的语言运用的演变发展规律。对于汉语的发展演变规律,已有汉语史(包括语音史、词汇史、语法史等)加以研究和总结。

---

① 《礼记·乐记》。

唯独反映语言运用的历史发展的修辞史,还是一片空白。因此,对于汉语的语言运用的历史发展的总结和研究就显得更为重要和迫切。

其实,这浩如烟海的文化典籍,正为我们研究汉语修辞史提供了十分优越的物质条件。我们正可以利用这一优越的条件,开展修辞史的研究。

在典籍中,有一部分是阐发特定时期的修辞思想和修辞理论的,这些无疑是总结某一时期修辞实践的结果。一般说来,一种修辞现象在某个历史时期迅速得到发展,往往会引起这时期的学者的注意,在理论上加以研究,产生一定的学术成果。值得高兴的是,近10年来,继郑子瑜先生《中国修辞学史稿》之后,我国已先后出版了四五部修辞学史,都以特定的学术眼光,对历史上丰富纷繁的修辞思想和修辞理论进行爬梳剔抉,理出了一条相当清晰的发展脉络。这些修辞思想和修辞理论的源泉是修辞现象,是从生动的、富有表现力的修辞实践中提炼上升为理论的。所以这些修辞学史也为修辞史的研究创造了良好的条件。

同样,进行修辞史的研究,对于修辞学史的深入发展也是至关重要的。只有进行修辞史的研究,才能使修辞学史的研究有血有肉,使修辞学史的研究建立在更为坚实的基础之上。

历史上,一种修辞现象的出现绝不是偶然的。它是在各种因素的作用和催化下产生的。同样,一种修辞思想和修辞理论的出现也不是偶然的。它往往是以语言运用的实践,以修辞现象的出现和勃发为前提的。修辞现象与修辞思想、修辞理论之间是一个源与流的关系,是实践与认识之间的关系。实践上升为理论,理论再来指导实践,研究修辞史,同样也是一个实践上升为理论的过程。只不过,它是用历史的眼光来总结修辞实践的发生、发展和变化的规律。把修辞实践放到历史的范畴中进行考察,对于这种修辞实践的发展演变,同样具有指导意义。

三

语言是在运用的过程中不断发展的,语言的运用也在不断地发展。

有些修辞手法一直延续使用了几千年,不断得到改造和丰富。如比喻、排比等,甲骨刻辞中就有了,到了《诗经》中有了新的发展,比喻有了引喻、博喻等多种新的形式,比拟也从比喻中分化出来。在先秦经传中,事喻、物喻相继出现,比喻的样式已相当丰富多彩。不仅如此,比喻的作用也在逐渐发展。从"举他物而明之"①"以其所知,喻其所不知"②发展演变到用比喻证实其道理之可信,用比喻以增强其艺术感染力。到了战国时期,"比兴之旨,讽谕之义……纵横者流,推而衍之,是以能委折而入情,委婉而喜讽也"。③ 以后又发展到"织综比义,以敷其华,惊听回视,资此效绩"④的表面效果。排比到了《诗经》已发展到段落的排比,以后又演变到句内成分的排比,产生了"广文义,壮文势"⑤的艺术魅力。

有些修辞手法经过一个新陈代谢的过程。陈旧的、衰落的逐渐淘汰;新生的、勃发的如雨后春笋般兴起。如"对偶"到汉以后,曾发展成整篇的骈体文,后来又演化为诗词中的组成部分以及春联、楹联等艺术样式,起落消涨,走着一条蜿蜒曲折的路。再如"讳饰"、"歇后"等,从历时的角度来看,也都经过脱胎换骨的变革。"讳饰"虽然起源于唯心主义思想和宗法等级制度,但是现代出现的一些讳饰,主要是由于感情上的因素,而且表达的范围也大大拓宽了。"歇后"最早的藏词形式已基本被淘汰,代之以譬解语形式的歇后语(也称"俏皮话")。有的如"镶嵌"、"互文"已逐渐萎缩,濒临消失,只是在特殊情况下,才偶尔出现。与此形成反差的,是更多的新兴的修辞手法应运而生。

对这些修辞现象的发生、发展和消亡的过程进行全面而系统的研究,是修辞史的基本任务。这个任务的完成不仅可以使人们掌握修辞的历史演变规律,而且可以使修辞事业跨上一个新的台阶。

尽管在汉语史研究方面,语音、词汇、语法的史的研究,已出现了不少成果,但是开展修辞史的研究,对于语音、词汇、语法的史的研究的深入发展也是大有裨益的。这是因为修辞与语音、词汇、语法有着天然的不可分割的关系。

首先,某一种语言现象,可以看做是语音的或者词汇的、语法的现象;从另一个角度来看,也可以看做是修辞现象。例如,双声叠韵的联绵词,既是两个音节组合的双音词,又是具有回环的音乐美质的修辞方式。有些词,如"鱼

---

① 《墨子·小取》。
② (汉)刘向:《说苑·善说》。
③ (清)章学诚:《文史通义·诗教上》。
④ (南朝·梁)刘勰:《文心雕龙·比兴》。
⑤ (宋)陈骙:《文则》。

肉"、"须眉"、"推敲"等,从构成方式来看,是并列式合成词;但又是用比喻、借代、用典等修辞手法创造的语词。成语如"凤毛麟角"、"响遏行云"、"志大才疏"等,也是用比喻、夸张、映射等修辞手法创造的。再如语序既是个语法手段,也是个修辞手段。从历史上看,谓语提到了主语前,宾语提到动词前,定语移到中心词后,都具有一定的修辞作用。

其次,从历史的角度来观察,某些语音、词汇、语法现象可能最初是从修辞演化而来的。也就是说,一开始起自词语和句式的变异,是一种修辞现象,久而久之,逐渐固定下来,演化为一种语音、词汇或语法现象了。大家知道,词语的比喻义,最初是从比喻演化而来的。远的不去说它,有些词像"促退"、"后进",在50年代是一种修辞现象,即用仿拟格仿照"促进"、"先进"变异创造出来的,经过一段时间的使用,现已成为现代汉语词汇中的一员了。再如一些兼类词,也是因为修辞上的词性活用("转品"),而逐步使其产生新的语法功能。

由此可见,语音、词汇、语法史的问世给编写修辞史提供了不少方便;而修辞史的编写对于语音、词汇、语法史的改进和深入,也是很有帮助的。

四

浩如烟海的中国典籍,既为编写修辞史带来方便,也为编写修辞史带来困难。寻找某一时代具有特质的修辞现象,既要旷日持久地博览群书,更要别具慧眼地披沙拣金。要认真地做好这项工作,就必须吸取别人的有效方法和经验。这里,郑子瑜先生编写《中国修辞学史稿》的不少经验,就很值得我们在编写修辞史时学习和借鉴。[1]

第一,观点与史实。郑子瑜先生撰写《中国修辞学史稿》时,是本着唯物论的认识论的原则撰写的。不是先有某一固定的观点,再选择史实为我所用;而是尊重史实,从史实中得出科学的观点。这样形成的观点往往比较可靠。这应该是写史的一个基本原则。不过在研究的过程中,假设和推导仍然是需要的。它可以促使我们从已发现的史实中,有目的地去探觅未发现的史实;可以从已发现的少量的例证中去搜罗、寻觅更多的例证,从而形成新的可

---

[1] 以下三点请参看郑子瑜《我怎样编写〈中国修辞学史稿〉》,载《文献》,1987年2期。

靠的观点。从孤证发现较多的例证,从丰富的史实去追溯更早的源头,在研究过程中是屡见不鲜的。

第二,原著与转引。在研究过程中,正如郑子瑜先生所说的,所有的资料"并不都是取自原书,有不少资料却是转引别的著作"。这在写史时,恐怕是难以避免的。问题在于如何对待这些转引的资料。郑子瑜先生首先是查找原著对照订正。因为有些转引的文字可能与原著有出入。也有的转引资料为原著所无,他接着从"可能出现那段引文的同时代近似的著作中去找,这工作真辛苦,费时也多,有的竟给找到了"、"那些怎么找也找不到的,便只好割爱了,因为来历不明的资料,又怎能加以引述呢?"这种兢兢业业、一丝不苟的学风是值得学习的。在古籍中,典籍的真伪是需要仔细加以辨别的;部分文字的窜讹也需要我们认真进行甄别。这样才可以纠正以讹传讹、习非成是的毛病,使我们的立论建立在科学可靠的基础之上。

第三,全貌与片断。写史时,断章取义、违背原意是一个大忌。郑子瑜先生编写《中国修辞学史稿》时,对诗话中评述的诗句都要"找到诗话中所引诗句所由出的原书,细读全首,才能评论其得失"。从全貌来评其片断,可以使我们对片断的认识较为准确。把某一种修辞现象放到一个特定的背景中去分析,比孤立地推敲品评要科学得多。当然,这也是一件十分艰辛的工作,但却是从事科学研究所必备的。郑子瑜先生形容其查找原著全貌的辛苦程度,有如海底摸针。因为有的是仅举诗句,而作者和诗题均只字不提。他从上下文意臆测其可能的时代,再就所引诗的风格,臆测可能的作者,然后再到那作者的诗集中去细查,有时竟然也能找到,多数找不到的就只好割爱了。在编写时,既要站到今天的时代高度来认识,又不能脱离语料产生的特定历史背景,处理好全貌与片断的关系也是相当重要的。

我们认为,郑子瑜先生编写《中国修辞学史稿》的一些原则和方法,对于我们编写和研究汉语修辞史,是可行的,是有用的。

五

编写汉语修辞史是一项十分宏伟浩大的工程。绝不是一人一时一本书所能完成的,需要一批人长时间的艰苦努力和不懈斗争才能完成的辉煌巨著。我国修辞学的研究可谓源远流长,现代修辞学也将走完一个世纪的旅程,逐渐走向成熟。浩繁的研究语料和丰硕的研究成果,显示出编写修辞史的条件已经基本具备。可以有组织、有计划、有步骤地来开展这项工作。

第一,可以采取个体与群体相结合的办法。在研究力量的组合上,既要发挥群体的优势,也要显示个体之所长。经过了近百年的艰苦奋斗,一支颇具规模的修辞学队伍已经成长起来,涌现了一批研究古今汉语修辞的学者,这就为深入而系统地研究汉语修辞史创造了相当优越的智力条件。因此,组织力量开展修辞史的攻坚是可能的,有基础的。

第二,可以进行整体与部分的分别或分期研究。我们可以努力创造条件进行修辞通史的研究,也可以集中精力开展断代史的研究,可以研究某一时期的修辞史,也可以对某一专书进行修辞的研究。当然,也可以换个角度,研究修辞某一领域的历史发展。例如,可以研究汉语的语体演变史(像"汉语韵文修辞史"、"汉语散文修辞史"等),辞格发展史,甚至也可以研究某一语体或某一辞格的历史演变。

总之,研究的角度是多方面的,研究的课题也是丰富多彩的。

在我们欢庆郑子瑜先生《中国修辞学史稿》出版 10 周年的时候,他多次倡导编写修辞史的声音又回荡在耳边,他充满信心的微笑和殷切期盼的神态,历历如在眼前。我们相信经过大家不懈地努力,郑子瑜先生的宏愿是可以实现的,历史赋予我国修辞科学的这一使命是可以完成的。

中国古代修辞学史的回顾[①]

在对20世纪的修辞学进行研究的时候,我们必须对20世纪前中国修辞学的状况有一个科学的了解。因为历史是不能割断的,了解了20世纪前中国修辞学的发展状况,对于20世纪这100年间中国修辞学的现状就会有正确而清醒的认识。中国的现代修辞学与古代修辞学有哪些本质的不同,有哪些发展和创造,有哪些经验和教训,都需要我们进行探讨,加以总结,以利于学术的继承和革新,以利于中国修辞学今天的建设和明天的发展。这又证明了历史也是不断进步的,前进的,创新的。

当然,历史的发展有快有慢,有量的扩大和质的飞跃。历史不可能是等速前进的,也不可能一直是直线前进的。如果把中国的修辞学史进程展开的话,20世纪之前和20世纪之后恰恰分成了两个不同的阶段。前者是那样的悠长和缓慢,简直是信马由缰、从容不迫地缓辔而行;后者却是那样的迅猛和疾速,简直是水决龙门、汹涌澎湃地奔流前进。

一、中国古代修辞学的萌芽和成长

中国的修辞学研究源远流长。

早在周秦之前,我国就有关于修辞研究的记载了。郑子瑜认为,在甲骨金文中已有谈论修辞的内容。[②] 在先秦诸子的著作和经传中,几乎都含有对修辞理论的论述。老子在《道德经》中认为:"信言不美,美言不信。"孔子则

[①] 原载《二十世纪的汉语修辞学》第一章,太原:书海出版社,2000年。
[②] 郑于瑜:《中国修辞学史》,台北:台湾文史哲出版社,1990年,第16~26页。

说:"言之无文,行而不远。"(《左传·襄公二十五年》)并提出:"情欲信,辞欲巧。"(《礼记·表记》)墨子也说:"辟也者,举他物而以明之也。"(《墨子·小取》)这是对比喻的论述。《孟子·万章上》:"《云汉》之诗曰:'周余黎民,靡有孑遗。'信斯言也,是周无遗民也。"这是对夸张的阐释。最早把"修辞"二字连起来使用的是《周易·乾·文言》。它说:"修辞立其诚,所以居业也。"孔子还把"言语"作为一科进行教学。先秦诸子的著作和经传对修辞理论的论述,虽然只是吉光片羽,零珠碎玉,但可以充分地说明,修辞研究在那时已经开始萌芽了。

两汉时期对先秦的修辞思想有所继承和发展。主要集中在对文与质、辞与意的关系上进行阐发。先秦道家疾伪主朴,强调表达的本色,墨家和法家也主张尚质重用,儒家则强调文质并重。到了汉代,《淮南子》综合各家,提出"必有其质,乃为之文"[1]的主张。董仲舒则尊崇儒家的观点,要求"质文两备"。[2] 儒家的这种修辞思想逐渐居于统治地位。在修辞上,要求做到文质并重,言文一致。针对两汉时期辞赋盛行,不少辞赋雕琢靡艳,华而不实,司马迁、桓谭、桓宽、班固、王充、王符等均加以抨击。特别是王充打出了"疾虚妄"的大旗,对"调文饰辞"的"奇怪之语"、"虚妄之文"[3]大加挞伐,起了积极的作用。当然王充的观点也有其片面性。"疾虚妄"不等于去修饰。对于有利于表达思想的一些修辞技巧和艺术加工,还是需要的。早期的司马迁就很称赞文辞的美质,刘向提出"辞不可不修,说不可不善"[4]的主张,应该说,文质并重、辞意一致这个儒家的观点,还是居于主导地位的。

两汉时期,在修辞手法的探讨上也比先秦有所发展。董仲舒的《春秋繁露》对《春秋》的用辞技巧,做了具体的论述。刘向在《说苑·善说》篇中说了惠子向梁王用比喻说明道理的故事,阐发了比喻"以其所知谕其所不知而使人知之"的功用。王符在《潜夫论·释难》中也指出了"夫譬喻也者,生于直告之不明,故假物之然否以彰之",论述了比喻产生的原因。《诗大序》把"比兴"作为诗歌的一种表达方法。郑众、郑玄对"比兴"的特点和运用,作了明确的

---

[1] 《淮南子·本经训》。
[2] 《春秋繁露·玉杯》。
[3] (汉)王充:《论衡·对作》。
[4] (汉)刘向:《说苑·善说》。

说明,把"比兴"作了新的界说。① 王逸在《离骚经序》中通过《离骚》设喻的选取喻体的不同,总结出"引类譬喻"的修辞特点。再如夸张,到了汉代,雕琢藻饰的浮靡文风遭到了一些有识之士的批评,其中也牵涉夸张手法的运用。集中的代表是王充,他写的《语增》、《儒增》和《艺增》,对文风中的夸张采取了否定的态度。但是在阐述这种态度的字里行间,对夸张这种修辞手法的作用和价值仍然给了充分的肯定。在《儒增》篇中,他说:"夫为言不益,则美不足称;为文不渥,则事不足褒。"在《艺增》篇中,他说:"故誉人不增其美,则闻者不快其意;毁人不益其恶,则听者不惬于心。"这就从表达与理解两个对立的方面,说明了夸张辞格的价值和作用。这些都反映了两汉时期比先秦的修辞研究已大大地向前发展了。其他如"讳饰"、"引用"、"析字"等修辞手法,也有详略不一的论述,反映了这方面的继承和发展,不再赘言。

魏晋南北朝是我国古代修辞学发展的一个重要时期。政治上的长期分裂和战火的连绵不绝,各种思想门派不断涌现。在东汉已逐渐动摇了的儒家思想一统局面,这时已完全被打破。东京之末,"节义衰而文章盛"②,文章被称为"经国之大业,不朽之盛事"③。文章之学的兴盛,为修辞学的发展带来了良好的契机。修辞学的迅速发展形成了我国历史上的第一座高峰。

首先,文体论盛极一时。如果说东汉对文体已有所认识(如《后汉书》中的《蔡邕传》、《冯衍传》等仅列出某些文体),到了魏晋南北朝时期,对不同文体的修辞特点则已经进行研究和分析了。曹丕的《典论·论文》就指出:"夫文本同而末异,盖奏议宜雅,书论宜理,铭诔尚实,诗赋欲丽。"陆机发展了曹丕的思想,对十种文体加以论述,比曹丕准确、深入:"诗缘情而绮靡,赋体物而浏亮,碑披文以相质,诔缠绵而凄怆,铭博约而温润,箴顿挫而清壮,颂优游以彬蔚,论精微而朗畅,奏平彻以闲雅,说炜烨而谲诳。"晋代挚虞的《文章流别论》、李充的《翰林论》对不同文体中的修辞均有所论述。到了南朝梁刘勰的《文心雕龙》,文体论已经构成一个多层次的系统了。他把文体先大分为"文"、"笔"两类,从第5篇《辨骚》到第25篇《书记》,论述了33种不同的文

---

① 郑众云:"比者,比方于物也;兴者,托事于物。"郑玄云:"比见今之失,不敢斥言,取比类以言之;兴见今之美,嫌于媚谀,取类以劝喻之。"见郑玄《周礼》注。

② (清)顾炎武:《日知录》卷十三。

③ (三国)曹丕:《典论·论文》。

体,阐明了它们各自的语言特点和表达功能,并对文体间的异同进行了比较分析。可以说是当时文体修辞论的集大成者。

其次,作家语言和风格研究空前繁荣。汉代对作家语言的研究,时有涉及,但并不自觉,而且往往是个别的、局部的论述。到了魏晋南北朝时期,对作家语言和风格的研究已较为全面而自觉。曹丕的《典论·论文》,论述了王粲、徐干、陈琳、阮瑀、应玚、刘桢、孔融的语言特点,并进行了比较,指出他们的长处和不足。《与吴质书》对他们的修辞技巧再次进行评论。晋代葛洪的《抱朴子》、梁朝沈约的《谢灵运传论》、萧子显的《文学传论》,都对一些作家的修辞特点加以论述。但论述面最广、最细致的当推刘勰和钟嵘。刘勰的《文心雕龙》对不同时代的不同作家的修辞特点大都进行了具体的分析,不少还涉及具体篇章的修辞技巧。钟嵘的《诗品》对一百多位诗人都加以评论,对诗人的修辞技巧的阐述,也较《文心雕龙》细致,并且指出其来源。《文心雕龙·体性》篇,论述了作家的语言风格的形成与才、气、学、习的关系,并把风格分为典雅、远奥、精约、显附、繁缛、壮丽、新奇、轻靡八体。对作家语言风格的评论在这时似乎已成为文坛上的一种时尚,这方面的文章很多,但最有代表性、最突出的还是刘勰和钟嵘。

第三,辞格研究的系统和深入。先秦和两汉,对一些辞格(如比喻、夸张等)曾进行了一些论述,都比较简略、概括。到了魏晋南北朝时期,辞格论已相当深入,并已初步系统化。其中最主要的当推刘勰的《文心雕龙》。刘勰的《文心雕龙》有许多篇是专论辞格的。如比喻(《比兴》)、夸张(《夸饰》)、摹状(《物色》)、对偶(《丽辞》)、引用(《事类》)、婉曲(《隐秀》)。其他如《谐讔》、《明诗》中论述了析字,《声律》中涉及了飞白等也是。刘勰对辞格的论述比较全面,包括辞格的成因、类别、修辞作用、运用原则等,都加以详细的阐发。如《比兴》篇,论述了比兴的起因、发展和变化。指出了比与兴的区别("比显而兴隐"),并将比喻分为"喻于声"、"方于貌"、"拟于心"、"譬于事"数类,并一一举例加以说明。用"物虽胡越,合则肝胆"、"惊听回视,资此效绩"说明比喻的修辞作用,"以切至为贵"说明比喻运用的原则。这些篇章充分证明了《文心雕龙》已达到我国古代辞格研究的最高成就。除《文心雕龙》外,梁代任昉《文章缘起》中对析字格的论述、北齐颜之推《颜氏家训》中对避讳、仿拟等格的论述也很有特色。

第四,词、句、篇的修辞研究的兴起。两汉时期,在用词、造句方面已有所研究,但比较零碎,到了魏晋南北朝,不管从广度和深度上都远远超过了两汉时期。晋代左思的《三都赋序》对汉赋中的用词虚假,进行了批评。刘勰的《文心雕龙·指瑕》篇,评论了前贤文章在用词上的种种瑕疵。后来北齐《颜氏家训》的《文章》篇,也提到了这一点。特别值得提出来讨论的是,《文心雕龙》对词、句、篇的关系的论述是相当科学的。他的《章句》篇认为,写文章因字生句,积句成章,积章成篇。篇完成得好,因为章无毛病;章写得好,因为造句都不错;句子造得好,因为词用得很对。把用词作为写文章的一项基础训练,这是很有见地的。关于用词,他在《练字》篇中提出了"避诡异"、"省联边"、"权重出"、"调单复"的修辞要求,造句的长短变化要"应机之权节",他很重视语序和音律。他认为"效奇之法,必颠倒文句,上字而抑下,中辞而出外,回互不常,则新色耳"(《定势》)。所以要"搜句忌于颠倒,裁章贵于顺序"(《章句》)。刘勰还对句中虚词的不同分布位置及其表达作用进行了分析。在音律方面,沈约在《谢灵运传论》中就提出了句中调和音节的重要性:"欲使宫羽相变,低昂互节;若前有浮声,则后须切响。一简之内,音韵尽殊;两句之中,轻重悉异。妙达此旨,始可言文。"在诗歌中,必须根据文字的气调而换韵。刘勰在《章句》篇中指出:"然两韵辄易,则声韵微躁;百句不迁,则唇吻告劳。"而"折之中和",才能"庶保无咎"。关于句子的繁简,刘勰在《熔裁》篇说:"句有可削,足见其疏;字不得减,乃知其密。"他认为:"思赡者善敷,才核者善删。善删者字去而意留,善敷者辞殊而意显。字删而意阙,则短乏而非核;辞敷而言重,则芜秽而非赡。"这话说得极为有理。在篇章修辞方面,刘勰提出的总纲领是:"总文理,统首尾,定与夺,合涯际,弥纶一篇,使杂而不越者也。"(《附会》)大块文章要依源循干来组织支流和枝叶,注意条理性。在结构上要求首尾周密,表里一体。在语言运用上要注意连贯性和前后照应。"然章句在篇,如茧之抽绪,原始要终,体必鳞次。启行之辞,逆萌中篇之意;绝笔之言,追媵前句之旨;故能外文绮交,内义脉注,跗萼相衔,首尾一体。"(《章句》)

到了魏晋南北朝,修辞学研究的范围,大都涉及了。刘勰的《文心雕龙》贡献尤大,其中不少论述,长期为学者所引用,至今仍给人们以启迪。《文心雕龙》的问世,牢固地奠定了刘勰作为我国古代修辞学大师的崇高地位,使他成为世界修辞学的伟人。他不仅影响了我国一千多年修辞学的发展,在国际上,特别是在东亚,也产生了巨大的影响。①

《文心雕龙》不完全是一部修辞学著作,修辞论述只是其中的一个部分。这种学科上的混生现象,在许多科学的发展过程中,是正常的,也是必然的。但是我们必须看到,《文心雕龙》对修辞的论述,在当时已达到相当的广度和深度。它对许多修辞手法的论述,达到了空前的高度,在世界的修辞学史上登上了新的峰巅。

二、中国古代修辞学的发展和深入

隋唐五代,在各个不同的文体领域,修辞研究走向深入,出现了重要的史论、文论、诗论修辞的成果。

先说史论中的修辞论。唐代刘知几参加修史多年,深感官修之弊,难以秉笔直书,于是私撰《史通》阐述其见解,其中论述修史的原则、方法时,涉及许多修辞问题。他认为,史书应"以实录直书为贵"②。在语言运用上,"以简要为主",要做到"文约而事丰"③。在语言格调上,要求"辩而不华,质而不俚,其文直,其事核",反对史书中的"华多于实,理少于文,鼓其雄辞,夸其俪事"④的表达方式。在语言材料上,他反对因袭古语来记今事,提出记当时口语的观点。他提出,史书中不能滥用对偶、夸张、比拟,主张用含蓄委婉的手法:"斯皆言近而旨远,辞浅而义深,虽发语已殚,而含意未尽。使夫读者望表而知里,扪毛而辨骨,睹一事于句中,反三隅于字外,晦之时义,不亦大哉!"⑤

再说文论中的修辞论。针对六朝的靡艳文风,自隋至唐初,李谔、魏徵、陈子昂等不断进行批评,韩愈、柳宗元领导了古文运动,主张复兴两汉以前的古文,但在语言运用上却反对复古。提倡意须师古,"词必己出"。要求"文从

---

① 《文心雕龙》大约在唐代中晚期传到日本和朝鲜,在文化界产生广泛的影响,至今已有一千多年。在欧洲的流传则是19世纪中叶以后的事。20世纪以后,亚、欧、美等地已出现了一大批研究《文心雕龙》的成果。见林其锬《把"文心雕龙学"进一步推向世界——〈文心雕龙〉研究在海外的历史、现状和发展》,《文心雕龙研究》第一辑,北京:北京大学出版社,1995年。
② 《史通·惑经》。
③ 《史通·叙事》。
④ 《史通·论赞》。
⑤ 《史通·叙事》。

字顺各识职"①,"惟陈言之务去"②。讲究语言接近现实,讲究语言的创新,对后世产生了积极的影响。

第三,诗论中的修辞论。唐代是我国诗歌发展最为灿烂辉煌的时代。诗歌的种种形式和格律,这时已臻于成熟,诗歌的修辞理论也较为丰富。主要集中于上官仪《笔札华梁》,元兢《诗髓脑》,李峤《评诗格》,崔融《唐朝新定诗格》,王昌龄《诗格》、《诗中密旨》,皎然《诗式》、《诗议》、《诗评》、齐己《风骚旨格》,司空图《二十四诗品》等著作,以及李白、杜甫、白居易、杜牧等人的众多诗文篇什之中。首先,唐代诗歌修辞理论注意把声律和修辞结合起来,论述了多种弊端(如《文镜秘府论》就举出28病之多),把声律和意义的表达、偶句的创造结合在一起。对各种对偶类型都作了分析和说明(如《文镜秘府论》编辑了29种对偶类型),虽然失之烦琐,但却说明了研究之细微。在声律方面,提出创造诗句时,谐调四声,采取"换头"、"护腰"、"相承"等修辞方法。在诗论中,阐发了比喻、借代、婉曲、双关、仿拟、引用、回文、析字等都很有特色。像比喻,不仅论述了比喻的种种类型,而且还分析了喻体的选取以及喻体含义的类型化等。对于诗歌的语言风格,李白称道"清水出芙蓉,天然去雕饰"③,杜甫赞美"飘然思不群"的李白,赞美"清新庾开府,俊逸鲍参军"。④皎然的《诗式》论述了多种风格。司空图的《二十四诗品》则是一部论述诗歌语言风格的专著。这本书以诗论诗,从读者品位的角度来论述诗歌的各种风格,形成了自己独特的研究个性。这里值得指出的是,日本僧人空海的《文镜秘府论》一书。空海于唐德宗贞元二十年(公元804年)来华留学,三年后返日,他将多方搜集的中国典籍编纂成《文镜秘府论》一书。前面列举的唐代不少典籍,多已散佚,但《文镜秘府论》中保存了不少有价值的资料。它一直在日本广为流传,是学习汉语和汉文学的重要著作,也反映了中国古代修辞理论对日本的影响和传播。

宋金元时期是继隋唐五代之后,继续拓宽研究领域的丰收时期。

北宋初期开始的以柳开、石介、欧阳修为代表的新古文运动,反对西昆派

---

① (唐)韩愈:《南阳樊绍述墓志铭》。
② (唐)韩愈:《答李翊书》。
③ (唐)李白:《赠江夏韦太守良宰》。
④ (唐)杜甫:《春日忆李白》。

的轻靡文风,提倡朴质淡雅、平易畅达的散文。后来,司马光、王安石、苏轼、黄庭坚等,也有相似的论述。但最为突出的则是南宋的陈骙。他写的《文则》是我国第一部修辞学的专著。《文则》论述修辞相当全面,从修辞的原则和方法、词句篇章修辞,到辞格、文体、风格,都加以论述。虽分为10项62条,却互有联系,自成系统。

在修辞的原则和方法方面,他强调"得体"的重要。认为语言的缓急轻重,都生于意,都由于"意"的要求。关于"得体"、"有宜",他用了两个比喻来说明,极有说服力:"靥子在颊则好,在颡则丑。"(戊十条)"凫颈虽短,续之则忧;鹤颈虽长,断之则悲。"(己二条)根据不同的情况运用不同的表达形式,这的确是修辞的一条根本性原则。在修辞的研究方法上,《文则》较多地运用了比较法。例如,把《仪礼》和《论语》的语言进行比较,前者"事涉威仪,文苦而难读",[①]后者"言关训则,文婉而易观"。又如,把不同时代的典籍《论语》和《孔子家语》进行比较,把同一本书《左传》或《史记》进行比较,评论其得失和异同。尽管陈骙并不是最早运用比较法来研究修辞的,但集中而突出地运用这种方法则应属《文则》。当然,这里的运用还稍嫌粗疏,有些比较也不尽准确和恰当。

《文则》在消极修辞方面的论述是相当全面的。在用词上,要求浅近、通俗,多用当时民间之通语,甚至表达特定风土之"常语"(方言词),反对"搜摘古语,撰叙今事"(甲八条)。要求用词明确,反对用"病辞"、"疑辞",免得引起歧解。要求贴切自然,用词不必刻意雕饰,而自然和谐。[②] 在造句上,《文则》提倡简约,要"言简理周"(甲四条)、"言简旨深"(己一条),反对"辞约意疏"(戊七条)、"旨深意晦"(己一条)。提倡造句长短有宜,轻重缓急得当。在篇章上,要注意上下文的衔接和连贯,"载事之文,有先事而断以起事也,有后事而断以尽事也"(丁五条)。注意表达上总括与分述的安排(丁四条有"先总而后数之"、"先数之而后总之"、"先既总之而后复总之"三类)。《文则》中论述到词性的变异,名词作动词用,不仅解释其动作义,而且指出"用其字为有力"的修辞效果。《文则》中论述了虚词的运用,认为"文无助则不顺",有的句子中的助词占了很多,也不嫌其多,"读之殊无龃龉艰辛之态"(乙一条),又归结

[①] 《文则·戊四条》。
[②] 《文则·甲三条》。

到修辞效果上来了。有的句子运用助词是协韵的需要(己六条,"此则用'焉'词,而'能'、'极'、'服'、'则'为协")。看起来,似乎这里论述是语法,其实质还是落在修辞上。

《文则》在积极修辞,如辞格方面的论述,也十分有价值。像比喻,陈骙认为比喻的作用在于达情尽意(丙一条),他把比喻分为十类①,其中包括明喻(直喻)、借喻(隐喻)、暗喻(简喻)、引喻(对喻)。其他属于比喻的表达类型的,如博喻即铺陈式比喻,类喻即分承式比喻,评喻即包孕式比喻,诘喻属比喻与反问的合用,引喻是比喻和引用的合用。这些分类注意到语言的运用特点②,这是超过前人的地方。像排比,《文则·庚一条》指出:"文有数句用一类字,所以壮文势,广文义也。""用一类字"是排比语言形式的特点;"壮文势,广文义"是排比的修辞作用。像引用,《文则·丙二条》论述了引用的源流、类别和作用,相当详尽。在《文则·丁一条》论述了"层递"格,分为"积小至大"、"由精及粗"、"自流极原"三类。在《文则·甲七条》论述了"对偶"格,分为"意相属而对偶"、"事相类而对偶"两类,认为对偶应"浑然而成",不要"有意媲配"。这是从语义上加以论述的。其他如"设问"(丁七条)、"析字"(乙三条)、"反复"(丁二条、丁六条)等格均有所阐发。在辞格的论述上,陈骙紧紧把握住语言这个特点,在近千年前的宋代是难能可贵的。

陈骙对文体风格的论述也自有特色。他考察了《左传》后,分析了其中所包含的不同文体的风格:"一曰命婉而当,二曰誓谨而严,三曰盟约而信,四曰祷切而悫,五曰谏和而直,六曰让辩而正,七曰书达而法,八曰对美而敏。"(辛条)并对"命、誓、盟、祷、谏、让、书、对"这八种文体一一举例证实。关于《左传》一书,他认为风格是"富艳"(己一条)。《考工记》中,他根据不同的语句,分为三种不同的风格:"一曰雄健而雅,二曰宛曲而峻,三曰整齐而醇。"(己四条)他将风格深入到一本书或一篇文章、一个语句的内部,也是前人所不及的。

宋代论述文章修辞的还有沈括、孙奕、陆游、洪迈、罗大经、叶梦得、朱熹、李耆卿、吕祖谦、吕居仁、任广等,他们都提出了一些有价值的见解,限于篇幅,不一一阐述。

---

① 只有虚喻一类不属于比喻。
② 如"直喻","或言犹,或言表,或言如,如言似,灼然可见"。

金元时期的王若虚和陈绎曾在修辞研究上也是有很大贡献的。

金代王若虚的《滹南遗老集》,对经书、史书及文章中的修辞问题加以甄别辨析,论其得失,虽然也有一些失当之处,但确有不少是真知灼见。例如:在用词上要务求准确。他认为,《史记》中"其人有坚忍质直"一句中"有"字用得不妥(卷十九《杂辨》)。《新唐书》中乱改成语,将"疾雷不及掩耳"改为"震霆不及塞耳","不惟失真,具其理亦不安矣"(卷二十二《〈新唐书〉辨》上)。对虚字运用的辨析,也尤为细致。又如:在语句组织上,他认为不能以字数多少论繁简,而应"求其当否"(卷三十四《文辨》)。他对《史记》中的重复繁冗和《新唐书》中的苟简残缺都进行了批评。他评论《醉翁亭记》中的"泉香而酒洌"的语序变化,认为是旋造。他评论《归去来辞》中有"遥想而言之"和"追忆而言之"两种示现格。

元代陈绎曾的《文说》,对"用事法"(即"引用"格)说得最为细致。他分为"正用、反用、借用、暗用、对用、扳用、比用、倒用、泛用"九类,并加以说明。他还认为,不言"吉日兮良辰",而言"吉日兮辰良",这种语序变化,可以使"句法便健倍"(《文说·造语法》)。用词方面,他很注意与声音的配合。"若音当扬,则下响字,若音当抑,则下喑字。"用古语词,"须求的当平实者用之",用新词,"亦须得当,新奇,不怪僻,令读之若出于自然乃善"(《文说·下字法》)。这些都是很有价值的。

这个时期,诗歌修辞理论有了新的特点。欧阳修率先撰写了《六一诗话》后,许多诗话接踵出现。如宋代有洪迈《容斋随笔》、罗大经《鹤林玉露》、叶梦得《石林诗话》、周紫芝《竹坡诗话》、张戒《岁寒堂诗话》、胡仔《苕溪渔隐丛话》、魏庆之《诗人玉屑》、严羽《沧浪诗话》,金代有王若虚《滹南诗话》,元代有方回《瀛奎律髓》、杨载《诗法家数》及范德机《木天禁语》、《诗学禁脔》等。这些随笔式的诗话中,不乏修辞的理论探讨。其论述范围相当广泛,虽然只是片断、具体的研究,却常有深刻精辟的见解。像诗歌的语言风格,欧阳修在《六一诗话》中,对同时代的梅尧臣和苏舜钦作了比较:"圣俞、子美齐名于一时,而二家诗体特异。子美笔力豪隽,以超迈横绝为奇;圣俞覃思精微,以深远闲淡为意。"最多的是探讨词句锤炼和辞格运用的。如宋代滕元发诗句:"野色更无山隔断,天光直与水相连。"、"直"字太露太浅,不如改为"自"较为含蓄蕴藉(《竹坡诗话》)。王安石的"春风又绿江南岸"的修改过程,已成为炼字上传诵的佳话,即来自洪迈的《容斋续笔》。黄庭坚提出"点铁成金"[①]说。胡仔也说:"诗句以一字为工,自然颖异不凡,如灵丹一粒,点石成金也。"[②]所谓"诗眼"、"炼字"等说,可以说是俯拾皆是。辞格方面,如比喻、比拟、引用、婉曲、双关、对偶、仿拟、析字等也论述较多,不胜枚举。在诗话的影响下,宋金元还出现了大量词话。像胡仔《苕溪渔隐丛话》中就有不少论词的内容。许多诗话和笔记中包含了不少词话的篇什。王灼的《碧鸡漫志》、沈义父的《乐府指迷》、张炎的《词源》、陆辅之的《词旨》则是这方面的专著。元代周德清的《中原音韵》中有"作词十法",论述了不少北曲修辞的内容。

三、中国古代修辞理论全面而广泛的演进

明清两代,我国的封建社会已进入最后阶段。在文坛上,明清两代崇古复古与反崇古复古的斗争贯穿了数百年。明中叶以后,资本主义经济的萌芽促进了戏曲和小说的飞快发展,戏曲和小说修辞的研究也上了一个新的台阶。这就形成了诗文、戏曲、小说修辞全面发展的新景象。

先谈诗文修辞理论。宋代以后,程朱理学的兴起,儒家思想成为统治人民的思想武器,成为几百年来的统治思想。从明初开始,以方孝孺、宋濂为代表,崇尚复古。方孝孺在《张彦辉文集序》中说:"不师古,非文也,而师其辞又非也。可以为文者,其惟学古之道乎?"宋濂在《文原》中说:"余之所谓文者,乃尧、舜、文王、孔子之文。"在《答章秀才论诗书》中主张"师其意"而不"师其辞",经过弘治到隆庆的前后七子大力倡导,复古之风弥漫了整个文坛。其间虽然也受到王慎中、唐顺之、归有光、茅坤及袁宏道、袁宗道、袁中道等的批评,但终因其理论的不彻底,并未能改变这一局面。到了清代,崇古之风仍很盛行。从钱谦益、冯班到桐城文派乃至林纾,都尊古崇古,有的不仅"师其意",而且连语言形式也要模拟,但是清代反对崇古复古之风的人是很多的。如顾炎武就反对模拟复古,黄宗羲提出语言不避通俗,"街谈巷语,邪许呻吟,

---

① 《黄山谷诗话》。
② 《苕溪渔隐丛话》。

无一非文"①,"凡九流百家,以其所明者,沛然随地涌出,便是至文"。② 后来的龚自珍认为,"尊徒不屑谭贾孔,文体不甚宗韩欧"。③ 黄遵宪更是明确提出了"我手写我口"④的先进主张。新的革新思潮已开始汇聚,复古的修辞论才逐渐趋向没落。应该看到,明清两代在修辞理论的论述上,有些是很有意义的,有的还有新的进展和突破。如"辞达而已矣"。刘绘批评了不加雕饰便是辞达的说法,提出"文章雕饰,自不可少,深厚尔雅,乃其要焉"⑤的观点。方以智提出"达"有各种不同的情况,"今以浅陋为达,是乌知达哉"⑥焦竑则进一步阐述了"心"、"口"、"手"一致的观点:"世有心知而不能传之以言,口言之而不能应之以手;心能知之,口能传之,而手又能应之,夫是之谓辞达。"⑦与反复古辞达相联系的是,在语言运用上主张用当代语言,用流俗语,忌艰奥晦涩的文字,用明白晓畅的语言,则是一个巨大的进步。袁宏道在《雪涛阁集序》中说:"夫古有古之时,今有今之时,袭古人语言之迹而冒以为古,是处严冬而袭夏之葛者也。"赵翼在《瓯北诗话》中也说:"眼前景,口头语,自能沁人心脾,耐人咀嚼。"(卷四白香山诗)⑧他的几首《论诗绝句》更能反映出他反对复古、追求创新的精神。⑨ 袁枚认为:"村童牧竖,一言一笑,皆吾之师,善取之皆成佳句。"(《随园诗话》卷二)⑩对于崇古派,有两点是必须明确的。第一,崇古派在历史上起过积极的作用,对后世有相当的影响。如明初反对台

---

① (清)黄宗羲:《明文案序》。
② (清)黄宗羲:《论文管见》。
③ (清)龚自珍:《常州高材篇》。
④ (清)黄遵宪:《杂感》:"我手写吾口,古岂能拘牵?即今流俗语,我若登简编。五千年后人,惊为古斓斑。"
⑤ (明)刘绘:《答祠郎熊南沙论文书》。
⑥ (明)方以智:《文章薪火》。
⑦ (明)焦竑:《苏长公外集序》。
⑧ 赵翼赞扬白居易诗的平易明白,通俗如话。但反对将俚言俗语阑入诗中。他在"卷六陆放翁诗"的评论中,对陆游像杨万里那样在诗中用的俚言俗语,讥为"下劣诗魔"。
⑨ 赵翼《论诗绝句》多首,强调语言的创新。如"李杜诗篇万口传,至今已觉不新鲜。江山代有才人出,各领风骚数百年"。其他论诗的诗也多有这方面的论述。如"诗文随世运,无日不趋新"(《论诗》)。"不创前未有,焉传后无穷"(《论杜诗》)。
⑩ 此则中袁枚举例说明其学习群众语言的情况:"随园担粪者,十月中,在梅树下喜报云:'有一身花矣!'余因有句云:'月映竹成千个字,霜高梅孕一身花。'余二月出门,有野僧送行,曰:'可惜园中梅花盛开,公带不去。'余因有句云:'只怜香雪梅千树,不得随身带上船。'

阁体的不良文风以及影响到以后的某些学派。第二,崇古派内部思想也是很复杂的。有的就主张只师古意,而不师其辞;有的到了后期也认为必须从群众语言中吸取营养。① 明清两代,出现了众多的诗文流派,如茶陵派、前后七子、唐宋派、公安派、后五子、竟陵派、浙西派、桐城派、阳湖派、常州派、宋诗派等,加上杨慎、李贽、焦竑、艾南英、黄宗羲、顾炎武、王夫之、叶燮、王士祯、沈德潜、袁枚、赵翼、章学诚、阮元、包世臣、龚自珍、刘熙载、俞樾等,构成了明清两代诗文修辞理论上色彩纷繁的丰盛景象。现举两例略加评述:

明代吴讷的《文章辨体》和徐师曾的《文体明辨》是专门研究文章体式的著作。吴讷分了57种文体,徐师曾在吴书基础上评分了127种文体。他们认为,"文辞以体制为先",阐述了各种文体的表达要求和风格特点。分类之多,辨析之细是前所未有的。其中汇集了前人的不少论述和修辞资料。清代汪中的《释三九》是一篇科学的修辞论文。他揭示了数词修辞的规律,指出数词有实数和虚数的区别。虚数具有特定的表达作用:"凡一二之所不能尽者,则约之三以见其多;三之所不能尽者,则约之九而见其极多;此语言之虚数也","推之十百千万,固亦如此。故学古者通其语言,则不谬其文字矣"。汪中的观点对后世影响很大,已成为学者的共识。他还探讨了婉曲和夸张两种手法。陈望道、杨树达等学者均加以引用佐证。陈望道认为,古来论夸张辞格最周到的,汪中要算第一。②

继宋金元之后,明清两代也出现了许多重要的修辞学资料汇编的洋洋巨著。如明代费经虞的《雅伦》、清代刘青芝的《续锦机》,就是这方面的代表,其中汇集了丰富的修辞学资料。明清两代出现了众多的诗话、词话,还汇编了一些诗话汇编,如《历代诗话》等。其中有很多闪光的修辞理论,显示出了比以前各时代的更广、更深,具有更高的成就。③

再谈戏曲修辞理论。明初朱权的《太和正音谱》归纳出有关散曲对偶的合璧对、连璧对、鼎足对、联珠对、隔句对、鸾凤和鸣对、燕逐、花对等7种对式及叠句、叠字等体式;论述了散曲15种体式的风格特点,并对元至明初的众

---

① 李梦阳晚年写的《诗集自序》就认为,"今真诗乃在民间",文人学子则"出于情寡而工于词多"。又说:"夫途巷蠢蠢之夫,固无文也。乃其讴也,骂也,呻也,吟也,行咶而坐歌,食咄而寤嗟,此唱而彼和,无不有比焉兴焉,无非其情焉,斯足以观义矣。"
② 陈望道:《修辞学发凡》,上海:上海教育出版社,1982年,第131页。
③ 郭绍虞:《〈清诗话〉前言》。

多散曲和杂剧作家的语言风格,用比喻方式加以具体概括。以后何良俊的《曲论》提倡"本色",要求"清丽流便"、"淡而净"、"如靓妆素服,天然妙丽"、"不浓郁,宜不谐于俗";反对"芜浅"、"文意欠明"和"施朱傅粉,刻画太过"。徐渭的《南词叙录》也主张浅近流畅的本色风格。沈璟很强调声律的和谐,他的套曲《二郎神》,集中反映了他的音律观点。谈到曲词的平仄协调、用韵和句法问题,指出曲与诗句法上的差异。他也主张本色论,提倡浅近通俗的戏曲语言,反对骈丽典雅的文风。明代论述曲的修辞最全面、最精到的当属王骥德的《曲律》。

词语与声律,在曲中是矛盾的两个方面。沈璟要求合律依腔,认为词语要服从声律,甚至说"纵使词出绣肠,歌称绕梁,倘不谐律吕也难褒奖"(见《二郎神》套曲)。汤显祖主张以意趣神色为主,反对按字模声,只要有丽词俊音,不必一一顾九宫四声(《答吕姜山》),甚至说为了表意,"不妨拗折天下人嗓子"(《答孙俟居》)。王骥德则把词语与声律相结合,认为最佳的"神品"应是"法与词两擅其极"(《曲律》卷四)。他批评了沈璟和汤显祖的片面性:"吴江守法,斤斤三尺,不欲令一字乖律,而毫锋殊拙;临川尚趣,直是横行,组织之工,几于天孙争巧,而屈曲聱牙,多令歌者龃舌。"(《曲律》卷四)在词语运用中,他提出要极新、极熟、极奇、极稳;虚句用实字铺衬,实句用虚字点缀;务头须下响字;押韵处要妥帖天成;上下文中的重字要点勘换去,闭口字要少用等。另外在《论曲禁》中提出,声律方面,他反对重韵、借韵、犯韵、犯声、平头、合脚、叠用双声、叠用叠韵、拗嗓、沾唇等,在词语类型上,他反对用方言词语、生造词、俚俗不文雅的词语、太文语、太晦语、经史语、学究语、书生语以及太多的重字、衬字等,可以说是相当全面了。在句法上主张自然,提出意常则造语贵新,语常则倒换须奇的辩证观点。在章法上,他重视结构布局,像造宫室一样,"前后左右,高低远近,尺寸无不了然胸中,而后可能斤斫"。其他如对曲中的引用、对偶、镶嵌等辞格的运用,对南北曲语言风格上的差异均有精到的立论。

稍后,冯梦龙的《太霞曲语》对声律十分注重,吕天成的《曲品》对作家风格作了评述,张琦的《衡曲麈谈》主张"辞、调两到"为"盛事",凌濛初的《谭曲杂劄》提出宾白要"直截道意"、"浅浅易晓"等,均各有特色。

清初李渔的《闲情偶寄》,是"继承总结了前人成果,全面而系统地论述了曲的修辞的著作。这部著作充分反映了中国古代戏曲语言修辞理论的最高水平"。① 主要表现在以下几个方面：

第一，李渔把结构放在第一位，重视词采和音律。他继承了王骥德等人的观点，要精于布局设计，提出了立主脑②、脱窠臼、密针线、减头绪等重要主张，完全为了适应演出的需要。构思时，"袖手于前，始能疾书于后"，"成局了然，始可挥斤运斧"，主次分明，详略得当，使其能"出其锦心，扬为绣口"。

第二，李渔认为，词采上要贵显浅，重机趣。所谓"显浅"，即"话则本之街谈巷议，事则取其直说明言"，不仅令人费解的要反对，就是"初阅不见其佳，深思而后得其意之所在者"，也不是绝妙好词。要求"意深词浅，全无一毫书本气也"。重机趣，即注意语言之间的内部联系。要无断续痕，无道学气。无断续痕，"务使承上接下，血脉相连，即于情事截然绝不相关之处，亦有连环细笋伏于其中，看到后来方知其妙，如藕于未切之时先长暗丝以待，丝于络成之后才知作茧之精，此言机之不可少也"。无道学气首要防止"极腐"，就是谈忠孝节义，悲苦哀怨也要"抑圣为犯，寓哭于笑"，要"十句之中定有一二句超脱"，"一篇之内但有一二段空灵"。要显浅而有机趣，就要力戒浮泛，语忌填塞。要反对为显浅而口流粗俗，语言必须符合人物特点，适应规定的情景。要显浅也要反对堆垛故实，反对多用古事、叠用人名、直书成句等填塞之病。那种"借典核以明博雅，假脂粉以见风姿，取现成以免思索"的病根在于不了解戏曲语言的特点。

第三，李渔在音律方面要求做到守词韵，遵曲语。他反对用拗句，因为"一字聱牙，非止念不顺口，且令人不解其意"。他把宾白和曲文同等看待。"有最得意之曲文，即当有最得意之宾白"，认为"宾白之文，更宜调声协律"。因为"一句聱牙，俾听者耳中生棘；数言清亮，使观者倦处生神"。

与李渔同时的黄周星在《制曲枝语》中提出"雅俗共赏"的主张，要求"少引圣籍，多发天然"，深感"新旧传奇中，多有填砌汇书，堆垛典故，及琢炼四六句，以示博丽精工者。望之如饾饤牲筵，触目可憎"，以后黄图珌在《看山阁集闲笔》文学部词曲部分，谈到戏曲运用"纯是口头言语，化俗为雅"，要"字须婉丽，句欲幽芳"。梁廷枏的《藤花亭曲话》则提倡曲文要典雅、含蓄。他说："言

---

① 袁晖、宗廷虎主编：《汉语修辞学史》，太原：山西人民出版社，1995年，第266页。
② 有人把立主脑理解为今天的"主题思想"，这是一种误解。根据李渔和王骥德对"主脑"的论述，可以把主脑理解为一剧中的中心人物和关键情节。

情之作,贵在含蓄不露,意到即止。其立言,尤贵雅而忌俗,然所谓雅者,固非浮词厌之谓。"反对华艳和俚俗。杨恩寿在《词余丛话》中批评李渔,"鄙俚无文,直拙可笑",提倡像《桃花扇》、《长生殿》那样的作品,"其词气味深厚,深古包孕处蕴藉风流,绝无纤亵轻佻之病"。这反映了其对通俗浅显论的拨正。

再次,小说修辞理论跟诗文和戏曲比较起来,更显得薄弱。明清两代是我国长篇小说繁荣的时期。小说理论并没有独立门户,而是掺杂在长篇小说的评点本之中。明代有李卓吾的评点《水浒全传》,清代金圣叹也对《水浒》进行评点。其他如毛宗岗评点《三国演义》、张竹坡评点《金瓶梅》、脂砚斋评点《红楼梦》、卧闲草堂本回评《儒林外史》等等,这些评点有关修辞理论的内容主要是限于词语运用和章法结构方面。例如,《水浒》第二十七回:"武松便……把那个石墩只一抱,轻轻地抱将起来。双手把石墩只一撇,扑地打下地里一尺来深。……武松再把右手去地里一提,提将起来,望空中只一掷,掷起去离地一丈来高;武松双手只一接,接来轻轻地放在原旧安处。"金圣叹评说:"看他提字与提字顶针,掷字与掷字顶针,接字与接字顶针。又看他两段,一段用轻轻地三字起,一段用轻轻地三字止。"

尽管中国古代的修辞研究,延续了数千年之久,但由于政治、经济、文化等方面的原因,却始终未能形成一门独立的学科。它总是和文学批评、文章作法等糅合在一起,成为中国文化的特有传统。

随着中国封建社会逐渐衰落,随着帝国主义的不断入侵,寻找中国出路、寻找富国强兵的真理的中国人,一方面孜孜不倦地剖析和疗救自身的病痛,另一方面用极大的热情和勇气把眼光转向了国外,希望从国外得到拯救中国、振兴中华的强大动力和思想武器。

于是多色多彩的思潮,由于中国先进知识分子介绍、传播,涌进了古老的中国大地,其中也包括国外语文教育等方面的先进理论和经验,特别是语言学方面的先进理论和经验,所以在教育方面,有些有识之士认为,把隐喻在汉语文献中的"规矩"揭示出来,就可以缩短文化的学习过程,以便有充裕的时间学习其他科学理论,"其成就之速必无逊于西人"。[①] 1898年,马建忠的《马氏文通》问世,标志中国现代语法学正式诞生,这是中国语言学界一件划时代

---

① 马建忠:《〈马氏文通〉后序》。

的大事。《马氏文通》是一本语法学著作,其中有不少修辞的内容。① 《马氏文通》的问世,也预示着中国现代修辞学的诞生已指日可待。20世纪的曙光在世界的东方已经熹微可见,中国现代修辞学正像一轮喷薄欲出的朝阳,即将走出茫茫的地平线。

---

① 参见吕叔湘、王海棻《马氏文通读本·导言》,上海:上海教育出版社,1986年,第37～39页。

漫评20世纪90年代台湾的修辞研究[①]

台湾高等学校的中文系课程,多设有"修辞学"一科。不过,在20世纪60年代以前,写成书的很少,60年代以后,修辞学著作陆续出版发行。数量和种类均已相当可观,质量上也不乏上乘之作。其中具有代表性的有:

黄永武:《字句锻炼法》(1969年台湾商务印书馆出版,1995年再版。1986年洪范书店曾出版增订本)

傅隶朴:《修辞学》(1969年正中书局出版)

徐芹庭:《修辞学发微》(1971年台湾中华书局出版,1974年第二版)

黄庆萱:《修辞学》(1975年三民书局出版,1986年增订,1992年增订六版)

董季棠:《修辞析论》(1981年益智书局出版,1992年台湾文史哲出版社重校增订本)

进入90年代以后,台湾的修辞学研究出现了新的上升态势,可以说是到了一个丰收的时期。和大陆日益发展的修辞学相互辉映,构成一幅群星灿烂的壮丽图景。现撷取其中几位修辞学家的成果,加以评述,敬请指正。

一、沈谦的修辞学研究

沈谦的《文心雕龙与现代修辞学》,于1990年益智书局出版。全书30万字,分为五章,第一章"文心雕龙与修辞学"和第五章"结论"属于总论性质,第二、三、四三章分论比兴、夸饰和隐秀等修辞手法。此书是作者潜心研究10年的辛勤结晶,显示了把古今修辞学理论结合起来研究的成果。

[①] 原载《第二届中国修辞学学术研讨会论文集》,高雄师范大学,2000年。

作者深切感到,对《文心雕龙》的研究,"多致力于章句之疏证,罕关评见之论析",对其修辞理论与方法方面的探讨,尤为薄弱;修辞学的研究多局限于字句和创作技巧,很少致力于篇章修辞与实际批评之运用,因此,必须沟通《文心雕龙》与修辞学,这样,不仅能为现代修辞学开拓更广的领域,而且可以为现代修辞学理论的建设奠定基础。

此书的比兴、夸饰、隐秀三章占了全书的大部分。首先,确立界义,对"比"与"兴"、"隐"与"秀"、"夸饰"之得失,以《文心雕龙》为基点,结合古今中外的理论博参广考,熔铸新说,对其修辞学的内涵予以深入辨析。其次,其选例广泛精当,改变了前人列举辞例、语焉不详的缺陷,力求做深入透彻的阐析,不仅能名其妙而识其所以妙。特别是注重篇章的分析,这就改变了某些著作玩味于一词一句之工巧传神的局限,从篇章上做整体的观照,正如作者所说的"豹之一斑固然彪炳,全豹更为可观"。再次,此书还阐明了运用的原则。例如,在夸饰阐述中,从主观感觉与客观现实两方面说明,夸饰与修辞立其诚是相辅相成、并不相悖的,进而从"夸过其理"与"饰而不诬"角度论说运用夸饰的基本准则。在阐明"隐"的运用时,提出了宜于含蓄而不宜晦涩、宜于蕴藉而不宜泄露、宜于委婉而不宜直陈的原则。这些原则的提出都是切合实际、用之有效的。此书旨在结合《文心雕龙》来为现代修辞学开疆辟土,增花添果,这三章从某种意义上说,起着示例的作用,因此,方法论上的意义更大于对三章本身的分析。

此书最后提出的开展修辞学专题研究,特别是开展修辞学整体研究的观点是很有见地的。如把文辞修辞和口语修辞结合研究,把消极修辞和积极修辞一贯沟通作整体研究,是为许多学者所期盼而很少见到实绩的。

可能是因为作者长期从事文学理论研究,对立足于语言学这个基点来阐发修辞理论尚嫌不足。另外,对大陆的修辞学现状了解得不充分、不准确也是此书立论的一个缺陷。

尽管如此,但此书仍然是台湾古今结合、构架严谨、具有理论深度的一部专著。

1991年,由空中大学出版的《修辞学》上下两册,是沈谦修辞研究的又一佳作。

此书初版时为上中下三册,再版时合为上下册。全书约为60万字,共分二十四章。上册第一章至第十二章,为譬喻、双关、映衬、夸饰、婉曲、仿讽、反讽、示现、象征、设问、转化、借代。下册第十三章至第二十四章,为引用、藏词、镶嵌、类叠、对偶、排比、层递、顶针、回文、错综、倒装、跳脱。

作者认为,一个人学习语言艺术大概要经过"拙"、"通"、"巧"、"朴"四个阶段和层次。消极修辞和积极修辞相当于第二和第三两个层次。消极修辞旨在求语言文辞上精确通达、避免弊病;积极修辞旨在求语言文辞之灵动巧妙,姿态横生。此书则是在消极修辞的基础上,专论积极修辞。在论述中,此书有两个观点值得注意。一是作者认为研究修辞,能欣赏、运用修辞之美,一定可以净化心灵,拓广胸襟,提升精神生活美境,享受无穷的美感经验,进而开创健康、快乐、幸福的人生。一是研究修辞可以握其含蕴深厚的文化内涵、其丰盈的文化意义与人文精神。当然,这两点是有着密切的联系的。作者的这个认识比一般对修辞学的功用的论述要深刻得多。

此书对辞格的分析比一般的修辞学著作要全面细致。例如"譬喻"这一章,就花了90页的篇幅。在阐述譬喻的意义时,列举了古今中外各家的理论,用了大量古今中外的语料说明各类譬喻(明喻、隐喻、略喻、借喻、博喻)的运用的类型和结构、方法,然后又进一步阐述了譬喻运用的原则。可以说是相当细致而全面的。

此书是成人教育的自学式教材,具有明确的针对性,所以每章开始有"学习目标",提出具体要求,章后附有"自我评量题目",便于检验学习的质量。特别是章前的"摘要",钩玄提要,把握住纲目和要点,相当有用,例如"夸饰"中的"摘要",在阐述夸饰的定义之后提出了:

> 夸饰的产生因素:1. 主观上由于作者想出语惊人;2. 客观上由于读者的好奇心理。
>
> 夸饰之种类:依题材对象约有五类:1. 空间的夸饰;2. 时间的夸饰;3. 物像的夸饰;4. 人情的夸饰;5. 数量的夸饰。依表达方式分放大与缩小两种。
>
> 夸饰之效用:1. 写景状物则极态尽妍,突显声貌;2. 抒情言志则耸动情感,加强印象。
>
> 夸饰之运用原则:1. 夸而有节,主观方面出于情意的自然流露;2. 饰而不诬,客观方面不可使人误会。

这个摘要中包含的内容比一般的修辞学著作要全面、明晰、精当。可见,作者对每个辞格的理论上的分析与提炼,还是下了很大功夫的,在中国的辞格研究中,应属上乘之作。

此书用例极为广泛,古今中外,无所不包。在现代辞例中,除用了大量的台湾的作品外,还用了大量的大陆当代作家的作品。不仅如此,作者还用了不少典型口语材料、名人名言以及广告语、戏曲、唱词、谚语、歇后语等,可见作者视野的宽阔,同时也反映出作者对口语和常人话语的重视。

沈谦的另一本著作《修辞方法析论》,1992年由宏翰文化事业有限公司出版。全书共246千字,共11篇。即《修辞格辨义》、《论兴之界义与原则》、《论博喻》、《论象征》、《论隐秀》、《论夸饰》、《论偏义复词》、《从譬喻论古诗十九首的艺术技巧》、《嫦娥奔月的象征意义》、《从蜀道难论李白的夸饰》、《修辞学研究的回顾与展望》。这是作者的一本修辞学论文集。

这些论文有不少已被作者的有关著作所吸取,前已论述的,不再重复,现选几篇作评述。

作者的几篇评论修辞手法在具体作品中运用的,写得很有特色。例如,作者细致地分析了夸饰在李白的《蜀道难》中的运用。首先分段逐句进行分析,总结出李白的《蜀道难》在空间、时间、物像、人情方面运用夸饰产生的不同效果,作者还引用黄永武《中国诗学·设计篇》的分行排列和夸饰手法相结合,在参差的笔法中显现出蜀道的高低不平,夸饰手法使高潮迭起,叹为观止。作者还总结出夸饰成功地显现蜀道艰难险峻,是运用夸饰最成功的范例,而这与李白内心洋溢着充沛的生命力和浪漫雄豪的激情是分不开的。这些分析在一般的修辞学著作中很少能见到。再如作者论述古诗十九首中的譬喻的艺术技巧时,指出其运用譬喻的特色是:1.以具体的事物显现抽象的情理。而且基于心理学上的类化作用,善于掌握喻体与喻依之间惟妙惟肖的相似点,使得诗意婉转,耐人寻味。2.以适切的意象呈现丰富的内涵。诗中有些譬喻切合情境,富于联想,以少字含多意,增加文字的稠密度。3.从诗句的灵动到篇章的组织。一些譬喻不仅本身精妙使得诗句灵动,而且在篇章组织中产生效用。从整首诗来看,某些诗句所用的譬喻更有意义。4.譬喻与其他修辞手法兼用,使艺术效果更加美妙。这些都充分反映了作者分析的细致和深入。可以说,在辞格分析中是独具特色的。

作者对偏义复词的论述也是值得称道的。他引用了杨树达、傅隶朴、黄永武、黄庆萱等人的观点,指出偏义复词就是"镶嵌"中的"配字"(杨树达称为

"连及",傅隶朴称为"媵词")。作者分析了大量辞例,指出,偏义复词仍然活跃在现代社会生活中,从文化意义上看,它流露了温柔敦厚的民族性。中国的民族性中正和平,行事不爱走极端,说话不善太直率,运用偏义复词,可使语气舒缓,语意委婉,留下回旋的余地,这些都是作者在修辞理论上的贡献。

二、黄丽贞的《实用修辞学》

黄丽贞的《实用修辞学》,1999年由台湾"国家"出版社出版,全书三十三万五千字,分为前言、二十八章和附录三部分。"前言"讲了修辞的实用功能、意义、修辞研究的发展和本书的写作情况,"二十八章"讲了譬喻、示视、映衬、借代、转品、比拟、飞白、摹状(附录:摹情——心觉、移觉和通感的区分)、设问、感叹、呼告、互文、双关、拈连、夸张、量词、数字、藏词和譬解语、对偶(附录:认识鼎足对)、回文和回环、镶叠、引用、析字、仿拟、复叠、排比、层递、顶真共三十多个辞格。"附录"中收了作者的四篇论文,《常用易混修辞格辨识》、《中国诗歌里的修辞手法》、《修辞教学点、线、面》、《修辞在中学国文教学中的应用》。

此书的辞格之间的分界相当细密、明晰,毫厘不爽。例如回文和回环、藏词和譬解语,许多修辞学著作都是混在一起讲述的,正如作者所指出的,它们之间有着明显的差别,应该分为两个不同的辞格。作者指出,回文是建立在方块字形、又"一字一音"的结构条件上的,这是一种刻意追求字序的回绕,顺读逆读都能形成有意义的文字,而回环是"以词或词组为单位的循环结构,自然易得的方便,是近代人普遍爱用的措词方式"。作者认为,"两者是应该厘清界线,各成一格的"。藏词中的歇后,在一些修辞学著作中,和譬解式的歇后语混在一起。作者指出,藏词要用习熟的成语,它基本是一个单一的句子,而隐藏了主要意思的部分。譬解式歇后语,主要是建立在"譬喻"和"解释"两段基本关系的结构上,它和歇后藏词只用一个句子拆开来用的方式并不完全一样。譬解语的两部分都有它的意义,可以单独使用。譬解语故意隐藏了后半,使听者在思而得之下,而恍悟它的意蕴,但是普遍的是,譬喻语之后连解释语也一并提了出来。可见,不管是组成成分,还是表达方式,譬解语和藏词都有明显的不同。所以作者认为,应把譬解语从藏词格中分出来,另立一个"譬解语辞格"。

值得指出的是,作者的"转品"格的研究是明显超过一般的修辞学著作的。例如,作者认为转品是个修辞现象,这与语法上的词性变换是不同的。转品一定要有增强表达效果的修辞作用,作为语法现象的词性变换是不具有特殊的修辞功能的。作者归纳出词类转品的两种方式:直接转品和加附加字转品。这是作者的新发现。特别是作者观察出转品词具有"替代"作用;转品词除保留原义外,还可以衍生新义。这确实是作者的创见。作者说:"转品"词应该有一种"替代"作用,作者完全为了意义表达的需要,灵活运用词性变换的手法,因词义的衍生,造成一个最适切而无可更替的"替代"词。作者最后还指出,运用转品修辞必须要妥帖,用得不当会产生词性错用,造成语辞晦涩费解。以上都是其他修辞学著作很少进行研究和论述的。

作者在这本著作中还创建了"量词"、"数字"、"镶叠"等辞格。当然,这些能否构成辞格,还可以研究。不过对于新建的三个辞格的研究的充实和深入,至少在目前是无人可以比拟的。例如"数字"一格,首先从数字的虚义谈起,由此引发出数字构成的许多辞格(像"数概"、"析数"、"数分"、"精细"、"换算"等),和包含在其他辞格中的数字修辞(像"夸张"、"对比"、"对偶"),并提出新增数字"序列"辞格。数字序列修辞,有同数序列、异数序列。这些内容中的某些部分,在过去的修辞学著作也曾提到过,但像这样充实丰富,这样系统化,这样全面深入的论述,是相当罕见的。

由于作者长期从事师范教育工作,主要承担培养中学语文教师的任务,所以非常注重其实用性。每一辞格都针对范例的含义、用法及文章佳妙处深入阐析说明,对于一些容易含混的地方,详加辨析,对前人的修辞专论认真吸收并进行甄别,对其不完备之处,加以补充、推衍、订正,在论述中特别注意发掘其审美功能和激发其鉴赏的兴味。就从教材这一点来说,这和以前一些修辞学著作构成了一曲修辞教学的和谐动人之乐章。

三、蔡宗阳的《陈骙〈文则〉新论》

蔡宗阳的《陈骙〈文则〉新论》,于 1993 年由文史哲出版社出版。全书四十五万字,共分八章。第一章"绪论"介绍本书的由来和基本内容。第二、三、四章属于基础篇,介绍陈骙的生平与著作,重点论述《文则》的写作动机、版本和校注。第五、六、七章属于论述篇,分别从论修辞的原则、论修辞的技巧、论风格与文体来评述《文则》这部著作。第八章是"结论",评述陈骙在中国修辞学史上的地位和《文则》对后世修辞学的影响。最后是附录:校补后的《文则》全文,属于资料篇。这是迄今为止研究《文则》最全面、最完整、最系统的一部学术专著。

一打开书,人们就被作者的研究功力所折服。首先,作者考察了历代的《文则》的各种版本。其中有元至正十一年(公元1351年)的金陵刊本,明万历年间(公元1573~1619年)的宝颜堂秘笈本,清嘉庆十八年(公元1813年)的治经堂藏书,清嘉庆二十二年(公元1817年)的台州丛书本。还参看了《唐宋丛书》和《说郛》的刻本。手抄本中,考察了日本享保十三年(公元1728年)的刊本,清乾隆四十六年(公元1781年)文渊阁四库全书本,民国五年(公元1916)周锺游《文学津梁》本,民国十一年(公元1922)复刊宝颜堂秘笈本。排印本中则参考了丛书集成初编本(1937年上海商务印书馆排印),万有文库荟要本(1965年台湾商务印书馆出版),国学基本丛书本(1967年台湾商务印书馆出版),在这多达十余种不同版本中进行细致的比较考辨。不仅如此,还参考了大陆和香港出版的一些版本,如刘明晖校点的《文则》排印本(人民文学出版社1960年出版)、刘彦成的《〈文则〉注释》(北京书目文献出版社1988年出版)、谭全基的《〈文则〉研究》(香港问学社1978年出版)等。其搜罗的历代刊印的《文则》版本最完备,吸收的研究成果也是最为丰富,作者所付出的艰辛是相当惊人的,这一方面反映了作者的严谨治学态度和锲而不舍、精益求精的优良学风,另一方面也可以显示作者研究成品的可靠性和科学性。例如,作者透过这些版本对《文则》做了详细的校注,而且利用"附录",把校补后的《文则》全文刊发出来,给研究者和学习者带来了很大的方便。作者这种一丝不苟的研求精神,是很值得学习的。

作者对《文则》的研究也是全面而有深度的。他把《文则》的内容归纳为三个主要方面,即"论修辞的原则"、"论修辞的技巧"、"论风格与文体",基本上概括了《文则》的研究面貌。过去一般认为,《文则》论述修辞的原则主要是自然、简洁和通俗三点,而作者则提出,其原则还应包括恰当、明确,构成五条原则,这个总结是很对的。特别值得提出的是,作者十分注意运用比较法,把《文则》放到修辞学史的长河中去评价论述,不仅可以理出一些修辞理论的发展脉络,而且突出了《文则》这部著作的承上启下的作用。这就摆脱了一般的就事论事的"专书"的分析,从修辞学史的大背景中透视出《文则》的突出地位来。这对人们的教益就远远超过了一本书本身的作用了。

作者的比较研究的方法,还体现在同类研究中找出其异同来,既看到《文则》的继承性一面,又看到《文则》的创造性一面。例如《文则》中的"援引",作者指出,陈骙一方面阐述引用的沿革、作用,在继承前说的基础上,另一方面又把引用分为"以断行事"、"以证立言"两大类。将"以断行事"又分为"独引《诗》以断之"、"各引《诗》以合断之"、"既引《诗》文,又释其义,以断之"三小类;将"以证立言"又分为"采总群言,以尽其义"、"言终引证"、"断析本文,以成其言"三小类。作者指出,《文则》的分类比前人有更多的发展,并非因袭前人说法,是陈骙独特的创见。又如,陈骙将层递分为积小至大、由精及粗、自流极及源三种,相当于现在的递升式层递、递降式层递和原委式层递。作者指出:"陈氏论层递的分类虽然不多,但有首创之功。"再如"析字",《文则》只有"化形析字"、"谐音析字"两种,作者说:"陈氏虽照隅隙,鲜观衢路,但仍有首创之功,功不可没。"

作者还探讨了陈骙研究修辞的方法,认为不外乎比较法和归纳法。由于一些学者偏重于阐述《文则》使用的比较法,对归纳法则论述较少,因此,作者对《文则》使用的归纳法则有较多的补充阐发。

《文则》是我国古代第一部修辞学的专著,以往研究得很不够。作者根据大量的资料对陈骙的生平及其在中国修辞学史上的地位,以及《文则》对于后世修辞学影响,作了实事求是的评价和阐发。

此书论述全面,联系广泛,资料丰富,说理透辟,可以看出,作者眼界相当开阔,用力至勤,非一般人所能企及。

不过,此书虽资料比较丰富,但在一定程度上也淡化或削弱了一些精彩的观点阐发,或者说影响了理论上的深入探讨,冲淡了"新论"的深度。

四、张春荣的三本修辞学著作

张春荣是台湾修辞学界的年轻学者。在修辞学方面,他先后出版了《修辞散步》、《修辞行旅》、《修辞万花筒》、《英语修辞学》等。《修辞散步》,于1991年由东大图书股份有限公司出版,1993年印第九版。全书十九万三千字,分为正文和附录,讲述了十九个专题。如虚实、描绘、博喻、析词、转品、夸饰、借代、顶针、叠字、重出、回文、音节、常字见巧、否定句等。《修辞行旅》,于

1996年由东大图书股份有限公司出版,全书二十一万二千字,讲述了十二个专题。如:二分法、转折、比喻类型、嘲讽与修辞、反衬、对偶、排比、错觉、双关、析词、一字之差、析字等。《修辞万花筒》,于1996年由骆驼出版社出版。全书十三万六千字,共分三辑。第一辑讲述了二十个专题。如:由景入情的结构、构思、博喻、夸饰、移觉、声音、旁衬、双衬、借代、压缩、对偶与兼用、比喻与兼用、夸饰与兼用、修辞策略等。第二辑讲述了十个专题,谈词和句子中的修辞问题。如:复词的运用、色彩的构词、词组的活用、相近词汇、句型安排、句型长短等。第三辑讲述了十个专题,主要是书评,属于文学评论的范畴,以上三本书中的篇章,都在《明道文艺》等报刊上发表过,是不同时期的论文结集,其中大部分是修辞论文。

台湾的修辞研究,虽然偏重于辞格一端,不像大陆研究的范围那么广泛,但仅就辞格本身来看,其深入细致、运用自如的程度绝不在大陆之下。张春荣《修辞散步》的第一篇《剪不断,理还乱,是离愁——虚实》分析了动词和三类受词的配合,展现了虚实不同的情境。第一类受词,合乎逻辑,指涉对象明确,即一般所说的常规搭配。例如剪发、剪纸、剪春韭等。第二类受词,表现了表达者的主观感受,语意活泼,表现的事物是具体的,有迹可寻。如剪江水、剪山色、剪白云、剪秋光等。第三类受词,表现为内心的种种思念,纯属抽象,一般认为不合逻辑,但能提供最广大的想象空间,语意最为灵活最为抽象,往往只能推想意会,如剪岁月、剪相思、剪离愁等,作者还分析了"咀嚼"、"吞"、"饮"、"枕"、"拾"、"种"、"卖"等动词所带来的三类不同的受词情况。作者认为,第一类的构句写实,第二、三两类较为灵动变化,由实入虚,"翻空出奇,扩大语意的幅度,往往予人惊喜、意外的效果"。在二、三类中,大抵第二类以描写见长,第三类以抒怀擅长。这里用"虚实"概括了消极修辞和积极修辞中的拈连、拟物、比喻、夸张等众多辞格,这种语言运用的分析方法就给人别开生面的印象,使人感到左右逢源、游刃有余,这种分析方法比较灵活自如,操作性强,可接受性也强。再如《苔痕上阶绿,草色入帘青——描绘》中,集中探讨了文学描写中的被动化为主动,静态转为动态的问题,其中也涉及了拟人等辞格。修辞手法在这里可以说是达到了融会贯通、运用自如的地步。

与前面相近是在研究表达方式或表达效果时,把一些辞格或词句其他表达方式集中和串联起来,显示其整体的配合功能或殊途同归的表达效果。张春荣在《修辞行旅》中的《他一生缺钱,但他没缺过笑声——谈转折》一文,分析了"藉二分、相对、排比,加以映衬翻转","藉顶真、破折号的运用,推衍变化","改变叙述次序,造成逆转趣味","藉逻辑,不同说词,故布疑阵;而后掀出答案,急转变化,使人会心"四种常见形式,用先抑后扬或先扬后抑,造成文意的翻叠或落差,产生不测错综的趣味。这样就把表达中表示跌宕变化的转折方式讲活了。再如《喉咙都要伸出手——嘲讽与修辞》一文,指出双关、析词、倒词、设问、比喻、夸饰、婉曲等辞格都可以表现言辞上的嘲讽。这就以表达效果为中心,用不同辞格来为这个表达效果服务。这些都比就辞格谈辞格要高明得多。

作者在《修辞万花筒》中用一辑的篇幅论述词汇,语法中加进修辞因素后,不仅"能掌握构词造字之窍门",而且可以"熔铸酿采,刷新语感"。这里作者讲述了复词的运用、色彩的构词、词组的活用、句型的安排等,在语法分析中创立了新生面。在修辞分析中,从辞格中心论中冲出了一条新路,开创一个新的境界。这是值得注意的,值得称赞的。

90年代,台湾修辞学著作的数量是相当多的,都相当注意其实用性。如关绍箕的《实用修辞学》(1993年远流出版事业股份有限公司出版)就以歌词、谚语等为主要语料,包括部分方言词语,显示了它的特色。又如蔡谋芳的《表达的艺术——修辞二十五讲》(1990年三民书局出版),按照性质的承继关系和学理深浅来排列辞格,每格的"前言"以释名为主,"结语"以补遗、会通为务,作者的研究心得和把握要领多在这里得到体现,特点比较鲜明。其他还有一些专门为特定读者对象撰写的修辞学著作。如黄亦真的《文心雕龙比喻技巧研究》(1991年学海出版社出版),是为专门研究《文心雕龙》的比喻理论和比喻艺术而撰写的。还有专门为中小学教师进修撰写的《作文修辞指导》,由郑同元、郑博真合著,1997年汉风出版社出版。还有专门为中学生撰写的,如董季棠的《中学国文修辞讲话》,1998年由台湾中国语文月刊社出版等。这里就不一一评述了。

从上面对部分修辞学著作的评析可以看出,90年代的台湾修辞学研究呈现出一些显著的特点。

台湾的学者仍严守修辞与文学的难以分割的血肉关系。因此,文学领域仍是学者们探幽览胜的最主要境地,即使是把眼界开阔到了广告语、歌词、谚语、歇后语等,也还是用文学的眼光来观照这些修辞现象。这对提高人们对文学作品语言艺术的分析能力、运用能力和鉴赏能力是大有好处的。不过这就有可能疏远了其他领域(如新闻、影视、科技、政务、商务等)与修辞联系,忽视了这些领域修辞学的需求。这样,修辞在社会生活中的作用就可能受到一定的限制,得不到充分的发挥。大家都知道,语言是人们片刻不可离开的东西,修辞也必然涉及生活的各方面。如果修辞学只对文学情有独钟,那么就可能使人误解为,修辞只是文学家或文学评论家的事情,这可能是两种不同的修辞观形成两种不同修辞研究范围,这可以并行不悖地各自发展下去,也可以通过不断的交流借鉴,得到不同的修正完善,以求得到共同的进步。

  台湾的学者在分析研究某种修辞现象时,注意把消极修辞和积极修辞融合在一起,使得修辞分析更加深入细致,鲜活丰满。在对某种修辞现象的分析中具有全局意识,立足于"全豹"来探求其"一斑";把消极修辞和积极修辞中的一切有用的因素都活动起来,投入到语言分析中去,比较深刻细腻,有血有肉。特别是注意发掘其人文性质,这样就从民族文化的特质中加以观察和解剖,具有强烈的逻辑性和信服力。关注语言应用中的人文性,应该说是我国的一个好的传统。从60年代到80年代,大陆的学者在研究修辞现象时比较侧重在科学性、公理性上的探索,取得了很大的进展(如同义手段理论、偏离理论、隐显理论、语体理论等);从90年代开始:大家都深感到,汉语修辞研究中探讨其人文性是十分重要和必要的。我们可以在这方面吸收台湾学者不少有用的经验和方法,把科学性和人文性有机地结合起来,谱写修辞研究的新篇章。

  台湾的学者在分析研究修辞现象时,不尚空谈,注意实用,特别是在语料搜集甄别,爬梳整理,是十分认真的,可以说是一丝不苟、精益求精。这种朴实严谨的学风是值得提倡和发扬的。我们的有些研究成果比较肤浅粗略甚至不够准确审慎,与缺乏对语料的充分占有、科学分析是分不开的。没有广泛、丰富、扎实的语料,就不可能有科学合理的理论。这些年来,台湾修辞学的迅速发展与其良好的学风是密切相关的。

  现在我们已经迎来了新世纪的一个春天,我们衷心地祝愿台湾的修辞研究园地上将展现出一片姹紫嫣红、花团锦簇的繁荣景象。

中国修辞学的现状和前景[①]

1991年1月18日是我国现代修辞学的奠基者陈望道先生诞生100周年纪念日。我们欣喜地看到,以陈望道先生为代表,我国现代修辞学先驱们所开拓的事业已经有了长足的发展。特别是中华人民共和国成立以后,发展的势头更为迅猛。当然,道路并不是平坦无垠、一帆风顺的,但是,总的说来,它的前进的步伐,在语言学各个领域之中,是引人注目的,是完全可以引以自豪的。

1951年6月6日,《人民日报》发表了《正确地使用祖国的语言,为语言的纯洁和健康而斗争》的著名社论,同时在长达半年多的时间内,连载了吕叔湘、朱德熙的《语法修辞讲话》。以《人民日报》这篇社论为标志,开始了现代修辞学大普及的热潮。这样就把修辞学从专家学者手里解放出来,扩大成广大人民群众都必须关注的事情,于是出现了三个带有根本性的变化。一是广大人民群众,特别是文字工作者普遍地学习语法修辞;二是修辞学在全国中等以上的学校被列入了教学内容;三是修辞学家的治学思想、研究方法、研究目的有了新的改变。于是,以张瓌一的《修辞概要》为代表,出现了周振甫、倪宝元、林裕文等学者撰写的为广大群众所欢迎的修辞学著作。

到了50年代后期,由于引进了苏联修辞学著作和教学改革的需要,修辞学的研究和探讨的领域逐步拓宽和加深。文风问题的讨论、语言和言语问题的讨论,对我国修辞学的发展起了激励和推动作用。

修辞学的对象、范围和任务、平行的同义手段的理论、对语境的重视、对风格学、语体学的探索等,在80年代展开讨论的大部分问题几乎在当时都触

[①] 原载《语法修辞论》,杭州:浙江教育出版社,1994年。

及了。只是由于"文革"的开始,才使这种方兴未艾的态势,窒息了整整十年。但 60 年代出版的张弓的《现代汉语修辞学》,无疑是这一时期的重要里程碑,这部著作反映了我国的修辞学研究已前进了一大步。

我国的修辞学有了突飞猛进发展是在 80 年代。政治上的安定才有可能带来学术上的繁荣。我国新时期的基本路线,促进了科学的发展。

一

80 年代是我国修辞学的大丰收时期,我非常赞成胡裕树、李熙宗两位先生提出的"齐头并进,各处'开花'"①的估计。如果从 1905 年汤振常、龙伯纯等人的修辞学著作算起,80 年代这 10 年,从总体上看,应该说是大大超过了以前的 70 多年。

首先,已形成了一支老中青相结合的相当宏大的学术队伍。从 1980 年开始,我国涌现了一大批全国性、地区性和省市的修辞学术组织。1949 年以前,我国的修辞工作者寥若晨星,就是 1980 年以前也不过百余人,不到现在一个省的修辞学会的会员人数。以《中国语言学论文索引》为例,甲编修辞学论文不过 150 篇左右,乙编不足 400 篇。80 年代发表文章的论文数以千计,如果编成索引,将是厚厚的一本,仅《修辞学习》每期发表的作者就分布了十余个省。几年来,这个杂志上发表的论文也在千篇以上,全国和地区性的修辞学会都开展了学术活动,有的还召开了专题学术讨论会,气氛的热烈前所未有。"文革"前只有个别学校招收修辞学研究生,现在已有 20 多所高校培养了数以百计的硕士研究生。许多中老年学者不仅潜心治学,写出了不少有影响的著作,而且还热心培养和扶持青年,新老合作,写出一部部学术新著。许多青年学者已走向前台,挑起大梁,正在成为学术研究的主力。

第二,修辞学著作出版的数量之多也是空前的。仅笔者所搜罗到的,据不完全的数字统计,1905 年到 1979 年只出版 140 本,1980 年到 1989 年就出版了 237 本。10 年大大超过了以往的 70 多年。还创办了我国第一本修辞学杂志《修辞学习》,出版了多种修辞学论文集和我国第一套修辞学丛书。涌现了倪宝元、吴士文、王希杰、宗廷虎等一大批卓有成就的学者。

---

① 胡裕树、李熙宗:《40 年来的修辞学研究》,载《语文建设》,1990 年第 1 期。

第三,研究领域有了新的开拓。早在50年代,我国的修辞研究就已经突破辞格中心的框架,开始探求和开辟新的领域了。80年代,在许多领域进行新的广泛的开拓。词语、句子、篇章修辞的研究取得了新的进展,辞格研究进一步系统化和科学化,语体和风格研究有了新的引人注目的成果,文艺、科技、军事、法律、公关乃至交际语言的研究进展很快,名家修改语言的研究结出了硕果,修辞学史的研究也迅速兴起……这些色彩缤纷的研究成果,有三个显著的特色。表现在:(1)修辞理论的探讨受到了普遍的重视。像修辞的对象、性质、范围、平行的同义手段、语体的系统及其分类、修辞与语法的结合等学术讨论,都反映了修辞学者对理论的关注和追求。(2)方法论上有新的进展,许多学者注意运用辩证唯物主义的观点来研究修辞现象,有的还吸收了系统论、信息论和控制论,以及结构—功能等方法,使人感到耳目一新。有的学者自觉从哲学、逻辑学、美学、心理学以及思维科学等方面吸收养料,从不同的侧面和层次加深对修辞本体的研究,给人以新的启迪。(3)语料分析上展示了新的视野。许多学者从单一的文学书面语言发展到对口语、行业用语、科技用语、公文用语、新闻用语、儿童语言乃至方言、人名、地名的研究,使修辞研究逐渐渗透到人们语言运用的各个领域,这反映了我国修辞学注重于语言的实际、注重于应用、注重于务实的传统得到了新的发扬。

二

在肯定成绩的同时,我们也应该清醒地看到,中国修辞学的现状并非尽如人意,存在的问题也是相当突出的,形势仍十分严峻,不容盲目乐观。

人们议论最多的是当前的修辞学科学性不是很强,或者叫做"品位不高",这种议论不是没有道理的。

首先,尽管从50年代末到80年代,多次对修辞学的对象、性质、任务、范围展开过讨论。但这个老生常谈的问题,却并没有得到真正的解决。除修辞格外,对于现代修辞提到的各部分,几乎都有或大或小的异议。这里有个划界问题,但又不仅仅是划界问题。例如,传统所说的"消极修辞"怎样和词汇学、语法学中的词语、句子的使用区别开来,哪些是词汇学、语法学的内容,修辞学不应侵吞过来;哪些是地地道道的修辞学的领地,词汇学、语法学也不应染指,界限相当模糊而几乎处处有纠葛。再如,篇章修辞与文章作法的区别究竟在哪里,语体与风格是不是一码事,语体和风格是不是修辞学的研究对象等,都没有得到认真的解决。边界没有划定,科学的体系就不可能真正建构起来。应该说这还只是浅层次的问题,实质性的问题在于从选词、炼句到篇章组织。至少还没有完全体现出修辞学的主体意识,没有从修辞学的特定的基点上,总结出系统性的规律来。毛泽东同志说得好:"科学研究的区分,就是根据科学对象所具有的特殊的矛盾性。因此,对于某一现象的领域所特有的某一种矛盾的研究,就构成某一门科学的对象。"[1]他又说:"如果不研究矛盾的特殊性,就无从确定一事物不同于他事物的特殊的本质,就无从发现事物运动发展的特殊的原因,或特殊的根据,也就无从辨别事物,无从区别科学研究的区域。"[2]如果我们不注意修辞学的特殊性,不去注意它同其他科学的质的区别,修辞学的科学性就必然受到削弱,修辞学的地位就必然受到影响。现在不再是泛泛而论地说修辞包括四部分、五部分的问题,而是要认认真真地研究这些部分的具有修辞特殊性质的规律,从而建构起这部分的系统来。可惜在80年代,这方面的研究工作做得很不够。

  其次,是研究方法上的陈旧、落后。长期以来,对修辞现象研究满足于就事论事的分析,而很少放到一个完整的系统中去考察。皮之不存,毛将焉附?整体性观念、系统的观念没有牢固地形成,个体的分析必然是一盘散沙,布不成阵。我们的理论功底不厚,就难以有高屋建瓴的气势,我们的务实精神不足,缺乏广泛搜集语料的硬工夫,很少有过硬的定量分析,所以抽象出来的某些"规律",往往经不起语言事实的检验。科学是来不得半点虚假的,应该承认,演绎和推导有一定的作用,但也必须建立在语言事实的基础上,否则演绎和推导出来的某种"规律",也只会是无源之水,无本之木,充其量不过是些"花架子",吓吓人罢了。语料的搜集是研究的基础,但也可能形成就事论事的肤浅分析,因此又必须运用系统论和控制论的观点,加以提炼和加工,这样才能上升为科学。修辞学要保持80年代的好势头,就必须改进研究的方法,使修辞学研究在定量分析的基础上,加以抽象概括,形成规律性的系统。修

---

  [1] 毛泽东:《矛盾论》,见《毛泽东著作选读》(上册),北京:人民出版社,1986年,第148页。

  [2] 毛泽东:《矛盾论》,见《毛泽东著作选读》(上册),北京:人民出版社,1986年,第148页。

辞学的科学化问题目前已经受到人们广泛的关注了,我们相信,经过大家的努力,这个问题一定会得到解决。

80年代,修辞学研究存在的第二个问题是修辞学的主体意识比较淡薄。反映在修辞学的研究成果上,我们感到外线游击多,内线攻坚少。现在战线拉得很长,铺得很广,几乎联系到语言运用的各个领域,和相当多的学科建立了联姻关系。当然,作为一个具体的学者,他的研究方向是无可指责的;同其他学科的结合对本学科的建设也是有一定意义的。但是,从总体上看,80年代对修辞学本体的研究成果并不突出。突破性的成果就更少了。我们不能不产生一种危机感。就如同一个国家,外交活动搞得热热闹闹,而内部建设如果一片萧条,那也是相当危险的。任何一门科学,内线和外线是有机地联系在一起的。内部建设好,实力雄厚有助于与外部的渗透和交叉,外部联系得好,也有助于吸收其他学科的营养来丰富和发展自己。但是如果内部与外部比例失调,就会对自己内部的发展起削弱和销蚀作用。外部的热热闹闹也是不会持久的。这里,内部建设是最基本的,一切科学的发展,主要是靠自身的内部素质的发展而发展。80年代,中国修辞学研究比较注重于开拓新的领域,注重于建立新的交叉学科或边缘学科,而放松了对修辞学本体的研究和探讨。我们的修辞学本身还有许多问题远远没有研究好,没有研究透,许多问题的研究还相当肤浅、零碎,需要我们持之以恒地顽强攻坚,因此,从总体上看,需要强化修辞学的主体意识,扎扎实实地建构起自己的科学系统来。我们需要知难而进的、锲而不舍的勇士,我们期望着划时代的新的《修辞学发凡》的问世。

应该肯定,大多数修辞学会在我国修辞学的发展中起到了积极的推动作用。但是学会由于受到种种条件的制约,也具有相当大的局限性。要使我国修辞学持续稳定地向前发展,就必须加强团结。要端正学风,加强不同年龄、不同地域的学者之间的团结,进行多种形式的学术协作和学术交流,这样有助于形成自己的特色、自己的风格,进而形成学术上的不同流派。现代修辞学在中国已经走过了大半个世纪的路程,队伍在迅速壮大,成果相当丰硕,建立修辞学的不同流派时机已经成熟。在修辞学会开展学术活动的同时,应积极提倡小群体的学术协作,既有利于学术攻坚,创造拳头产品,也有利于学术互补,产生各种流派,80年代学术活动单一化的现象应该得到改变。这样可以保持和增强学术上的后劲,优化学术生态环境,使中国修辞学这块园地里,既有万紫千红,也有花团锦簇。

三

90年代已进入了第二个年头。20世纪只剩下最后的9年,对于中国修辞学界来说,这又是关键性的9年。

历史赋予我们的任务是更为艰巨而繁重的。尽管从总体上看,我国当前的修辞学无论从数量上还是从质量上都是超过前人的,但是至今仍然没有出现一部像《修辞学发凡》那样影响深远的、具有中国特色的、科学的当代修辞学巨著。人们急切地等待着,渴望着这部巨著的诞生!

这里,首先要充分估计到我们的长处,看到有利因素。我国是一个从事修辞研究历史悠久的国家,有着极为丰富的修辞学遗产。近一个世纪以来,前贤们为我们开拓出一条研究修辞的道路。特别近几十年来,我国修辞学的普及程度是空前的,研究成果是丰硕的,队伍是宏大的,这与世界上其他国家比起来非但毫不逊色,而且具有相当大的优势。外国的东西并不是一切都好,更不是样样都居于前列。我们应该具有民族自尊心和自信心。我们不能夜郎自大,但也不能妄自菲薄,条件是有利的。

但是,也应该看到《修辞学发凡》在30年代问世绝不是偶然的。别的条件不去说它,就以陈望道先生本人来说,他谙熟我国的修辞学遗产,博闻强记,去粗取精;他早年留学日本,吸收了索绪尔、巴利及日本的许多有用的理论,并加以融会贯通。更主要的,他掌握了马克思主义,第一个把马克思主义的观点、方法带进了汉语修辞学领域。他还长期广泛搜集第一手语料,"上自经史子集,前人的文谈,诗话、笔记、杂说、小说、戏曲,下至新近出版的中外著作,都不放过"。[1] "甚至经常去茶楼、戏馆、听书、看戏,发现好的例证及时记下来"。[2] 从讲义到出书,历时十年,数易其稿。这种扎实的博览古今、融合中外的学术功底,这种对马克思主义观点方法的科学有效的运用,这种治学

---

[1] 胡裕树:《学习〈修辞学发凡〉,为促进修辞学的繁荣贡献力量》,见《〈修辞学发凡〉与中国修辞学》,上海:复旦大学出版社,1983年,第56~57页。

[2] 胡裕树:《学习〈修辞学发凡〉,为促进修辞学的繁荣贡献力量》,见《〈修辞学发凡〉与中国修辞学》,上海:复旦大学出版社,1983年,第56~57页。

严谨、一丝不苟的踏实作风,非一般人所能望其项背的。这也就激励我们,只有切切实实地学习陈望道先生这些品质和作风,不断增强自己的理论素养,长期下苦功夫,舍得花时间和汗水,才有可能在新时期内,写出达到甚至超过《修辞学发凡》的巨著来,而这也正是陈望道先生所期望的。他认为一切科学都是时代的,"我们坐在现代,固然没有墨守陈例旧说的义务,可是我们实有采取古今所有成就来作我们新事业的始基的权利"。① "只要能够提出新例证,指出新条理,能够升出新境界"。② 就能够超越原有的修辞学,使其得到新的进展。

为了使中国修辞学扎扎实实地得到发展,走向繁荣,90年代有必要收缩战线,组织攻坚,提倡并加强对修辞学本体的深入研究。在进行修辞学的系统研究中,必须强化理论探讨,同时进行语料的定量分析,不进行语料的定量分析,理论就失去了依托,没有理论来统率,研究就不可能深化和创新。所以,既不能放松理论建设,又要关注语言实践,把两方面有机结合起来。正如陈望道先生所说的:"对于古来已说的敢于抛,古来未说的敢于取,也就是对于旧来用烂了的敢于避,而对于从来未见有人用过的敢于创。"③ 要"不当注意空谈,而当注意实际;不当偏重过去,而当偏重将来;不当单看固定,而当留心进展"。④ 陈先生这些话是论述修辞现象时运用的,但移过来,用在修辞学研究上也是很有指导意义的。

我们已经有了一支老中青相结合的宏大的学术队伍。这支队伍毕竟还相当年轻,在加强协作和团结的同时,应该不断提高其素质,包括思想素质和学术素质。应该根除党同伐异、争名夺利的腐朽作风,搞好各方面的团结。我们高兴地看到,这支队伍中不少青年学者已经走上了修辞学的舞台,开始扮演起主要的角色,展现出杰出的才能和虎虎的生气。从局部来看,在某个领域和环节,可能会出现人才的断层,但从整体上看,青年是能够把修辞学研究的接力棒接过来,顺利地跑下去的。现在看来,在90年代晚期对人才断层的担心是不必要的,也是没有根据的。

---

① 陈望道:《修辞学发凡》,上海:上海教育出版社,1982年,第183页。
② 陈望道:《修辞学发凡》,上海:上海教育出版社,1982年,第183页。
③ 陈望道:《修辞学发凡》,上海:上海教育出版社,1982年,第249页。
④ 陈望道:《修辞学发凡》,上海:上海教育出版社,1982年,第210页。

问题是需要积极有效地组织和引导,青年是跨世纪的一代,90年代将是新老交替、鹤发与童颜交相辉映的时期,这种交接到20世纪末、21世纪初将全面完成。90年代又可能是学术流派正式形成的年代,不同的研究方法和研究风格反映了中国修辞学的多种色调,学术上的千峰竞秀就更要求团结、协作和宽容。否则将不利于修辞学发展和繁荣。

当前应积极提倡多群体的协作攻关,以形成群体自身的特色。我们欣喜地看到一些南北学者正同心协力,以蚂蚁啃骨头的精神进行着"消极修辞"的攻坚战,战果已开始引人注目。有的学者正汇集一起剖析乡土作家的语言风格体系,收成相当喜人。有的学者在深入探究和建构汉语的语体系统,有的从辞章学入手分析篇章修辞的特殊规律,有的在运用同义手段的学说框架修辞新体系,有的把语用学引进了修辞学领域进行科学化的比较和分析……凡此等等,不胜枚举。

总之,前进与停滞,成功与失败,繁荣与衰退,各种可能出现的幽灵都在中国修辞学界的上空游荡。在纪念陈望道先生100周年诞辰的时候,我们殷切地期望,新老结合同心同德,用辛勤的劳作和顽强的拼搏,在90年代的中国修辞学史上,书写着下列六个金光闪闪的大字:前进!成功!繁荣!

下编

语体探胜

语体、文体、风格辨[①]

style,在印欧语言的语言学著作中本来是一个词,翻译成汉语成了不同的词:语体、文体、风格、修辞等。由于汉语中,语体、文体和风格本来就有意义上的差别,于是在一些语言学论著中,三者是分得很清楚的,在另一些语言学论著中,则搞得含混不清,直接影响了论著的科学性。近年来,由于其他学科,例如文艺学文体研究的兴起,把语体这个语言学术语乃至某些观点引进文艺学,又没有经过认真的甄别和分析,这方面的分歧和混乱,就大大加深和扩大了。这已经不是术语概念上的理解问题,而是直接影响到学科和系统的构建了。现在有必要对它们进行研究和定位,拨开笼罩在上面的迷人的纱幕,还它们各自真实的面目。

一、语体和文体

在汉语中,语体这个词出现得比较晚。原来是与"文言"相对等的。例如:

(1)文章的开始,必是语体,后来为要便于记诵,变作整齐的句读,抑扬的音韵,这就是文言。(蔡元培《在国语传习所的演说》)

(2)全教文言的,仍旧孜孜兀兀把十分之五的功夫用在"之乎者也"上,而放弃了应用科学、生活技能……纯教语体的,儿童成绩虽佳,但也不能转学或升学于注重文言的学校。(1933年,国民政府

[①] 原载《世纪之交的应用语言学》,北京:北京广播学院出版社,2000年。

颁布的《公文标点举例及行文款式》)

这里的"语体"是"白话"的同义词,与"文体"毫无关系。

语体成为语言学中的一个术语,具有语言学的科学功能变体的义项,是在50年代中期以后。50年代中期编写的《初级中学汉语教学大纲(草案)》和《初级中学汉语课本》(第六册)还称"文体"。这时,由于吸收了国外语言学研究的成果,特别是吸收了苏联语言学的研究成果,才出现了"语体"这个术语,并且很自觉地把它和"文体"加以区别开来,例如,1957年,林裕文在《词汇、语法、修辞》一书中就明确指出:"由于交际的目的、内容、范围不同,在运用民族语言时也会产生一些特点,这种特点的综合而形成的风格类型,叫做'语体',语体不是文章的体裁,也不能把语体看作特殊的独立的语言。"[①]又如乐秀拔在《语体的修辞色彩》(《语文知识》1959年第10期)中也说,一般人认为"文体"就是文章的体裁,为了避免混淆,我们采用了"语体"这个术语。这时期出版的一些有关修辞学的论著,绝大部分都采用了"语体"这个术语,很少再使用容易和文章体裁混淆的"文体"了。像1963年,张弓在《现代汉语修辞学》一书中,也指出:"这里所称的语体,不是旧日所称的'文体'(文章体裁——叙事、抒情、论理等文体),而是由语言特点形成的体系,是全民语言体系中的支脉。"[②]他反复强调,对于语体研究,要紧的是根据语言学观点,从语言的角度来观察分析,一定要注意确保语言学角度,切不可与研究文章作法中的文体论相混。这是说到问题的根子上,说到二者的本质和关键上了。虽然当时苏联对语体的研究也还处于探索阶段,还不是很成熟,我国的研究也才刚刚起步。但是把语体和文体加以区别,分别列入不同的学科研究对象,则是大部分学者一致的观点。

把"语体"和"文体"严格加以区别,可以拨正一些错误观念,有利于语体学研究的科学而健康的发展。

80年代以来,语体研究得到迅速地发展。1985年6月和1986年8月在上海和厦门,数以百计的学者集中讨论了语体问题,接着在80年代后期涌现了一批语体学的著作。学术讨论之热烈,进展速度之迅猛,可以说是盛况空前。但是,不容忽视的是,其中也有一些值得商榷的观点,有的是需要进一步

---

① 林裕文:《词汇、语法、修辞》,上海:新知识出版社,1957年。
② 张弓:《现代汉语修辞学》,天津:天津人民出版社,1963年。

深入讨论的。

有的学者认为,我国的语体研究是"源远流长"的。于是举出一些古代文论来加以证明。

(3)夫文本同而末异。盖奏议宜雅,书论宜理,铭诔尚实,诗赋欲丽。此四科不同,故能之者偏也;唯通才能备其体。(曹丕《典论·论文》)

(4)诗缘情而绮靡,赋体物而浏亮,碑披文以相质,诔缠绵而凄怆,铭博约而温润,箴顿挫而清壮,颂体物以彬蔚,论精微而朗畅,奏平彻以闲雅,说炜晔而谲诳。(陆机《文赋》)

(5)是以括囊杂体,功在诠别,宫商朱紫,随势各配。章表奏议,则准的乎典雅;赋颂歌诗,则羽仪乎清丽;符檄书移,则楷式于明断;史论序注,则师范于核要;箴铭碑诔,则体制于弘深;连珠七辞,则从事于巧艳,此循体而成势,随变而立功者也。虽复契会相参,节文互杂,譬五色之锦,各以本采为地矣。(刘勰《文心雕龙·定势》)

笔者过去也误以为以上是论及语体问题的,甚至认为是较早的研究语体风格的论述。其实这里说的,有的是文体,有的只能算是文种,论述的并不都是这些文体或文种的风格,不少是属于写作和表达的要求和准则。他们所说的"体"都不是语言学概念上的语体,只是文章学中的文体甚至文种,有的修辞学论著甚至把陈望道的《作文法讲义》、施畸的《中国文体论》、蒋伯潜与蒋祖怡的《文体论纂要》等也作为汉语语体学发展史中的重要著作,这显然是不妥当的。他们只是从体式上来寻找其中的共同点,而忽视了一个最本质的区别性标志——应从语言学的角度进行系统研究。那些文体著作中的记叙文、说明文、议论文、抒情文、描写文等,都不是从语言学角度分类的结果,而是从表达手法上分出来的类。把它们和语体搅在一起,只会混淆语体学的学科性质,降低甚至取消语体学的科学品位和学科价值。应该说,从语言学的角度对语体进行研究,那还是50年代以后的事情,语体学真正是一门新兴学科。作为文章学或写作学的文体研究历史的确是十分悠久的;作为语言学的语体研究历史则相当短暂。

有些人也曾提出过语体大于文体的观点。有的说,文体顾名思义,只限于书面语,语体则不限于书面语,还包括了口语。所以语体是大于文体的,是包含文体的。其实这也是一种误解。除去口语部分不说,仅就书面部分而言,语体的所谓"书面部分"也绝不等于文体。例如,书面语色彩最为浓厚的公文语体和科技语体系统,在文体系统中是找不到的。同样,文体中的议论文、说明文、记叙文、抒情文等,在语体中也是没有的。众所周知,文体学中的记叙文,要讲顺叙、倒叙、插叙、补叙、详叙、略叙、总叙、分叙等;议论文要讲论点、论据、论证的方法,像例证、反证、喻证、类比、引申等,文章学中的文体学表达系统与语言学中的语体学表达系统,完全是两码事。

在高中语文课本第三册里,毛泽东的《别了,司徒雷登》和施东向的《义理、考据和辞章》放在一个单元中,统称为"议论文",其实这两篇文章是属于不同的语体的。前者是政论语体,后者是科技语体。同样也是高中语文课本,叶圣陶的《夜》划归小说,碧野的《天山景物记》划归散文,其实从语言特点来看,这两篇文章又属于同一种语体:文艺语体中的散言体。所以语体和文体,还是桥归桥、路归路为好。

就现在文章学和文学分类学来看,它们的文体分类也是五花八门,十分混乱。像文章学中,除议论文、说明文、叙事文、抒情文四分外,还有描写文、应用文等;也有把议论文、说明文合为论说文,把叙事文分化出描写文的。文学分类学一般把文学文体分为诗歌、散文、小说、戏剧四类,也有分为叙事文学、抒情文学、戏剧文学三类的。在小说中又有分为长篇小说、中篇小说、短篇小说、小小说、微型小说(以上按篇幅分);惊险小说、言情小说、战争小说、历史小说、武侠小说、公案小说(以上按题材分);抒情小说、哲理小说、推理小说、叙事小说、意识流小说(以上按表达分);章回体、书信体、日记体、杂记体、对话体(以上按样式分);古代小说、近代小说、现代小说、当代小说(以上按时代分)。其他如诗歌、散文、戏剧都可以按不同的标准分出不同的下位类型。这种繁杂的分类与语言学上的语体分类是风马牛不相及的。总之,仅从书面形式来看,语体和文体也是本质不同的两码事。

值得注意的是,前些年一些文学理论工作者试图把语体理论引入他们的文体学中去,以建构新的文体学。这个愿望和动机都是值得肯定的。不过直到今天,还没有出现为大家所一致接受的研究成果。倒是有一些论著使人感到有些生拉硬拽,不太自然,这可能是学科建设中引进吸取起始阶段难以避免的现象。但这也说明了语体学和文体学相互吸收渗透的难度。值得注意的是,童庆炳在《文体与文体的创造》一书中,认为文体有三个层次——体裁、语体和风格。语体作为文体中的一个层面,表现为规范语体和自由语体两个方面。① 比较起来,这本书写得是有特点的,但语体与文体的有机结合,并不是一蹴而就的,需要经过仔细认真的研究,甚至需要经过必要的改造和更新。

不管是语体大于文体,还是文体大于语体,这二者是分属于两个不同的体系,还是可以合流交汇;是油与水的凑合,还是乳与水的交融,是需要经过长期艰苦的探索和研究才能得出正确的答案的。

虽然这二者有结合的探索和试验,但是这二者居于两个不同的学科范畴,是两个本质不同的概念,则成为不争的事实了。

二、语体和风格

语体和风格也是两个常常弄得混淆不清的概念。如果说语体和文体是不同学科范围中概念的缠夹不清,那么语体和风格则是语言学内部的两个关系密切的下位学科概念的含混模糊。

50年代以来,对于"语体"、"语体风格"、"言语风格",不少学者指的是同一个意思。于是就提出了"语体就是一种风格类型"的论断。这显然是从苏联那里搬过来的。这种一个事物多种术语的混乱情况,早已激起了大家的不满。在1986年厦门召开的讨论语体的年会上,谭永祥作了这样的发言:

> (6)至于风格,它本身还必须定义,因为这是一个典型的多义词。它既可以指"语言风格",又可以指"言语风格"。而"言语风格"又被高名凯用来指称"语体"。用来指称"语体"的,还有"功能风格"即"语体风格"。所谓"语体风格",它既可以被理解为"语体的风格"(偏正词组),也可以理解为"语体和风格"(并列词组),还可以看做"语体即风格"(同位或复指词组)。这真要把人带进八卦阵了,初学者要不发惑那才怪呢。②

其实在中国的学者中,一般还是把"语体"和"风格"区别开的。很早,苏联的学者就看到了这一点。1979年,苏联教育出版社出版的戈列洛夫的《现

---

① 童庆炳:《文体与文体的创造》,大理:云南人民出版社,1994年。
② 谭永祥:《语体和风格不是修辞学研究的对象》,载《修辞学研究》第4辑,厦门:厦门大学出版社,1988年。

代汉语修辞学》一书中指出,在中国的学者中,"修辞学"、"文体学"、"风格学"、"词章学"这几个概念是赋予不同的内容的。①

一般认为,语体是适应不同的交际目的、对象、内容、领域的需要而形成的语言运用的体系,是运用全民语言材料所形成的语言功能变体。风格则是言语成品在语言表达方式方面所形成的特有格调和气派。语体是言语成品所具有的格式,具有强烈的系统规范性;风格是言语成品所体现出的气派和格调,具有独特的个性变异性。

语体,这种言语成品的格式,有着约定俗成的特点,它对全社会都具有强大的约束力量。任何人只要在表达时运用某种语体,就必然要受该语体的系统和规律的支配,这种体式是全民语言的功能变体,是千百万人长期共同创造的结果,是客观存在的,是不以个人的意志为转移的。风格则不同,它是言语成品所体现出来的气派和格调,语言表达者的主观作用特别明显,其民族习惯、文化积淀、时代印记、感情色彩、美学情趣都要浸透在言语成品之中,显示出其特定的附丽性。风格与语体的关系似乎有点像是"灵"与"肉"的关系。风格学研究的是人的性格、气质;语体学研究的是人的解剖和生理。

现在存在于我们语言生活中的众多语体是分别逐步形成的,它是随着社会生活的变化长时期发展演变的结果。一般说来,谈话语体和文艺语体是出现得最早的,公文语体则是文字产生后才出现的,以后又出现了科技语体。政论语体是新闻媒体产生后的新兴语体,像广播电视语体就更年轻了。语体经过不断地分化和融合,在分化与结合的过程中,不仅该语体本身得到发展、丰富,而且也可以衍生出一些新的语体。不过,语体在形成和发展的过程中是渐进的,由于演变的过程较长,所以是比较稳定的,语体之间具有明显的区别性特征,具有强烈的封闭性。当然,风格的形成也要经过一个过程,不过相对地说,要短暂得多,风格常因一些言语内容、表达对象和方式的变化而有所变化。像苏轼的《念奴娇·赤壁怀古》和《江城子·十年生死两茫茫》、鲁迅的《阿Q正传》和《伤逝》等,就是因为这些因素而出现风格上的明显差异。但是作为文艺语体本身的客观规范,则是作者的不同言语成品要共同遵守的。跟语体比较起来,风格是相对开放的,所以风格的渗透、变化则是经常进行着的。这并不妨碍风格在特定的时间和范围内,在变化的同时还保持着某种特

---

① 王德春译,载《修辞学习》,1982年第1期。

定的基调。

如上所述,语体是运用全民语言所产生的功能变体,它是全民性的集体创造的结晶,这样,语体就不可能形成地域的、流派的或个人的、个别作品的特定语言运用系统。风格则不然,地域的、流派的或个人的、个别作品的风格特色,却是风格学研究的重要课题。在风格学中,人文精神、时代风习、表达本体是决定性的因素。所谓"北刚南柔"、"王孟"、"高岑"、"清新庾开府,俊逸鲍参军",所谓"中国作风中国气派"、"建安风骨"、"五四狂飚",都是这些因素的反映。

语体是一种语言运用的体系,风格同样也具有特定的体系性。不过,风格体系与语体系统是两个不同的体系。

语体系统表现为不同类的平行排列和同一类中的层级组合。根据不同语体的语言要素的体系封闭性特点,在长期的语言运用过程中,就形成了平行的不同类别的系统排列。例如,谈话语体、公文语体、科技语体、政论语体、文艺语体等。而每一种语体的内部,又可以根据语言要素的不同系统,划分为不同层级的分支语体。例如,谈话语体内部又可分为随意谈话体和专题谈话体。公文语体内部又可分为法规体、通报体、条据体和函电体。语体的分化和语体间交叉融合是长时间演变的结果。例如,经过长期的演变,在科技语体内部分化出了辞书体这个分支语体;在广播电视分语体中,又分化出主持人语体这个新的语体。语体间的交叉融合指的是不同语体的体系性的交融。例如,演讲语体就是交融性语体,它的下位语体中,政治鼓动性演讲体是谈话语体和政论语体的融合,学术评论性演讲体,则是谈话语体和科技语体的融合。

风格系统就不是这样。它往往表现为不同类的交叉发展和同一类中的特质变异。某种风格往往吸取了别的风格中的某些因素来滋养、丰富自己。例如,我们今天所研究的"中国作风和中国气派",跟"五四"时期就大不一样。当时感到不习惯和不赞成的表达方式,现在可能觉得不仅没有损伤汉语的民族风格,而且已经成为"中国作风和中国气派"的有机组成部分了。至于个人语言风格上的吸收和渗透更是常见的。至于风格类型中某些要素的特质变异更是经常见到的。例如,赵树理的作品是尽量使用农民常用的口语词、俗语词,但是,他常常把一些政治术语加以变异,降用到作品描写的日常生活中去,产生了强烈的讽刺效果,成为他幽默的语言风格的显著要素。所以,不管是一个流派、一个表达者,其风格的交叉更迭则是随时出现的。

大家知道,风格和语体都存在于言语成品之中,不同的语体往往显示出不同的语言风格。因此,人们划分出各种不同语体的风格是完全必要的。语体不是风格,但语体可以表现出某种风格。像公文语体和文艺语体是两种不同的语体,同时也表现出了两种不同的风格。它们的格调和气派是明显不同的。但同一种语体内部,也可以有不同的风格。例如,在文艺语体中,不同的作家或作品的语言风格是不同的。同是诗,闻一多和徐志摩、贺敬之和郭小川的风格迥然不同。政论语体、科技语体中也有各自不同的个人语言风格。毛泽东和邓小平在语言表达上,个性特点很鲜明,他们的语言风格很不一样。在语言学著作中,吕叔湘和高名凯的语言风格上的差异也是很显著的。公文语体由其非个人性和程式性的性质所决定,它很难有个人的语言风格。不过,在公文语体的下位语体之间,如法规体、通报体、条据体、函电体之间,它们不同的语言风格还是很鲜明的。可见,语体与风格并没有必然的对应。一种语体内部有多种语言风格,一种语言风格也可能出现在不同的语体之中。鲁迅在《汉文学史纲要》中,评价《史记》是"无韵之《离骚》",就可以看出不同语体中,产生风格的同一性的特点。所以语体不仅不等于风格,语体也不等于语体风格。如果说语体是一种言语体式,是运用语言的功能变体,那么语体风格则是这种"体式"、"变体"所形成的"格调"和"气派"。

当然,语言风格也是有层次的。语体风格是语言风格的基础。人们运用语言所产生的任何成品都毫无例外地从属于某一种语体,于是这个言语成品必然具有某个语体的格调和气派。从这个意义上说,任何言语成品也都具有某种语体的语体风格。这是最底层的风格。语体风格上面还有民族风格、时代风格,最上面的还有个人风格、作品风格、流派风格等,像这些高层次的语言风格就不是任何语言成品都能具备的。这些高层次语言风格往往是语言运用的"个性化"的体现,独特的语言风格往往是语言运用成熟化的标志。

风格与语体不是一码事,但它们又有着十分密切的关系。风格要以语体为基础,脱离了语体,风格则无所依附;语体要为风格提供必要的条件,语体中的各种要素的有机结合,对于风格的格调和气派的体现是必不可少的,是至关重要的。

风格与文体也不是一码事,但它们也不是毫不相干。我国文章学中关于文体研究,有着相当丰厚的遗产可以借鉴,在体式的总结和归纳,在文体下面的文类或文种的划分,都有不少好的经验和方法可以吸取,但必须严格坚持语言学的立足点,保持清醒的头脑,为发展语言学中的语体学服务。

论语体划分的原则[1]

语体,最近几年成为我国修辞学界的热门话题之一。其中争论的一个带有根本性的问题是语体的分类。争论的激烈程度反映了分歧的严重程度。至今没有一个分类系统是得到大家一致认可的。除了其他原因——如研究问题的方法、角度不同,对语体系统缺乏深入的探讨等——之外,与划分语体的原则和标准不统一也有很大的关系。而语体分类的标准又是与原则紧密联系的,从某种意义上来说,标准正是在语体划分原则的指导下产生的。因此,我们认为确定语体划分的原则,对于妥善地解决语体分类问题,会有一定的帮助。

我们认为,整体性、一般性、系统性和层次性可以确定为语体划分的基本原则。下面准备就这四个方面谈谈我们的看法。

一

大家知道,任何语体既具有封闭性,又具有开放性。语体的封闭性,决定了每个语体有着自己独特的语言运用体系,使得不同的语体能够明晰地区别开来,使得人们在交际时,选择特定的语言运用体系来表达思想成为可能。语体的开放性,表现为任何一种语体,在交际时都可以吸收其他语体的要素来不断丰富、充实和发展自己;也可以使本语体的要素渗入别的语体之中,成为另一语体的言语成品的组成部分。没有封闭性,语体就失去了个性,也就

---

[1] 原载《江淮论坛》,1990年第4期。

无法存在;没有开放性,语体就无法发展,当然也就丧失了生命力。

但是,在划分语体时,人们往往胶着于语体的封闭性,缺乏语体的开放意识,因此,就往往无法清醒地对待语体之间渗透的"干扰"和"迷惑",就可能出现对语体要素的孤立的个体甄别,造成对言语成品的语体要素的静止的肢解现象。有人提出,一个言语成品可以分属于两种不同的语体,诸如一份政府通报,其叙述成分和评论成分分属于不同的语体;一篇文艺小说,其叙述语言和人物语言分属于不同的语体,就是这方面的证明。

是的,一个言语成品可能含有两种以上的语体要素。但是,这两种以上的语体要素在言语成品中的表现,大体上有两种情况。

首先是渗透。这是一种两种以上语体要素相结合的经常形式。它的特点是两种以上的语体要素在言语成品中的表现,是不均衡的,所起的作用也是不相同的。第一,在"量"上,它往往表现为以某一种语体要素的体系化,另一种或两种语体要素则是局部的或个体的渗入,带有强烈的附丽性质。第二,在"质"上,渗入的这些局部的或个体语体的要素,往往由于使用环境的变化或受了被渗入的语体风格的影响,而产生了风格色彩上的变异。它已经不完全带有原属语体的色调,而是在新的语体的要素体系的风格熏陶和改造下,获得了新的质素,产生了某种同化作用。例如,鲁迅的小说《高老夫子》,在刻画人物形象时,渗入了一纸贤良女校的聘书。这纸聘书在小说中产生了深刻的讽刺效果,具有特定的美学价值。它已在风格色彩上引起了变异。这就与一般的公文事务语体中的聘书,有了"质"的区别。这种区别的出现,显然是与文艺语体对它的影响而产生的同化作用是分不开的。所以从整体上看,《高老夫子》这个言语成品并非分属于两种语体,而是只属于文艺语体。这张聘书也由于文艺语体的要素体系的同化作用,获得了文艺语体的某些特定的风格色彩,变成了新语体的言语成品中的新的质素。所以,我们不能孤立地、静止地、就事论事地看待这种语体要素的渗透现象。从整体上来把握言语成品的语体要素的体系,指出其语体的本质属性,是我们划分语体的基本出发点。

其次是交叉,也可称之为"融合"。这是两种语体要素体系性地有机结合,其结果是新的融合性语体的诞生。这种新语体的融合性特点往往从下位语体的不同的交叉性上体现出来。像演讲语体有着悠久漫长的形成历史,至今仍在不断地变化、丰富和发展。这个语体中的时评演讲体,在句式的组织和选择以及词语的运用和锤炼上,往往是把谈话语体和政论语体的要素糅合在一起的。既有谈话语体的简洁、明快、口语化和表情化，又有政论语体的锋利、严密、思辨性和鼓动性。例如，闻一多的《最后一次的讲演》在每一段话语中，既能捕捉到谈话语体和政论语体中的某些相似体，但又与这两种语体的要素有着本质的不同，而形成一种演讲语体的新的质素。于是就产生了新的语体要素的系列，由此体现了新的特定的语体风格基调。

我们强调整体性原则，就是要从语体的要素体系及由此产生的风格基调来把握某种语体的特性。我们不把《高老夫子》看成是两种语体的混合物，就是因为它体现的是文艺语体的风格基调，而不是其他。我们不把演讲语体归入谈话语体（也称"口语语体"），也是因为它的风格基调与谈话语体迥异的缘故。

应该看到，有些作家在创作时，有意引进一些其他语体的要素，使得作品的语言新鲜别致，或对作品的主题深入、人物形象的塑造具有一定的作用，但作家的基点仍然是在文艺语体上，利用其他语体的要素来为文艺语体的表达服务。所以，我们把书信体小说、日记体小说、科学幻想小说、诗传单等归入文艺语体，就是从整体上观察和分析言语成品的结果。

二

一般性原则，在划分语体的程序上起着重要的作用。它决定了我们划分出的语体是否具有典型性、有效性和稳定性。

在划分语体时，对言语成品中的构成语体的要素进行定量分析是必不可少的。应该选择一般的、具有典型意义的言语成品进行分析，这是一方面，是一个程序。在已选好的言语成品中，对语体要素进行分析时，注意归纳带有规律性或共性的成分，这是另一个方面，是第二个程序。在进行定量分析时，有两个问题是应该明确的。即在对一定量的成分提取时，要把常规与变异、一般与特殊区别开来。

常规与变异是两个对立统一的概念。在选择言语成品和分析其语体要素时，应把握住常规，留心变异。常规成分是稳定的，变异成分是偶发的。语体系统主要是由该语体的常规成分组成的，是该语体的基本成分。变异成分往往是外来的，是为了某种特定表达作用服务的。因此，我们在划分语体时，应该着眼于常规成分，用以构成语体的系统，而注意找出变异成分渗入的规律，并把它从系统中排除出去。如果把言语成品中的变异成分也归纳到语要素的系统中去,就不可能准确、有效地划分出语体来。

当然,常规与变异也不是一成不变的。从历时的角度来看,有的变异成分也可以逐步演变为常规成分。例如,在50年代中期,在政论语体中,像"促退派"、"观潮派"、"后进"、"九个指头与一个指头"、"解剖麻雀"、"全国一盘棋"、"两条腿走路"等都是变异成分,经过这长期的使用逐渐固定下来,这些词语已带有政论语体的风格色彩,演变为政论语体的常规成分了。尽管如此,在划分语体时,我们还是要立足于当前,把常规成分和变异成分加以区别,才能保持语体系统的相对稳定。

一般与特殊也是两个对立统一的概念。同样,我们也要把握一般,留心特殊。当许多言语成品摆在我们面前的时候,必然会有特殊性的东西,许多言语成品的构成成分中,也会有某些特殊性的东西。这些特殊性的东西可能会成为我们归纳语体中的干扰因素或迷惑因素。不过,在上位语体中的特殊因素也可能就是下位语体中的一般因素。如果把它摆到语体发展的轨道上去看,现在的某些特殊因素,若干年后,也可能就演变为一般因素了,所以,我们对那些特殊因素要给以充分的重视,但是,在划分语体中最有效的、起决定作用的,还是一般因素。

选择语体中的一般用例,并不是一件轻松的工作,需要付出艰辛的劳动。现在分析谈话语体时,最省力的办法是以文艺作品中的人物对话作为例证。其实,文艺作品中的人物语言是经过作家加工过的,已经失去了日常谈话的某些本色。有些在文艺作品中出现的人物语言,在日常谈话中是不大说的,甚至是根本不说的。且不去说,诸如郭沫若的历史剧《屈原》中的《雷电颂》,这样的独白与日常口语的距离有多么大,就是有些文艺作品的人物对话也有着明显的加工痕迹。如:

(1)齐仰之(极不耐烦地)谁?……你不知道我在工作吗?……知道!知道干吗还来打扰我?朋友?工作的时候只有化合、分解、元素、分子量是我的朋友!……好,你说吧!……不,我早就声明过,政治是与我绝缘的,我也绝不会溶解在政治里。……(沙叶新《陈毅市长》)

(2)"我们立刻准备药品!"很怕对方听不清楚,他几乎喊起来了,"我们马上设法把药发到太原!"(《为了六十一个阶级弟兄》)

以上两例都是打电话中的对话,语句很规范,也很有个性。这里不仅省略了打电话时的一些冗余成分,而且可以看出,有些词语和句子显然是经过作家加工提炼过的。如例(1)的"政治是与我绝缘的,我也绝不会溶解在政治里"这样的句子,例(2)中的"立刻"、"设法"等词语,就未必是打电话时的原话。例(1)齐仰之是位著名的化学家,作者通过提炼人物语言来刻画他的性格,反映他的气质;例(2)打电话的是商店业务员,话语简短,表现事情的紧急和人物的精神,所以作家必须对人物语言进行提炼加工。因此,把文艺作品中的人物语言就直接看成是日常生活中的交谈,当然是不科学的。要研究谈话语体,就应该到人民群众的日常生活中去搜集谈话的语料,才能从中找到科学的、合乎实际的、带有规律性的东西。

务实精神不够,是我们相当一部分语言工作者的通病。我们往往对国外的理论,人云亦云,不加分析地照搬过来,也不到语言运用的实践中去检验,就很难起到科学的应有作用。50年代以来,在语体学方面引进了当时苏联的一些分类法。例如,先分为口语语体和书面语体两大类,书面语体再分为文艺、科技、政论、公文四类。其实,口语本身就非常复杂,显然不是一个大类就能涵盖的。至于书面语体更是个空帽子,它的下位语体:文艺、科技、政论、公文四类,共性的东西不多,找不出几条共同的规律。这就使人们对口语语体和书面语体这两大类划分产生了怀疑。可见,总结一种语体的一般性规律是至为重要的。

一般性原则,还表现在对具体语体的分析和归纳上。公文语体具有时效性,具有实践效能。以往论述时,多强调它的准确、严密,而反对其模糊性。认为模糊的语言是公文语体的大忌。其实,稍加注意就可以看到,模糊语言不仅可以用于公文语体,而且是公文语体须臾不可离开的成分。模糊的语言有时可以有效地表达内容的准确和精密。离开了模糊性就不可能有准确和精确,公文的实践效能也就无从谈起了。这应该是公文语体的一般规律。

辞格也是这样。我们往往把话说得很死,说得很板。如,某语体多用辞格,某语体少用辞格;某语体可用这几种辞格,某语体可用那几种辞格。如此而已。拿比喻来说吧,几乎所有的语体都能使用,但不同的语体,使用情况并不一样。科技语体使用比喻与文艺语体不同,它不是重在感染和体验,所以比喻感情色彩和表现作用就不很显著;它是重在说明,用来阐明一种原理或显示事物之间的某种关系。主要用的是明喻。试比较如下:

(3)地球内部大致分为地壳、地幔和地核三大部分。整个地球,打个比方,它就像一个鸡蛋,地壳好比是鸡蛋壳,地幔好比是蛋白,地核好比是蛋黄。(孟繁兴等《地震与地震考古》)

(4)你带孩子,人家韩月贞也带孩子,怎么你带的就跟才从垃圾堆里提出来的,人家带的就像才剥壳的鸡蛋心子,又白又胖又光鲜!(艾明之《妻子》)

上面两例都用鸡蛋作比方,都用的明喻,但语体色彩和作用有明显的差异。所以,不在于说哪个语体用,哪个语体不用,重要的是要说清楚这个语体是为何运用这种辞格的。

一般说来,文艺语体运用的辞格比较多,科技语体、公文语体运用的要少一些。当然,它们也各有自己独特的修辞方式,即使这样,像夸张、拟人等,也并没有从科技语体、公文语体中绝迹。对这种超出一般的个别现象,也应该给以注意,找出其原因,剖析其特点,指出其作用和局限性。把一般与特殊,既联系起来,又加以区别。

三

语体是一个系统。任何一种语体的组成要素都是体系化的。当然,属于某语体的某个言语成品,不可能无所不包地涵盖其语体的全部要素的特点,但是主干的或基本的成分,仍然是由某语体的要素有体系地组合起来的。

首先,这种系统性表现为语言要素和非语言要素的组合上是成系统的。例如:

(5)为了迅速严惩严重危害社会治安的犯罪分子,保护国家和人民的利益,决定:

一、对杀人、强奸、抢劫、爆炸和其他严重危害公共安全应当判处死刑的犯罪分子,主要犯罪事实清楚,证据确凿,民愤极大的,应当迅速及时审判,可以不受刑事诉讼法第一百一十条规定的关于起诉书副本送达被告人期限以及各项传票、通知书送达期限的限制。

二、前条所列犯罪分子的上诉期限和人民检察院的抗诉期限。由刑事诉讼法第一百三十一条规定的十日改为三日。(《全国人民

代表大会常务会员会关于迅速审判严重危害社会治安的犯罪分子的程序的决定》)

  这个决定使用了很多法律术语。如:"治安、判处、死刑、审判、起诉书、传票、上诉、抗诉"等,使用了"严惩、决定、规定、副本、期限"等带有公文语体色彩的词语,使用了公文语体常见的能愿动词"应当、可以"等。大量的介词短语做句首状语。开头使用了动词性非主谓句;复杂的"的"字短语作主语,基本上由长句组成。语言庄重、平实、准确,没有描写性的修饰成分,没有运用形象性的修辞手法,再加上条款型的结构,这些就构成了这个决定的从词语到句子、篇章的语体要素的组合系统,它符合公文语体的语体要素的系统特点。这就说明它属于公文语体,而不属于其他语体。

  其次,这种系统性还表现在同一平面上的要素组合往往也是成体系的。近几年来,大量的科技术语涌进了文艺语体和公文语体的言语成品之中。但是,我们可以看到这些科技术语是零星的、分散的,构不成体系,有时甚至经过变异,使其带有某种附加的修辞色彩。这就与科技语体中使用术语不同。科技语体中使用的科技术语是大量的、集中的、成系统的。这些科技术语是为了阐述某门学科的规律服务的,不带有任何附加的变异了的修辞色彩。

  在语体这个系统中,句子也许是最能体现语体特性的要素。比较起来,词语的色彩变化得较快,句子(包括句子组成的句群)要缓慢,稳定得多。像名词性非主谓句,在公文语体中多用于小标题,起提挈作用。在文艺语体,特别是在诗歌、戏剧中,则是描写刻画的手段,而且往往是成组出现的。动词性非主谓句在公文语体中是常见的,有时是成组排开的,有时是放在开头,而有复杂的介词短语充当修饰限制成分。再如,从短句到长句的密集组合,正是按照谈话语体、文艺语体、公文语体、政论语体、科技语体这个轨迹分布的。所以,在谈话语体、文艺语体中,短句的运用就是最常见的,也是研究的重点;科技语体中的长句,特别是多重复句的运用,对于论证观点、阐发道理、增强表达上的逻辑力量,具有重要的作用,当然也是其研究的重点。

  可见,只有搞清楚每种语体的语体要素的组合系统,语体才能够划分得清楚。只有把每个言语成品放到一定的系统中去研究,才能使我们对言语成品的研究具有语体学的意义。离开了语体要素的组合系统,就不可能进入语体学的门槛。遗憾的是,有的研究恰恰抓住言语成品的片言只语,大谈其语体特征,当然不可能得出科学的结论来。只有紧紧抓住语体要素的组合系统,科学地分析和归纳,才有可能走进语体学的堂奥。

四

语体是有层次的。这种层次,表现在包容和融合两个方面。

所谓"包容",指的是一种语体内部包含了若干个子系统,每个子系统又包含了若干个更小的系统。作为一门科学,有自己特定的对象、范围和任务。这种层次性,当然要有一定的限度,绝不是像有的人所说,可以一直分到个人的功能修辞特点为止。分到个人的功能修辞特点,对于语体学来说,不仅没有必要,而且也远远超出了语体学研究的对象、范围和任务了。语体是一个集体创造的系统,它具有鲜明的类化作用。如同我们对一段话语进行结构分析,可以分析到句群,再往下分析到句子、短语、词、语素,再往下还可以分析到音节、音素,但这已分别属于不同的学科的研究对象、范围和任务了。语体也是如此。人们的言语成品都必然属于某一种语体,但绝不是人们的言语成品都可以独立地构成语体。一种语体的形成,要靠许许多多人长时间地创造和实践。那么,作为语体学划分的语体,一般说来,有三个层级也就够用了。

有人在划分科技语体的下位语体时,提出专门科技体下面还可以按学科分为诸如物理学体、化学体等。科学而准确的分类不排除精细,但是分类的标准应该是一以贯之,绝不能随心所欲。须知科学的类别与语体的类别并没有对应性。并不是产生了一门科学就会随之出现一种新的支语体。也有以"交际领域"来划分语体的,划出如财贸体、教育体、广播体等。其实,所谓"交际领域",交际的内容、对象也是千差万别,语言的运用也是千变万化,难以找到在语言上的共同规律,当然也勾勒不出语体的语言运用的系统来。

科学是系统形成的规律,是规律构成的系统。世界上具体的事物数以亿计,但未必都是科学。适当的层级对于科学规律的总结来说是必要的,但过于繁多的层级不仅科学性难以体现,实践性能也必然会相应削弱,因此,层级的划分要适可而止。那种以为划分得越细就越科学的认识,本身就是违反科学的。

上位语体与下位语体是整体与部分的关系,但是整体绝不等于部分的相加之和。语体中,子系统之和必然大于其母系统。因为每个子系统既有母系统的语体要素的基干,又有它自身的独特的语体要素的组合系列。

我们说包容是语体内部的分类,就应以语言运用的体系的共性为基础。母子两系统之间,既有大同又有小异。大同是包容的基础,小异是分支的依据。内部的不同层级的分类,既要归纳它们的大同,又要分析出它们的小异。语体内部的层级分类,标准应当一以贯之,不能对不同的层级使用不同的标准。

融合,指的是两种语体的交叉。融合语体是两种语体系统交叉后产生出来的新语体,是两种语体结合后派生出来的子系统。这个子系统带有两种母语体的要素体系,是脱胎而组成的新质。

值得注意的是,这种子系统,往往是一组并列体。有的是甲乙两种母体交叉的产物,有的是甲丙两种母语体交叉的产物。例如,演讲语体,有的是谈话语体和政论语体交叉形成的,有的是谈话语体和科技语体交叉形成的。广告语体,有的是公文语体和文艺语体的融合物;有的是公文语体和科技语体的融合物。尽管如此,它们在语体要素的系统方面,也是既有大同,又有小异。有大同,都属于演讲语体。有小异,可分属于时评演讲体、学术演讲体等。广告语体也是这样。可见,语体融合所产生的新语体也是有层次的。

正如前面所谈到的,语体的渗透和语体的交叉是两个不同的概念。语体的渗透是一种语体的言语成品中含有其他语体的某些要素,是立足于原交际领域中的个别"引进",只是一种"量"的介入。这只存在于某语体的特定的言语成品之中。语体的交叉则是两种语体的要素体系性的融合,脱胎于原语体后,形成了自己独立的语体要素的组合系统,产生了"质"的飞跃。这种语体的交叉具有类化作用,这就不仅是具体的言语成品的问题,而且是创造了新的语体。这里所说的"融合"方式,正是语体交叉的结果。它所产生的语体层级是两种语体融合后的新的子系统。

以上所述的四个原则,关系密切,是有机地结合在一起的。在划分语体时,具有互补的作用。一般性原则是我们分析和归纳语体的要素组合系统的依据,对语体进行定量分析有指导意义。整体性原则有助于我们对语体要素的系统进行分析和归纳时,避免出现生硬地、片断地肢解现象。但整体性是在一般性的基础上进行操作的,它同时又依靠系统性来体现。系统性原则有利于总结其规律和体系,以便把不同的语体系统明晰地区别开来。层次性原则也体现了一定的系统性,它在划分语体时,可以使我们根据语体的要素组合系统,对语体要素的功能同异进行辨析,把握其所处的层次和位置。

总之,掌握了这四条原则,是有助于我们把语体科学合理地划分出来的。

有关语体学的几个原则问题①

一、语体研究并非"源远流长"

我国的语体研究是从 20 世纪 50 年代后期才开始的。它直接受苏联 1953—1955 年的语言风格学讨论的影响。当时除了出现了一批研究语体的论文外,最突出的一条就是语体成为修辞学的一个组成部分。有的还认为修辞学研究的主要问题就是语体。(如:张弓、周迟明、林裕文等。)

80 年代以后,我国的语体学逐渐形成为一门独立的科学。80 年代中期,在修辞学界开展了语体问题的大讨论,80 年代后期到 90 年代初期,涌现了一批语体学的著作群。(如:王德春、黎运汉、莫彭龄、王政红等)语体学与风格学相混杂的局面逐渐得到廓清,语体学开始成为一门独立的科学。

说语体研究"源远流长",是把语体和文体混为一谈了。"语体"和"文体"是本质不同的两个概念,分属于两个不同的学科范畴。

二、语体不是一种风格类型

不少学者认为,语体就是一种风格类型。这个论断是不妥当的。

这个论断显然是从苏联那里搬过来的。但是现在的俄罗斯学者看到:在

---

① 原载《语体与文体学术研讨会论文集》,澳门语言学会 2000 年。本文是在会上的发言提纲。

中国的学者中,"修辞学"、"文体学"、"风格学"、"词章学"是赋予不同的内容的。中国的学者逐渐看到了语体与风格的本质不同,开始把两者加以区别。

语体是言语的体式,风格是言语的气派和格调。语体是适应不同的交际目的、对象、内容、领域的需要所形成的语言运用的体系,是运用全民语言材料所形成的语言功能变体。风格则是言语成品在语言表达方式方面形成的特有的格调和气派。

一种语体的形成要经过长时期的发展演变的过程,是比较稳定的,具有一定封闭性。风格的形成虽然也要经过一个过程,但相对地说,比语体要短暂。风格常因一些言语内容、表达对象、方式的变化而有所变化。风格是相对开放的,风格的渗透、变化是经常进行的。语体是运用全民语言的功能变体,它是全民性的,是集体创造的结晶,语体不可能形成地域的、流派的或个人的特定语言运用系统。风格则不然。

语体是一种语言运用体系,风格同样也具有特定的体系性,不过风格的体系与语体系统是两个不同的体系。语体系统表现为不同类的平行排列和同一类中的层级组合;语体间的交叉融合,即不同系统间的交叉融合是长时间演变的结果。风格系统则表现为不同类的交叉发展和同一类中的特质变异;风格的交叉更迭则是随时出现的。

风格和语体都存在于言语成品之中,不同的语体往往显示出不同的语言风格。因此,人们划分出各种不同语体的风格是完全必要的。语体不是风格,但语体可以表现出某种风格。同一种语体内部,也可以有不同的风格。文艺语体中,不同作家或作品的语言风格是不同的。政论语体、科技语体中也有各自不同的个人语言风格。公文语体由于其非个人性的性质,它很难有个人的语言风格。在公文语体的下位语体(如:通报体、法规体、函电体、条据体等)之间,不同语体的语言风格还是很鲜明的,如果说语体是一种言语体式,是运用语言的功能变体;那么语体风格则是这种"体式"、"变体"所形成的"格调"或"气派"。可见,语体也不等于语体风格。

人们运用语言所产生的任何言语成品都毫无例外地从属于某一种语体,但是并不是任何言语成品都能显示其独特的语言风格。因为风格往往是语言运用的"个性化"的体现,独特的语言风格往往是语言运用成熟化的标志。

风格与语体不是一码事。但它们又有着十分密切的关系。风格要以语体为基础,脱离了语体,风格则无所依附;语体要为风格提供必要的条件,语体中的各种要素的有机结合,对于风格的格调和气派的体现是必不可少的,至关重要的。

三、划分语体的基本原则

确定语体划分的原则,对于妥善地解决语体分类问题具有指导意义。划分语体时,应该贯彻整体性、一般性、系统性和层次性的原则。

整体性,就是要从语体要素体系的总的基调上来把握语体的特性;不能孤立、片段地肢解语体,抓住个别的局部的因素而否定整体的功能特点。

一般性,就是要选择一般的、具有典型意义的言语成品进行分析,注意归纳带有规律性或共性的成分;不能利用特殊的或偶发的现象来否定一般。

系统性,指其组成要素都是体系化的,在同一个平面上的要素组合是成系统的;不能把附丽于系统上的附加成分或游离于系统之外的语体扬弃成分当成体系的有机组成部分来对待,因为它们的存在并不影响语体的划分和归纳。

层次性,指一种语体内部包含了若干个子系统,每个子系统又包含了若干个更小的系统;不能用无限制的层次分析的方法来庸俗地理解语体的层次性。一切的划分都是为了更加科学和实用,所以层次分析也只能适可而止。一般地说,分到第三或第四层次就够了。不能像科仁娜那样,"一直分到表现出了个人的功能修辞特点为止"。(《俄语功能修辞学》213页)

四、划分语体的标准只有一个:内部因素

语体形成的要素有两个:外部因素和内部因素。外部因素对语体有很强的影响制约作用,是语体赖以存在和发展的重要条件。但是决定语体类别的本质依据还是内部因素,即语言运用所形成的特点体系。

应该看到,语体要素的功能分化,毫无疑问要受到外部因素影响和制约,但是一旦这些语体要素成为语体系统,那些外部因素也回过头来接受这种体系规律的支配。这是一种语体长期稳定地存在和发展的重要原因。

不仅如此。语体系统规律(也可称之为"语体规范")对人们交际中的语言运用的制约是绝对的,是起关键作用的。人们交际、交流思想,双方都不是

仅仅满足于信息传递的准确、无误,还要求用什么体式,即用什么表达方式来传递信息。公文用了文艺语体的表达方式,即使信息传递无误,也是不成功的。它必须按照公文的语言运用体系来表达才行。

一切事物的发展在于它的内因。内因起决定作用。外因在语体的形成过程中起了关键作用,但是人们的语言运用有相互交流和自我调节的功能。所以语体的要素体系的稳固、规律的形成都必须在内部因素上体现出来,以成为全民的共识。人们常说的"像不像某某语体",看的不是外部因素,而是内部因素——语言要素。语体的交叉渗透,语体的发展变化,无一不是在内部因素中得以体现的。

另外,外部因素也是无法划分出语体来的。交际场合、交际对象、交际目的似乎都不可能正确地划分出语体来。以外部因素划分出的语体,曾造成了语体研究的混乱,起了干扰作用。如外交、军事、法律、商务、医护、教学等都变成了语体,就把本来很清楚的语体概念搅成了"一锅粥"。

相反,用语言因素来划分语体,其科学性、实用性都是很强的,容易形成公理化的模式,容易为人们所接受,操作性较强。

五、"语体先行"是语言运用和语言运用分析的一条根本原则

"语体先行"是程祥徽在1993年首先提出来的观点,也是他对语体学的一大贡献。

"语体先行"是语言运用和语言运用分析的一条根本原则。

"语体先行"是符合人们语言运用的规律的。写说者从确定表达意旨、收集材料、剪裁配置到写说发表这个语辞形成的整个阶段,"语体"总是"先行"的,而且是笼罩全局的。

对人们运用的言语进行分析、评价,也必须贯彻"语体先行"的原则。人们总是在一定语体的语言运用规律的支配下来对其言语成品进行分析的。在语体规律的观照之下,才能对言语成品的其他方面做这样或那样的分析。

试论语体的交叉渗透及其社会因素[①]

一

语体的交叉渗透是语体发展的基本动力之一。这是从语体演变的横断面上,即从共时的角度所观察到的一个重要语言现象。

众所周知,汉语中的任何一种语体都是具有封闭性的。语体的封闭性是由语言运用的体系的不同所决定的。人们使用的语言材料的功能分化是语体封闭性的物质基础;交际领域、目的、内容、对象的不同,是语体的封闭性得以存在的客观条件,正是因为语体具有封闭性,才使得不同的语体区别开来,才使得人们在语言交际时,选择特定的语言运用的体系表达思想成为可能,任何言语成品都是属于一定的语体的。

但是也应该看到,语体又具有开放性。这种开放性表现为某一语体的要素可以进入另一语体之中,构成另一语体的言语成品的组成部分;也可以表现为某一语体可以吸收其他语体的要素来不断丰富、充实和发展自己。

没有封闭性,语体就无法存在;没有开放性,语体就无法发展,就失去了生命力。从共时的角度来看,封闭性是基本的,是起决定作用的,但是从历时的、发展的角度来看,封闭性又是相对的,有条件的;而开放性则是绝对的,无条件的。

[①] 原载《安庆师范学院学报》,1990年第1期。

二

　　语体的开放性,在语体之间经常表现为交叉和渗透两种形式。

　　但是,在现有的修辞学和语体学的论著中,几乎都是把交叉和渗透这个概念含混笼统地搅在一起。没有进行认真的辨析,看不出它们之间有什么区别和联系。似乎渗透就是交叉,交叉也就是渗透。其实交叉和渗透是两种既有区别又有联系的语体演变方式。语体交叉指的是两种语体之间语体要素的体系性的融合。例如:

　　　　(1)春光明媚,处处有芳草。洁齿爽口,人人爱芳草。宝宝起得早,天天用芳草。芳草牙膏,国内首创,中草药复方,止血脱敏,芳草有特效。使你健康,生活更美好。

这是一则广告,属于广告语体。但广告语体是一种交叉语体。这则广告是应用语体和文艺语体的要素,体系性地融合的结果。语体渗透则是一种语体的言语作品中含有其他语体的某些语体因素。例如,国家政府的公文中加入了一些生动形象的俗语词或科技图表、公式等,即在公文语体中,吸收了谈话语体和科技语体的某些因素。这属于语体的渗透。

　　交叉和渗透之间有着明显的差别:

　　第一,交际领域不同。语体渗透是立足于原领域,只不过是吸收了别的语体的某些要素来为理想地实现原领域的交际活动服务,原语体的功能基本不变。例如:

　　　　(2)城市要"敞开城门",欢迎省内外其他城市的工商企业来做生意,鼓励郊区、县的农民进城开店、设摊,直接销售农副产品和工业品,兴办各项服务事业。(《城市经济体制改革工作座谈会纪要》,《国务院公报》1984年17期)

这里用了"敞开城门"这样口语性的比喻,用了"做生意"、"开店"这样的口语词,但整体上看,仍是公文语体。语体交叉则是立足于另一交际领域,把本来不属于服务于此领域的语体要素的系列,融合在一起。如例(1)就是广告语体,立足于商业广告的领域,将艺术语体和公文语体的系列语体要素加以融合的结果。

第二,流入成分不同。语体渗透是吸收其他语体的要素,因而是个体的或板块的流入,对于属于某一语体的言语成品来说,毕竟还是微量的。正是由于立足于原领域,所以吸收的这些微量成分可以来自不同的语体。例如,属于文艺语体的小说往往可以嵌进一篇简短的布告,同时又能插入一段政治性的演讲或议论。语体交叉中交流的成分是系列性的,这往往是两种语体要素的融合,至今尚未发现有三种以上语体融合的现象。

第三,形成结果不同。语体渗透的其他语体要素经过变异,成为本语体的言语成品中的有机组成部分,只是"量"的介入,不会影响该言语成品属于某语体的性质。语体交叉则是两种语体的要素系列融合产生了新的语体。这里不是什么"量"的介入,而是"质"的飞跃了。经过一定时期的发展和巩固,就有可能形成自己独立的语体要素的组合系统。

三

现在有一种说法,例如文学作品反映了科学领域中的人和事,报纸发表关于经济建设的社论,就必然要使用科学术语,因此,这就是科技语体渗透进了文艺语体或政论语体。事实难道真的是这样简单吗?请看下列一段对话的录音记录:

(3)张老师:哎,老李,吃了吗?
李老师:这套西装哪买的?你年轻了十几岁!老王又病了,明天三四节你代吧!
张:不行不行,还有事,唔,上到哪儿?
李:多义词,同音词,就两节。
张:不行,这不好教,不行,不行,找小周吧。

这里用了"多义词"、"同音词"两个科学术语,但从语感上看,恐怕不能说是谈话语体和科技语体的渗透。如果这也算是语体间的渗透,那么篇幅稍长的言语成品,几乎无一例外都是语体间的渗透,那岂不是搞得太滥了么?所以,社论中因为内容的关系必然使用某些科学术语,小说中因为题材关系也必然使用某些科学术语,谈话中因为话题关系必然使用某些科学术语,这是正常的必然的运用,这种运用的特点是:首先,它不像科技语体的言语成品那样成系统地使用。其次,这种运用不管是写说者还是听读者,都没有两种语体渗透的直感,更主要的是这些"渗入"的成分,并没有产生风格色彩上的"变异",只不过是一种名称或符号罢了。因此,我们认为,是否是语体间的"渗透",关键在于是否引起风格色彩上的"变异"。

这种风格色彩上的"变异"指的是这些流入另一语体的言语成品中的语体要素获得了在原语体言语成品中难以收到的表达效果,诸如庄重、诙谐、讽刺、幽默、亲昵、生动等。有时是以比喻、借代、拟人、夸张、仿拟等修辞手法的形式流入另一语体的,这种风格色彩上的变异就更为明显了。例如:

(4)传统语法在一定程度上利用意义,可是对于如何利用,又如何控制,没有很好的论述,这是它在理论方面的弱点。但是跟结构主义语法的拼命回避意义,一头钻进死胡同比起来,不失为聪明;跟转换语法的明明从意义出发,却矢口否认比起来,不失为老实。(吕叔湘《汉语语法分析问题》)

(5)过两个月,难道他就真的要永远和他生活在一起吗?完成这项每个人都必须完成的历史使命——结婚。(张抗抗《北极光》)

(6)"爱情啊,你姓什么?"

"我说啊,爱情就姓爱,名叫爱克斯——X!"在大学同宿舍的姑娘常开玩笑,能说会道的小百灵是最爱捉弄小芸了。

"这个未知数,该由小芸来解!"

"责无旁贷,她是'现在完成式'嘛……"(范小青《追》)

例(4)是科技语体中,渗入了谈话语体中的口语成分,使人感到仿佛是位学术专家在跟人们娓娓谈心,口语词和简短的句式,增加了学术著作的生动活泼的情趣。例(5)是文艺语体中,渗入了政论语体的要素,把庄重的词语用于日常生活,风格上增加了幽默诙谐的色调。例(6)在文艺语体中渗入了数学术语,带有某种比喻的意味,既符合大学生的身份,又具有诙谐调侃的情调。

这些成分的渗入,不再具有在原语体中的本色,而是增加了新的适应于新语体的色彩,从新语体的角度来看,由于它吸收了其他语体的要素,就比用本语体原来使用的成分更富于表现力。

这种语体渗透中所产生的变异,有时还表现在对渗入要素的词形改造

上,将渗入要素的形体加以变异,表达效果也是十分显著的。例如:

(7)……原来,黎教授的车在半道上滑轮了;幸亏向内滑,如果向外滑,黎教授一行(就)已经"魂断蓝藻"了。(黄宗英《固氮蓝藻》)

(8)李白对杯直发愁,默默无声珠泪流;此酒为何不助兴?多半埃赤贰与欧(H_2O)。(李滨声《李白愁》)

以上两例,文艺语体中渗入的科技术语,色彩上的变异就更为明显了,因为连科技术语本身的词形都得到了改造。

以上只是独立的个体渗入,还有一种是集体渗入,这是一种板块式渗入,即某一语体言语成品的完整片断的渗入,这种渗入,只出现于文艺语体中,即文艺语体渗入了其他语体的言语成品的完整片断。例如:

(9)教员们上课去了,我如饥似渴地到处翻找有什么可看的书,但办公桌上全是学生的作业簿,只有一本《辞海》放在桌头上,我翻到"马缨花"这一条。这一条是这样解释的:

植物名,学名 Albizziajulibrissin,一名"合欢"、豆科。落叶乔木、二回偶数羽状复叶,小叶甚多,呈镰状,夜间成对相合、夏季开花,头状花序,合瓣花冠,雄蕊多条,淡红色、荚果条形,扁平,不裂。主产于我国中部、喜光,耐干旱瘠薄、木材红褐色,纹理直,结构细,干燥时易裂,可制家具、枕木等,树皮可提制烤胶,中医学上以干燥树皮入药,性平,味甘,功能安神、解郁、活血。主治气郁胸闷、失眠,跌打损伤,肺痈等症,花称"合欢花",功用相似,又为绿化树。

啊!这条目上所有解释的文字,没有一点不和她相似的:"喜光,耐干旱瘠薄",不就是她的性格吗?(张贤亮《绿化树》)

在文艺语体中渗入了科技语体(辞书体)的片断,由于辞书中写植物的条目和小说中的人物的品性联系了起来,起了借物喻人的作用,获得了审美价值,它就再也不单纯是辞书中的说明文字,而变异成小说的有机组成部分。

语体渗入还有一种特殊的形式,就是言语成品的语体色彩的整体性的变异。有用公文语体的形式和要求写成的小说,如:上海《报刊文摘》1986年6月17日刊载的小说《市委书记立下军令状之后》;也有用文艺语体的形式和要求来编写公文。如1929年1月红四军向赣南闽西进军的布告就是用六言体的诗歌写成的。

总之,不管是个体(词语)、板块(句群)还是整体(成篇)的渗透,都是从一种语体向另一语体的渗入。这些成分经过变异后,变成了另一语体中的有效成分,为另一语体服务,这里表现为文艺语体最为活跃,它几乎可以接受一切语体的渗入;比较迟钝的则是科技语体,除个体渗入外,板块和整体的渗入是十分罕见的。

四

如果说语体渗透中的变异是单向的,那么语体交叉中的变异则是双向进行的,它们变异的结果,则是产生了新的融合语体,打个不太恰当的比方,语体渗透像是输血,甲的血输给乙,就化为乙的有机组成部分;语体交叉像是嫁接或杂交,就能培育出新的品种来。

演说体是以口语形式出现的,有的句式简短明快,用了大量的语气助词,大量的感叹句、提问句和反问句,使用了大量的政论语体的词语要素,层次、内容、注意逻辑性和思辨性,加上语气声调上的配合,具有强烈的宣传鼓动作用。如闻一多的《最后一次的讲演》、毛泽东的《必须制裁反动派》,就是专题谈话体和政论语体的融合。有的也用了简短明确的句式,但很少用感叹句,大量用提问句、反问句和祈使句,多用浅显的书语词、表情色彩不浓而着重于说理的准确和严密,以充分合理的逻辑性使听众折服,如陈望道的《怎样研究文法、修辞》就是专题谈话体和科技语体的融合。

广告体是为活跃社会经济服务的,有的诉诸一定的可能消费者的理智,根据人们购买之前的思考顺序说明商品的销售基点,以促进人们有意识地购买行动,有的诉诸宣传对象的感觉和情绪,通过广告的暗示,引起人们的潜在意识,从而启发和激起购买行动,它往往是应用语体和文艺语体的融合或者是应用语体和科技语体的融合。

广告体多用褒义词语(用贬义词语的是特例),多用礼貌语言,在句式上多用祈使句、提问句和感叹句,句子短小,很少用多重复句,篇幅简要,忌讳长篇大论,公文语体和文艺语体交叉的广告,大量使用修辞格,讲究语言的声韵美、节奏美、形体美,有时还借助于色彩、图形、文字的变形来提高广告的吸引力和感召力。公文语体和科技语体交叉的广告,准确具体地说明商品型号、规格、性能、质量、价格等,它特别注意引用一些权威性、可靠性的材料,像商品评比获奖情况,有助商品推销的反馈信息等,都是明显有力的证据。例如,江苏省如皋县制药厂生产的抗癌新药油酸多桐脂质体注射油,广告上写出是"由我国著名药学家顾学裘教授研制成功,曾于1985年8月在加拿大多伦多市召开的第四届世界肺癌会议上获得升我国国旗的最高荣誉奖",还引用了国际卫生组织官员的评论等来说明商品的可靠性。

像新闻体也是两种语体交叉而产生的融合语体。

融合语体是两种语体交叉的结果。它的特点是:第一,两种语体的要素交融在一起,水乳交融。两种语体的要素都产生了变异,跟它们在本语体中的性能和作用有本质的区别。第二,由于交际目的和内容的不同,在语体要素的交叉上,呈现出多功能的开放性特点。立足于本交际领域,可以是这两种语体要素的融合,也可能是那两种语体要素的融合。第三,语体的交叉只在两种语体中进行,很少发现有三种语体交叉的实例。

五

不管是语体渗透还是语体交叉,都与社会因素有密切的关系,语体要素的变异是物质形式,社会因素则是外来的影响。

值得注意的是,现在有一种把交际领域的制约性提到决定性地位的倾向,诚然,交际领域是相当重要的,不应忽视。它对于语体要素的系列的形成,有巨大的制约能力。但是如果只是空泛的、静止的,甚至是绝对地强调交际领域,这就势必使语体的研究走向僵化。要清醒地看到,语体要素的变异这个活生生的现实,绝不是用"交际领域"就可以准确说明的。同一个"交际领域",语体要素的变异是很不一样的,"交际领域"决定说在语体要素变异的解说中是软弱无力的。

那么语体要素变异中的社会因素究竟在哪些地方呢?表现在民族心理、时代风气、文化素质等多方面。

语体交叉渗透中的变异,与民族心理习惯有密切的关系,汉民族在语言运用中十分注意发挥声韵、节奏上的特点,做到回环复沓,抑扬顿挫,和谐动听,铿锵有声。如前面提到红四军向赣南闽西进军的布告,全是六言押韵的整齐匀称的句子,这种变异的结果增强了布告的鼓动性和传播力,通俗易懂,便于诵读和记忆,比一般的布告容易普及。这种形式民间传奇中早已有之,是工农群众所喜闻乐见的,这种语体要素系列的变异,具有强烈的中国作风和中国气派。再如,五四以来,汉语的句式起了一些变化,特别是受了翻译的影响,在语序和结构上都有了新的发展。例如:

(10)党更加布尔塞维克化,党就能,党也才能更正确地处理党的政治路线,更正确地处理关于统一战线问题和武装斗争问题。
(毛泽东《〈共产党人〉发刊词》)

这种句式成为政论语体的要素,就不大能够变异到诸如谈话语体、文艺语体、公文语体中去。当然,这首先取决于这种句式的表达功能,但也不能排除民族心理习惯上的差异。又如名词性非主谓句大量地(特别是成组地)出现在文艺语体中,在其他语体(不包括谈话语体)主要是用于标题,很少用到名词性非主谓句,特别是成组的名词性非主谓句用得更少,这就与语言运用的民族习惯和传统有关。从"鸡声茅店月,人迹板桥霜"(温庭筠诗)到"东山的糜子西山的谷,肩膀上的红旗手中的书"(贺敬之诗),可以看到民族习惯和传统,继承发展的轨迹。

时代风气对于语体要素的变异也很有关系。新中国成立初期,广大工农群众翻身做了主人,直接参与政治生活,许多政治术语一下子涌进了谈话语体和文艺语体。近十年来,由于四化建设的发展,工农群众的科学意识和文化素养有了很大的提高,科技术语又纷纷渗入了谈话语体、文艺语体乃至公文语体。例如:

(11)她既然只把张信当成她"过渡时期"的丈夫,自然就不能完全按"自己人"来对待他,因此她安排了一套对待张信的"政策"。
(赵树理《"锻炼锻炼"》)

(12)顿时,全场的目光都"聚焦"到我的脸上。(叶永烈《青黄之间》)

50年代,"过渡时期"、"促进"、"总路线"、"官僚主义"、"多快好省"、"又红又专"等带有政论语体色彩的词语进入人们的政治生活之中,这就为变异运用提供了条件;80年代,自然科学和社会科学的一些术语,"反馈"、"网络"、"全方位"、"多层次"、"多功能"等带有科技语体色彩的词语进入人们的政治生活,这也就为变异运用提供了条件。

当然,由于思想作风的不纯正,在运用时也形成过某些不良的风气,造成了不健康的文风,前者曾经发展为教条主义的"八股"腔调,到了60年代后期以后,形成了恶劣的"帮八股",后者也由于堆砌"时髦"的科技术语,形成了晦涩难懂的病态文风。如:

(13)一个男子不知何时来到黄娅的身边,他突然用一种似乎转速不对的声音一口气说道:

"浅表层次信息载体积淀于框架深层之书的群落耗散无序之网络淡化视象之走向致使文化消费呈现危机氛围。"

他说什么?黄娅不知所云。但从这男子的语气和态度上推断,黄娅似乎感到他是在说书摆得不好,所以找不到。(沙叶新《饱学之士》)

近几年来有一种倾向,似乎文章写得人家越看不懂就越有"学问",这里作家用变异组合的方式对那种病态文风进行了辛辣的讽刺。

交际双方的文化素质对语体要素的变异也有影响。交际双方指的是写说者和听读者两方面,这里的写说者是主要的矛盾方面,写说者的文化素质对语体要素的变异起决定作用。一般说来,文化素养较高的,语体要素的变异能力往往较强,语言大师都是语体要素变异的巨匠,所以他们对语体的发展是起了促进作用的。他们谙熟多种语体的语言系列的特点,就能够熟练地进行变异和创造,为语体之间科学地交叉和渗透作出贡献。文化素质较低的,进行这方面变异的能力就弱得多,甚至会出现一些病态的、不规范的言语成品,我们看到的一些四不像的公文、新闻,没有说理成分的"评论",空洞说教的"小说"等等,除了别的原因之外,可能与作者的文化素养不高有一定的关系。当然,听读者的文化素质对于准确地把握和理解某种语体的言语成品也有一定的作用。文化素质不高,就可以造成理解上的失误,就会影响某一语体的言语成品的效能的发挥,甚至会贻误我们的工作,造成不应有的损失。

语体的通用成分、专用成分和跨体成分[①]

对言语成品内部结构进行语体分析有多种方法,可以从词语、句式、修辞手法、篇章组织等不同层级做深入研究,也可以从组织成分的不同质素做细致探讨。当前的语体研究,总体来看还相当薄弱,不管是不同层级的研究还是不同质素的探讨,都几乎是一片空白,可以说是一块亟待开垦的处女地。语体学研究要取得较深入的突破,必须建立在占有大量的语料的基础上,进行深入细致的分析,总结出规律,进而上升为理论,这是摆在我们面前的一项十分重要而迫切的任务。由此,我们力图对言语成品的内部结构进行语体成分的初步研究,在专用成分和通用成分的基础上,提出"跨体成分"的概念,并做出甄别和分析。

一

语体成分是我们对所有言语成品进行语体切分的结果。一般说来,以语体色彩为标准,语体成分可分为通用成分和专用成分两部分。

通用成分是通用于大部分语体中的成分。通用成分不带有某个语体的特定色彩。也可以说,在语言中,除去某个语体的专用成分外,都是通用成分。通用成分在人们的语言运用中,出现的频率较高。

在词语方面,大部分基本词都是通用成分。如:人、山、花、笑、走、大、红、五、个、他、这、常、很、从、的、了、早晨、周围、没有、休息、详细、完全、第一、自

[①] 原载《烟台大学学报》,2005年第1期。

己、一些、原来、无比、因为、然后、对于等。不少一般词也是通用成分,如人名、地名、单位名称、物体的通用名称以及一些成语、缩略语等。

在句子和修辞格方面,如果笼统地说,几乎所有的句型都是通用成分,因为它们都可以出现在任何语体成品之中,但是具体地分析则可以看出,同一种句型在不同的语体中,其表现形式又是各不相同的。通用成分中又含有众多不同的专用成分。例如:句型中的非主谓句,不管是名词性的或是动词性的,都可以出现在不同的语体中,不过它们出现的形式和类型是大有异趣的。名词性非主谓句,在公文语体、科技语体中主要用作标题。如:

(1) 国务院关于全面推进农村税费改革试点工作的意见(《国务院公报》2003 年 14 号)

(2) 袁隆平《两系法杂交水稻研究》(《现代科技综述大辞典》)

名词性非主谓句在文艺语体使用的范围就广多了。它可以用在人物语言中,也可以用来突出时间、地点(如:凌晨。北京。)。特别是名词性非主谓句的连用,更是为文艺语体所特有。如:

(3) 数年后的秋天,庄稼道上。一阵"嘿嘿嘿"的痴笑声。(锦云《狗儿爷涅》)

(4) 雪山,草原,白云,蓝天,滚滚拉萨河。瀑布似的歌,彩霞般的笑……(晓雪《雪顿节》)

像(3)、(4)两例就只能出现在文艺语体的言语成品中,其他语体很难看到。所以一种句型既有各语体通用的普遍性,也有为某一语体专用的特殊性。

修辞格也是如此。像比喻、借代、拟人、夸张这些大牌修辞格,适应面很广,在众多的语体中使用,但不同的语体使用的形式和内容都有所不同。一般说来,文艺语体是全开放的,几乎可以囊括所有的形式和内容,显得多姿多彩。科技语体、新闻语体就会受到一定的限制,公文语体的限制就更多了。例如:

(5) 汗在脸上流着,好像很多虫子在脸上爬着,全身衣服都湿透了。(邓洪《潘虎》)

(6) 地球内部大致分为地壳、地幔和地核三大部分。整个地球,打个比方,它就像一个鸡蛋,地壳好比鸡蛋壳,地幔好比是蛋白,地

核好比是蛋黄。(孟繁兴等《地震与地震考古》)

(7)在发电和用电环节普遍推行峰谷电价政策。用电紧张地区在高峰用电期可合理安排大用户"错峰用电"。(《国务院办公厅关于认真做好电力供应有关工作的通知》,《国务院公报》2003年16号)

例(5)是文艺语体的比喻,重在感性体验,多用形象描绘和具体感受。例(6)、(7)是科技语体、公文语体的比喻,它们就重在性质上的说明,便于读者理解,通过形象的比喻把抽象或深奥事物浅显化、通俗化。正是由于公文强烈的政治性、时效性的特点,公文语体中的比喻,并不追求新颖和创造,而是具有类型化和雷同化的特点;除了说明性比喻外,大多数比喻在语言形式上具有词语化的稳定形态。如例(7)的"高峰用电"、"峰谷电价"、"错峰用电"就是。同类的还有"风吹草动"、"乌云"、"曙光"、"严冬"、"青天"以及"终身制"、"大锅饭"、"老黄牛"、"走后门"、"保护伞"等,都是公文语体常见的比喻。其他的通用辞格,如借代、夸张、拟人等也具有这种特点。像"胡子工程"、"红头文件"、"菜篮子"、"米袋子"(以上借代)"战天斗地"、"文山会海"(以上夸张)"公文旅行"、"松绑"、"造血功能"、"消肿"(以上拟人)。这些辞格在公文语体中都呈现着词化的特点。可见在一定的条件下,通用成分也可以转化为专用成分,通用成分中就蕴含着专用成分的质素。

二

专用成分是只用于或常用于某一种语体的成分。与通用成分比较,它占的比例要少得多,但它是最能代表语体个性的成分,最能体现语体的本质属性,因而在语体中是最有活力的成分。它是带有所属语体的特有色彩的成分,正是这种色彩上的区别,才使得不同的语体得以区分开来。这既表现在语言的运用上,也表现在语言的识别上。人们凭借不同的语感就可以分辨出这些专用成分,这就为人们科学而系统地研究语体提供了基础与可能。

专用成分也反映在语体系统的各个方面。

在词语方面,各语体都有自己的语体专用词。公文语体由于具有非个人性质,它忌用描绘性、表情性的词语(一些凝固了的成语、惯用语等除外);由于它的政治性、时效性很强,长期以来形成了近乎程式化的专用词语。像文种用语就有"请示、报告、通报、公告、批复、决定、公报、会议纪要、条例、规定"等。像结构用语,即在行文中的用语,就有"现将、欣悉、依照、据查、为此、特作、定于、此复、为要、批转、函复、业经、施行、办理、审批、下达、抄送、承办、呈请、务请、妥否、可行、似应、均须、准予、参照"等。这些除了一些传统的公文专用词语外,还创造了一部分公文语体的专用新词语。如"集资、打假、扫黄、下岗、离休、调控、吃请、理顺、共建、评估、费改税、问责制"等。有些本属于其他语体的词语,由于各种各样的原因,也成为公文语体的专用词语,例如:"筛选、覆盖、出台、瓶颈、缺口、力度、凝聚力、透明度、深层次、跨越式"等。对于科技语体的专用词语研究,不能再局限于那些数以千计的学科术语,而应该把主要着重点放在研究那些具有标记性质的论说中的用语。像"标志着"、"显示了"、"拓展着"、"开创了"等评论语,"显著"、"必定"、"陈述"、"演绎"、"体系"、"领域"等阐释语,"简言之"、"归根结底"、"由此可见"、"综上所述"等插入语,都是科技语体中的专用词语。文艺语体不光是客观的规约、分析和阐述,而重在主观的体验、感受和复现。所以其专用词语,描绘色彩、表情色彩相当浓烈,但又不失典雅之气(公文语体和科技语体似乎更重在庄重上)。如"蹒跚"、"窈窕"、"踟蹰"、"崎岖"、"潋滟"之类的联绵词,"泪花"、"汗珠"、"麦海"、"人浪"之类的比喻词,"明媚"、"绚丽"、"吟诵"、"奸笑"之类的描绘词,都是文艺语体的专用词。有些词本是通用词经过变异就成了文艺语体专用词了。像"静悄悄"、"软绵绵"这样带叠音词缀的,"碧蓝碧蓝"、"大大方方"、"花花绿绿"、"琢磨琢磨"这样的重叠形式的,"一眉新月"、"一丝炊烟"、"一抹晚霞"、"一轮红日"中的"眉、丝、抹、轮"这样的名词、动词转化而来的量词,都属于文艺语体的专用词。"红"、"黑"、"冷"、"暖"等本是通用词,但它们的派生义,如在"红脸"、"黑心"、"冷笑"、"暖意"中就是文艺语体的专用词了。

在句子方面,不同的语体也有不同的色彩。色彩不同,就会形成不同的言语气氛,就会形成不同语体的构成要素。我们说,不同语体的区别更明显的是在句子上,在很大程度上因为句子是形成不同的言语气氛的关键。句子由于成分的组合与次序的不同,就构成了不同的色调和语感。这些句子就成为某个语体的专用成分,以区别于其他语体。即使在同一种句型中,不同语体的结构形式也不相同,这就形成了不同语体的句子专用成分。拿主谓句来说,一般认为这种句型包含了主语和谓语两部分。先说主语,在公文语体中,复杂的"的"字结构做主语是很常见的,有着与其他语体不同的特点。例如:

(8) 未按合同规定的办法和期限对定作方提供的原材料进行检验，或经检验发现原材料不符合要求而未按合同规定的期限通知定作方调换、补齐的，由承揽方对工作质量、数量承担责任。(《加工承揽合同条例》，《国务院公报》1995年第1号)

上例是复杂的"的"字结构作主语，后面的谓语或是主谓结构，或是动宾结构，加上不同层次的介词结构作状语，增强了句子的限制性、针对性和明晰性，符合公文语体时效性的要求，虽然词语很长，但句意却很显豁，这样的句子就具有公文语体的特殊结构模式和特殊言语气氛，它不可能出现在其他语体之中。

再看谓语，动宾谓语句的连用几乎是各种语体都用的，但是由动作动词构成的动宾短语的连用，表现了动作行为的连贯性，形象生动地刻画了人物的活动，而这正是文艺语体所特有的。例如：

(9) 兰医生回到家，放下芹菜，洗净手上的泥，去收凉台上的衣服，她听到楼下窗帘环在窗帘轨上小心翼翼滚动的声音，才确信人们关于郁容秋放荡的传闻，绝非虚构。(毕淑敏《女人之约》)

公文语体也有动宾谓语连用的句子，也是连贯关系，但表达的却是一种抽象的逻辑关系，它不用动作动词，也就缺少形象生动的感性体验。如：

(10) 会议传达学习了中央领导同志最近关于城市改革的指示精神，交流了试点工作的经验，着重讨论了搞活企业，搞活流通，开创城市改革新局面的问题。(《城市经济体制改革试点工作座谈会纪要》，《国务院公报》1984年第11号)

在修辞格方面，每个语体都有自己的专用辞格。如通感、双关、镶嵌、移就、图示等是文艺语体的专用辞格，像拈字、数括等是公文语体的专用辞格。

(11) 积极落实草原承包制，明确草原使用的"责、权、利"；防治土地沙化，形成防、治、用有机结合的土地沙化防治体系。(《中国21世纪初可持续发展行动纲要》，《国务院公报》2003年第7号)

在公文语体中类似的还有"传帮带"、"等靠要"、"脏乱差"、"黄赌毒"、"关停并转"、"老少边穷"等。在并列的较长的语句中拈出几个字来达到鲜明突出、以少胜多的表达效果。这种"拈字"手法，其他语体用得不多，公文语体就经常用。再如"解决一个'脏'字"、"狠抓一个'早'字"、"要从'多'字出发，'敢'字入手"、"一吹二压三许愿"等，都属于"拈字"辞格。"数括"在公文语体中用得也很多。最典型的就是"三个代表"，其他如"两个确保"、"三条保障线"、"三个有利于"、"三不管"、"三无产品"、"五项原则"等，都属于"数括"辞格。

三

  我们在认识语体的成分时，一般说来，只有通用成分和专用成分两部分。但是，我们在对具体的言语成品进行语体分析时，应该看到，除了通用成分和专用成分之外，还存在着跨体成分。所谓"跨体"，只有在对具体的言语成品进行语体分析时才能显示出来。离开了具体的言语成品，无所谓跨体成分。任何一个言语成品都必然有语体的通用成分和专用成分，但是相当多的言语成品含有跨体成分。跨体成分成为语体分析中的一个重要组成部分。

  跨体成分指的是在具体的言语成品中出现的非本语体的成分，也就是本语体的言语成品中引入了其他语体的专用成分。一个具体的言语成品引进其他语体的专用成分是个普遍现象。从语体的性质来看，它既有封闭性的一面，又有渗透性的一面。它实际上是封闭性和渗透性的统一体。语体的封闭性是由语体系统的不同所决定的。人们使用的语言材料的功能分化是语体封闭性的物质基础；交际领域类型化的差异，是语体的封闭性得以存在的客观条件。正是语体具有封闭性，才使得不同语体区别开来，每一个语体才有了存在的价值。但是应该看到，语体又具有渗透性。社会交际的逐渐频繁和复杂，语言运用手段的高度成熟和丰富，促进了语体成分的相互渗透。一种语体不断地吸收其他语体的某些特有的表达手段，使自己得到了充实、丰富和发展。语体成分的渗透却可以增强语言的表现力，增加语言的色彩，取得动人的表达效果。所以失去了这种语体成分的渗透性，语体就无法发展，也就失去了活力，同样也失去了存在的价值。

  从语言表达来看，语体成分的渗透，还为了实现内容表达的特殊要求。应该看到，人们表达的言语成品，其内容是千变万化、丰富多彩的。有些内容的阐发是必须向其他语体引进表达材料和表达手段的。这样的引入或渗透是由表达内容决定的。

跨体成分的出现还由于语言的运用在交际领域间的互相渗透。语域的变化影响到语言功能的分化。于是不同语体的成分在一个言语成品中出现了。一般说来，不管是词语还是句子，总有一个相对稳定的使用语域。当语域发生了变化，这个语词或句子的固定色彩也就有可能起变化，于是跨体成分就应运而生了。

跨体成分可分为两种类型：一种是引用型的；一种是修辞型的。

引用型的跨体成分是由于表达内容的需要而引进的别的语体的专用成分。因为是适应题旨的要求而引用的，所以多反映在语义表达上，语体色彩因素降到次要的地位。例如在时评语体中，一篇有关农业生产问题的短评或社论，可能会引用一些农业科学的术语，而科学术语是属于科技语体的专用成分；在文艺语体中，一篇描写公务员生活的小说或报告文学，可能会引用一些办公用语或行文用语。但从整个言语成品来看，这些都只属于时评语体或文艺语体，不可能是两种语体的交叉或融合。因为这些引用成分只服务于某一言语成品的题旨和内容的需要，而对于语体成品的基本色调没有任何触动和影响，它所起的作用跟通用成分相近。这些引用成分只是必须涉及的某些理性意义的特定符号，其色彩已在跨体运用中大半被过滤掉了。例如：

(12)孙逸民抬头望着阴森森竖在墙角的氧气筒，又盯着床头的心电监视仪。当他看到示波器的荧光屏上心动电描图闪现着有规律的QRS波时，才稍许放心。(谌容《人到中年》)

这里用了"心电监视仪"、"示波器"、"心动电描图"、"QRS波"等医学术语，只是用来描述眼科主任孙逸民的活动，不会把读者带到科技语体的氛围中去的。有时为了避免这种跨体成分带来理解上的困难，作者还专门要加以注释，以便于读者掌握。像新修订的《中华人民共和国海洋环境保护法》中涉及的"海洋环境污染损害"、"内水"、"滨海湿地"、"海洋功能区划"、"渔业水域"、"油类"、"油性混合物"、"排放"、"陆地污染源"、"陆源污染物"、"倾倒"、"沿海陆域"、"海上焚烧"等专门用语，在"附则"中对其含义均作出解释，正是说明了这些科技用语是国家文件的引用成分。

当然，引用型的跨体成分，不光表现在单个的词语上，语句乃至篇章的板块式的引用也是常见的。其中最常见的就是公文语体、科技语体、时评语体的专用成分引入文艺语体的言语成品；或者是文艺语体、公文语体、时评语体的专用成分引入科技语体。不同的是,科技语体的言语成品引入了文艺语体、公文语体、时评语体的专用成分多是例证式的,是为了内容论述的需要而引入的。而文艺语体的言语成品引入公文语体、科技语体和时评语体的专用成分则是融入文艺作品的情节发展中去的。赵树理的《李有才板话》中有个章工作员,对农民做宣传时,喜欢讲"什么意义及其价值",这对于文艺语体的成品来说就是引用型的跨体成分,这个引用是为说明章工作员宣传上的缺点服务的。在《李有才板话》中还插入了一封公函:"兹有县农会杨主席,前往阎家山检查督促秋收工作,请予接洽是荷……"在这里,这封介绍信是属于引用型的。它在语体色彩上没有什么变化,也没有什么特别的修辞意味。

修辞型的跨体成分常常是由于表达者要增强语言的表现力和感染力引进别的语体的专用成分,是适应表达者的要求而引进的。所以它多反映在语用上,语体色彩的变异是主要的。这种语体色彩的变异,也就影响到语义的变化,有些词语的新义从而衍生出来。新时期以来,一些科技术语移用到文艺语体、时评语体和公文语体的言语成品中,几乎成为一种时尚。例如:"大气候、小气候"本来是气象学上的科技术语,后来被时评语体的言语成品移用过来,比喻人生活的不同范围内的人文环境和条件。

(13)德国的商业信心跌势未能遏止,更显示其经济无法在全球经济大气候转弱下一枝独秀。(《国际金融报》2001年4月26日)

(14)作为专门孵化机构,提供了良好小气候的留学生创业园已成为国家吸引留学人员为国服务的有效形式。(《中国教育报》2002年1月23日)

这两个词在1980年前后就进入时评语体(1981年11月3日《人民日报》上有《"大气候、小气候"析》一文),随着语体色彩的变化,其比喻义已脱离科技语体,成为时评语体的专用成分了。类似的词语还不少,例如:"力度、平台、筛选、覆盖、开局、升温、叫板、把脉、曝光、登陆、小儿科、短平快、深层次、全天候、红眼病、透明度、冷处理、饱和点"等。这种色彩的变化带来的语义上的变化,不仅在表达上有积极的作用,而且成为词义发展、词语增加的一个重要方面。一旦形成了新的词语或新的词义,它就名正言顺地成为这个新的语体的专用成分了。

修辞型的跨体成分,不仅仅限于个体的词语的跨体渗入,它还可以是板块式的整体渗入。这种板块式的整体渗入,它有时是一个完整的片断,有时甚至是整篇文章。修辞型的板块式渗入主要在文艺语体和公文语体、科技语体中进行。往往是以文艺语体为母本或主干,嫁接进公文语体或科技语体的子体或支干。例如:

> (15) 在 6 月 21 日至 7 月 2 日这 12 天中,为龚鼎的事找丁一说情的:199.5 人次(前女演员没有点名,但有此意,以点五计算之)。来电话说项人次:33。来信说项人次:27。确实是爱护丁一,怕他捅漏子而来的:53,占 27%。受龚鼎委托而来的:20,占 10%。直接受李书记委托而来的:1,占 0.5%。受李书记委托的人委托而来的,或间接委托而来的:63,占 32%。受丁一的老婆委托来劝"死老汉"的:8,占 4%。未受任何人的委托,也与丁一素无来往甚至不大相识;但听说了此事,自动为李书记效劳而来的:46,占 23%。其他 4% 属于情况不明者。(王蒙《说客盈门》)

这段文字移用了公文语体的统计表述法,在句式上用了不同类型的复杂的"的"字结构作主语,强化了公文语体的氛围,但字里行间交错使用口语式的文艺语体常用语汇,就大大加重了小说讽刺幽默的修辞效果。王蒙是善于移用这种跨体成分的高手,他的微型小说《越说越对》吸引了多种公文句法,其讽刺效果达到淋漓尽致的程度。在一般人看来,公文句法与文艺笔调可谓格格不入,王蒙把它糅合在一起,反而引人注目、鲜明突出。

整篇文章多用于公文体小说、诗通告、艺术广告等形式。安徽黄山风景区的路边有一块公告牌,是为保护漫山遍野的杜鹃花写的一首诗:"名花居山久,春萌夏盛开。劝君莫采摘,美从自然来。"把诗移用到公告中来,使人感到亲切,引起共鸣,这要比单纯的刚性的"在此摘花,罚款 10 元"有亲和力。在 1986 年第 2 期的《小说界》上,发表了陈亭初的微型小说《提升报告》,全篇 1000 字左右,由 4 组公文的"请示"和"批示"构成,在文字上几乎找不到文艺语体的要素,但给人的印象不是在读公文,而是在看小说。这 4 组公文从"1958 年请示提拔大学毕业生李力为文艺科科长,批示:需要下放基层锻炼"开始,到"1984 年建议任文化局副局长,批示:干部要年轻化,年龄已过线,不宜进领导班子"结束,时间跨越了 26 年,25 岁的大学毕业生变成了年过半百的"过线干部",把作为小说要素的情节发展隐含在这 26 年的时间流逝之中,

4组公文涉及的主人公是贯穿其中的核心,在公文中并不是必备的,而是小说所不可缺少的。这个主人公始终处于被安排处置的地位,而主宰其命运的人事处、文化局党组、厂党委、组织部错综的关系和复杂的态度,形成了一条主人公命运走向的贯穿线,这种种因素使得全部由公文语言组成的4个片断产生了功能变异,使其转化为文艺语体的表达手段和构成要素,带有浓郁的文艺语体的色彩,具有特殊的美学价值。当然,这种表达方式只能适应于短小的言语样式,它被制约的因素还是强有力的。

跨体成分是语体分析中一个经常见到、无法回避的重要问题。随着语体研究的深入,也需要对这个相当复杂的课题进行细致而动态的分析,探讨它的种种表现形式以及与表达者、语域等多方面的关系,从而找出言语表达的规律来。

在语体学中,对通用成分、专用成分和跨体成分的研究是一项基础工程。这方面的工作做得扎实,语体学大厦的建造就有希望成功。不仅如此,我想这项研究的深入开展,它的成果对于语法学、词汇学、语用学和修辞学,也会起到正面的促进作用。

论语体词[①]

一、语体词的含义

任何的语言运用,都必然形成某种言语成品。任何言语成品都必然属于某一种语体。脱离语体的语言表达是不存在的。

所谓"语体",就是语言运用的功能变体,是适应不同交际领域的需要所形成的语言运用特点的体系。

语言运用特点的体系主要包括了语体词、语体句、语体辞式和语体章法等,都是对语体分析的结果,是对语体中众多的言语成品进行规律性探索的结晶。它们既是语体的血肉和骨架,又是语体的标记和指纹。

语体词是对言语成品进行语体切分的最后结果,是对言语成品进行语体分析的最小单位。

语体词是某语体专用和常用的词语。专用,指的是该词只用于某一语体,而不用于其他语体。如:"苦寒、疾驰、芬芳、绚烂、荡漾、萦绕"等就只用于文艺语体。"转发、批复、备案、议决、商调"等,就只用于公文语体。常用,指的是该词语在邻近的两种语体中常用,而很少用于别的语体。如:"部署、嘉奖、贯彻、取缔、实施、从严"等,常用于公文语体和时评语体。"窗口、龙头、支柱、台阶、出台、力度"等词语的转义也常用于公文语体和时评语体。"屹立、照耀、开创、染指、目击、讴歌、走卒"等词语就常用于时评语体和文艺语体。

[①] 原载《修辞学习》,2004年第3期。

语体专用和常用的词语都带有该语体的特定色彩。

与语体词相对待的是通用词,也可以叫"无色词"、"非语体词",这是不带有任何语体色彩的词,是通用于各种语体或通用于大部分语体的词。如"天、地、人、男、女、说、走、大、高"等,就通用于各语体。有的词,像疑问代词"谁、什么、哪儿"等一般不用于公文语体,却常用于其他大部分语体,也属于通用词。

通用词和语体词的关系还是很密切的。通用词中,有的词的转义属于语体词。如"告诉"是通用词,其引申义,法律语言中的"告诉"就是公文语体词。"包袱"是通用词,其比喻义,曲艺术语中的"包袱"就是科技语体词。语体词中,有的词使用的面不断扩展,也会向通用词方面发展和演变。如"凝聚力、深层次、全天候"本是科技语体的语体词,现在时评语体、公文语体中也常用,正在向通用词方面演变。

在语言运用中,通用词是大多数,语体词是少量的,但是,语体词却是决定语体性质的。相当数量的语体词,或者说形成体系的语体词正是我们认识这个言语成品的语体归属的依据之一。

通用词和语体词是从色彩上对词语划分的结果①。色彩是对词进行研究和分析的一个重要侧面。应该说,词的语音形式、词汇意义、语法功能和修辞色彩,构成了词的完整的内容。这些是相对独立的不同方面。词的修辞色彩主要是词的语体色彩。它相对稳定地生活在类型化的交际领域之中,在格调、气氛方面形成了特定的表达色彩,为语体服务,为言语成品的表达功能服务。它与词的意义有一定的联系,但它并不是词的意义的一部分。

二、语体词的特点

语体词的最主要的特点是它的附着性或叫依附性。它是依附于特定的语体而存在并发挥其作用的。在该语体生成发展的岁月中,语体词也在其言

---

① 在对某一言语成品进行语体分析时,还应增加"引用词"一类。"引用词"指因表达内容的需要而引用的少量的其他语体词。对本成品的语体分析没有实质性的影响。如反映医务工作的公文或小说中要引用某些科技语体词,就是"引用词"。属于公文或小说的语体外成分,不改变其公文或小说的语体属性。

语成品中存在、变化和发展着。

我们深深感到,语体对词语(包括句式)的陶冶作用是很大的。正是由于语体词长期稳定而频繁地在某语体的言语成品中生活,它就必然受到这个语体陶染,逐渐地附着上了这个语体的色彩。所谓"斫梓染丝,功在初化,器成彩定,难可翻移"。① 这是词语的语体色彩形成的基本途径。在这个基础上,由语体词繁衍的其他词,或者是同义形式,或者是语体词运用的等价物,都有可能成为一新的语体词。如文艺语体中表现心情的就陆续出现了"心绪、心怀、心扉、心田、心弦、心境、心思、心潮、心海"等;公文语体和时评语体中表现帮助社会弱势群体的含义就陆续出现了"扶贫、扶老、扶残、扶幼、扶困、助困、助老、助残、帮穷、帮困"等。

我们绝不能认为词语的语体色彩是这个词语生来就具有的。应该说,任意一个词不可能本能地产生某种语体色彩。因为不是由词语组合成言语作品,组合成语体;而是由语体,由言语成品产生词语,陶染出语体词。可是长期以来,我们自觉或不自觉地接受一种表达中的"词本位"观念。南朝梁·刘勰在《文心雕龙·章句》中说:

> 夫人之立言,因字而生句,积句而成章,积章而成篇。篇之彪炳,章无疵也;章之明靡,句无玷也;句之清英,字不妄也;振本而末从,知一而万毕矣。

尽管刘勰开宗明义讲了"设情有宅,置言有位;宅情曰章,位言曰句",后面接着又说了"章句在篇,如茧之抽绪,原始要终,体必鳞次。启行之辞,逆萌中篇之意,绝笔之言,追媵前句之旨。故能外文绮交,内义脉注,跗萼相衔,首尾一体",但是前面这段话被断章取义地当做一个经典论述来不断引用,把它推演到了极致。即认为词语的运用是表达的根本和基础,仿佛抱着一本词典就可以写出光彩夺目的好文章,仿佛只要把词语用好了,语言表达上的所有问题都迎刃而解了。这段话认为,语言表达是从词开始的,词组成句,句子组成段,段落组成篇。只要把词用好了,句、段、篇都随着也写好了。这种说法当然不符合语言表达的基本事实。

应该说,人们在运用语言来表达思想时,一般都是由大而小的。先确定

---

① (南朝·梁)刘勰:《文心雕龙·体性》。

内容,选择语体,勾画提纲,分清层次,然后才去考虑斟酌句式,锤炼词语。选词造句都是从属于言语成品的主旨、内容和语体样式的,都是服从于主旨、内容和语体样式的要求的。从这个意义上说,词语的语体色彩正是语体所赋予的。仅仅靠着几千几万个词语,是不能形成言语成品的。同样,面对几千几万个孤立静态的词,也不可能准确找出它的语体色彩来的。词语的语体色彩只能到语言表达中去找,只能到语体中去找。

语体词的另一个特点是它的标志性,即记号性。它是语体的指纹和符号。

语体词在该语体的言语成品中是群体呈现,而不是孤立的个体使用。不论是一篇文章还是一段讲话,该语体的语体词总是形成一个群体,犹如璀璨的群星。人们去判定一个言语成品所属的语体,不是通过一个两个,而是通过众多的语体词来判断的。所以,语体词作为语体的标志或记号,是在群体中体现其作用的。

我们在认识和分析语体作品时,那些群体的语体词,给我们留下了深刻的印象,经过一段时间自觉地系统研习,就会储蓄并掌握相当数量的语体词。这既可以以此为标记,有助于我们辨认和分析语体,也可以以此为锁钥,有助于我们准确运用好语体。

由此可见,储蓄并掌握相当数量的语体词是我们加强和提高语体意识和语体能力的重要方面。这应该作为一项基本功来进行系统的训练。

当然,我们说加强语体能力的培养和教育,绝不仅仅是学学语体词,而是用语体言语成品来进行整体教育,在词语方面也是把语体词和通用词结合在一起进行。由于语体词较能体现语体的特点,学习起来不仅印象深刻而且兴味浓烈。看来,需要做大量的艰苦细致的工作,可以先进行试验,如把语体能力的训练列入语文教育的目标,按照语体来编写语文教材。如果组织力量精心编纂一本《现代汉语语体词词典》,对于语体能力的培养,对于语体的分析和研究也会大有裨益的。

三、语体词的生成方式

现代汉语各语体的语体词的生成方式,可分为沿袭、引进和创造三种。

(一)沿袭

现代语体是历史语体的自然发展,所以一些历史较为悠久的语体就很自然地沿袭了较多的历史上的传统语词。拿公文语体来说,就沿用了不少公文文种词语和公文用语。如:

命令　布告　宣言　启事　施行　议决　特派　特命　罢免
述职　株连　嘉奖

文艺语体沿袭原有的语体词就更多了。如:

婀娜　伊人　碧落　空濛　飞瀑　弥望　强梁　心仪　芳菲
婵娟　涟漪　婆娑

科技语体因为牵涉不同的学科,沿袭的传统术语也很多,除大量的术语外,在科技语体的言语成品中,也常用到一些传统的语体词。如:

刍议　沿革　窠臼　剀切　管见　穿凿　附会　凡例　发难
钩玄　梗概　准绳

时评语体产生得晚一些,也用了一些传统的语体词。如:

拜会　国是　罗织　谰言　花絮　国势　肃清　谒见　败绩
举措　斡旋　应邀

沿袭的语体词由于时间的差异、语境的变化、观念的不同,有的在语义上与原义已有所差别了。

在谈到语体词的沿袭问题时,我们还应该注意语素词的现象。这里的语素,在古代是词,现代一般已不能自由运用,不能独立成词了。这些不自由的语素,在特定的语境中,却可以独立运用,我们暂且称之为"语素词"。这种语素词各语体都有,现以公文语体词为例来加以说明:

(1)始终做到"三个代表",是我们党的立党之本、执政之基、力量之源。(《中国共产党第十六次全国代表大会关于十五届中央委员会报告的决议》,2002年11月14日)

(2)有关单位要亮证,执收执罚。(《中共中央、国务院关于坚决制止乱收费、乱罚款和各种摊派的决定》,《国务院公报》1990年第23号)

(3)……长期经营管理不善,严重亏损,资不抵债的。(《建设部关于进一步清理整顿房地产开发公司的意见》,《国务院公报》1990年第15号)

上面三例的"本"、"基"、"源"、"执"、"资"本都是不成词的语素,它们独立成词必须有一定的条件。它们或对称使用,或重复使用,大多存在于四字格之中,两两相对,或四四相对,以增强公文语言的节奏感,读起来音调铿锵,悦耳动听,又不失简洁明快,使原本单调平实的公文语言染上一层鲜美的色调。这就是语素词成为公文语体词的一种稳态形式和根本原因。

(二)引进

语体词的引进有两种不同的途径。语体是民族共同语的功能变体。民族共同语在吸收外来词、方言词社会习惯语等的同时,语体也会从中引进一些词语来补充和丰富语体词。如时评语体中就有"本本主义"、"知识里手"、"抢手"、"整合"、"法西斯"、"克格勃"、"欧佩克"、"托派"、"德比战"等。至于文艺语体和科技语体就更多了。不过公文语体吸收的少一些,只有"白条子"、"大包干"等少数几个。

语体词引进的另一个途径,是把别的语体的语体词吸收进来。下面是公文语体引进的一些语体词。

(1)折腾　搭车　闹事　牵头
(2)辐射　硬件　网络　筛选
(3)徘徊　朝阳　浪潮　祥和

例(1)来自口语语体;例(2)来自科技语体;例(3)来自文艺语体。这些词成为公文语体词后,意义有了变化,色彩起了变异,与原词已有区别。

(1)对借改革之机搭车涨价,越权涨价,利用价格进行欺诈、谋取暴利等行为要严肃查处,对各种不合理的收费要坚决取缔。(《国务院关于今年下半年各级政府不再出台新的调价措施的通知》,《国务院公报》1994年第22号)

(2)加快培育一批辐射面广、带动力强的龙头企业。(朱镕基《政府工作报告》,2002年3月5日)

(3)必须根据深圳特区的优势,大力发展具有广阔前途的朝阳

产业,形成自己的特点。(《深圳特区报》1988年12月16)

"搭车"原是"乘坐车辆"的意思,现在借指某种机会或条件,充当状语,形成了公文语体词的特别色彩。"辐射"原是物理学术语,表示电磁波或电子质子流沿直线向各个方面传播的过程。这里是指事物对周围的思想、经济、文化等方面的影响。"朝阳"原用来描写初升的太阳,这里用来指日趋兴盛的事业,充当定语,如"朝阳职业"、"朝阳工业"等,都指新生的有发展前途的事业。

其他语体也有引进别的语体词而变异成本语体的语体词。如科技语体就引进了"命令"、"文件"、"黑洞"等。时评语体就引进了"疲软"、"内功"、"坚挺"、"斩获"、"登陆"、"淡出"、"低调"、"体外循环"等。

(三)创造

每个语体在发展的过程中都创造了不少语体词。在创造语体词的方法上,语体之间既有"大同",也有"小异"。所谓"大同",即根据民族语言的构词原则,有共同的构词方法。所谓"小异",即某个语体也会有其擅长的或特有的构造方法,为其他语体所鲜见的。这种为其擅长或特有的构造方法,并非脱离民族语言的原则和方法面另搞一套,只是语体之间构造方法上的差异而已。现在以公文语体为主,兼顾时评语体,谈谈语体词的几种构词方法。

1. 复合法。

现代汉语中合成词的构词方式,公文语体词大部分都有。如:

　　虚高　任免　挂靠　调控　滥发　协办　下岗　调价　事变
　　理顺　纠正　搞活

除上举的并列、偏正、支配、陈述、补充等方式外,公文语体词中连动、兼语等方式的也不少。如:

　　进驻　购销　查处　审批　签发　核拨　请示　送审　报批
　　委培　逼供　送阅

上面这种构词方式,在科技语体、文艺语体中出现的较少。文艺语体词中常见的叠音式(如"星星"、"亭亭"等)和带叠音后缀的构词方式(如"绿茵茵"、"冷冰冰"等)在公文语体词中很少出现。

有一种现象值得注意,公文语体词中,一个语素构词后,很快就孳生出一批同语素的词来,形成了复合式构词的成族化的景观。如:

际——校际　省际　馆际　人际　洲际
容——市容　厂容　街容　库容　镇容
户——关系户　五保户　拆迁户　助耕户　钉子户
面——覆盖面　团结面　打击面　咨询面　救助面

这样构成的语体词，在其他语体中也有。如文艺语体词中有一种后语素表示比喻意味的补充式合成词，也可以形成一族文艺语体词。如：

花——雪花　钢花　冰花　烛花　松花
海——花海　麦海　稻海　树海　星海
泪——泪花　泪珠　泪泉　泪海　泪潮

2. 缩略法。

用缩略方式构成词，在各种语体都有，不过公文语体用得多一些。如：

揭批　利税　条块　产销　普查　酌处　军管　严打　扫黄
挖潜　调资　解困　撤并　报捕　劝退　军兵种　减免税
境内外　客货运

缩略式的语体词，公文语体中采用"拈字"和"数括"的方法，形成自己的特色。

"拈字"指的是在一定的语言环境下，从语言片断里拈出一两个字来代表，就能够表达出比较丰富的内容。这是一种创造新词的方法，也是一种修辞手法。如：

黄赌毒　撤并转　产供销　人财物　责权利　等靠要
传帮带　杀关管　脏乱差　产学研　关停并转　吃拿卡要
老少边穷　德勤能绩　名优特新　老弱病残　德智体美
撤并降改

一般是拈用三四个字，少于三个字或多于四个字是较为罕见的。虽然只有三四个字，表达的意思却相当丰富。

"数括"指的是将一组相关的语句中的相同的词语或意义提取出来，标上跟项数相同的数字，形成一种简缩的语词结构，以代替原来较复杂的语句。这里有"取字数括"和"取义数括"两种。

"取字数括"，提取的是这一组语句中的相同词语，前面标上跟项数相同的数字。如：

  三好 五反 双拥 四化 两会 两公开 三落实 四放开
  六自主 三个代表 四个坚持 两个文明 两劳一管
  三定一聘 五讲四美

"取义数括"，没有直接从原语句中提取某个词语，而是通过概括原语句各组成部分的某种含义或类别，再在该词语前标示与项数相同的数字而构成。如：

  四害 五毒 三结合 三大作风 五项原则 八字宪法
  三大纪律 八项注意

公文语体或时评语体中，"拈字"和"数括"形成的语体词用得特别多，构成与其他语体不同的特点。

在数字运用方面，公文语体词还有更丰富的形式。如：

  五个一工程 五四三办公室 二五普法 三三制 十五计划
  九一三事件 二一一工程 八六三工程 五七一工程纪要
  四二一综合症

这里有的指不同门类的数量，有的指时间，有的是计量与计时相结合，有的是数字的谐音形式，说明这种形式在公文语体中是喜乐闻见的，为人们爱用，也便于记忆。

为了增加公文的文采，公文语体常追求形式匀称和节奏和谐，于是创造了大量的四字格词语。如："一国两制、一大二公、反骄破满、奖勤罚懒、优胜劣汰、扶优惩劣"等，不少已形成了固定的格式，具有较强的能产性。如：

  依法行政 依法管理 依法治市 因需设置 因私出境
  因人而异 就地取材 就近销售 就地免职 以丰补歉
  以工代赈 以销定产 按章办事 按需配货 按劳分配
  大包大揽 大操大办 大吃大喝 做优做好 做新做精
  做大做强

这些格式在公文语体中可以说是俯拾皆是。在科技语体、文艺语体中则很少有这么丰富的固定格式的词。所以它们作为公文语体词是当之无愧的。

不同语体的语体词的形成方式是有差别的。文艺语体间的形象、韵律和作家的独创性以及词语的偶发性,科技语体词的上下位的系统性和学科间网络联系,论述上的思辨性和逻辑性,都在词语中得到鲜明的体现。这里只能侧重从公文语体词方面做一轮廓的勾勒。

研究语体词是语体学建设的一项基本任务。我国语体学的研究才刚刚开始,语体学与修辞学、语法学、词汇学有着天然的联系,对语体词深入研究的成果,对于修辞学、语法学、词汇学也会做出贡献,研究语体学直接关系到语言运用,关系到语言教学,语体词研究的兴趣会激活语体学的研究,会唤起语体意识的觉醒和促进语体能力的提高,这对于语言运用,对于语文教学,对于语言科学都具有重大的现实价值和理论意义。

从语体角度认识量词

一

量词是汉语中很有特点的一类词,是表示计量单位的词。关于计量不外两种,即表示确量或概量。

表示确量的,以度量衡单位量词为最典型。这一类量词的显著特点是它的层级性和转换性。在长度、面积、速度、重量(质量)、容积、力量、能量、温度等方面,都形成了一系列的层级,形成了一个系统。像表示重量的"吨、斤、两、钱、分"等,表示长度的"里、尺、寸、分、厘"等。这些层级之间有上下位之分,上下位之间有法定的量差(如十进位、十二进位、十六进位、六十进位等),这种量差决定了上下位之间可以相互转换。这种层级性和转换性,是其他量词所没有的。这也为表示确量的量词系统在科技语体和公文语体中处于必不可少的、常用的地位奠定了基础。这也是由科技语体和公文语体的特定功能所决定的。

表示概量的,以个体量词与群体量词最为典型。像"个、块、条、座、批、捆、套、窝"等。这里每一个个体或群体量词所包含的量都是模糊的、不确定的。所以有些学者把它称为单位词,而不是量词。个体与群体量词,只有多少的差别,没有上下位的区分,也就没有量词之间的层级性和转换性。但是从表达对象、表达手段上看,又具有多样性和丰富性。如:一个(颗、粒、枚)纽

---

① 原载《阜阳师范学院学报》,2010年第3期。

扣,一伙(帮、批、拨、群)人。这就为谈话语体、文艺语体等的量词运用提供了相当充分的选择条件。

如果说表确量的是着眼于表达量的精准,是纯理性的,那么表概量的则着眼于量表达的恰当、得体,有时是带有感性化的。

有些量词从字面上看似乎并不表量,其实与量还是有密切的关系。第一是表序数的量词,像"号、排、楼、路、点、年级、世纪"等。看起来它只表示某一个单量,其实是隐含了前面的多量。如"100 号",说的是第 100 号,也隐含了或预设了前面的 99 个号码的量。谈话语体一般要求简洁,表序数的前缀"第"之类是经常省去的,和公文语体不同,补出来反而不自然。第二是被称为临时量词的从名词借用来的,如"脸、身、地、船、街"等。这些词一般是跟"一"配搭,这时的"一"表示的是"全部、整个"的意思,修饰描写甚至夸张的意味很浓厚。表达的是与局部相对的全部,而且有了强调的意味。也就成为谈话语体、文艺语体的有效表达手段。

由此可见,汉语中量的表达方式,也是多种多样的。既有确量和概量(单量和群量),又有序量与数量、整量与分量(如:部分、成、份)的差别。

语言的词,从语体角度来看,可以分为语体词和通用词。语体词,即是专用或常用于某种语体,带有某种语体色彩词。下面我们对量词中的某些语体词的分布和形态进行简要的分析和梳理,以求得到方家的指教。

二

谈话语体又叫"口语语体"。口语词就是这个语体的语体词,是谈话语体的构成要素。

在谈话语体中,语体量词主要是那些具有谈话语体色彩的口语词。

  两把锄头   两柄锄头
  一勺甜汤   一匙甜汤
  三毛钱   三角钱
  五颗药丸   五枚药丸

两组对比,前面一组的"把、勺、毛、颗"是口语词,具有谈话语体色彩,是谈话语体量词,后面一组的"柄、匙、角、枚"不是口语词,也不会是谈话语体的语体词。

谈话语体的量词中，还有比较多的双音节词。这些双音节词的来源是有类可循的，其演化也是有规律的。

  一鼻孔出气   一笆斗小麦
  挨了几巴掌   几簸箕泥土
  一屁股坐在地上 一轱辘白藕

这些双音节量词，原来都是名词，"鼻孔、巴掌、屁股"是人身上的器官，"笆斗、簸箕、轱辘"是人使用的工具，因为跟所计的量有密切的关系而移用为量词。除此之外，还有"疙瘩、嘟噜"等，"疙瘩"用于隆起的东西，"嘟噜"用于成串的东西，这些移用增加了表达的形象性。

谈话语体的量词不光有形象性的特点，而且有的还具有方言性的特点。如：

  两瓣蒜   一虎口长的伤口
  几囊橘子   一骨碌爬起来
  一铺炕   住上一程子
  油渍洗了好几和 吃了一骨节儿

上面各例有北京土话，也有东北方言和上海方言。一般说来方言词语的口语色彩都很强，经常在谈话语体中是出现很自然的。

有的量词本身的口语色彩不是很明显，采取某些变异方式，也可以获得这种色彩。

首先，是在量词上加上后缀"子、儿"。如：

  找了一摞子书   一桌子菜
  下了一阵子雪   抽了他三鞭子
  这是哪门子亲戚 一池子荷花
  有股子香味   一板儿豆腐卖完了
  屁股摔八瓣儿   买一盘儿蚊香
  下一子儿面

以上各例不加"子、儿"也可以说，但口语色彩就没有加"子、儿"的浓。

其次在多位数量组合中，省略最后一位的量词。在量词中，有一部分有上下位的关系。度量衡量词尤其如此。在表达多位数量组合时,一般都要完整地表述。不过在谈话语体中,多位数量组合,最后一个量词往往要省略。虽然只是省略了最后一个量词,但整个语流的色彩却起了变化,变异成谈话语体的专用表达方式了。

　　三丈三(尺)　　　　一亩二(分)
　　五两四(钱)　　　　九块五(毛)

这里有几点是需要说明的。(一)并不是所有的度量衡词都是这样表达的,"两"、"钱"两位数量可以说,但"斤"、"两"就不说"五斤四",而说"五斤四两"。(二)这种多位数量组合的表述,多用于两位,少数三位,如"三丈三尺八(寸)"、"九块五毛五(分)"。在谈话语体中,四位数量以上的组合往往就要用概数来表示了。如"三丈三尺八寸六分"就简说成"三丈多"或"近三丈四尺"。因为口语中位数过多,就会使表达者很不方便,很拗口;接受者也觉得烦琐,不容易记清楚。

　　说到省略,常见的还有一种数词"一"的省略。
　　(1)在动宾组合中,单音动词带的宾语中,作定语的数量短语,数词是"一",可以省略。如:

　　抽点血　　　　　　打把镰刀
　　盖了间房子　　　　买了张电影票

省去数词"一"后,表达更加简洁明快,增加了谈话体的色彩。
　　(2)在动宾组合中,动词的补语是数量短语,数词"一"可以省略:

　　跳次舞　　　　　　说了回话
　　看了遍录像　　　　跑了趟黑龙江

　　(3)在数量短语中,数词是"一"时,往往可以重叠,重叠时"一"的省略也有助于数量短语的简洁和增加谈话语体的色彩。

　　一道一道　　一道道　　道道
　　一件一件　　一件件　　件件
　　一次一次　　一次次　　次次
　　一场一场　　一场场　　场场

以上的量词,基本上都是通用词,并非是语体词,但是经过变异,如加后缀"子、儿"、省略等,就使它获得了谈话语体的色彩,这种新的色彩有的是来自词本身,有的则来自短语或小句的配置与节律。

三

有人认为,文艺语体是一个全能语体,几乎所有的语言成分都能在文艺语体中出现。但是出现与专用还是两个不同的概念。其中有量的(如概率和频率)分布的差异,也有质的(如特性和功能)区别。

还应该看到,有些在文艺语体中常用的成分,在其他语体中却难得一见。这使得它带有浓烈的文艺语体的特定色彩,成为文艺语体的语体词。量词也是其中突出的一类。

经过甄别和研究,汉语量词中属于文艺语体的语体量词,主要是那些形象生动的名词或动词变异而成的量词,它们与一般量词有着明显的差异。

一条鱼　　　　一尾鱼
一条溪水　　　一带溪水
几点灯火　　　几星灯火
一点希望　　　一线希望
两把瓜子　　　两捧瓜子
煮了两开　　　煮了两滚

稍加对比,文艺语体量词的形象性就凸现出来,它们是那样的具象、可感,使后面名词成为可感受、可触摸的具体生动的形象。而形象可感正是文艺语体词语运用的一个基本特点。

文艺作品是现实生活的典型再现。文艺语体的语言是形象动人的,具有特定的艺术魅力。一方面它有谈话语体的浅显通俗,另一方面它还有创造独特意境和独特韵味的精美典雅。这正是文艺语体词所特有的色彩。

几茎白发　　　几帙经书
一掬甜水　　　一畦青菜
一泓清溪　　　万仞奇峰
数帧彩照　　　一袭风衣

以上各例,量词多带有文言色彩,用在文艺作品中显得庄重典雅。这在其他语体的语言成品中比较罕见。

文艺语体的量词与名词的搭配都有一定的理据。不过也有不少时候是一种超常的变异搭配,构成了所谓"陌生化"的意象。

  白云一饼饼的飞升,化入了辽远的无垠。(徐志摩《一星弱火》)
  对着那淡淡的初月一眉,尝一尝新菱是什么滋味。(严阵《采菱歌》)
  青山一发普陀岩。(梅兰芳《天女散花》)
  天黑了,楼房劈劈啪啪亮起一方一方灯光。(陈建功《飘逝的花头巾》)

这种"陌生化"还表现在使通用量词变为专用量词。由于搭配的异常,使用语境的异常,使一般量词变为生动有魅力的文艺语体量词,收到点石成金之效果。

  咱们的饲养员够官僚的了,蹲在家里订了一大把制度。(林斤澜《草原》)
  大约潭是很深的,故能蕴含着这样奇异的绿;仿佛蔚蓝的天融了一块在里面似的,这才这般的鲜润呀。(朱自清《绿》)

文艺语体的量词大多是从名词或动词变异而来,它们进入量词也是运用艺术手法来实现的。

首先是比喻:

| 一轮红日 | 一叶扁舟 | 一钩新月 |
| 两瓣橘子 | 几丸中药 | 三瓣蒜头 |

以上各例中的量词,原表示的名词均为实有的事物(如车轮、铁钩、泥丸、树叶、花瓣、发辫),表达者利用不同事物的相似点,将名词移来变异为语体量词。这种表达有助于增强事物的形象性和生动性。

其次是借代:

| 一笔好字 | 几窝麻雀 | 三贴膏药 |
| 一方砚台 | 两尾金鱼 | 一床棉被 |

以上各例中的量词跟所要表达的事物有着密切的关系,具有明显的相关点。有的借形体的部分来代替,有的是借使用工具来代替,有的是借形象特征来代替,有的是借处所来代替,有的是借典型动作来代替,这些都是为了增加要表达的事物的形象性。

再次是描摹:

  一搂稻草 两撇胡子 一抹红霞
  几孔窑洞 一蓬乱发 一汪眼泪

以上各例是描摹事物的动作或形态来形象地再现事物,强化事物的形象。也有借用声音、动作等因素来形象地描摹出事物和动作的量的。如:

  几嘟噜葡萄   一捏细盐
  头喷棉花   两抱粗的大树
  二百抽面巾纸 三拃长的彩带

文艺语体的量词,有的互相有联系,甚至形成了某种系统。如:

  〔白云〕一丝 一缕 一抹 一片 一团 一层 一天
  〔蔷薇〕一瓣 一朵 一支 一棵 一束 一簇 一丛 一片

上面两例,前例是外形上的差异,后例是数量上的分别,这就要求我们使用量词时,要准确妥帖地使用,以提高表达能力。

  说到量词的准确妥帖使用,就不能不考虑量词的丰富复杂的情况。人们的角度不同,观察点不同,使用的量词也不同。如"一口井——一眼井,一池水——一潭水"。人们的态度不同,感情不同,使用的量词也不同。如"一名教师——一个教师——一位教师"、"解释一下——解释一顿——解释一番——解释一通"。这说明在表达时,有不少同义或近义的量词供我们选用,不仅如此,有的量词还有多种意义,也就形成了一个量词表达多种不同意义的多义系统。如"把"就有"一把椅子、一把刀、一把枪、一把钥匙、一把锁、一把米、一把火、一把筷子、一把锄头"等。可见,量词"把"可以分别表达多种意义,其他像"串、片、副、拍、面、轮"等也是多义的,这也要求我们细致地辨别,准确地运用。

  这些文艺语体量词具有的丰富多彩的同义手段,为准确描绘多姿多彩的大千世界,为细致抒发喜怒哀乐的内心感情提供和创造了优越的条件。

四

如果说文艺语体的表达者与接受者几乎可以说是全民的,那么科技语体表达者和接受者则几乎都是专业的。这与科技语体言语成品表达内容的专业性是密切相关的。

这些言语成品中使用的语体量词,大部分是度量衡量词。这些度量衡量词有其自身的特点。

如前所述,这些语体量词形成一个上下位系统,这个上下位系统有特定的进位机制。当然,这些语体量词,还有一个公制和市制的换算系统。如一公尺等于三市尺,一公斤等于二市斤等。如果说上下位系统是纵向的,那么这个不同制度的量化转换则是横向的。这些主要是度量衡量词,也是构成科技语体的主要量词系统。再次,科技语体的量词,特别是法定国际计量单位常用外文字母表示。如:

(1)大量的观测表明,小黑子的磁场强度约为 0.1T,大黑子的磁场均可达 0.3~0.4T。(张洪起《太阳黑子磁场》)

(2)红外灸疗仪辐射的红外线波长一般为近红外线(波长 1.4 μm 之内)和远红外线(波长 1.5μm 以上)。近红外线透入组织最深,其穿透深度在 10mm 之内……(杨华元《针灸仪器研究》)

以上两例中,T 为特斯拉,表示磁通密度,磁感应强度。μm 为微米,mm 为毫米。另外,数量的多位系统,为了表达的准确实在,上下位的量词均要保持,也可用小数来表达。

(3)寺内隋塔高二十七丈五尺五寸。(林徽因《由天宁寺谈到建筑年代之鉴别问题》)

(4)通过测量骨盐含量对骨盐较低的骨折高危人群进行治疗将使人群生活质量调整寿命增 0.34 年。(徐顺清《骨盐含量》)

其他语体有时也使用度量衡量词,但那是零星的、偶然的。而科技语体使用度量衡量词则是高频率的、成系统的。

复合量词的多样化使用是科技语体的又一特点。

复合量词是由两个不同单位体系的量词组合而成的。如架次、人次、平方米、吨公里、千瓦小时、米/秒等。"复合"之后形成一个新的概念，表达一个新的含义。需要指出的是，像"台架"、"面幅"、"套册"、"部集"等都不能看作复合量词。因为它们不属于同一单位体系。同一体系是谈不上"复合"的。从语义上看，它们并没有融合成一个新的概念，仍分别表示原有各自的含义。它们要么是非此即彼的选择关系，要么是大小相包的总分关系，实际上是两个同类量词的并列或种属罢了。

值得注意的是，科技语体的量词，有不少是以科学家的名字命名的。如"瓦特、库仑、焦耳、欧姆、安培、牛顿"等，这就增加了这些量词的科学意味。

其他语体在量词使用上也有自己的特点。如公文语体中的条款系统，新闻语体中的量词省略后数词直接与名词组合，以及用特定形容词作为量词的替代物等等，由于篇幅的关系，只好另写专文来论述了。

试谈语体句的研究[①]

跟语体词一样,语体句也是语体的构成要素。不过语体句是语体的内部系统的更重要的成分,是具有核心意义的结构成分,是语体系统的基本成分和骨架。这是因为句子是语言运用的基本单位,只有句子才使我们使用的语言符号跟客观现实取得了联系。而每个句子都有语调,而语调在语体系统中是具有标志性的。再说句子,上接篇章,下连词语,处于表达系统的中心点,也是表达的最为关键的地方。所以我们在研究语体时,语体句应该是我们研究的重点。

语体句指的是经常用于某个语体而很少用于其他语体的句子。语体句带有某种语体的特有色彩,这种色彩也就成为某种语体的印记和指纹,成为我们认识和研究某种语体的重要手段和途径。语体句,在构成言语成品的过程中不是一视同仁的,它有两个基本的特性:习用和排斥。所谓"习用"指的是某种语体中某个语体句是常见的,是构成语体的基本成分;所谓"排斥"指的是某种语体中某个语体句是罕见的,是该语体所排斥的。这有点像词类中不同类的词组合有其选择性,也有其排他性。

句子跟语体关系非常密切。句子和语体的研究即语体句的研究可以从三个方面入手。

[①] 原载《阜阳师范学院学报》,2011年第4期。

一、运用标志性成分

有些语体句带有某种标志性成分,使它具有某个语体的特殊色彩。表达者正是通过它来表现这种语体。

这种标志性的成分,大多是语用性成分。例如插入语、提示语等。如:

(1)什么叫"定力"?顾名思义,就是一个为官者在动态环境中,要有稳定自己心态,稳定自己行为的能力。简言之,就是定心定行之力。(《人民网》2010年9月27日)

(2)如果说,传统的文学批评通常集聚于学术刊物和文学杂志,那么时至如今,报纸、电视、互联网上的批评,具有愈来愈大的影响。换言之,媒体时代的批评正在崛起。(《中国社会科学报》2010年9月8日)

"简言之"、"换言之"就是"简单地说"、"换句话说"的意思,经常出现在科技语体中,阐发道理的句子的中段,具有承上启下的衔接作用。这是一种横向的平面阐发,目的是让更多更广泛的人了解,而不是进一步剖析和纵深发掘。它通过不同的表述方式,可以把道理说得更充分、更清楚,让人们从不同角度、不同方面来接受道理。这些插入语是科技语体阐述道理时的句中标志。类似的插入语还有不少,如"一般说来"、"确切地说"、"严格地说"、"从某种意义上说"、"相对来说"等等。

插入语中的"你看"、"你听",常常是谈话语体中以引起对方注意的句中标志。

提示语也是语用成分。在句子中,用不用提示语,语体色彩是不同的。例如:

(3)a.中华人民共和国的首都是北京。(《中华人民共和国宪法》)

b.中华人民共和国的首都,那是北京。

(4)a.举办民办学校的社会组织,应当具有法人资格。(《中华人民共和国民办教育促进法》)

b.举办民办学校的社会组织,他们应当具有法人资格。

(3)a、(4)a都是公文语体中习用的句子,(3)b、(4)b两句因为用了指代性的提示语,就为公文语体所排斥,就不可以出现在公文语体中。

标志性的成分在汉语语体中,还包括一些虚词和标点符号等。

二、把握特殊的结构形式

有些语体在句法上有其特殊的组合方式和手段。如名词性非主谓句的连用主要用在文艺语体中,其他语体用得很少。不过,就是文艺语体也有不同的表现形式。

(1)1976年初夏那些几乎令人窒息的日子里,一个闷热的上午。何是非家的客厅里。(宗福先《于无声处》)

(2)一个年轻的小伙子。草绿色的军服。闪闪的红星。立正,一个军礼。(王蒙《蝴蝶》)

(3)自由市场。百货公司。香港电子石英表。豫剧片《卷席筒》。羊肉泡馍。醪糟蛋花。三接头皮鞋。三片瓦帽子。包产到户。收购大葱。中医治癌。差额选举。结婚筵席……(王蒙《春之声》)

例(1)用在戏剧中幕前场景介绍,交代戏剧发生时间、地点、气氛等背景。例(2)用跳跃性的语言,通过连串的名词点,介绍勾画了一个青年战士的生动形象。例(3)用意识流的表达方式来展现人们的心理活动过程。这种名词性非主谓句的连用,是其他语体所不用的。至于在诗歌中这类结构的句子就更多了。如温庭筠的《商山早行》、马致远的《天净沙》。

同样是名词性非主谓句,在公文语体中情况就大不一样了。在公文语体中,名词性非主谓句主要用于两个方面,(一)文件标题,(二)公文章节标题。公文章节标题,只是某些决议、通报性的公文中使用,形式简短,比较单一。如:

(4)基金使用的监督。(《中国残疾人福利基金会章程》)

(5)享乐主义。(《中国共产党红军第四军第九次代表大会的决议》)

当然,其最典型的表达方式则是公文语体中的总标题。这类标题,也是使用名词性非主谓句。如:

(6)国务院办公厅关于调整1999年12月20日放假的通知(《国务院公报》2000年1号)

(7)国务院关于表彰全国劳动模范和先进工作者的决定(《国务院公报》2000年19号)

(8)国务院关于同意广东省调整佛山市行政区划的批复(《国务院公报》2003年3号)

公文语体中的标题句,一般分为三部分:1.发文单位;2.事由;3.文种。这三部分基础的、核心的部分是文种。所以文种在标题中是不能省去的,发文单位和事由有时都可以省去,不一定在公文中出现。在这样的标题句中,事由部分相对要复杂一点。有的是名词性,如例(4),有的是动词性的,动词性中,有的是动词,有的是动宾短语,甚至更复杂的短语。如例(3)事由是一个复杂的动宾短语,与例(8)相似的还有一种表达方式。如:

(9)国务院关于同意安徽省设立滁州市、巢湖市给安徽省人民政府的批复(《国务院公报》1982年第20号)

例(8)和例(9)基本意思是一样的,例(9)多了收文单位。这只是"事由"部分的成分复杂化罢了。即便如此,公文的标题还是比较单一化的,这主要是与公文的实效性要求相一致的。

公文语体跟其他语体一样,也有一些属于本语体的结构特殊的句子。像有一种我们称之为"提示句"的句子,就只出现在公文语体中。

(10)下列各项债权具有民用航空器优先权:

1.援救该民用航空器的报酬;

2.保管维护该民用航空器的必须费用。(《中华人民共和国民用航空法》)

(11)电力运行事故由下列原因之一造成的,电力企业不承担赔偿责任。

1.不可抗力;

2.用户自身的过错。(《中华人民共和国电力法》)

公文要概括种种复杂的情况,涵盖比较多的内容,又要求语言简洁,条理清晰,因此常常在语体中使用大量的提示成分。公文中的提示成分是指充当句子某一成分,与后面分列的各成分构成总分关系或复指关系。例(10)的两项具体条件是句子主语"下列各项债权"这个提示成分的内容。例(11)的两项事故原因是句子状语"由下列原因之一"这个提示成分产生的事故因由,成为电力企业不承担赔偿责任的依据。

在文艺语体中,特殊的句子结构形式就更多了。像诗歌中,为了韵脚的和谐,往往会颠倒某个词语的语序,小说或戏剧中为呈现当时的紧张景象,往往会将固定化了的词语加以割裂或跳脱。这些特殊的句子结构不仅表现在句子结构组合形式,而且也常常表现在句子的语义关系的对应和衔接上。如:

(12)轻轻的我走了,正如我轻轻的来,我轻轻的招手,作别西天的云彩。(徐志摩《再别康桥》)

(13)白日里父女打猎在峻岭上,到夜晚爹想祖母我想娘。(现代京剧《智取威虎山》)

例(12)"轻轻的"指的是"走",而不是"我",从语义上看即"我轻轻地走了"。例(13)并非是爹想的只是祖母,我想的只是娘,而是互文,到夜晚爹既想祖母也想娘,我既想祖母,我也想娘。这都是文艺语体特有的句法规则所决定的。如句义显性与隐性的偏离,句子结构形式的陌生化等,也是其他语体所排斥,而为文艺语体所习用的。

三、关注特定的语气

正因为句子,使语言符号与客观现实取得了联系,所以句子都具有一定的语气。一般说来,按语气来划分,可分为陈述、祈使、疑问、感叹四大句类。这四种句子的类型,在语体中的表现也是不平衡的。文艺语体、谈话语体可以说是全能语体,似乎什么句类都可以广泛而经常地使用,但有的语体对某些句类使用就有一定的限制,甚至具有一定的排斥性。例如公文语体就不怎么使用疑问句,这是由于它重执行而轻思索的缘故。就是感叹句也用得不多,像法规体中是不能用感叹句的,在通报体里间或可以见到,也往往是在公文最后,放到表示号召或激励性的语句中,也只是一句而已。

公文语体中用得最多的是陈述句和祈使句。但不管是陈述句还是祈使句,公文语体都很少用语气词。可能会极为罕见地遇到一两个"的、了"之类的语气词,至于"嘛、吧、罢了"等表情味的语气词,可以说是与公文语体绝缘的。但在谈话语体和文艺语体中,那些表情味的语气词就非常活跃了,出现的频率就特别高。这是由公文语体特殊的表达功能、表述的目的和要求决定的。

再说祈使句,公文语体中所用的祈使句与文艺语体、谈话语体所用的祈使句也有区别。公文语体中的祈使句,对群众提出要求,使群众付诸行动时,泛指的较多,要求具有普遍性,这就常用非主谓句的形式,用"要"怎么样,"应当"怎么样,"必须"怎么样,用这些能愿动词或副词来加以肯定或强调。文艺语体谈话语体中用祈使句大多有指定的具体对象,一般都有主语,即使省略或隐含了也可以补出来。

陈述句,由于语气的丰富,不仅不同的语气词有不同的功能,而且同一个语气词在不同语体中也呈现出不同的情感和品味,是很值得细细去研究的。这只有以后再专门探讨了。

语体句谈片①

一

从语体的角度来看,现代汉语的句子可以分为通用句和专用句。通用句指的是出现在多种语体中的句子;专用句指的是专用于或常用于某种语体中的句子。如:

(1)最后专政队用大棒打断了小狗的后腿,它发出几声哀叫,痛苦地拖着伤残的身子走开了。(巴金《小狗包弟》)

(2)为了保护和改善海洋环境,保护海洋资源,防治污染损害,维护生态平衡,保障人体健康,促进经济和社会的可持续发展,制定本法。(《中华人民共和国海洋环境保护法》)

例(1)连续用动作动词,组合成承接复句,表现了连贯的动作行为,是典型的文艺语体的专用句。例(2)是个动词性非主谓句。"制定本法",这一动宾短语前面是一个复杂的介宾短语做修饰语。从保环境、护资源、防污染、护生态、保健康到促发展,表示制定本法的目的,条理清楚,逻辑性强,是典型的公文语体的专用句。

在语言运用中,大量的是通用句,但是处于少量地位的专用句,却决定言语成品的语体走向,决定了言语成品的语体性质。

---

① 原载《毕节学院学报》,2011年第9期。

在语言运用中,除通用句和专用句外,还会出现跨体句。跨体句是适应特殊的需要而有意从其他语体的专用句中移用的句子。如:

(3)鲜花、翠柏丛中,安放着中国共产党党员金山同志的遗像。千余名群众今天默默走进首都剧场,悼念这位人民的艺术家。(郭玲春《金山同志追悼会在京举行》,新华社北京七月十六日电)

这篇消息,打破了新闻导语的惯常格式,在保持叙述事实新闻的基本骨架的同时,揉进充满形象色彩的描写,这就使句子兼具了新闻和文艺两种语体交融的魅力。当然,这种跨体句在语言运用中是少量的,是临时的、偶发的,不过这却关乎语体的发展和演变,当然这也是语体学研究的重要课题。

专用句和跨体句构成了我们所说的语体句,其中专用句应该是我们研究语体的中心。当然,通用句向专用句的变异过程及其规律,专用句向通用句演变发展,跨体句的存在形态和来龙去脉,也应该引起我们的足够重视,这是很值得研究的。

二

语体句的区别是在色彩上。正是由于语体色彩的不同,才把不同语体的语体句区别开来。句子的语体色彩,是在语言运用的过程中,在语体形成和发展的过程中逐步形成的。它是在语体句的类型化的过程中产生、发展、稳固起来的,色彩生活在语体中,是语体的生命。正是众多的具有语体色彩的句子组成了语体的骨架,成为语体的重要组成部分。

同样,也是由于语体的要求,才在带有特定语体色彩的基础上出现句子结构上的调整和变化。语体色彩的变化,必然在句子的格式上有所反映,从而产生新的句子结构格式。如例(1)是由动作动词组成的承接复句,和连动句相连接,表现人物的连贯性动作行为,这是文艺语体叙事性的典型语句。再如:

(4)十年内战时期。海南岛。夜。南霸天的土牢里,凄厉的鞭声。《红色娘子军》

(5)狮子似的凶心,兔子的怯弱,狐狸的狡猾……(鲁迅《狂人日记》)

以上两例都是名词性非主谓句的连用。例(4)利用时间和地点的渐次缩小,由笼统逐渐明晰,简要地交代了事件出现的具体语境。这是剧本中场景介绍的通用形式,典型样式。例(5)利用三个比喻表达了狂人对万恶的人吃人的封建制度及其压迫统治者的愤怒和声讨。这样的句子染上了文艺语体浓烈的色彩。这与中国传统的形象艺术中点面结合、虚实相融也是一致的。

再如例(2)中,用复杂的介宾短语修饰动宾短语。如果有两个以上的介宾短语作状语,他们在语序上是有一定的顺序的。当时间状语和地点状语连用时,一般是时间状语在前;当目的状语和依据状语连用时,一般是目的状语在前。例如:

(6)本会拟于5月10日上午9时在校学术报告厅就学生守则的修正案举行听证会。

(7)为实施科教兴国战略,促进民办教育事业的健康发展,维护民办学校和受教育者的合法权益,根据宪法和教育法制定本法。(《中华人民共和国民办教育促进法》)

在语言发展过程中,词汇相对比较活跃,语法则是最稳定的。在语体的发展演变中,与语体词比较,语体句也是最为稳定的。在不同语体的言语成品中,语体句的差异最为鲜明,易于识别和把握。因此,在语体分类中,语体句成为主要的划分依据。在语体意识的产生和语体能力的培养中,特别是在语文教学中,语体句也起着关键的作用。我听到过有的单位的领导批评新参加工作的大学生,说写的公文不像公文,倒像个文艺散文或小说,这往往就是因为语体句运用失误原因。

语体句的结构具有具体的稳态形式后,就成为该语体系统的有机组成部分,成为该语体的标记和指纹,也成为我们研究该语体的门径和钥匙,使我们得以稳步地走进语体系统的堂奥。

三

在语体句中,有些词和短语充当特定的句法成分,起着相当重要的作用。在语体句中,这些特定成分,常常是这个语体的一种标记和指纹。

下面简要地列举几种语体中的句子形态,来说明这个问题。

(一)科技语体句中的插说成分

(8)总之,公孙龙的哲学是一种形而上学和客观唯心主义的体系。(任继愈《中国哲学史》第一册)

(9)总起来看,以张仲景、王叔和、皇甫谧为代表的汉魏、魏晋之际的医学,适应由汉代的科学经济学到魏晋玄学这个思想上的转变,也发生了某种转变。(李申《中国古代哲学和自然科学》)

例(8)(9)中的插说成分"总之"、"总起来看",对上文论述或列举的内容加以概括提炼,下面的话语或结论更为概括或确当。它往往用在小句或句子的开头,可以在句群中连接句子,也可以放在段落的开头,对篇章和句群有衔接的功能。相近的插说成分还有"总而言之"、"综上所述"、"归根结底"、"一句话"、"简言之"、"由此可见"等,这些插说成分,句中位置相对固定,衔接功能突出,在科技语体的论说总括时经常出现,相当活跃。

(二)公文语体句中复杂的"的"字短语做主语

"的"字短语做主语的句子几乎在每种语体中都经常出现,不过结构复杂的"的"字短语做主语就会产生特殊的色彩,它往往出现在公文语体句中。

(10)应当预见自己的行为可能发生危害社会的结果,因为疏忽大意而没有预见,或者已经预见而轻信能够避免,以致发生这种结果的,是过失犯罪。(《中华人民共和国刑法》)

(11)对杀人、强奸、抢劫、爆炸和其他严重危害公共安全应当判处死刑的犯罪分子,主要犯罪事实清楚,证据确凿,民愤极大的,应当迅速及时审判。(人大常委会《关于迅速审判严重危害社会治安的犯罪分子的程序的决定》)

例(10)充当主语的"的"字短语是个多重复句结构,包括条件、因果、选择多重关系。例(11)"的"字短语是三个主谓短语构成的并列结构,前面有复杂的介宾短语作修饰语,形成整个"的"字短语的复杂关系,以上这些情况,只有在公文语体中才能出现。

有时候这种复杂的"的"字短语与句中的话题(有的是大主语),常常具有同一关系或类属关系:

(12)转让专利申请权或者专利权的,当事人必须订立书面合

同,经专利局登记和公告后生效。(《中华人民共和国专利法》)

(13)国库券的利率,单位购买的,年息定为百分之四;个人购买的,年息定为百分之八。(《中华人民共和国1982年国库券条例》)

以上两句均为公文语体所特有的主谓谓语句。例(12)大主语"转让专利申请权或者专利权的"与小主语"当事人"具有同一性。为了突出其特点,才把"转让专利申请权或者专利权的"作为话题作为醒目的大主语。"转让"隐含着转让方和购买方两方面,所以与"当事人"是一致的。例(13)大小主语有三层,大小主语是一个种属关系。一般说来,这类主谓谓语句的谓语以描写见长,以形容词为主(如"这孩子胆子小"、"黄山树木葱茏"),可是这种主谓谓语句的谓语基本上都是动词性短语,只有时效性,没有描写性。所以这是公文语体特有的语体句。

(三)科技语体中的句中符号

(14)普通栽培稻可分为籼稻、粳稻和爪哇稻三个亚种,因而亚种间杂交有籼/粳籼/爪和粳/爪多种形式。研究表明,水稻的杂种优势强度具有籼粳交>籼爪交>粳爪交>籼籼交>粳粳交的一般趋势。(袁隆平《两系法杂交水稻研究》)

句中符号一般是语言(词或短语)的替代物,其他语体,例如文艺语体、新闻语体、公文语体有时也会使用符号,但不同的是其他语体使用的符号一般是随意的、个体的、零星的、低频率的,而科技语体使用的符号是规定的、标准化和国际化的,是系统的、集中的,具有体系性和高频率。

四

我们研究语体的基本目的是为了有效地运用语言,即提高交际中的语言的效能。我们研究时要认真观察各种语体的多姿多彩的现象,分析归纳出种种类型,找出其形成、发展、演变的规律,从而有助于人们认识语言和运用语言。

但是,我们所见到的言语成品中的某些句子,并不或者基本不存在于活的语言之中。这些句子可能是由于某种特定的目的,而着意打造或编造出来的。这些句子也是属于特定语体的语体句,这也是语体研究的内容,因为它

也是语体系统中的组成部分,虽然它并不处于语体研究的中心位置。举例如下:

(一)实验句

(15)她就是拐走了咬破了你喇叭裤的哈巴狗的小太妹。(汤廷池《国语变形语法研究》第一集移位变形)

(16)我叫老张通知老李请老吴托老林帮老陈派老赵命令老王恳求老方到珠海去一趟。(根据汤廷池《国语变形语法研究》第一集移位变形例51原意补充而成)

(17)石室诗士施氏,嗜狮,誓食狮。……(赵元任《施氏食狮史》)

以上三例,不是日常生活中出现的句子,却都是合理的句子。(15)(16)句子在人类历史上可能第一次出现,但任何中国的小孩子都能毫无困难地明白这句话的意思。例(17)是著名语言学家赵元任利用声韵母相同的近音词组合成一篇脍炙人口的拗口令,可供学习语音的人练习。

(二)艺术句

(18)白日里父女打猎在峻岭上,到夜晚爹想祖母我想娘。(现代京剧《智取威虎山》)

(19)小海燕轻蔑地打了个口哨:"我懂得怎样为自己安排,这大海上的风云瞬息万变,我可不打算在大海里葬埋。"(刘征《海燕戒》)

(20)西头,老富的中风,他的儿子,就说是:因为,社神不安,之故。这样一来,将来,万一有,什么,鸡犬不宁,的事,难免要到,府上……是的,都要来到府上,麻烦。(鲁迅《长明灯》)

(21)兄弟在鄙人我,兄台阁下老大哥,听你之言颇有理,可是我们不敢说。虽然可能没问题,难保绝对不会错,既然如此想必对,的确好像差不多,大概或者也许是,不过恐怕不见得。所以个人总以为,到底还是没把握,希望各位再研究,最好大家多斟酌,总之等以后再谈,请问你意下如何?(《敷衍诗》)

(22)我们的小朋友不会忘记张天翼和阮章竞,他们俩一个赶着《大灰狼》,一个擎起《金色的海螺》;他们也忘不了《唐小西在下一次开船港》(严文井)、他们的哥哥姐姐们还要对着《宝葫芦的秘密》(张天翼)出神,把《三边一少年》(李季)作为自己学习的榜样。他们也会从《篝火燃烧的时候》想起《幸福的时刻》(都是袁鹰写的诗),在小小的心灵里已经知道《把一切献给党》(吴运铎)。(茅盾《反映社会主义跃进的时代,推动社会主义时代的跃进》)

例(18)利用语言互文表义的方式,在语句组织上产生了变异。表达的是爹想祖母也想娘,我想娘也想祖母。例(19)按照诗歌语言押韵的要求,改变了双音合成词"埋葬"的语序,语素次序上的变异,实现了语句的韵律美。例(20)是通过标点的变异形成句子断裂,以适应文艺作品刻画人物的要求。例(21)利用近义名词、大量的虚词的堆砌,编成一个模糊语言构成的含糊朦胧网,把敷衍的丑态刻画得淋漓尽致。例(22)运用镶嵌的修辞手法,把一系列书名行为化,构成了一幅幅动态的图景。作者用这种手法展示儿童文学的成绩,很适合儿童的特点。

以上五例,我们称之为"艺术句",它与"实验句"一样,都是经过作者刻意"创造"出来的句子,与人们日常生活中的语言有较大的差别,但却符合文艺语体对语句组织和语句色彩的要求。

不管是实验句还是艺术句,都具有一定的特殊性,严格地说,它不是语体句中的常态,它是一种因为某种特殊需要而"创造"出来的变异形式。我们在关注不同语体的常态语体句的同时,对于这类具有明显加工痕迹的"创造"出来的句式,也应该加以研究和重视,这样才能构成语体研究的完整内容。

五

在汉语的句型中,不同的语体几乎都有其本身特质的语体句。下面我们从句型的角度,举出几种公文语体句来说明语体句的丰富和多彩。

(一)公文语体中的动词性非主谓句

(23)禁止任何单位和个人在电费中加收其他费用。(《中华人民共和国电力法》)

(24)团结起来,为建设社会主义的现代化强国而努力奋斗!

例(22)是由动宾短语构成的非主谓句;例(23)是动词性的非主谓句,前一小句是动补短语,后一小句是以动词为中心的偏正短语,它们都是非主谓句。公文语体句具有时效性的功能,它面对的接受者非常广泛,要大家去行动、去执行。所以这种非主谓句就体现了其周遍性的特点。

(二)公文语体中的缩合句

(25)国务院希望获得全国劳动模范和先进工作者的同志谦虚谨慎、戒骄戒躁、保持和发扬艰苦奋斗、无私奉献、拼搏进取的精神,再接再厉,做出新的更大贡献。(《国务院关于表彰全国劳动模范和先进工作者的决定》)

(26)领事官员有权:

(一)接受有关国籍问题人申请;

(二)登记派遣国国民;

(三)登记派遣国国民的出生和死亡及办理双方或为派遣国国民在接受国所办理的结婚或离婚。(《中国秘鲁领事条约》)

所谓"缩合句",指的是把两个或两个以上的句子通过结构上的减缩合成一个句子。公文语体缩合句的形式是多色多彩的。上面两例是采取句中成分共用方法组成的缩合句。例(25)是一个动宾短语做谓语的句子,其中宾语又是个复句结构,由主语"获得全国劳动模范和先进工作者的同志"作为共同成分,后面的谓语部分是一系列的并列小句。句意相当紧凑严密。例(26)是一个单句,主语和动词后面有三个并列的动宾短语做宾语,第三个则是一个复杂的并列短语,这可以看做是三个小句的缩合。这类缩合句,不管是语序连贯还是条款铺排,都是公文语体所特有的。

(三)公文语体中的提示句

(27)下列各项债权具有民用航空器优先权:

(一)援救该民用航空器优先权;

(二)保管维护该民用航空器的必需费用。(《中华人民共和国民用航空法》)

(28)电力运行事故有下列原因之一造成的,电力企业不承担赔偿责任。

(一)不可抗力。

(二)用户自身的过错。(《中华人民共和国电力法》)

提示句也是公文语体特有的一种句式。公文提示句中的提示成分是指充当句子某一成分与后面分列的各成分构成总括关系或复指关系。由于公文要概括种种复杂的情况,涵盖比较多的内容,又要求语言简洁,因此常常使用大量的提示成分。例(26)是主语提示句,句中的两项条款是主语提示成分说明"下列各项债权"的。例(27)是状语提示句,句中两项条款是状语提示成分说明"由下列原因之一"的。这种条款式的分列只有公文语体才有,它使表达更加醒目、显豁,有条理。

以上只是举几个例子展示语体句的一些情况,其实,语体句的类型是相当丰富的。有些句型,在不同语体中表现形式也有所不同。如主谓句中动宾谓语连用的句子,文艺语体与新闻语体,公文语体有着明显的不同。主谓谓语句,文艺语体与公文语体也有着明显的差别。

这种现象说明了研究语体句是多么重要,多么必要。开展语体句的研究,直接关乎语言的运用。开展语体句的研究也可以使语言的研究直接干预语言生活,更有实用性。这种研究对于改善语言教学,提高教学质量都是很有帮助的。

试谈语体的规范问题①

一

1998年的夏天,李熙宗、霍四通二位先生在第二届全国语言文字应用学术研讨会上,发表了《语体与语言规范化》的论文,这是我所见到的较早论述语体跟语言规范的论著。以往的语体论文中,关注语体变异的比较多,关注语体交叉渗透的也比较多,论述或者涉及语体跟语言规范的相当少。所以,这篇论文的发表是很有意义的。语体跟语言规范不仅关系十分密切,语体规范也还是语言规范化的一个重要方面。语体规范也是语体建设中一项值得重视的工作,可以说是一项基本建设。

在论文中,作者认为语体跟语言规范是一种辩证的关系:任何一种语体都要受到语言规范化的制约,同时又给予语言规范化以影响和反作用。"科学的语言规范离不开语体,语体是确定语言规范的依据之一",这相当精辟地说清楚了语体和语言规范的密切联系。

作者还认为,在语言规范过程中,具体语言素材的挑选、典型的确定等诸多方面,都需以语体作为"参照系",并且也只有考虑了语体,才可能对之决定取舍和做出可信的解释。作者指出,语体本身就是一种规范。因为,在特定的情况中,我们所使用的语言必须符合人们在这一情境中对某一特定语体的使用预期,对语言材料及表达手法的选择、组合必须与这一语体的基本风格

---

① 原载《修辞学习》,2008年第6期。

相适应,而不能随意超越这一语体规范,任意选用相异语体的要素。否则,这种用法在这一环境中就是不适宜的,也就是不规范的。在分析语言规范化的过程中,作者引入语体的概念后,接着又区分出不同层次的规范概念,如核心规范和整体规范。前者是对共核语言成分的使用做出规范;后者则是引进语体概念后的一种规范,是更加细致地根据具体情景指导语言使用的一种规范。不同的语体对规范提出的要求是不同的。有了语体的规范,语言的规范才可能是全面、科学的规范。

这些观点,我认为都是很有见地的。语体规范问题是一个相当复杂而又重要的课题,我想在二位先生论文的基础上,试着谈一点自己粗浅的认识。

二

语体是历史的产物。任何一种语体,都不是一朝一夕间一蹴而就的,它必须经过长时间的积累。这种长时间的积累是逐步的、渐进的。经过若干代人的共同努力,语体要素不断筛选、更迭,逐渐完善,在语体表达上形成相对稳态的形式积淀。长期的演变、发展,使其形成一个表达系统,成为某种物质化的体式——语体;同时,语言要素逐步实现功能的分化,进而实现要素的定型化。这样才能形成自己的特色,而和别的语体区别开来。当然,这种相对定型化的稳态形式,以后还会有所发展变化,使语体在稳定中保持相对的生机和活力。

我们不能认为一个时代有一个时代的语体,仿佛语体是某个特定时代的产物。是的,我国古代有所谓"建安体"、"齐梁体",现代有所谓"文革体"的提法。这里的"体"指的都不是语体。"建安体"是指建安时期以三曹和建安七子等为代表的一种文风。它反映了汉魏之际动乱生活中慷慨激昂、刚健爽朗的气概。"齐梁体"是南朝齐梁时出现的一种诗风。它讲究声律,崇尚对仗,辞藻铺张而内容贫乏,流荡着浮薄轻靡的情趣。至于"文革体"更是在特定时代主导整个话语表达内容和方法的充满"假、大、空"的恶劣文风。以上这些,一般都是放到文风的范畴去分析研究的。它们是某一个时代的表达风气,可以"风行一时",但都不是"语体"。

语体又是社会的产物。语体的历史性与社会性是分不开的。在历史的长河中,语体是随着社会的发展变化而发展变化的。它是在社会中产生,在社会中成长起来的。我们强调语体的社会性,还因为语体不可能是某个人的"创造",它是千百万人长期经营劳作的成果。只有靠全社会的参加才能为全社会所认识和掌握,才能为全社会所运用,成为联系、交流思想和文化的载体、工具。

有人曾认为,语体可以分析到个人,其实那是不必要的,也是不可能的。是的,我国古代有所谓的"元白体"、"柳宗元体"等。这里的"体"指的也不是语体,而是他们的作品中所创造出来的"风格"。"元白体"又称"元和体",是指唐代元和年间,元稹和白居易在新乐府等诗歌中所创造的平易通俗、明快晓畅的独特格调。"柳宗元体"又称"柳子厚体",指的是柳宗元诗歌简劲刻峭、漫丽精深、外枯中膏、似淡实美的风格。而且这些风格也是会不断变化的,所谓一个优秀的作家有"多副笔墨",可是语体却是相对稳态的结构体系,变化是缓慢的、局部的。

语体也是语言运用的产物。全社会长时期所创造的语体是在语言运用中实现的。语言的运用是与人类社会同时产生和发展的,它经历了一个由单一到多元、由简单到繁复的过程。远古时期,人们的社会生活十分单调,语言运用也不可能丰富多彩。由于社会的发展,人们的政治、经济、文化生活日渐丰富,特别是文字的创造和完善,更加促进了人们之间的交际,促进了人们之间行为的协调和自觉协调的意识,促进了人们之间组织和生产的日趋科学和精密。从上古到近现代,随着工商业特别是科学技术的迅猛发展,公务、商贸、文艺、科技、记事、宣导等领域就应运而生了。交际领域的纷繁带来了人们行为领域的多样化,这就必然形成语言功能的分化。

这种语言功能上的分化,除了新词新义的大量创造,新的句式和结构方式的不断涌现,新的修辞方式和新的章法的演绎和丰富之外,关键的是不同色彩语言运用的明晰化和稳态化。说直接一点,语言功能的分化都集中反映在色彩上,而色彩的分化和凝固才使不同语体得以产生和建立。必须强调,我们所运用的言语,从词语、句子到篇章,除了声音、意义和语法功能外,还有一个经常为人们所忽视的东西——色彩。正是由于色彩的绚丽多彩,语言运用才姿态各异,才能形成不同的表达体系。没有色彩,就没有语言的功能分化,也就没有语体。正因为有了色彩上的差异,语体的体系才能建立,才能分出语体的专用成分和通用成分。在专用成分中,才能分出不同语体的语体词、语体句、语体辞格和语体章法。抓住色彩这个中枢,语体就成为一个可分析的物质体系,就可以从所谓"只能意会,不能言传"的"空灵"、"玄妙"世界转入可操作的、可分析的、可量化的、可形式化的物质形式。

语体是全民族成员长期集体创造的成果,使用的是通行于全民族的共同语,它不同于方言之类的地域变体,也不同于社区或社团语言之类的社会变体。语体是经过提炼的语言表达体系,是一种客观存在形式。它独立于人们具体的言语成品之外,又密切指导着具体言语成品的组织和运用。因此,语体一旦形成,它对于整个民族成员的语言运用的规范作用是相当显著的,有制约甚至指导意义的。

三

规范,一般说来是一种准则和标准。语体规范首先应体现在语体系统所形成的一套准则和标准上。

语体系统的准则和标准,不是一个"点"而是一条"线"甚至是一个"面"。它应该有一个效度或规范度。在这个"度"内的语言表述都是规范的合法的。如相当多的同义形式就是这种规范度的合理存在。偏离这种规范度的,有正面的,向上的,精彩的,有魅力的"突破";也有负面的,向下的,有碍于表达理解的"语病"。这后面的一种形成"语病"的,就需要加以矫正了。

语体内部从色彩上划分,可以将语体成分划分成通用成分和专用成分两个部分。而体现语体的本质特点的则是其专用成分,即该语体的语体词、语体句、语体辞格和语体章法等。这些是语体的标记和指纹,是语体的决定性要素,是分析和辨别语体的重要依据。所以,语体的规范也主要以语体系统中的专用成分为判断的准绳。

与此相联系的,还有一个人们常说的"得体"和"有效"的问题。"得体"和"有效"表现为语言的正面的效果、语言的魅力和感人之处。人们认为不偏离语体规范度又有表现力的,当然是好的、合法的。偏离规范度而没有表现力的,甚至有碍正常交流的,当然是不好的,要纠正的。偏离规范度而有表现力的,可以认为是一种对语体常规的"突破",是语言运用的"创新"。因此,规范与创新应该辩证地来看。

语体的规范与一般所谓的"匡谬正俗"的纠错,还有所不同。诚然,"匡谬正俗"的"纠错",理所当然地要成为语体规范的一个重要方面。但是,我认为是否偏离了语体自身的规范度,是否"合体"也应该成为语体规范的另一个基本方面。一般来说,语体规范与语言规范是一致的,不过语体规范也有其自身的特点。

语体系统是千百万人长时期在语言运用方面的伟大创造,是客观存在的。那么作为一个具体的人的语言运用的成品,必须要"合"某一种"体",才是规范的言语成品。有的语言运用的成品,存在着语音、文字、词汇、语法等方面的错误,当然需要规范,这在许多"匡谬正俗"的"纠错"著作中是最常见到的。

现在打算重点分析一下,在语音、文字、词汇、语法等方面似乎没有什么错误或者即使有也不是很刺眼,但却并不是"合"体的现象。这些一般人也容易忽略,恰恰是在语体规则面前通不过,是要规范的东西。

我们说"合体"是指,语言运用的成品,使用的是本语体的专用成分和通用成分,这是语体规范的关键。如果使用了别的语体的专用成分,就有可能造成表达上的不规范。所谓"不合体",往往就发生在语言运用中不同语体成分的不当处理上。例如:

(1)请柬

_____女士/先生:

　　为纪念伟大的中国人民解放军建军80周年,增进军民的团结和友谊,我馆定于2007年7月28日晚7时30分在××石化厂礼堂举行以"拥军爱民"为主题的群众歌咏比赛,特请您出席指导,望届时光临。凭请柬入场,对号入座,迟到15分钟,不得入场。院内设有停车场,请按序停靠。场内禁止吸烟,禁止带宠物,违者罚款。特此通知。

　　　　　　　　　　　　　　　　　　××市文化馆
　　　　　　　　　　　　　　　　　　2007年7月26日

这是一张请柬,在公文语体中属于函电体。一般说来,函电体表达的内容较单纯,包括事由、时间、地点、活动主体和所从事的活动等。结构框架比较简单,最简单的只要一个句子就可以表达清楚,表示事由、时间、地点分别由介宾短语组合先后修饰动词性词语,一般是事由(依据或目的)在前,接着是时间,然后是地点。这是公文语体的典型句式。上例说罢发请柬的缘由,引出邀请对象,到"望届时光临",意思已表达清楚完整了,这个言语成品也就完成了。但是作者并没有到此为止,而是转向与会注意事项,从函电体转入法规体。这些"入场须知"式的内容,在法规体中,一般都是分条款罗列的,和"请柬"放在一起很不协调,就像语法中的"句法杂糅",实在是不伦不类。应该把"注意事项"部分抽出另外写成一个独立的篇章,比较合适。尽管上例在遣词造句上也可能有瑕疵,但主要问题还是出在语体上。把不同的语体成分糅合在一起,偏离了规范度,违背了函电体的表达准则,应该加以规范。再如:

(2) |毒品| 指作为嗜好品用的鸦片、大麻、海洛因、冰毒、摇头丸等,成瘾后严重危害身体健康,所以叫做"毒品"。

(3) |机顶盒| 数字视频解码接收器。通常放置在电视机的顶部,所以叫机顶盒。

(2)(3)两例都是语文工具书中的例子。语文工具书属于科技语体中的辞书体,每个词条都是语体中的独立个体。以上两例,从语体规范来看,问题主要出在两个方面。第一,词条释义是辞书体的核心部分。词条释义可以有多种方式,但不管用何种表述方式,词条释义都是说明性、描写性的,是不需要任何论证的。像"所以"、"因此"这样论著体常用的连词,是不用的,是为这种语体所排斥的。第二,词条中的词目,是个"话题",是词条的首脑部分,释义是对词目的解释说明,一般说来词目和释义构成了主谓的陈述关系。本来前面的解释已基本表达清楚了,接着再来个"画蛇添足",跟"词目"连在一起反而"不通"了。因此例(2)可以改为:"|毒品| 指作为嗜好品用的鸦片、大麻、海洛因、冰毒、摇头丸等。容易上瘾严重危害健康。"例(3)可以改为:"|机顶盒| 数字视频解码接收器。因常放在电视机的顶部而得名。"或者将"所以叫机顶盒"删去。以上是把论著体的句式窜入了辞书体中,造成了语体成分上的另一种"杂糅",即下位语体不同成分的混用。

辞书体中还常见一种词目复现的不规范现象。辞书体在发展过程中,形成了一个一般人都遵守的规则:释义不重复词目,即词目不复现。就像制作灯谜一样,谜底是不能重现在谜面中的,一定要避复。但是有的辞书编纂者,常在释义中出现这种词目复现现象。如:

(4) |脆骨| 动物的软骨作为食品时叫脆骨。

(5)|打诨| 戏曲演出时,演员(多是丑角)即兴说些可笑的话逗乐叫做打诨。

(4)(5)两例很像教科书上下定义,不像是辞书。如果把词目与释义合在一起,这个词条就成了病句。因为词目与释义已经是陈述关系了,而且不少词目隐含了一个判断词。如果词目后紧接一个"×叫做×"的小句,不仅语言不简练,而且不合事理。例(4)可改为"|脆骨|用作食品的动物软骨"。例(5)可改为"|打诨|演员在戏曲表演中即兴说的逗笑的话"。

如果说(2)(3)两例的问题出在不同语体成分的"杂糅"上,(4)(5)两例的问题则出在不同语体成分的"代替"上,即用论著体中的"下定义"的表述法,代替了辞书体说明性释义,成了"张冠李戴"。

四

上面说的是两种不同语体混用造成的不规范现象,下面我想谈谈某一语体内部表述时出现的不规范情形。依然从辞书体入手来加以剖析。

辞书体在科技语体中是一个程式化程度较高的分支语体。它的程式化主要来自两个方面。首先我国辞书编纂的历史相当悠久,积累了丰富的经验。这些经验积累成了一定的规则,成了编纂者都要自觉遵守的格式,这是基本的。其次,辞书编写前编纂者依据辞书体的框架系统,制定该书统一的体例,由编写者共同遵守。这就为辞书体的规范提供了相当有利的条件和相当丰富的内容。辞书体的规范可做的工作很多。例如,语文词典每个词条一般都包括词目、注音、词性、释义、例证等。在这个结构体系中,词性、释义和例证具有连贯性和一致性。如果在编写中,出现了不一致或不连贯的地方,就需要加以规范。例如:

(6)a|满腔| 〈动〉充满心中:～热情/怒火～/～的热血已经沸腾。

b|满腔|①〈名〉整个心胸:～热忱/～怒火。②〈动〉充满心中:怒火～。

这是两本语文工具书对"满腔"一词的表述。a例把"满腔"确定为动词,释义为"充满心中"。但一、三两个例证"～热情"、"～的热血已经沸腾"中的

"满腔"解释成动词"充满心中"就比较牵强。比如"对人民满腔热情"、"满腔热情地帮助别人",这里的"满腔"就不能说成"充满心中"。同样,"满腔的热血已经沸腾"说成"充满心中的热血已经沸腾",也没有理解成"整个心胸的热血已经沸腾"顺当。比较起来 b 例的分别处理就比较恰当。所以,释义语言所传递的信息包括标示词性,要与例证中的词语的语法功能相一致。释义、功能和例证的一致性,也应该是辞书体的一项基本准则。再如:

(7)|板| 不灵活,少变化:呆~/表情太~/~起面孔。

(8)|拜| 旧时一种表示敬意的礼节:叩~/跪~/躬身下~。

(9)|周年| 〈名〉满一年:~纪念/建国五十~。

例(7)释义传递的信息是形容词义,但第三个例证用的是动词义。何况"板起面孔"的"板"不是"不灵活,少变化",而是"不高兴,生气"的意思。例(8)的释义传递的是名词义的信息,例证中的"拜"则全是动词义,例证和释义完全不配套。例(9)词目确定是名词,例证也是名词义,但却用了动词义的释义方式"满一年"。这样就必须在释义或例证上加以修正和调整。

在辞书中,还有一种经常见到的释义与例证不合的情况,主要是释义和例证在意义上不合卯,甚至完全脱节。例如:

(10)|收| 取自己有权取的东西或原来属于自己的东西:~回/~复/~税/没~/~归国有。

(11)|测量| 用仪器确定空间、时间、温度、速度等有关数值:~船/~血压/~珠峰高度/跟踪~。

例(10)的释义中的"自己",一般都是用来指"个人"的,而例证中"收"的主体大都不是指某个个体的收取和要回,而是指行政执法单位的征收(如"收税"、"没收"、"收归国有"),甚至国家主权的恢复("收复")。这个与例证不一致的释义,就应该修改。例(11)中的 4 个例证,大都没有表示"空间、时间、温度、速度等有关数值",可以通过更换或补充例证使其符合释义的内容。

辞书体的规范还表现在字词义项的分合上。在字词意义发展的过程中,不少单义字词走向多义化,产生了大量的多义字词。在辞书编纂中,就要如实地反映字词的多义状况。义项的划分是词义分化的具体体现。但是有的词目义项的划分或严或宽,或把本来词义明显不同的义项合为一体,或把本来是一个意义的义项分割成两个义项,这不仅有碍于辞书体的规范,也不利于读者查考。如:

(12)|惹|①招引;引起(不好的事情):～事/～祸/～麻烦。
②(言语、行动)触动对方:不要把他～翻了/这人脾气大,不好～。
③(人或事物的特点)引起爱憎等的反应:～人注意/～人讨厌/一句话把大家～得哈哈大笑。

(13)|声|发出声音;宣布;陈述:～明/不～不响/～东击西。

例(12)"惹"的三个义项,都是动词义,都表示"引起"的意思,区别性特征不明显,可以适当合并。例(13)"声"的释义"发出声音;宣布;陈述"的三个意思,差异性较大,应该把这些义项适当分立。

上面我们以辞书体为重点,就辞书体与论著体的不同语体的成分以及辞书体内部语体成分组织安排的几种情况,试着分析了语体规范的内容和方法,是否合理有用,实在心里没底,现在不揣谫陋拿出来,希望能得到点拨和指教。

再议公文语言的性质[①]

一切科学门类的区分都是以各自的研究对象所具有的特殊矛盾性为依据的。对公文语言的性质进行探讨,认清它的特殊性与其他语言(如文艺语言、科技语言等)不同的地方也当以此为最根本的理论准则。

以前,不少论著曾把"准确性、鲜明性、生动性"作为公文语言的性质。其实,这"三性"是马克思列宁主义文风的基本性质,具有普遍性的特征,是各种语体文章都须做到的。它们并不属于公文语言的特质。

有的论著也曾把"庄重、平易、明快、简洁"等作为公文语言的性质。其实,这些都是公文语言的风格范畴的特征。风格只是某种语体(或作者)的语言体系所形成的某种格调,并不是某种语体的本质属性。

公文语言是一个系统,它并不是某一篇具体的公文,它是综合了千百万具体的公文成品中的语言要素,抽取其本质的语言要素而形成的系统,因而又涵盖了所有公文语言成品的本质属性。整体来自个体,但整体并不等于任何一个个体。从整体上看,公文语言指的是公文语体的语言,即指法定的机关或单位在公务活动中所运用的书面语言体系。这个语言体系具有以下的特质。

一、群体性

群体性又称为非个人性。

[①] 原载《秘书之友》,1991年第10期。

从交际双方来看,不管是公文的表达者还是接受者,这两方面都不是以个人身份出现的,而是代表一个群体。即或表现形式上的个人,也是作为机关或单位的代表。因而在行文语言上,表示个体的人称是罕见的,即或有也是虚化了的。机关或单位的整体形象,成为交际双方的基本角色,构成与其他语言不同的特殊语域。诸如日常谈话、文艺作品、科学著作的语言。表达者和接受者中,个人总是成为语域中至关重要的活跃的因素。

从表达过程来看,公文语言的制作流程,一般要经过酝酿、拟稿、定稿等阶段,其中有授意、构思、拟稿、讨论、修改、审定、签发等众多的工序。可以看出,公文语言正是群体参与劳动的结果。

如果说古代的公文语言由于当时种种条件的制约,还能看出个人的角色形象,那么在现代,由于政治、经济、文化等诸多活动的日趋社会化,公文语言中的个人形象已逐渐淡化和消失。所以,现代的公文语言作为一种群体的语言风格是客观存在的,但是要说出公文语言中某个撰写者的个人表现风格是很困难的。

二、书面性

书面形式是公文语言赖以存在的唯一形式。某些口语形式(如电台广播、口头宣读等)只不过是书面语言的一种转化形式,是书面语言的声音化。

从公文语言的起源来看,上古的"结绳而治",原始社会中的符契、文字图画等都不是公文,也谈不上有什么公文语言。原始的"公务活动",并不等于有公文的存在。由于原始社会生产力的低下,生产单位的散小,生产范围的狭窄,生产活动的单调,可以通过有声语言来调节,还不可能使用公文。正如恩格斯所说的,人类"从铁矿的冶炼开始,并由于文字的发明及其应用于文献记录而过渡到文明时代"。而现在有人认为,在原始社会中就存在所谓原始的公文,不过是主观臆测罢了。

从现行的公文语言来看,书面性也是十分突出的。首先,公文是以文件形式来传达思想、进行协调和交际的,书面形式是它的唯一表现形式。其次,公文语言的话语体系中,书面语词和具有书面特点的句式构成了它的基本骨架。古语词、书面语词的大量使用,多层次的限制性修饰语的大量使用,多项的联合成分的大量使用,以及其严密精粹的加工程度,都充分反映了它必须具有书面语的基本特征。所以许多论著在给公文下定义时,把书面形式作为一项必备的条件是很对的。书面性也使公文语言和其他语言明显区别开来。其他语体的语言往往有书面和口语两种不同的形式,形成不同的话语体系,而公文却只有一种形式——书面形式。

三、明确性

这里所说的明确性,不是指表达上的含糊与明白,而是指公文语言的语域和整个制作流程。

从使用公文的语域来看,表达者(发文单位)和接受者(受文单位)一般是明确的。当然,这是由公文的实施效能决定的。其他语体,如文艺、科技等,接受者往往是不确切的。正是由于交际双方的明确,才有所谓上行文、下行文和平行文的区别,才进而形成了不同语域的文种。

从公文的制作流程来看,首先,任何公文的目的要求十分明确,根据目的、要求来选用特定的文种。其次,事由,亦即内容也十分明确,不允许含糊不清。再次,在表达时,根据语域的针对性,字斟句酌,一字千钧,不允许有丝毫的含糊。只有这样,才能发挥公文的实施效能,才能显示公文的权威性和时效性。其他语体的语言就不是这样。拿文艺语言来说,同样的主题,可以选用不同的体式来表达。有些文艺作品的内容和主题,往往是在写作中不断变动和逐渐完善的,甚至和写作前的初衷大相径庭。至于日常谈话,更是以其内容的驳杂和多变为其特色。就是科技语言,它的明确性主要体现在论点上,从语域上看,仍然是相当虚泛。

明确性还体现在语言的效能上。公文语言请示与批复相应,令行禁止相当鲜明,具有一定的约束力和强制性。其他语体就不是这样,文艺语言以感染和熏陶影响和激励读者或听众,科技语言以科学性、逻辑性来说服读者或听众,并没有公文语言特定的实施效能。

四、客观性

公文语言既然具有群体性,那么它总是以体现群体单位的意志为天职的。在公文制作的过程中,任何一个参与者都不能把与群体单位相对的个人主观色彩和特殊感谢表露在公文语言之中。

　　当然,这绝不是说在公文语言中,不使用带有感情色彩的词语,恰恰相反,公文语言中正是通过使用带有感情色彩的词语来体现群体单位的鲜明立场和观点的。这只是说,公文语言中,一般不掺入在群体单位意志之外的个人的主观色彩和特殊情感。

　　当然,这也绝不是说在公文语言中,参与者都是消极的、被动的、无所作为的,恰恰相反,由于参与者与群体单位意志的一致性,使得参与者有了用武之地,可以充分发挥其主观能动性和聪明才智来有效地体现群体单位的意志和思想。

　　是的,一般说来,它没有个人的感情锋芒。抒情性、表情性和形象性要受到严格的限制,不可能在这些方面给他一个纵横驰骋的空间。这使得它和文艺语体的语言有别。它不可能展开论辩,进行充分的说理,思辨的才气在这里要受到限制,这使得它和科技语体的语言有别。

　　公文语言是很讲究修辞的,它有自己独特的美质,可以说是冷以蕴热、平以见峭、简以驭繁。它不是从感情上去打动对方,以引起情感的共鸣,也不是用娓娓动听的说理,使对方折服,它是以语言上的说明性和使令性显示了公文语言的巨大威力。

五、程式性

　　虽然公文语言随着社会的发展而不断演变,但是总的说来还是比较稳定的。公文大多有一定的表达程式,有一套固定的专门用语,有相对稳定的句式,有比较固定的结构样式。这些都是在公文语言发展过程中约定俗成,大家共同遵守的。在公文中,尽管发文单位不同,制作者不同,但同一文种的语言形式却大体相近。

　　程式,是一种规范。既然是规范,就带有一定的规定性和约束力。所以国家机关对公文的文种、制作步骤加以规定,甚至对公文用纸和格式加以统一。这就大大提高了办文的效率,有利于公文的制作和管理。

　　公文是机关、单位进行协调和管理工作的重要工具。一定的程式则有助于这种工具性能的发挥。随着社会的发展,交流联系的日益频繁和办公工具不断改善,这种程式化的性质将更加突出。

程式性,绝不意味着公文语言要因袭传统、固守形式、一成不变。众所周知,今天的公文程式与几十年前的有了明显的区别,就是跟新中国成立初期相比,也有很大的发展。程式,也是在不断变化发展和完善的。即便是规定的程式,也是不断总结各方面处理公文经验的成果。可以肯定,今后的公文程式也会随着实践的发展而不断发展的。

试谈公文语言的口语化和形象化

——论公文语言发展的一个新走向①

公文语体有广义和狭义两种。广义的是指与文艺、科技等语体相对应的,也称为"事务语体"或"应用语体"。狭义的是指与法规体(法律、规章、制度、公约等)和条据体(合同、协议书、公证书、介绍信等)相对应的,也称"通报体"。它一般包括通知、报告、请示、决定、通报、会议纪要等文种,是广义公文语体中的一个分支语体。这里所论述的公文语言是指狭义的公文语体的语言。

新中国成立以来,公文语言有了很大的发展。特别是80年代以来,我国公文语言在演变的过程中出现了许多新的特点,显示出一些新的走向。如科技术语的大量吸取和改造,语素词的广泛使用等。其中有一点值得重视,就是口语化形象化的成分相当鲜明突出。

一

公文词语指的是在公文语体中经常使用并带有公文色彩的词语。新中国成立以来,公文词语的创造和吸收有口语化和形象化的倾向。口语化和形象化是既有区别又有联系的两个概念,在公文词语中却往往结合在一起。例如在"敢于碰硬"、"决不手软"、"挂靠在民政部"、"价格多次浮动"中,像"碰硬、挂靠"这样的新造词,"手软、浮动"这样从其他语体吸收进来的现成词,口语化和形象化的色彩都是很鲜明的。

---

① 原载《语言文字应用》,1995年第3期。

有些公文词语之所以带有较强的口语和形象色彩,是因为它是用修辞手法创造出来的。如"回笼、挂钩、一刀切、关系网"用的是比喻,"小金库、红头文件、菜篮子工程"用的是借代,"文山会海"用的是夸张,"松绑、公文旅行"用的是拟人,"议价、调价"用的是婉曲,"法盲、后继乏人、促退派"用的是仿词。下面我们选取比喻造词做一点分析。

比喻造词有完全比喻式和部分比喻式两种。前者如"回笼、挂钩、一刀切、解剖麻雀、两条腿走路、九个指头与一个指头"等,后者如"观潮派、保护伞、钉子户、关系网、窗口行业"等。完全比喻式的词语,有些是新造的,另一些是借用现成的词语(如"上马、龙头"等)。部分比喻式的词语,其比喻成分是现成的,整个词语则是新造的,这里有的比喻成分在前(如"观潮派"、"钉子户"),有的比喻成分在后(如"关系网"、"保护伞"),非比喻成分有的表类别,有的表属性。少量的也有用两个比喻的,如"条条块块、牵线搭桥"。由于比喻比较贴近生活,浅显生动,所以经常为公文所使用,以增加其形象色彩和口语色彩。

有些词语是从比喻句中的喻体凝固而成的。定型之后,原义就为比喻义所取代,只是在理据中可以找出原义,如"解剖麻雀、两条腿走路、九个指头与一个指头"等。即使分离开运用也仍然只表示其比喻义,如"蹲点时解剖几个麻雀"、"既要看到九个指头的成绩,也要重视一个指头的问题"。在比喻造出词的公文词语中,联合结构和动宾结构是经常分离开运用的。

比喻构成的公文词语,完全比喻式中有些是从其他语体借来的。开始是偶发性的修辞运用,产生新义后就逐步稳定下来。如"出台"原是戏剧用语,公文借用来常和"政策、计划"相结合,原有的词义逐渐淡化,孳生出新义来。医学上的"红眼病、常见病、多发病、会诊"也正在通过比喻进入公文语体,向比喻义过渡。有的则经过改造,赋予新义。如"短平快"原是排球运动的术语,公文借用来主要是取其形,与原有含义迥然不同。"小儿科"进入公文语言后往往只是断取其"小"字义,"儿科"并不表义。这些已没有比喻意味,而是用别解或断取的手法达到形象化、口语化的效果。

公文语言中四字格用得相当多,其密度超过了其他语体。公文使用的四字格多是联合结构和偏正结构,其他结构方式要少得多。

四字格在公文中常常是成组使用的。

(1)凡涉及领导干部的重要案件,要按照干部管理权限和有关规定,由相应机关负责查办,严禁压置不理,层层照转,互相推诿,不了了之。(《中共中央关于加强同人民群众联系的决定》,《国务院公报》[以下简称《国》]1990年第17期619页)

(2)有的采取改换牌子、掺杂掺假、偷工减料、粗制滥造、以次充好、短斤缺两等不正当手段,变相提价。(中共中央、国务院《关于加强物价管理,坚决制止乱涨价和变相涨价的通知》,《商业企业管理文件选编》[以下简称《商》]下,92页)

四字格结构匀称、节奏铿锵,体现了汉语的音韵美和节律美,公文语言中成组使用,使语句长短相间,整散结合,形成了公文语言的参差美、错综美。这种形象化的美质主要体现在语形上和节律上。公文语言中的四字格逐渐流入其他语体,进入全民语言,形成了新的成语。如"反骄破满、多快好省、增收节支、一平二调、外引内联"等,就是从公文语言流进全民共同语中来的。

公文语言为了增强其鲜明性,给人以深刻的印象,把需要强调突出的词语拈出来,辅之以数量词,使人感到十分醒目。如:

(3)1982年主要抓好三件事:(一)搞好环境卫生,解决一个"脏"字,(二)整顿公共秩序,解决一个"乱"字,(三)提高服务质量,解决一个"差"字。(中共中央宣传部《关于深入开展"五讲四美"活动的报告》,《人民日报》1982年2月18日)

(4)接待顾客要尽可能做到"接一答二招呼三"。(《国营工业品零售企业管理条例》,《商》上,41页)

有些多项并列成分,也采取拈取最关键的单音词或语素的办法,组成并列结构。这种组合往往具有较强的凝固性,熟语化的意味很浓。如:

(5)必需出国访问和考察的,要坚持"少、小、精"的原则,讲究实效。(国务院《关于节减行政经费的通知》,《国》1985年第7期138页)

(6)企业根据国家政策法令所拥有的产、供、销、人、财、物等方面的权力,任何地区和部门不得任意干预。(国务院《关于开展和保护社会主义竞争的暂行规定》,《商》上,120页)

这种并列结构仅限于3—4个音节。短了容易误解为一个词,于是就采用了前面的"拈字法"。长了,就失去了突出强调的作用。所以,3—4个音节最合适。这种情况在其他语体中很少看到,公文语言则俯拾皆是。这种表达方式简练概括,可以说是以少代多、以简驭繁、显豁鲜明、一目了然。这样,公文语言就富于变化而不呆板,有时还有某种幽默诙谐的旨趣。

有的是采取缩略语形式,把若干相关词语中的共有成分抽取出来,标上数词,在不改变原义的基础上,达到增强表达效果的目的。如:

(7)企业在整顿中进行建设的基本要求,可以概括为:搞好三项建设,达到六好要求。(中共中央、国务院《关于国营工业企业进行全面整顿的决定》,《商》上,203页)

(8)各级商业行政部门和工会组织,要贯彻党的十二大精神,坚持两个文明建设一起抓,把"五讲四美三热爱"活动更加重视起来。(商业部、中国财贸工会《关于商业部门进一步开展"五讲四美三热爱"活动意见的联合通知》,《商》上,194页)

这里有的是抽取词语前面的语素,如"五讲"、"三热爱";有的是抽取词语末尾的语素,如"四美"、"六好";有的是抽取词语中部的语素,如"三项建设"、"两个文明"。

公文语言中还有另一种数字总括的形式,它不是直接从原词语中抽出语素,而是采用通过概括原词语组成部分的类含义,标上相应的数词的方法。如"四害"、"八字宪法"、"和平共处五项原则"等。其中的"害"、"宪法"、"原则"都有揭示事物本质属性的作用。

这几种标数总括的形式,结构单纯,口语性强,不仅有归纳作用,而且表达简洁,便于记忆,容易普及。

二

公文语言的形象生动还表现在句式的选用上。其中整句的运用反映得最为突出。

首先是对偶句。公文语言中的偶句不像修辞上的对偶格那样要求严。不光平仄和词性可以放宽,两句之间还允许有重复的字,甚至结构也允许在大同中出现小异。如:

(9)要通过各种宣传工具,采取多种有效形式,大力宣传计划用粮,节约用粮,树立浪费粮食可耻,节约粮食光荣的风尚。(国务院《关于加强粮食购销工作的决定》,《国》1990年第15期554页)

(10)1985年以来,在全国已经连续进行的五次税收、财务、物价大检查,对严肃财经纪律,平衡财政收支,稳定物价,惩治腐败,促进改革开放都起了积极作用。(国务院《关于开展1990年税收财务物价大检查的通知》,《国》1990年第16期582页)

公文中的偶句,保留了对偶原有的形式整齐、音节匀称、朗朗上口、悦耳动听的美质。但又有公文语言偶句的特色。首先是要求宽松。如例(9)"通过各种宣传工具,采取多种有效形式"重复了"种"字,两句词性也不相对,"宣传"与"有效"就不属于同一词类。后面的"浪费粮食可耻,节约粮食光荣"也都重复了"粮食"一词。例(10)中"严肃财经纪律,平衡财政收支"也重复了"财"字。其次是独立性不强。它往往掺和在大片的语句之中,以散中见整,而使偶句得以强调和凸现。第三,成组或成串地连贯组合。如例(10)是两个偶句成串组合。这样,偶句在相当平实的公文语言中就显得节奏性和韵律感都很强,从而增加了公文句式的生动形象的色彩。

排比也是一种整句。公文中的排比句以平列排比居多。其中主要是列举式和生发式两种。

列举式排比,通过列举不同的事例,或列举某一事例的不同方面,加以分说,往往起到以点概面的作用。如:

(11)这实际上是一种行贿受贿、损公肥私的行为。这种行为,相当普遍地存在着。不仅存在于集体所有制的社队小企业中,而且存在于全民所有制的大企业中;不仅存在于一些自产自销活动中,而且存在于一些计划购销活动中;不仅存在于一些社会闲散人员中,而且存在于一些企业购销人员中,以至存在于一些领导人员中。(国务院《关于制止商品流通中不正之风的通知》,《商》上,179页)

这里用了三个递进句排比列举,把相当普遍存在着的不正之风概括无遗地揭示出来,收到了"广文义"之效。

生发式排比是对某一事物不断地加以生发和引申,有强调和不断深化的表达作用。如:

(12) 要有计划地通过爱国主义、集体主义、社会主义、共产主义的教育,使广大职工对社会主义制度的优越性充满信心,对党的领导充满信心,对马克思主义充满信心,对我国由穷变富、必将成为世界第一流的现代化国家充满信心;增强做一名伟大的社会主义中国公民的自豪感,做中国工人阶级光荣一员的自豪感,做现代化建设主力军的自豪感。(《国营企业职工思想政治工作纲要》,《商》上,148页)

公文语言中的排比句,除了具有一般排比句的共同特点外,还有其自身的特点,首先,为了突出某个方面,有时在排比句中,加上总括性的话语。如:

(13) 共产党员首先是领导干部,应当随时随地在人民群众中做模范:做努力工作、好学上进的模范,做不尚空谈、多干实事的模范,做坚持改革、勇于开拓的模范,做维护群众利益、带领群众勤劳致富的模范,做遵纪守法、同不正之风和违法犯罪行为做斗争的模范,一句话,做两个文明建设的模范。(中共中央《关于社会主义精神文明建设指导方针的决议》,《人民日报》1986年9月29日)

这里用"一句话"作为插入语,使后面的小句"做两个文明建设的模范"更加突出醒目。第二,公文语言中的排比,也不都要求那么整齐匀称,排比句的结构也可以有局部的错综。如:

(14) 产品的品种、等级、质量,有国家标准的,按国家标准执行;无国家标准而有部颁标准的,按部颁标准执行;无国家标准和部颁标准的,按地区标准执行;无上述标准的,由当事人双方协商确定。(《农副产品购销合同条件》,《国》1984年第1期50页)

上例的最后一个小句与前面的排比句有些差异,形成了错综的句式,但整个组织的结构仍然是排比句。这些都是公文语言中特有的修辞现象。

其他如公文语言中的顶真句不像文艺语体重在时间或空间上的顶真,而是重在事物的推理。这样除去音律流畅外,还能更好地反映事物之间的有机联系,可以用很少的话把道理说得准确、周密、严谨,如实地表现事物的连锁关系。公文语言中的回环句,也不像文艺语体有完全回环句和部分回环句,它只有部分回环句,着重反映两个事物之间的对立统一关系,深刻而又耐人寻味。至于这种句子的整齐匀称、回环复沓而形成的语言美质更是增强了它的表现力。

三

公文语言的形象化、口语化还在于运用了修辞格。修辞格的适度运用也是新中国成立以来出现的新趋势。当然,公文语言中使用修辞格,与其他语体有明显的不同,有其自身的特色。

例如比喻,公文语言中的比喻,不像文艺语体重在感染,而是重在说明。如:

(15)国家用于贫困地区的资金和物资,不能采取"撒胡椒面"的办法平均使用,更要严禁挪作他用。(中共中央、国务院《关于帮助贫困地区尽快改变面貌的通知》,《国》1984年第25期866—867页)

以上比喻,浅显形象,但作用在于说明一个道理,而并非在于给人以情绪的感染。

公文语言中的比喻,更常见的则是运用现成的材料。例如选择喻体通常是选用那些人们习见的喻体。如:

风吹草动——政治形势的变化
乌云——革命中遇到的困难和麻烦
曲折的道路——革命的历程

类似的比喻几乎已类型化、疑固化了。公文语言的喻体并不刻意追求新颖,只要说清问题就可以屡用不止。像用"老虎"来比喻一些厉害的事物,就反复出现了"柴老虎"、"电老虎"、"煤老虎"、"气老虎"等比喻。

公文语言中的喻体经常使用现成的语言材料,主要是使用带有比喻意味的成语、惯用语和术语。如:

(16)决不能不经过讨论比较就用行政手段简单地决定采纳某一方案,或者某个领导,事先"一锤定音"。(国家计委《关于工程设计改革的几点意见》,《国》1984年第28期966页)

(17)对奖金税,可由省、自治区人民政府作出规定,但要照顾到

左邻右舍。(商业部《关于进一步发展少数民族地区商业若干问题的报告》,《国》1985年第20期737页)

(18)上述几方面的违犯问题,年年查,年年犯。用群众的话来说,已成为"常见病"、"多发病"。(财政部《关于开展财务大检查的情况和进一步严肃财政纪律的报告》,《国》1984年第10期327页)

公文语言的喻体逐步发展成带有比喻义的词语,喻体就增加了新的义项。如:

(19)会议代表对企业权力小,"婆婆"多,负担重反映十分强烈。(《城市经济体制改革试点工作座谈会纪要》,《国》1984年第11期347页)

(20)要增强社会主义主人翁责任感,以"老黄牛"的革命精神,不图名,不图利,勤勤恳恳做好本职工作。(共青团河南省委《关于在全省团员青年中开展向赵春娥同志学习的通知》)

为了使意思表达得更加明确,不致发生误解,有时在喻体上加上一定的限制性词语。

(21)文明街道、文明村镇的建设一定要抓好"社会细胞"落实到户。(《1985年五讲四美三热爱活动要点》,《国》1985年第2期36页)

为了说明事物之间的关系,公文语言中常用两个以上的比喻来加以形象说明,后面的比喻是由前面的比喻引导而来的。如:

(22)技术改造要充分利用两个外壳更换两个芯子,即利用现有厂房换新设备,利用现有设备换关键零部件,真正实现工艺更新,设备更新,产品更新。(安徽省人民政府办公厅《关于1986年我省技术改造问题的会议纪要》)

由于它着眼于事物之间的关系,两个比喻物和被比喻物在结构上十分严整。由于它联系紧密,所以语势上明晓畅快。

公文语言的比喻类型化,为一些喻体作比喻造词的词语进入全民语言开了方便之门。如"撒胡椒面、大锅饭、窗口、龙头"等,就逐渐涌进全国语言的词汇中来了。

公文语言要增强其形象性,有时也运用借代手法。

(23) 今后要尽量压缩各种纪念、庆祝活动，必须举行的要本着勤俭节约的原则办事，提倡"清茶一杯"，不搞铺张浪费。（国务院《关于节减行政经费的通知》，《国》1985 年第 7 期 138 页）

公文语言运用拟人辞格，主要是通过一些表人的行为的动词来显示的。如：

(24) 很多工程设施超龄服役，带病运行。（水利电力部《关于加强农田水利设施管理工作的报告》，《国》1985 年第 32 期 1080 页）

(25) 各行各业的基层企业为了充分发挥活力，纷纷提出"松绑"的要求。（《城市经济体制改革试点工作座谈会纪要》，《国》1984 年第 11 期 347 页）

除了像双关、通感等少数几个文艺语体的专门修辞格外，大部分修辞格都可以在公文中运用。但是公文中运用修辞格的频率还是低的，一般说来，一篇公文能在三四处使用修辞格，就已经使公文生色不少。如果用得超过这个数字，就可能逐步走向反面。用得越多，效果就越坏，这就违背了公文语言的基本性质。

四

公文语言已形成了口语化、形象化的新走向。这个新走向逐渐发展和改变着公文的文风。

应该看到，公文语言的口语化、形象化的发展首先与毛泽东的提倡和示范是分不开的。

早在 50 年前，毛泽东就把整顿文风作为整风运动的一项重要内容。他对党八股进行了全面而深刻的讨伐，要求采取生动活泼新鲜有力的马克思列宁主义文风。他特别重视语言的学习和使用。他在提倡从外国语言和古人语言吸收好的有用的东西的同时，特别强调要向人民群众学习语言，用通俗、生动的群众化、民族化语言来表达我们的思想。新中国成立以后，他主编《中国农村的社会主义高潮》，对一百多篇文章逐一进行修改，要求写文章要生动形象，要讲究文法修辞。接着他用了两个多月时间，听了 34 个部委的汇报，对某些经济部门的报告的八股气又一次尖锐地提出批评。① 毛泽东1955年10月在七届六中全会上提出了写文章时要合乎逻辑、文法和修辞。1958年毛泽东再次提出文件要具有准确性、鲜明性和生动性,要讲究辞章修养。毛泽东的这些指示对于公文语言的发展产生了巨大的积极影响。

毛泽东一生撰写了大量的公文。他撰写的公文把准确性、鲜明性、生动性有机地结合在一起,成为我国公文语言的典范,至今仍被公文撰写者视为楷模。

还应该看到,社会政治经济文化的发展,也促进了语言的各语体的丰富和发展,促进了各语体的交流和渗透。新中国成立以来,公文语言发展得相当迅速。它不仅产生了许多新的文种,而且它的效能——包括宣传效能、实施效能等——也得到了充分的发挥。公文被越来越多的群众所关心和把握,这些也促使公文语言进一步走向口语化和形象化。

新中国成立初期,大批守旧的文化教育的知识分子满腔热情地走进了革命队伍。他们在撰写公文时还或多或少地留下了旧式公文的痕迹。时间过去了近半个世纪,现在活跃在各部门的公文撰写人员绝大多数都是新社会培养出来的知识分子,许多老知识分子也由于社会实践的变化,语言也起了很大的变化,因此,新的公文文风的熏陶和教育也促进了公文语言的变化和发展,形成一些新的习尚,这就使得公文语言的口语化和形象化的走向,从必然王国进入到自由王国。

---

① 参见薄一波《若干重大决策与事件的回顾》上卷,北京:中共中央党校出版社,1991年,第470页。

公文语言的表现风格[1]

公文语言的性质与其他语体的语言有很大的不同。首先,它具有非个人性。公文是处理机关、团体、单位之间的公务的,它往往是以机关、团体、单位的名义出现。这正如 M. H. 科任娜所说:"公务领域的交际中说话者、执笔者并非以个人身份出现,而是代表国家。"[2]从公文制作过程来看,它也不是一种单纯的个人写作活动,往往经过多人集体撰写、加工才定稿。"为命,裨谌草创之,世叔讨论之,行人子羽修饰之,东里子产润色之"。[3]反映了公文的撰写定稿过程。当前,一般公文写作都要经过拟稿、核稿、签发等程序,这里就有一个集体加工修改的问题。公文在表达形式上的程序化特点,也使得公文一般不要求也不容易表露出个人的特点。这一切都决定了公文语言比较难以显示出个人独特的语言风格。

其次,公文语言的规范性,要求它必须使用标准的民族共同语,对具有形象色彩、表情色彩的某些语法形式和词汇成分,例如,儿化、叠音后缀、拟声词、感叹词以及方言词、俗语词等是排斥的。随着语域的变化,公文中都有不同的规范化词语;它的许多固定的行文程式,构成了公文中的表达规范。

这些性质告诉我们,公文语言的表现风格只能从整个语体来观察,从公文语体的整体与其他语体的比较中来鉴别。当然,在公文语体内的分支语体

---

[1] 原载《修辞学研究》第 5 辑,南昌:江西教育出版社,1991 年。

[2] [苏]M. H. 科任娜:《俄语功能修辞学》,北京:外语教学与研究出版社,1982 年,第 236 页。

[3] 《论语·宪问》。

语言风格上的差异,那是另一个层面上的问题了。

公文语言的表现风格,概括地说有庄重、平实、明快、简约四个方面,这四个方面统一构成公文语言特有的言语气氛和格调。

一、庄重

公文的庄重性与公文的权威性是分不开的。公文的权威性表现为公文的现行效用,具有强大的行政或法律的约束力量。它充分反映了阶级的意志,常常有严格的发文范围,更主要的是它必须转化为统一意志、统一行动,言必信,行必果。所以,交际的语域、交际内容,决定了公文必须具有庄重的风格特色。

公文的文种,如"公告"、"命令"、"请示"、"通令"、"通报"、"决议"、"批复"等名称就具有庄重色彩。公文中还经常使用一些命令性、强制性词语。如:"应该"、"必须"、"可以"、"允许"、"严禁"、"任命"、"委派"、"授权"、"制裁"、"处理"、"处分"等,造成公文语言持重严肃的气氛。

在词语运用上,一方面,公文语体基本上不用俗语词、方言词;另一方面,公文语体又大量运用文言词和现代汉语书面语词。这就为公文语体庄重的风格格调的形成,提供了充足的物质条件。例如,公文中常用的"兹"、"亟"、"系"、"悉"、"为此"、"顷闻"、"拟于"、"应予"等都具有明显的文言色彩;公文中很少用"逮"、"走"、"卖"、"念"等通用词语,而用"逮捕"、"步行"、"出售"、"宣读"等书面语词。至于具有形象色彩和表情色彩的词语,如"明媚"、"荡漾"、"绿油油"、"软绵绵"等也是很少见到的。我们粗略地做了一个统计,中华人民共和国海关《对经济技术开发区进出境货物的管理规定》[①]中,共用词语 350 多个,其中文言词约占 8.4%,现代汉语书面词语约占 49%,这么高的使用比例,在其他语体中是罕见的。其中没有使用一个俗语词、方言词和带有形象色彩和表情色彩的词。文言词和现代汉语书面语词在一些法律文献中,使用的比例可能还要高一些。

有的文章认为:在法规中,一般组织、机构等单位的名称使用全称而不使用简称是保持立法的严肃性,体现公文庄重格调的一个方面。其实,公文的庄重性体现在整个公文的语流中,是公文词语组织所形成的整体格调,并不

---

① 《中华人民共和国国务院公报》,1988 年第 12 号,第 414~416 页。

取决于某一两处是使用全称还是简称。从公文的实际情况来看,的确有一些公文是使用全称的,但更多的公文是在使用全称之后,接着才使用简称,不少还用括号注明"简称为××"。一般性词语使用简称,在公文中是大量的,如"普法"、"调研"、"利税"、"农转非"、"双增双节"、"五讲四美"等,自不待说,就是一些组织、机构等单位的名称,使用简称也是俯拾皆是的。像《中国共产党章程》就将"中国共产党"、"中国共产主义青年团"、"香港澳门"分别简称为"党"、"青年团"、"港澳"等。这些简称并没有影响其庄重的风格基调。可见,以是否使用"全称"作为标准来确定公文的庄重风格是缺乏说服力的。

但是,有一点不可忽视的就是礼貌语言的运用。礼貌语言并不都是交际中的虚伪的客套,大多是反映了社会生活中人与人之间的相互尊重,是交际者文明、谦逊、有礼貌的表现。礼貌语言中不少是文言词语,比较文雅、谦恭。如:"遵照"、"莅临"、"聆听"、"承蒙"、"谒见"等。称对方的"贵厂"、"大作",表示动作前面加上"请"、"奉"、"拜"、"恭"等,如"请问"、"请教"、"奉献"、"奉还"、"拜访"、"拜托"、"恭请"、"恭候"等,都具有庄重的风格色彩。

公文中长句子比较多。一般说来,短句比较活泼、明快;长句子比较舒缓、壮美。长句就容易造成庄重的语言气氛。公文中的长句主要表现为以下两种形式。1.复杂的长修饰语;2.复杂的并列结构。应该承认科技语体和政论语体也用了很多长句,而且也表现为这两种形式。但是,公文语体有其自身的特点,那就是在公文语体的长句子中,除了有与科技语体、政论语体相同的一面外,它还表现为长句子中复杂的"的"字结构作主语的多,复杂的介词结构连用作状语的多,复杂的并列的动宾结构作谓语的多。例如:

(1) 申请专利的发明创造涉及国家安全或者重大利益需要保密的,按照国家有关规定办理。(《中华人民共和国专利法》)

(2) 为了适当解决国家机关工作人员病假期间的生活困难问题,有利于病休人员早日恢复健康,根据按劳分配的原则,对国家机关工作人员病假期间生活待遇,作如下规定。(《国家机关工作人员病假期间生活待遇的规定》)

(3) 会议传达学习了中央领导同志最近关于城市改革的指示精神,交流了试点工作的经验,着重讨论了搞活企业、搞活流通,开创城市改革新局面的问题。(《城市经济体制改革试点工作座谈会纪要》)

像上面这样的句子经常出现在公文语体中,表达了庄重、严肃的格调。

  有人认为,公文语体中完全句多,省略句少,是表达庄重风格的句式特点。实际上,完全句多,省略句少,几乎是所有的用书面语式记录的语体共同情况。既然如此,作为公文语体的一个风格特点提出来就不够准确、严密。从另外一个角度来看,与科技、政论等语体相比较,公文语体中省略句、非主谓句的运用似乎要频繁而广泛得多。例如,上面的例(2)就是非主谓句,例(3)就是省略句。国务院发布的《禁止向企业摊派暂行条例》①,共五章 27 条 36 句。其中,完全句 18 句,占 1/2;非主谓句 11 句,省略句 7 句,共占 1/2。一般说来,在书面语中,省略句和非主谓句如果达到 20%,这个比例就相当高了。公文语体中,省略句和非主谓句达到 20% 左右的,绝不会是个别的现象。其实,省略句往往有利于文气的连贯,非主谓句(动词性非主谓句)往往使其命令性或强制性带有周遍特点,这些都是体现庄重风格的有效成分。

二、平实

  公文语体要求语言平淡朴实,一就是一,二就是二。例如:

  (1)国务院批准《金融机构代客户办理即期和远期外汇买卖管理规定》,由国家外汇管理局发布施行。

  目前,外汇买卖业务限于进口项下的即期和远期外汇买卖,由中国银行办理,其他银行和金融机构暂不经营此项业务。中国银行可制定关于代客户办理外汇买卖业务的具体办法,并发布施行。(《国务院关于〈金融机构代客户办理即期和远期外汇买卖管理规定〉的批复》)

公文语体很少用富有形象描绘色彩的词语,切忌辞藻的华美,切忌描绘和刻画,从句子的语气来看,它以陈述句为主。上例全是陈述句。公文语体有时也运用祈使句,间或也运用疑问句,但感叹句用得极少。陈述句比较平和、率直、朴实、稳重。从句子的组织来看,它以常式句为主,极少有成分易位、倒装的句式出现。这些都有利于表达平实的语言风格。

---

① 《中华人民共和国国务院公报》,1988 年 12 期,第 387~390 页。

在公文语体中,很少出现词语的形体变异。例如,将"羞愧"变异为"愧羞"①,将"芬芳"变异为"芳芬"②;它也很少有词语搭配中的变异现象,例如:"歌声……灿烂"(见臧克家《春鸟》)"埋着这样苍白的日子"(见李瑛《一月的哀思》)。词语形体或搭配中的变异现象,在文艺语体中却是常见的。

有人把公文语体与文艺语体对比,说是公文语体很少用修辞格。当然,公文语体的确没有文艺语体应用修辞格的频率高。文艺语体中常见的,诸如通感、移就、双关、反语等,在公文语体中近乎绝迹。但是,也必须看到,有不少通用的修辞格,在公文语体中还是经常见到的。只不过公文语体中使用的这些修辞格有它自身的特点罢了。

像使用面最为广泛、使用频率最高的比喻,在公文语体中也时常见到,但它与文艺语体中的比喻不同。它不是重在感染,而是重在说明。它所用的喻体,往往具有类型化和象征性的特色。例如常用"风吹草动"、"乌云"、"黑夜"、"曙光"来比喻不同的政治形势;有时为了使表达的意义明确清晰,在喻体上还要加一定的限制词。像"煤老虎"、"电老虎"、"社会细胞"等。从语言材料来看,公文语体中的比喻,常用成语、惯用语和社会习惯语。如:

(2)上述几方面的违犯问题,年年查,年年犯。用群众的话来说,已成为"常见病"、"多发病"。(财政部《关于开展财务大检查的情况和进一步严肃财经纪律的报告》)

(3)国家用于贫困地区的资金和物资,不论采取"撒胡椒面"的办法平均使用,更要严禁挪作他用。(中共中央、国务院《关于帮助贫困地区尽快改变面貌的通知》)

公文语体中某些常见的喻体,很快地发展成带比喻义的词语。如:

(4)会议代表对企业权力小,"婆婆"多,负担重反映十分强烈。(《城市经济体制改革试点工作座谈会纪要》)

(5)要增强社会主义主人翁责任感,以"老黄牛"的革命精神,不图名,不图利,勤勤恳恳做好本职工作。(共青团河南省委《关于在全省团员青年中开展向赵春娥同志学习的通知》)

---

① 郭小川的诗《人民万岁》:"我们就不能不感到愧羞!"
② 郭小川的诗《甘蔗林——青纱帐》:"那遥远的青纱帐哟,哪曾有甘蔗林里的芳芬!"

至于像"大锅饭"、"拳头"产品、"龙头"产品、"诸葛亮"会等,更是为人们所熟知了。比喻在公文语体中的运用,淡化了许多感情的、体验的形象因素,具有定型化、类型化的作用,就不是增加了语言的华美,而是使语言运用趋向于平实。

其他如排比,公文语体并不要求那么整饬匀称,句式的结构也可以有局部的错综,对偶的要求也比较宽泛。结构的大同之中,允许有小异,它的结构比较简单,形体短小,而且往往是嵌入大片语句之中;这一些都说明了它冲淡了排比、对偶这类辞格的形体整齐、音韵悦耳的固有特点,增加了平淡、朴实的表现色彩。

值得注意的是,公文语体中还有其专用的修辞格。这些辞格经常出现在公文语体中,而很少出现在别的语体里,如"拈字"和"统括"就是。

(6)必须出国访问和考察的,要坚持"少、小、精"的原则,讲究实效。(《国务院关于节减行政经费的通知》)

(7)对各项增产措施,对实行八字宪法,每项都不可讲假话。(毛泽东《党内通信》)

例(6)是"拈字"。指出所表达内容中的几个代表字来表示比较复杂的内容。例(7)是"统括"。将数字和表达原语言成分意思的恰当词语相结合,来表示比较复杂的内容。这种修辞格使语言更为简练、鲜明,但仍不失其平实的本色。

三、明快

公文具有现行效用的功能。公文的接受对象明确。公文要求接受对象令行禁止、执行照办,即使是上行文也希望能迅速及时地得到上级的理想批复。公文接受对象要按照公文的语言来规范自己的行动,即使是上行文,领导机关也要准确细心地了解下级机关的情况和听取下级机关的报告,以便做出科学合理的决策和答复。时效性在公文中显得特别突出。公文的时效性就要求它必须具有明快的表现风格。

公文是有啥说啥,决不含糊其辞、模棱两可。在词语运用上,除了运用规范化的专用词语外,一些公文语体的专门用语,在公文中都有其特定含义。例如,在刑法中的"告诉"与一般用语中的"说给人听、使人知道"的含义不同。"拘留"与"逮捕"均有其严格的政策界限,不可相互混淆。为了便于对比理

解,一些法规、条例对一些专门用语,作了明确的解释。如:《旅行社管理暂行条例》第五条①对下列用语的含义作了规定:

  (1)1."招徕":指旅行社按照主管部门批准的业务范围,在国外、国内发展宣传、推销的业务,组织招揽游客的工作。

  2."接待":指旅行社根据旅行者的要求,安排食宿、交通工具、活动、日程、组织游览。

  3."旅游行政管理部门":指国家和各省、自治区、直辖市旅游局以及市、县的相应管理机构。

  过去,有人强调公文语言明快的一面,就提出排斥模糊性词语。近年来,人们的认识有了进步,很少有人还坚持这种看法了。不过仍然有人认为可以适当运用一些模糊词语。我们认为,对于模糊词语,公文语体不是适当运用一点的问题,而是它根本离不开模糊词语。自然语言中存在着大量的模糊现象,这些模糊语言的存在,对于人们明晰精确地表达思想是有积极作用的。在人们的交际活动中,模糊性词语往往在表达上有利于沟通思想,使表达更加有效。公文的时效性就决定了它必须大量地运用模糊性词语。例如:

  (2)正当防卫超过必要限度造成不应有的危害的,应当负刑事责任;但是应当酌情减轻或者免除处罚。(《中华人民共和国刑法》)

  在自然语言中,精确与明晰往往是相对的,有条件的;模糊则是绝对的,无条件的。所以过分的精确明晰反而给人留下模糊的印象,而恰当的模糊却恰恰得到明晰精确的效果。因此,在公文语言中,不使用模糊词语的现象倒是十分罕见的。

  公文语体的明快风格与其明朗直率的态度是密切相关的。肯定与否定、表扬与批评、嘉奖与处分,态度都要十分鲜明,绝不能模棱两可,除了经常使用"要"、"应该"、"必须"之类的助动词外,如"决定"、"颁发"、"宣布"、"核准"、"严办"、"限期"等公文用语,语义和色彩都是十分鲜明的。

  在句式方面,公文语体的陈述句中的动词谓语句有利于表达明快的风格。动词性非主谓句、祈使句和判断句,更是明快风格的构成要素。如:

---

 ① 《中华人民共和国国务院公报》,1985年15期477~478页。

(3)一定要迅速改变目前许多部门统计力量过于薄弱的情况。(《国务院关于加强统计工作的决定》)

(4)国家管理金银的主管机关为中国人民银行。(《中华人民共和国金银管理条例》)

例(3)是动词性非主谓句,也是表示要求的祈使句。例(4)是判断句。这些句子态度鲜明,直截了当,明快有力,毫不含糊。

四、简约

毛泽东同志在解放战争时期曾要求各中央局和分局由书记负责,每两个月向中央作一次综合报告。要求"报告文字每次1000字左右为限,除特殊情况外,至多不要超过2000字",报告内容要扼要,文字要简练,要指出问题或争论之所在[①]。公文语体的简约风格是由公文的本身特点及其现行效用决定的。公文语体的程式化、规范化的特点要求它必须体现出简约性来;公文是提高办事和执行的效率,也要求它必须具有简约性。简约的表现风格是由其本身的语言运用的体系体现出来的,是受其实施的功能所制约的。至于某些公文中的大量的空话、套话、废话,或者用词造句中的重复啰唆的现象那是另外一回事。我们不能把维护语言的纯洁和健康、纠正不良的文风与公文语体本身的风格特色混为一谈。有人在论述公文的简约风格时,大谈反对八股腔,纠正堆砌重复的语病,实际上是弄错了研究对象,其论述的内容也就必然南辕北辙了。

从公文的样式来看,其下位语体中,如法规体中的条款型、条据体中的程式化结构,都是从简约见长的。法规体应用于法规、公约、制度、条例、守则、须知、办法等,很少有议论和叙述部分,一条一款,简明扼要。条据体应用于协议书、契约、合同、证件等,形式固定,千篇一律,有相对稳定的程式。不仅如此,像某些公告、批复、通知等,程式化的气氛仍然很浓。如第七届全国人民代表大会第一次会议主席团发布的第1—7号公告,就可概括为如下的程式:

---

① 毛泽东:《关于建立报告制度》,见《毛泽东选集》,北京:人民出版社,1969年,第1159~1160页。

第七届全国人民代表大会第一次会议于1988年4月×日选出（选举或根据某某的提名决定）某某为某职。

现予公告。

一个公告只有两三句话，相当简约。国务院关于省、直辖市、自治区内市县行政区划变动的批复程式化的特点很突出，也能体现其简约的表现风格。

简约的风格同样体现在公文语体的词句运用上。

先说词语。现代公文出现大量的新词，这些新词有三个显著的特点，即词缀化、成族化和短语化。词缀化，以"热"为例，就有"引进热、建房热、旅游热、工具书热、勤工助学热、金融债券购买热"等。词根构词中成族化倾向在公文中也很明显。以"源"、"容"为例，就有"生源、货源、水源、市容、厂容、校容、店容、站容"等。所谓"短语化"，指的是两个语素组合后，类似于短语词，以词的形式表达短语的内容。如"帮派、评估、挂靠、展销、适销、商调、共建、碰硬、调价、节能、脱贫"等。这些都是从简短的词形表现了较为复杂或丰富的内容，增加了语言的简约气氛。

比较典型的是简称，或者叫"略语"。公文中经常把一些短语或名称加以简化。例如"普法、高考、调研、农转非、利改税、离退休、出入境、高中低档、四化、三通、两用人才、双百方针、三保三压、四个坚持"等。像"国家教委、政协、民盟、妇联"这样的简称，在公文中更是屡见不鲜。"第七个五年计划"在公文中常简称为"七五计划"或"七五"①。这些对体现出公文语体的简约风格，当然是有作用的。

还值得一提的是，公文语体中运用了很多四个音节组成的新短语，可称为"新四字格"。在现代汉语中，双音词占优势，单音词也不少，单双音节相互配合，构成了四音节的固定的语言节奏。吕叔湘先生说："四音节好像一直是汉语使用者非常爱好的语音段落。其中'2+2'的四音节也是现代汉语里的一个重要的节奏倾向。"②公文语言中这种"2+2"的新四字格俯拾皆是。如：

---

① 《中华人民共和国国家统计局关于1987年国民经济和社会发展的统计公报》："'七五'期间，国家重点科技攻关计划，到1987年底经落实近4000项专题合同。"《中华人民共和国国务院公报》，1988年第6号，第176页）。

② 吕叔湘：《现代汉语单双音节问题初探》，见《汉语语法论文集》（增订本），北京：商务印书馆，1984年。

安定团结　奖勤罚懒　优胜劣汰　外引内联
一国两制　文山会海　更新换代　简政放权
以权谋私　论资排辈　按质论价　以厂养校

随着在公文中使用频率的提高,这些新四字格逐步稳定,凝固下来,就会形成新的成语。这种新四字格把复杂丰富的内容浓缩在短小精悍的语音段落内,表现力比一般词语丰富生动,所以不仅听起来铿锵有力,在表达语义上也收到以简驭繁、言简意赅的效果。

公文中可省的成分尽量省去,例如:

(1)中国各族人民共同创造了光辉灿烂的文化,具有光荣的革命传统。(《中华人民共和国宪法》)

(2)乡、镇人民政府要设置专职或兼职统计员,在统计业务上受县统计局领导。(《国务院关于加强统计工作的决定》)

例(1)第二分句的主语承前一分句主语省略。例(2)第二分句的主语承前一分句宾语省略。省略形式不拘一格,只要不影响意思的表达就可以。

公文的简约还可以在抬字的基础上,利用标点符号来形成这种风格格调。如:

(3)固原县杨郎乡陶庄村的种草养畜示范点,经过四年实践,创造了以草促畜、以牧兴农的路子,初步实现了草—畜—肥—粮良性循环,全场人均收入从65元提高到330元。(《国务院"三西"地区农业建设领导小组关于"三西"地区农业建设进展情况和今后五年建设意见的报告》)

这里的"草—畜—肥—粮"简洁明白地反映了以草促畜、以牧兴农的路子。

为了体现简约的风格,公文语体中还常常利用图表、公式这些非语言的风格要素。这类例子就不再赘举了。

以上从"庄重"、"平实"、"明快"、"简约"四个方面对公文语体的表现风格做了概貌性的描写,这四个方面各有侧重,而又是有机地结合在一起的。这四个方面分别表现了公文语言的格调、色彩、情绪和蕴含,但它们之间又相互交叉,相互渗透,形成了公文语体的风格整体、风格系统,使它与其他语体的表现风格得以区别开来。

试论语体中的表现风格(提纲)[①]

一、各语体中表现风格的分布及其表达手段

在各种语体中,文艺语体的表现风格最为丰富,研究成果也最为丰硕。

首先,从风格构成要素来看,从词语、句式、篇章结构到修辞手法甚至标点、图形、符号,都成为构成表现风格的重要手段。

这几方面构成的系统几乎涵盖了文艺语体的每个分支语体。

其次,归纳表现风格的角度,在文艺语体中也是多样化的。如风格类型的归纳,我国古代有两种、四种、八种直至数十种之多,这在其他语体中是没有的。表现风格也用以归纳作家、作品乃至流派群体。"清新庾开府,俊逸鲍参军"、"蓬莱文章建安骨,中间小谢又清发"早已是脍炙人口的论述表现风格的佳句,"元白"、"张王"、"苏辛"等早已是家喻户晓的流派群体。现代的研究,也能说明这个问题。例如:

> 老舍的风格也早已为大家所熟悉。他善于加工人民语言,有鲜明的北京地区的地方色彩;他的文学语言,形象生动,音调铿锵,幽默感是他的特色之一;幽默有各种色调,老舍的,似乎锋利多于蕴藉,有时近于辛辣。沙汀塑造人物和描绘景色,有地方色彩,时亦诙谐成趣,字斟句酌,谨严而含蓄,故多弦外之音,耐人寻味,但有时含

[①] 原载《修辞文汇》,南京:江苏教育出版社,1995年。

蓄过甚,读者猝难理会,正所谓寸有所长,尺有所短。(茅盾《反映社会主义跃进的时代,推动社会主义时代的跃进!》)

这充分说明,不仅文艺语体风格类型千姿百态,文艺语体表现风格的归纳也是多层次、多角度的。

再次是政论语体和科技语体。拿政论语体来说,毛泽东的政论语言把典雅的故实与通俗的口语熔为一炉,长短句式错落有致,利用比喻、设问、排比、对偶、反语等手法增强其生动性和感染力,形成了犀利、明快、通俗、雄健的风格特色。邓拓的政论语言常从典故下笔,但笔调婉转而含蓄,简短的句式却往往意在言外,使人感到言简意赅,朴实平淡。在科技语体中,表现风格的类型化相当明显。但有时也能感受到个人的特殊格调。拿文艺论著来说,茅盾的论文剖析细致而严密,从具体材料入手,在说理中使人感到娓娓动听;何其芳的文章在严谨的逻辑力量中渗透着思辨的色彩,使人感到有一种力透纸背的气势。华罗庚和吕叔湘都以深入浅出见长,华罗庚的文字重在平易典雅,吕叔湘的文字重在活泼自然,如同促膝谈心一样。

比较起来,公文语体的表现风格是较为单一化的。公文语体中似乎只能找到下位语体的风格基调,而很难表现出个人的独特笔触和色彩。

因此,从文艺语体到政论语体、科技语体,再到公文语体,形成一种表现风格的次递下降的直线。

二、各语体中表现风格的特点

通过上面的阐述,我们可以看出,在语体中,表现风格呈现出类型化和层级化的特点。

类型化表现为一种风格的基调,这种基调的形成是由于风格要素构成的特定系统。这个系统中的风格要素,既有语言的,如语音、词汇、句法、篇章等,也有非语言的,如符号、图表、公式等等。这种风格要素的系统相对,从而形成了风格的整体统一性,构成一个和谐而交融的风格类型。

层级化表现为语体、群体和个体的多项层次结构。不同语体的表现风格最为明显。在语体内部,群体风格是一种富有特色的下位格调。在群体中,又会体现出个体的独特色彩来。不同层级,显示出不同风格的个性特质。每一个上位层级与下位层级的关系常常表现为一种共性与个性的统一态势。风格类型的变化,往往就体现为一种共性与个性的不同分蘖和转化。

三、各语体间风格要素的渗入对表现风格的影响

各语体的风格要素有封闭性又具有某种开放性。有了封闭性,语体才能存在;有了开放性,语体才能发展。

不同语体间的风格要素的渗入是经常进行的。但是由于风格要素的渗入而影响到表现风格的变化要经过一个复杂的众多的量的积累过程。在这个复杂的过程中,不可避免地要对不同语体的风格要素的量进行必要的改造,使其从旧质蜕变为新质。

例如,公文语体的风格趋向平易通俗,除了其他的因素外,在词语上吸收别的语体的风格要素并加以改造,是一个重要的原因。它从谈话语体中引进了不少口语词(像"窗口"、"拳头"、"一刀切"、"大锅饭"等),从科技语体中引进了不少科学术语(像"覆盖"、"筛选"、"反馈"、"梯队"等),并加以改造,使其产生了新的义项,成为公文语体的有机成分,促进了公文语体平易通俗风格的形成。

再如,文艺语体的散文体语言,过去虽然也使用名词性非主谓句,但多是个体的单独使用,只有在韵文中才成组地运用。新时期以来,不少小说和散文,吸收了韵文中的这种句式,并加以改造,成组地进入小说和散文,加快了文艺语言的节奏和跳跃性,构成了简洁明快的表现风格的新的质素。

试论汉语的民族风格[1]

在我国,语言风格的研究源远流长。但作为一门科学来系统地进行探讨却是20世纪以后的事情。进入80年代以来,风格学成果迭出,形势喜人。继程祥徽《语言风格初探》(1985年,三联书店香港分店)建立较完整系统的理论体系之后,张德明的《语言风格学》(1989年,东北师范大学出版社)、郑远汉的《言语风格学》(1990年,湖北教育出版社)、黎运汉的《汉语风格探索》(1990年,商务印书馆)等专著相继问世。语言风格研究出现了前所未有的好势头。

比较起来,汉语的民族风格仍然是研究得相当薄弱的领域。具体表现为一少二空。即成果不多,研究虚泛。既缺乏理论深度,又缺乏实例分析,还停留在粗放型的研究阶段。加上操作性不强,其实践价值还没有充分显示出来。这是一块急需精耕细作的土地,需要大批的坚韧不拔的开拓者、耕耘者。笔者愿意加入到这个行列中,以尽绵薄。

关于汉语的民族风格要探讨的问题不少。笔者仅就汉语的民族风格与汉语的民族特点的区别和联系,如何历史地看待汉语言运用中的"欧化句法"现象等,发表自己的看法,以期得到进一步的讨论。

一

在我所看到的阐发汉语民族风格的论文和著作中,有的把汉语的民族特

---

[1] 原载《语言风格论集》,南京:南京大学出版社,1994年。

点等同于汉语的民族风格。他所论述的汉语的民族风格,多是汉语的民族特点。

大家知道,语言风格学是一种记述的科学。虽然它与规范是相互作用、相互转化的,但它毕竟不是以追求规范为目的,而是通过对个性的描写和总结找出各自的特质系统,从而归纳出不同的风格类型来。

风格类型是对全民语言的变异。它是在使用的全民语言中,注入了个性化的因素。换个角度来说,也是个性对全民语言加以变异和加工的结果。因此,研究语言风格,只能从具体的言语作品入手,来分析不同风格的表达手段及其差异,来把握具体的表达形式在风格形成中的作用,从而找出不同的风格个性来。

所以语言风格是言语的而不是语言的。它是在语言运用中形成的。而语言的某种民族特点是在与别的民族语言比较中,静态分析的结果,是规范提炼的结果。例如,汉语在语音上元音占优势、在词汇上双音词占优势、语法上没有严格意义上的形态变化,有着丰富多彩的量词,词类和句法成分没有必然的对当关系等等,这些充其量只能是汉语的某种特点,而不是汉语的民族风格。因为不同民族的语言都有各自的构造特点,我们不能以语言体系的自身构造特点来代替语言的民族风格的分析。

语言风格既然是言语的,它就不可能脱离特定的题旨情境。它必然要受到交际目的、交际对象、交际内容、交际范围的制约,而这些正是非语言的因素(外部因素),这些因素影响到言语形式、言语行为和言语作品的形成。因此,对语言风格的分析必然是动态的分析。应该承认,动态分析并不是语言风格学的"专利",但是语言风格研究,离开了动态分析就寸步难行。我们在进行风格分析时,虽然言语形式是基本的,但却不能忽视影响和制约言语形式的非语言因素(外部因素)。这样,作为某种语言的民族特点,只不过提供了运用的物质条件,它没有也不可能与客观现实取得联系,也就不具备风格分析的另一个必备条件——非语言因素(外部因素)。只有当语言转化为言语,把言语形式(内部因素)和非语言因素(外部因素)结合起来,才能实现对语言风格的分析。

众所周知,语言风格是适应特定的交际目的、对象、内容、场合的需要,运用特定的言语表达形式所形成的特定的言语气势和言语格调。语言风格的基本格调的构成手段,仅从语言因素来看,它包含着话语体系和话语标记等方面。

构成语言风格的话语体系是语言表达形式的各种特质的综合体。这种话语体系与语言体系有着本质的不同。它调动了语言中的形、音、义等要素的积极性,包括文字的、语音的、词汇的、句法的以至篇章组织的,有时还要利用体态语、副语言以及符号、图表等,但是在话语体系中起核心和关键作用的是特定的句法和篇章组织。特定的句法和篇章组织是形成语言风格话语体系的骨架和支点。如果简单地从语言的某种民族特点着眼,找一些诸如汉语是有声调的语言,于是就把平仄看做是汉语的民族风格;或者找几个汉语的成语(如"三顾茅庐"、"四面楚歌"等)就认为找到了汉语的民族风格,这是一种贴标签的做法,并没有真正把握汉语的民族风格的实质。应该说,汉语的民族风格,主要的还是从汉语特定的句法和篇章组织中去发掘和剖析。

语言风格的话语标记,是以它的个体性和复现性为其特征的。它实际上是语言风格的指纹。在语言风格研究中,由于个性特征比较突出,往往成为风格鉴别的重要标志。它的表现形式,有时是单纯的个体复现,有时是稍复杂的板块组合体的回环复沓。这从某些民族风格相当突出的作家语言中可以得到某种验证。例如,在中国新诗的语言中,郭小川和贺敬之都是在民族风格上体现得比较充分的诗人。他们的诗歌中运用了大量的对偶句,形成了他们诗歌语言民族化的形式标记。但他们之间又有所区别。郭小川的诗句,对偶采取长中有短,长短结合,把句中对偶和隔句对偶交错糅合地加以使用。贺敬之的诗句(包括一些"楼梯式"的),对偶是成串的,逐层地向前推进。郭小川的偶句注重横向的铺陈,贺敬之的偶句注重纵向的滚动式的发展。再如赵树理的小说深深扎根于汉民族的语言土壤之中。他在概括人物性格时,往往给人物一个形象鲜明而又充满民族气息的绰号。

总之,不论是语言民族风格的话语体系,还是表现某种风格特质的话语标记,都与语言的民族特点有着明显的区别。

如上所述,语言风格是在言语活动中形成的。言语活动本是一种社会现象,任何言语行为都必须放在一定的语言环境之中。言语行为的环境除了一般所说的交际场合外,还包含了言语行为的背景。背景是一种放大了的语境。它包括了时地背景、社会文化背景、政治经济背景等等,其中都或多或少地体现了一个民族的传统、习惯、道德、心态,蕴含着一个民族的历史的积淀。语言风格的民族、时代或地域的印记,往往是从其背景上得到某种显示或折射的。中国几千年的历史发展,由于政治、经济、文化诸方面的影响,在人们表达思想的方式和手段上,无不打上深深的民族烙印。在各种语体的语言表达上,在各个不同时代的语言表达上,都形成了汉民族的独特的表达习惯和表达方式。例如,1976年清明时的天安门广场的群众运动,在世界各国的历史上也许并非绝无仅有,但是那铺天盖地的反映人民群众心声的诗文,其语言表达方式和表达手段,却是汉民族所特有的。仅从修辞手法来说,比喻、借代、婉曲、双关、镶嵌、析字等都得到了充分利用,把汉民族特有的表达方式发挥得淋漓尽致,而与其他民族的表达习惯有明显的区别。

在人们的言语行为中形成任何言语成品,无不从属于某一种语体。语体正是由于交际目的、场合、对象、内容等的不同而形成的不同的功能变体,是言语活动的直接产物。因此,汉语的民族风格只能存在于不同的语体之中,离开了语体,就无民族风格可言,就不可能进行民族风格的分析和归纳。只有在相同的语体中,才能进行不同语言的民族风格的比较,才可能进行操作性的研究。可见,语言的民族风格不是超语体的、笼罩在一切语体之上的悬空物,而是植根于语体的土壤中的客观存在。否则,不同民族的语言风格就会失去了起码的可比性。把语言的民族风格看做是凌驾于一切语体之上的所谓"系统",就必然造成用语言的民族特点代替语言的民族风格分析的错误。只有把语体分出后,才有可能对民族风格、时代风格、个人风格等进行科学的分析。

在交际活动中,作为表达者与接受者这一对直接关系物,他们之间的种种错综复杂的关系形成了一个网络系统。其立场观点上有异同,社会地位上有尊卑,血缘或感情上有亲疏……这种种关系,不仅影响到表达者与接受者的心境、态度,而且直接影响到语言表达的形式和信息接受的程度。这里不同民族的表达者和接受者,根据历史上长期形成的不同的语言表达习惯和社会文化背景,会选取适合自己民族的语言表达方式和接受方式。随着社会的发展和交往的频繁,这个相当复杂的研究课题,其现实意义将越来越突出。所以,如果简单地用语言的某种民族特点代替对于语言的民族风格诸因素的分析,也是不可能得到科学的结论的。

可见,语言的特点不等于语言运用的特点。语言的民族风格是一个民族在语言运用中所形成的特定的言语气氛和格调。这种特定的言语气氛和格调与语言自身的某种结构上的特点是性质不同的两码事。

二

尽管语言的民族风格与语言的民族特点有着本质的不同,但是不可否认,二者又有着相当密切的关系。语言的民族风格不可能完全脱离语言的民族特点而存在。语言的民族特点为语言的民族风格的形成提供了重要的物质基础和必要条件。这是因为作为语言的民族风格的表达手段和风格要素,有些是从语言的民族特点引发而来的,或者说是运用和生发了语言的某种民族特点的结果。

有一种说法,即语言的民族特点是随时都可以存在,而语言中的风格系统却是语言在历史发展的某一时期分化的结果。这对于某个特定的语言风格系统来说,可能是这样。但对于整个语言的言语变体来说,却未必全是如此。语言和言语是相互依存、相互作用的。语言的出现,反映其功能变体就会随之产生。因为随着交际目的、内容、领域、对象的不同,其表达功能就会随之分化。功能的分化,就会产生风格系统的变异。语言的功能分化是紧紧伴随着交际的变化而出现的。所以,我们不能简单地说,语言特点形成在前,风格体系形成于后。当然,有些风格体系的确是很晚才形成的,但言语活动中的功能分化,甚至在原始人时期就已经出现了。鲁迅在《门外文谈》中所说的"杭育杭育派"的言语作品就属于早期的具有艺术语言风格色彩的语体。

我们说,语言中的民族特点与语言的民族风格有着密切的关系,但并不是说语言中的每一个民族特点都能够发展成语言的民族风格或成为语言的民族风格的有效的表达手段和风格要素。例如,汉语在语法上缺乏严格意义上的形态变化,汉语中实词和句法成分没有必然的对当关系等,在汉语的民族风格中可能就帮不了多少忙。作为民族的语言风格可能是与民族语言的特点相伴产生的。因为民族的语言风格在很大程度上正是运用民族语言的特点的结果。利用民族语言特点所形成的语言运用的手段和方式,正是语言的民族风格的有机组成部分。

汉语是有声调的语言,每个音节都有元音和声调,每个音节大多表达一定的意义。虽然在现代汉语中双音词占优势,但单音词也占了相当的比例。利用这些物质条件来表达思想,就能够形成汉语的特殊言语节奏。轻重音、长短句的交错形成了不同的节律。声韵联绵,平仄相间,使汉语在表达上具有特殊的抑扬曲折的美感。拿散文来说，刘白羽的散文注重辞采，他充分利用双声叠韵和语流片段的节律配合，读起来笔力酣畅，气势恢弘。朱自清的散文也注重辞采，他大量利用叠音和排偶，读起来珠落玉盘，悦耳动听。朱自清的散文如叮咚作响的小溪，刘白羽的散文则像滚滚滔滔的大江。朱自清的散文精雕细刻，如同工笔；刘白羽的散文挥洒自如，好像写意。曹禺和老舍的话剧语言也很注意利用汉语的语音特点，注意语音的锤炼。拿他们后期的剧作来说，曹禺多吸收古典诗歌的韵律，通过整饬的排句，表现豪迈悲壮的格调；老舍多提炼群众口语的精华，利用声调的变化、活泼明快的节奏，表现幽默诙谐的情趣。这些杰出作家的语言功底十分厚实，表达方式各有千秋，但都典型地体现了汉语的民族风格，民族化的气氛相当浓厚，是典型的中国作风和中国气派。

在词语组合方面，汉语的语序相对稳定，形成了具有民族特色的主前谓后；修饰成分在前，中心成分在后的常规格局。反之，则往往认为是一种变异的易位句式，或者认为是不合乎汉语习惯的"欧化句式"。对于那些叠床架屋式的，含有复杂的修饰成分的句子，人们认为不符合汉语的习惯而要求加以调整和改造，把一个长句化为几个短句，使汉族人感到喜闻乐见，容易理解和接受。

这反映了汉民族语言表达上的顺序性和单一性。汉语的话语组合，往往表现为顺序的承接和连贯，话语间的意义表达具有渐进性和层递性，而很少有大跨度的跳跃。一个独立的话语片断往往只有一个话题中心，句子围绕着这个话语中心有规律地组合，很少有旁逸或倒置的现象。

在表达上，汉族人习惯于匀称排偶的句式，中间的小语言片断，常连续插入二二的"四字格"。这不仅与汉语的物质形式有关，而且也与汉民族的均衡对称的传统文化心理相一致。在语言运用时，以整齐为美；即便是错综的句式，往往也能找到整齐的原型和印记。这种整饬的排列，由于节奏的抑扬曲折而不使人感到单调。形体的整齐、音流的和谐，却使人得到一种审美的快感。

这种现象在构建汉语的言语单位——句子时，也得到了充分的体现。那就是句式比较简短，常常在短小的结构组合中蕴含着较丰富的意义内涵。它不习惯于层次繁叠的修饰成分和多项排列的联合成分的组合，纵向的连贯句和横向的排比句是经常见到的表达组合方式。值得注意的是紧缩句、省略句的大量运用,形成了汉语句子运用的一大特色。所以一般说来,相同内容的言语成品,一般说来汉语要比其他语言(如印欧语系中的某种语言)简短得多。

汉语的虚词也是很有特点的。有的连接词语,有的连接句子。有的放在句首,关照小句的关系,有的放在句中用于组合词语,有的放在句末表达特定的语气。汉语的虚词不仅可以表达一定的逻辑关系,表达一定的语法意义,而且对实词组合的语句,可以起到一定的粘合与疏通作用。如果没有虚词,语句将变得板滞,缺乏生气,甚至交际都十分困难。有了虚词,句中和句间的文气就很自然地生成,游荡于语句之间。汉语的关联词语,主要是副词和连词。这些关联词语有些是独立使用,有些是配套呼应。利用它们,可以把小句组合成复句。汉语中的多重复句更是难以离开关联词语。鲁迅的杂文语言,那样曲折含蓄,读起来如九折回肠,摇曳多姿,许多小句之间,仿佛有一股气回荡其间,周密连贯而又丝丝入扣,这与鲁迅出色地使用虚词是分不开的。

三

语言的民族风格,在翻译文字上体现得特别鲜明。大家知道,翻译文字不可避免地会受到原著语言的表达习惯和表达方式的影响,会出现一些与译本语言的表达习惯和表达方式明显不同的成分,但是译本语言毕竟是与原著不同的另一种语言,主要是给不通外国语的本民族的读者看的,所以译本语言就必然要对原著的语言加以转换和改造,而且是以尽量符合本民族的语言习惯、适用本民族的表达方式作为努力目标的。人们比较一下某个言语成品的不同译本的语言,就能够感受到有的佶屈聱牙,难以卒读;有的则朗朗上口,百读不厌。可见,从改进译风来看,我们提倡尽量合乎汉民族的语言风格,不要成为用汉字写的外国话。请看列夫·托尔斯泰《童年、少年、青年》的两种汉译本的两段文字:

(1)虽然从过去几天的准备上我们期望甚么非常的事情,然而这消息给了我们一个可怕的惊震。(高植译,文化生活出版社1944年版,17页)

他由于光辉的地位所得的一般的敬重尚不如由于他的贯彻与

刚毅。他不是有大智慧的人,但由于地位允许他轻视一切空虚的生活忧虑,他的见解是提高的。……(高植译,文化生活出版社 1944年版,87 页)

(2)虽然由于最近几天所做的准备,我们已经料到要发生什么不寻常的事,但是这个消息还是使我们大吃一惊。(谢素台译,人民文学出版社 1984 年版,15 页)

他赢得普遍的尊敬,并不是由于他的显赫地位,而是由于他那始终如一的言行和不屈不挠的精神。他并不太聪明,但是由于他的地位使他能看不起人生的一切虚荣,因而他的思想是崇高的。……(高植译,文化生活出版社 1944 年版,66 页)

撇开内容的准确性不谈,仅就语言表达来说,正确地认识和理解汉语的民族风格,对于改进译风也是大有裨益的。

我们提倡汉语的民族风格,绝不排斥在运用语言时吸收外民族语言中有用的东西。恰恰相反,正是在不断地吸取外民族语言中有用的成分的基础上,汉语的民族风格才得到不断丰富和发展。例如:

(3)有了四千年吃人履历的我,当初虽然不知道,现在明白,难见真的人!(鲁迅《狂人日记》)

(4)然而现在呢,只有寂静和空虚依旧,子君却决不再来了,而且永远,永远地!……(鲁迅《伤逝》)

(5)好学的,爱古物的,人们自然喜欢北平,因为这里书多古物多。(老舍《想北平》)

(6)我的心抖了,我开始诅咒这都市,这污秽无耻的都市,这虎狼在上而豕鹿在下的都市!(茅盾《五月三十日的下午》)

以上四例中,例(3)是代词受复杂定语的修饰;例(4)是状语后置,例(5)是复句中偏句后置,例(6)是名词性词语中插入不同定语的间隔反复。这些句子结构多是"五四"时期受外语影响才产生的现代汉语新兴句式。这种吸收的方式也是不断发展,逐渐优化的。在现代汉语的句子中,修饰成分的复杂化,某些成分的共用,复杂的小句结构,非主谓句的连用等,也是逐渐从外民族语言吸收进来的。这种情况还表现在某些符号、标点的吸收使用上,例如数学符号的嵌入,加括号的问号、叹号的使用,破折号用于各种独立成段的并列项,冒号在标题中的提示作用等。

这些表达方式,经过人们的广泛使用,已经感觉不到外民族语言的气氛和格调,已经逐步汉化,化为汉语的民族风格体系中的血肉了。

"五四"时期出现的"欧化句式",现在相当一部分已感觉不到"欧化"的意味,再用"欧化句式"来指称,甚至加以排斥,显然是不妥当的。不过,今后也还可能产生新的"欧化句式",但那将表现为新的内容和新的形式了。

四

不同的语言风格的话语体系是错综复杂、犬牙交错的,是从不同的层面来研究的。

语言的民族风格往往是从某一语言与其他语言在运用中加以比较,才能总结出它的风格系统来。这就要更多地着眼于某一语言的外部,来探求其运用的特质。正是由于各种语言的基础和构造不同,不同民族的人具有不同的民族传统和民族心态,在语言运用中必然表现出不同的特色,才构成这个民族的语言风格。

其他的风格类型,大都是从某一语言的内部来分析归纳的。例如,不同时代运用语言有着不同的特点,于是就构成了某一语言的时代风格。这是从语言运用的历史层面上进行研究的,这对于了解语言运用方式的发展,乃至把握其他各种风格的演变具有一定的意义。再如,不同的语体也有不同的语体风格。这是从语言运用的功能层面上进行研究的。通过语言运用的种种功能变体,来探讨其不同的风格特色。又如,不同的作家或作品构成了不同的语言风格。而风格同类型的作家,即风格基调相近的作家组成了一定的群体,就构成了一定的流派风格。这是从语言运用者的个体或群体的层面上进行研究的。当然,还可以从不同的地域、职业、年龄、性别和文化程度等层面来研究各自不同的语言风格。

既然语言风格的分类标准不一,各种风格类型分属不同层面,对于这种种风格类型的排列就不能简单化。过去有的把它们看做是并列关系或大小相包的上下位关系都是值得商榷的。

在这种种风格类型中,语体风格是基础和核心。因为语体与其他风格类型的关系最为直接、最为密切。任何言语成品都毫无例外地要隶属于某一语体,任何风格类型都脱离不了语体。只有在统一的语体中才能进行其他风格类型的比校和研究。

如前所述,语言的民族风格往往是在不同民族的语言运用中加以比较进行研究的。世界上的民族语言千姿百态,千差万别,但语体类型却大体相近。诸如公文、文艺、科技、政论、广告等语体,使用不同民族语言的人们几乎都要运用。在不同的民族语言中,相同的语体其话语体系只是大同小异罢了。

所谓"不同语言的民族风格的比较",实际上是相同语体中不同语言的民族风格的比较。说到底,我们所说的语言的民族风格,其实主要的就是某种语体中的语言民族风格。超语体的民族风格是很难归纳出来的。不可能把文艺语体的话语体系和另一语言的科技语体的话语体系相比较。同是公文语体,能够找出汉语和俄语的表达方式的差别;同是文艺语体,能够找出汉语和英语的不同语言格调。不同民族的作家作品也是如此。郭沫若与惠特曼的风格比较,周立波与肖洛霍夫的风格比较,《三言》《二拍》与《十日谈》的风格比较,都是在相同的语体甚至相同的题材中进行的。

可见,语体是个基础,只有在这个基础之上才能建造起多式多样的风格类型的大厦。可见,语体是个核心,其他多种风格类型不可能脱离它而游离运用。

语言的民族风格与时代风格、流派风格、作家风格、作品风格的风格等也不是上下位的关系或一般与个别的关系。由于它们是从不同层面上划分的,因此提取风格要素的条件、方法都不可能一样。那么时代风格、流派风格、作家风格、作品风格等要素并不一定都是语言的民族风格中的要素。因此,我们在研究"五四"时期的语言风格,宋词中苏、辛为代表的豪放派风格,茅盾或巴金的风格,《红楼梦》或《围城》的风格,就没有必要也不可能来论证它们的各自风格系统都是汉语的民族风格。语言的民族风格只能是在同一语体的基础上,不同的民族语言在运用中表现出的差异和特质。

抛开特定的语体来空谈所谓语言的民族风格,就有可能走向以语言的民族特点来代替语言的民族风格的歧途。

在这个认识的基点上,我们认为,分析和归纳汉语的民族风格的话语体系还是很有必要、很有作用的。

首先,把握了汉语的民族风格的体系,有利于汉语的表达运用,特别是有利于汉语言运用中不同语体的规范化。规范化在不同语体中应有不同的要求、不同的标准。有些在语法上也许是合理的,但在表达上可能是完全不符合某一语体的汉语表达习惯和表达方式,是属于语言运用中的病态,是应该加以纠正的。

其次,把握了汉语的民族风格的体系,有利于双语教学,特别是有利于对外汉语教学。同一语体中,风格体系中的语言要素可以进行双语对比,说明不同语言中运用的差异;可以对汉语的某种风格要素从社会文化、民族传统等方面进行分析,不断加深外国学生对汉语的理解,不断提高对外汉语教学的质量。

再次,把握了汉语的民族风格的体系,有助于不断提高翻译语言的质量。一部翻译作品既符合汉语的民族风格又忠实于原著的风格是非常困难的。如果胶着于忠实原著的风格而翻译成"中国字写成的外国话",毫无疑问,这是一种削足适履、本末倒置的做法。既是汉译,就要面对广大的中国读者,不能脱离这个广大的接受面。因此,如何使翻译语言更容易为汉族人民准确地理解,不至于感到费解甚至产生误解,是对翻译工作者提出的基本要求。

最后,把握了汉语的民族风格的体系,有助于开展中外作家作品的比较研究。在对比中,既可以观察分析出各自的语言表达方式的渊源关系,也可以探讨研究各自相异的特质。这里,不管是同一时代的,还是不同时代的,在创作思潮、表达手段等方面都有一个熏陶、影响和借鉴的问题。我们既要看到其渗透乃至继承的脉络,又要看到其不同的民族印记和特质。这样,我们对作家作品的研究就能够不断深化和更加科学。

中国古代语言风格研究的回顾[1]

"风格"一词,据张须师考证,最早出现在晋代葛洪所著的《抱朴子》中。原指人的风度品格,到了梁代刘勰著《文心雕龙》时,才用来指作品和文章。[2]但是,作为风格思想的萌芽,早在先秦典籍中就出现了。例如,《周易·系辞下》就谈到表达事物时,"其旨远,其辞文,其言曲而中,其事肆而隐"。《礼记·乐记》,论述了诗歌风格与诗人、时代的关系。诗人"感于物"产生"哀、乐、喜、怒、敬、爱"的心绪,就创作出具有"噍以杀、啴以缓、发以散、粗以厉、直以廉、和以柔"等不同风格的诗歌来。由于不同时代政治的影响,就产生了三种不同风格的诗歌。"治世之音安以乐"、"乱世之音怨以怒"、"亡国之音哀以思"。《庄子·天下篇》中分析自己的语言风格,运用了"谬悠之说,荒唐之言,无端崖之辞"和"卮言"、"重言"、"寓言"等,构成了"环玮而连犿,参差而諔诡"的语言色调。《韩非子·难言》则阐发了各种风格的长处和不足:

> 臣非非难言也。所以难言者:言顺比滑泽,洋洋纚纚然,则见以为华而不实。敦祗恭厚,鲠固慎完,则见以为拙而不伦。多言繁称,连类比物,则见以为虚而无用。揔微说约,径省而不饰,则见以为刿而不辩。激急亲近,探知人情,则见以为僭而不让。闳大广博,妙远不测,则见以为夸而无用。家计小谈,以具数言,则见以为陋。言而近世,辞不悖逆,则见以为贪生而谀上。言而远俗,诡躁人间,则见以为诞。捷敏辩给,繁于文采,则见以为史。殊释文学,以质性言,则见以为鄙。时称诗书,道法往古,则见以为诵。此臣非之所以难

---

[1] 原载《语言风格论集》,南京:南京大学出版社,1994年。
[2] 张须:《"风格"考原》,载《中国语文》,1961年10、11期。

言而重患也。

我国的语言风格研究可谓源远流长。汉代的刘安、司马迁、扬雄、王充、班固、王逸、蔡邕等对风格均有所论述,主要仍侧重在作家作品的风格,探讨风格与作者的关系、风格与时世的关系等。如:在阐发《诗经》的"温柔敦厚"的"诗教"的基础上,认为《诗经》采用"赋、比、兴"的表现手法,"主文而谲谏"(《毛诗序》),显示出柔婉含蓄的风格。

刘安[1]、司马迁对屈原的作品给予高度的评价,认为《离骚》兼有国风、小雅之长,"其文约,其辞微,其志洁,其行廉,其称文小而其指极大,举类迩而见义远。其志洁,故其称物芳;其行廉,故死而不容自疏。"(《史记·屈原贾生列传》)班固虽不赞成"兼诗风雅",但也认为屈原的作品"弘博丽雅,为辞赋宗,后世莫不斟酌其英华,则象其从容"。(《离骚序》)王逸的《楚辞章句》继承刘安、司马迁的观点,指出"屈原之词,优游婉顺"。除《离骚》外,对《天问》、《九章》、《九歌》等的风格也作了阐述。

汉代辞赋盛行,辞藻雕绘,声文绮靡,所谓"合綦组以成文,列锦绣而为质",形成了以"华丹乱窈窕"、"淫辞湿法度"[2]的趋势。扬雄在《法言·吾子》中提出了"诗人之赋丽以则,辞人之赋丽以淫"的观点。对风格进行比较研究,王充也针锋相对地提出疾虚妄而讲实诚;反对"文辞相袭",要求"美色不同面"、"各以所禀,自为佳好",讲究风格的独创性,反对"深复典雅",而要求"形露易观",主张"文字与言同趋",提倡风格的浅易性。[3]

应用文体,早在《尚书》就有"典、诰、誓、命"等类别。《周礼·大祝》分为"祠、命、诰、会、祷、谏"六辞,并对"铭、诔"有所阐述。《后汉书·周荣传》中,记载了汉安帝时,陈忠论诏令的风格是"言必弘雅,辞必温丽"。汉末的蔡邕在《独断》中把天子令群臣之文,分为策书、制书、诏书、戒书四类,把群臣上天子之文也分为章、奏、表、驳议四类。并对其款式、规格、表达方法、词语选用均做了归纳。这就把文体风格研究引向深入,出现了新的突破。

---

[1] 《汉书·淮南王安传》:"(武帝)使(安)为《离骚传》,旦受诏,日食时上。"此书已亡佚。《史记·屈原贾生列传》曾引用刘安的观点。

[2] "合綦以成文"两句见《西京杂记》卷二,司马相如论赋语。"华丹乱窈窕"两句见扬雄《法言·吾子》。

[3] (汉)王充:《论术·自纪篇》。

如果说汉代的语言风格研究有了一定的发展,那么魏晋南北朝时期的语言风格研究就进入了空前的繁荣期。以曹丕为先导,陆机、挚虞、李充、刘勰、钟嵘、颜之推等如海宁潮一样,形成前呼后拥、涛声阵阵的壮观景象。

曹丕的《典论·论文》是一篇风格专论,阐发了文体风格、作家作品风格以及"气"在风格特征中的作用。晋代陆机的《文赋》,以赋体来论述文体风格和作品风格,比曹丕又进了一大步。挚虞的《文章流别志论》和李克的《翰林论》在文体研究上比较深入,钟嵘的《诗品》在作家风格探讨上形成自己的特色。而语言风格研究的集大成者,当推梁代的刘勰。他的《文心雕龙》的许多篇章,可以说是以前风格研究的科学总结;其涉及面之广,系统性之强,科学性之精,影响力之大,堪称为中国古代风格研究之奠基作。

唐宋以后的文论诗话,虽也出现过群星灿烂的热闹景象,某些方面论述得更加深入细致,甚至有所突破。如王昌龄《诗格》、皎然《诗式》、司空图《二十四诗品》、陈骙《文则》,直到桐城派的"阳刚阴柔"说,但是从整体来看,并没有出现《文心雕龙》那样博大精深的皇皇巨著。

二

大家知道,风格与文体关系十分密切。只有分出不同的文体才能探究其不同的风格。曹丕的《典论·论文》把文体、风格和作者联系起来加以研究,其开创之功,不可磨灭。

> 夫文本同而末异,盖奏议宜雅,书论宜理,铭诔尚实,诗赋欲丽。此四科不同,故能之者偏也;唯通才能备其体。

首先,这里提出文章的共同性和特殊性的问题。文章有其一般性的规则,又有其不同文体的特点。接着分析了八种文体的四种不同的风格。前四种是无韵之文,后四种是有韵之文,这又可看做是两大类。刘勰《文心雕龙·总术》指出:"今之常言,有文有笔,以为无韵者笔也,有韵者文也。夫文以足言,理兼诗书,别目两名,自近代耳。"虽然"文笔"一词,汉代已有,[①]但作为两种文体的区分,则是魏晋以后的事。曹丕对这八类四科的文体风格的概括,

---

① (汉)王充:《论术·超奇篇》。

比较简略,但基本上抓住了其本质特点。对文体的层级性的认识,尚不自觉,在客观上却已显示出来,为刘勰的文体研究,起了先导作用。需要指出的是,作为文体的风格概况,曹丕仍然是个首创。以往论风格重在作家作品,论文体则重在分类型,曹丕则是第一个把文体与风格联系起来加以探讨的。最后,曹丕又结合到作家,认为一般作家多偏于一隅,只有通才才能熟练各种文体。这就把文体、风格和作家结合起来进行研究了。

晋代陆机的《文赋》继承了曹丕的观点并加以发展。将文体分为"诗、赋、碑、诔、铭、箴、颂、论、奏、说"十种,不仅阐发其风格特征,而且分析其表达方式,使文体风格研究趋于细密。①

晋代挚虞的《文章流别集》是从文体角度编选的一部规模宏伟的总集,可惜已亡佚。其残存的《文章流别志论》对颂、赋、诗、七、箴、铭、诔、哀辞、哀策、对问、碑铭等十一种文体的性质、特点、源流演变加以说明,对各文体中的一些作品进行评论褒贬,不乏精当之论。如,论赋体时,反对"假象过大、逸辞过壮、辩言过理、丽靡过美"的流弊,是很正确的。在论诗体时,注意到不同诗体运用于不同场合也是对的。但他认为三言诗,"汉郊庙歌多用之",五言诗,"俳谐倡乐多用之",云云,则是错误的。晋代李充的《翰林论》也是一部已亡佚的以文体分类的总集。现存的《翰林论》残文,对各文体的风格特点加以揭示,并举出作品以为例证。如诗、书、议、赞、表、驳、论、檄等。应用文体占了很大比例。

梁代刘勰继承了前人的传统,把文体研究提高到一个新的阶段。在《文心雕龙》中,他用了很大的篇幅论述了各种文体。

第一,他认识到文体的层级性和关联性,把众多的文体分成不同的层级,区分相近文体的异同,使古代的文体研究上了一个新的台阶。他先把众多的文体分为"文"、"笔"两大块。"文"中有《明诗》、《乐府》、《诠赋》、《颂赞》、《祝盟》、《铭箴》诸篇;介于"文"、"笔"之间的有《诔碑》、《哀吊》、《杂文》、《谐隐》诸篇;"笔"中的有《史传》、《诸子》、《论说》、《诏策》、《檄移》、《封禅》、《章表》、《奏启》、《议对》、《书记》诸篇。相近的文体中有其共同的风格。《定势》篇指出:

是以括囊杂体,功在诠别,宫商朱紫,随势各配。章表奏议,则

---

① (晋)陆机《文赋》:"诗缘情而绮靡,赋体物而浏亮,碑披文以相质,诔缠绵而凄怆,铭博约而温润,箴顿挫而清壮,颂优游以彬蔚,论精微而朗畅,奏平徹以闲雅,说炜晔而谲诳。"

准的乎典雅；赋颂歌诗，则羽仪乎清晨；符檄书移，则楷式于明断；史论序注，则师范于核要；箴铭碑诔，则体制于宏深；连珠七辞，则从事于巧艳，此循体而成势，随变而立功者也。虽复契会相参，节文互杂，譬五色之锦，各以本采为地矣。

这可以看作第二个层级。下面各文体是第三个层级。每一个文体内部，又可分为若干个小类，这就是第四个层级了。如《明诗》除语言形式（四言、五言等）分类外，还包括了离合体、回文体、柏梁体等。《杂文》篇中附列了典、诰、誓、问、览、略、篇、章等十六类。相近的类别间既指出它们之间的联系，也辨析它们之间的区别。如《诔碑》篇："夫属碑之体，资乎史才。其序则传，其文则铭"，"是以勒石赞勋者，入铭之域；树碑述亡者，同诔之区焉"。这里阐明了碑兴史传、铭诔的关系。又如《颂赞》篇："敷写似赋，而不入华侈之区；敬慎如铭，而异乎规戒之域。"这里廓清了颂与赋、铭的界限。不管是从功能上还是从表达形式上进行论述，都反映出刘勰所具有的体系性思想，这在一千四五百年以前出现，的确是难能可贵的。

第二，具体阐述了各文体的源流演变，加以定义，阐释其理论原则，归纳其风格特点，并选文例证，进行评说，形成其完整周密的理论系统。刘勰在《序志》篇中说："若乃论文叙笔，则囿别区分，原始以表末，释名以章义，选文以定篇，敷理以举统，上篇以上，纲领明矣。"如《明诗》篇，先给诗释名解义，接着阐述了诗歌从上古到晋宋时的发展演变，并对一些作家作品加以评论，进而提出了四言雅润、五言清丽的风格特色，并以一些代表性作家为例证。文体各篇大同小异，形成了刘勰文体论的体系框架。

第三，刘勰对于文学作品，注意从内容和形式两方面提出要求，对于应用文体则注意从功能的角度来概括其风格特点。如《诠赋》篇提出了"丽词雅义，符采相胜"的要求，这样"文虽新而有质，色虽糅而有本"，反对"繁华损枝，膏腴害骨，无贵风轨，莫益劝戒"的流弊。又如《议对》篇提出了不仅要注意修养和实践，在表达上"标以显义，约以正辞，文以辨洁为能，不以繁缛为巧；事以明核为美，不以深隐为奇"，反对不达政体去"舞笔弄文，支离构辞，穿凿会巧，空骋其华"。

在具体的文体风格的论述上，今天看来，错误和疏忽之处也还不少，但是从整体来看，从体系本身来看，刘勰在中国古代的文体风格论方面，显然是一座高峰。

稍后的北齐颜之推在《颜氏家训·文章》中论述了各种文体的起源。认为各文体源出"五经"："诏、命、策、檄,生于《书》者也;序、述、论、议,生于《易》者也;歌、咏、赋、颂,生于《诗》者也;祭祀、哀诔生于《礼》者也;书、奏、箴、铭,生于《春秋》者也。"不仅立论有误,仅就体系与刘勰相比,也难以望其项背。

日僧弘法大师的《文镜秘府论》南卷《论体》,可能是抄引隋代刘善经的《四声指归》。颂、论的风格博雅,铭、赞的风格清典,诗、赋的风格绮艳,语、檄的风格宏壮,表、启的风格要约,箴、诔的风格切至。它们的反面是缓、轻、淫、诞、阐、直。要"遵其所宜,防其所失"。这从论述内容和方法上都受了《文心雕龙》的影响。

宋代陈骙《文则》探索了部分文体的来源和风格特点。如：

> 自孔子为《书》作序,文遂有序;自孔子为《易》说卦,文遂有说;自有《曾子问》、《哀公问》之类,文遂有问;自有《考工记》、《学记》之类,文遂有记;自有《经解》、《王言解》之类,文遂有解;自有《辩政》、《辩物》之类,文遂有辩;自有《乐论》、《礼论》之类,文遂有论;自有《大传》、《问传》之类,文遂有传。(甲九条)

还在"壬"部用七条,说明了"箴、赞、铭、歌(谣、讴、诵)、祝、嘏、诔、谥"的来源,"癸"一条说明了"诏、命、诰、章、表"等文体的形成与特点。从《大传》中摘录了八种文体,指出其风格特征,作为楷模。

> 一曰命婉而当,二曰誓谨而严,三曰盟约而信,四曰祷切而悫,五曰谏和而直,六曰让辩而正,七曰书达而法,八曰对美而敏。(辛一条)

这些论述是否妥当尚可研究,其基本方法已多承袭前贤。与他在语法修辞上的杰出贡献相比较,文体论实在是成绩平平。

金元的陈绎曾在《文说》中有《明体法》一节,对二十种文体的风格特点作了概括,但文体间的风格特色的区别性不强,如"典雅"与"典实"、"古雅"、"典重","温润典实"与"典重温雅"、"质实典雅"与"简实方正",均较难把握区分开来。不过,他注意到某些文体须随人变化是值得肯定的。刘祁在《归潜志》中,从文体的风格稳定性和独立性出发,进一步阐发了《文心雕龙·定势》的观点。"文章各有体,本不可相犯欺。故古文不宜蹈袭前人成语,当以奇异自强。四六宜用前人成语,复不宜生涩求异。如散文不宜用诗家语,诗句不宜用散文言。律赋不宜犯散文言,散文不宜犯律赋语,皆判然各异。如杂用之,非惟失体,且梗目难通。"(卷八)

明代吴讷的《文章辨体》和徐师曾的《文体明辨》是我国古代研究文体的专著。吴著分内外集共55卷,将57种文体配以实例,每种之首加以序说,以明体制,并论述各类文体的特点和演变。徐著继承了吴著的优点,在文体搜罗上更为完备,对各体的解说更为详明。该书84卷,论述了127种文体。这两部著作对文体的分类十分详细,尤为重视各类文体的写作特点,详加辨别,并归纳各自的风格色调。如关于古诗和歌行的区别,吴讷说:"歌行则放情长言,古诗则循守法度,故其句语格调亦不能同也。大抵七言古诗贵乎句语浑融,格调苍古,若或穷镂刻以为巧,务喝喊以为豪,或流乎萎弱,或过乎织丽,则失之矣。"徐师曾说:"……然乐府歌行贵抑扬顿挫;古诗则优柔和平,其体自不同也。"他们不仅注重文体间的区别,而且着眼于文体的风格特点和写作方法的把握。如律诗:

> 大抵律诗拘于定体,固弗若古体之高远。然对偶音律,亦文辞之不可废者,故学之者当以于美为宗。其命辞用事、联对声律,须取温厚和平,不知六义之正者为秭式。若换句拗体、粗豪险怪者,斯皆律体之变,非学者所先也。杨仲弘云:"凡作唐律,起处要平直,承处要舂容,转处要变化,结处要阔永,上下要相联,首尾要相应。最忌俗意、俗字、俗语、俗韵,用工二十年,始有所得。"(吴讷)

> 至论其体,则一篇之中,抒情写景,或因情以寓景,或因景以见情。大抵以格调为主,意兴经之,词句纬之,以浑厚为上,雅淡次之,浓艳又次之。若论其难易,则对句易工,结句难工,发句尤难工。(徐师曾)

清代还可以找到一些有关文体风格的论述,但新意不多。略而不引。

综上所述,我国古代的文体风格论有如下几点特色:

第一,重视文体的源流演变,结合具体的作家作品加以考察和引证,具有一种科学的务实学风。

第二,把文体和风格二者结合在一起进行研究,既注意文体间的区别,又注意文体间的联系。

第三,把众多的文体作为一个层级系统来研究,从功能和语言上进行探讨,建立了相当完整的科学体系。

第四,对于众多的文体很少作结构上的剖析,而和写作密切结合,注意表达上的优劣得失。体现着传统的尚用优点。

不容忽视,古代文体风格论也存在着不少缺点和局限。首先,划分文体的标准并不一致,也不一贯。有些并不构成为一种文体(如古诗、歌行与三、五、七言),有些文体分得过于琐细,失之繁杂。其次,对文体风格的总结见仁见智,缺少客观性的标准和尺度;相当多的文体风格区别性特征不明晰,不仅难以把握,而且失之空泛,科学性不强。这可能正是由于缺乏结构上的剖析所带来的一个必然后果。

三

我国古代的风格理论不仅认识到与文体的密切关系,而且观察了不同时代的风格差异。时代对于风格的形成起了巨大的作用。

不同时代之所以产生不同的语言风格,首先是受到政治的制约。《礼记·乐记》就指出了"声音之道与政通"的道理,从而出现"治世之音安以乐"、"乱世之音怨以怒"、"亡国之音哀以思"的现象。刘勰在《文心雕龙·时序》篇中也说,尧舜时代"德盛化钧"、"政阜民暇",那时出现的言语作品就"心乐而声泰"。由于政治情况的变化,周朝前期和后期的风格大不一样:"逮姬文之德盛,《周南》勤而不怨;大王之化淳,《邠风》乐而不淫。幽、厉昏而《板》、《荡》怒,平王微而《黍离》哀。故知歌谣文理,与世推移;风动于上,而波震于下也。"这种思想具有深远的影响。明代屠隆论及唐代诗歌时也说:"初唐之政善,其风靡,诗葩而含;盛唐之政治,其风畅,诗蔚而藻;中唐之政衰,其风降,诗惋而弱;晚唐之政乱,其风敝,诗讽而悲。"(《栖真馆集》卷十)明末清初的思想家黄宗羲处于民族压迫的深重时期,带着国破家亡之痛,称其弟黄宗畲的文章"盖天地之阳气也。阳气在下,重阴锢之,则击而为雷"(《缩斋文集序》)。反映了政治形势对文章风格的影响。

其次,思想文化思潮也会对时代风格的形成起制约作用。晋代玄学盛行,南朝宋檀道鸾《续晋阳秋》说:"正始中,王弼、何晏好庄老玄胜之谈而世遂贵焉。至过江,佛理尤盛,故郭璞五言始会合道家之言而韵之。询及太原孙绰,转相祖尚,又加以三世之辞,而诗骚之体尽矣。"刘勰《文心雕龙·明诗》认为,"江左篇制,溺乎玄风,嗤笑徇务之志,崇盛忘机之谈",于是"微言精理,函满玄席,淡思浓采,时洒文囿。……自中朝贵玄,江左称盛,因谈余气,流成文体。是以世极迍邅,而辞意夷泰;诗必柱下之旨归,赋乃漆园之义疏"(《时序》)。沈约《宋书·谢灵运传论》也指出:"有晋中兴,玄风独振,为学穷于柱下,博物止乎七篇,驰骋文辞,义殚乎此。自建武及乎义熙,历载将百,虽缀响联辞,波属云委,莫不寄言上德,托意言珠。道丽之辞,无闻焉尔。"钟嵘的《诗品序》也批评这种思潮给风格造成的后果,"永嘉时,贵黄老,稍尚虚谈。于时篇什,理过其辞,淡乎寡味。爰及江表,微波尚传。孙绰、许询、桓、庾诸公诗,皆平典似《道德论》,建安风力尽矣"。

再次,时代风格的形成必须有一些代表这种风格的作者群体。刘勰在《文心雕龙·明诗》指出:"暨建安之初,五言腾踊,文帝、陈思,纵辔以骋节;王、徐、应、刘,望路而争驱;并怜风月,狎池苑,述恩荣,叙酣宴,慷慨以任气,磊落以使才;造怀指事,不求纤密之巧;驱辞逐貌,唯取昭晰之能:此其所同也。"没有曹氏父子和建安七子所组成的风格相同的创作群体,就不可能有建安风骨。

又次,时代风格的形成也与语言和语言的运用有密切的关系。唐代刘知几通过一些作品的语言比较,看出不同时代的风格差异:"夫上古之世,人惟朴略,言语难晓,训释方通。是以寻理则事简而意深,考文则词难而义释。"、"周监于二代,郁郁乎文。大夫行人,尤重词命。语微婉而多切,言流靡而不淫。"、"战国虎争,驰说云涌。人持《弄丸》之辩,家挟《飞钳》之术,剧谈者以谲诳为宗,利口者以寓言为主。"(《史通·言语》)明代李东阳在《怀麓堂诗话》中讲了一则故事,反映了语言与时代风格的关系。

> 费侍郎廷言尝问作诗,予曰:"试取所未见诗,即能识其时代格调,十不失一,乃为有得。"费殊不信。一日,与乔编修维翰观新颁中秘书,予适至,费即掩卷问曰:"请问此何代诗也?"予取读一篇,辄曰:"唐诗也。"又问:"何人?"予曰:"须看两首。"看毕曰:"非白乐天乎?"于是二人大笑。启卷视之,盖《长庆集》,印本不传久矣。

从以上所述可以看出,时代风格的形成有两方面的因素,一是环境的因素,如政治、思想、文化等;一是语言和表达形式的因素。刘勰在《时序》篇所说的"故知文变染乎世情,兴废系乎时序,原始以要终,虽百世可知也",是很正确的。当然,时代风格最终还是落实在语言和表达形式上。宋朝严羽所说的"大历以前分明别是一副言语,晚唐分明别是一副言语,本朝诸公分明别是一副言语"①,正是从言语上反映了不同的时代的风格的。

时代风格也是不断变化的。作家应该做到"会通"、"适变"(见《文心雕龙·通变》),不能保守于一隅,而要适时新变。萧子显在《南齐书·文学传论》中提出:"习玩为理,事文则渎,在乎文章,弥患凡旧,若无新变,不能代雄。"只有不断变化,才能新陈代谢,不断发展,才能破旧立新,逐渐完善。明代袁宏道曾加以总结:"矫六朝骈丽钉饾之习者,以流丽胜,钉饾者,固流丽之因也,然其过在轻纤。盛唐诸人以阔大矫之,又因阔而生莽,是故续盛唐者,以情实矫之。已实矣,又因实而生俚。是故续中唐者,以奇僻矫之。然奇则其境必狭,而僻则务为不根以相胜,故诗之道,至晚唐而益小。有宋欧、苏辈出,大变晚习,于物无所不收,于法无所不依,于情无所不畅,于境无所不取,滔滔莽莽,有若江河。今之人徒见宋之不唐法,而不知宋因唐而有法者也。"②时代风格就是在不断克服自身的缺点和不足中,得到发展和进步的。

四

我国古代首先论述作家风格的当推曹丕。他在《典论·论文》中指出:"徐干时有齐气","应玚和而不壮,刘桢壮而不密,孔融体气高妙,有过人者"。但他认为作家风格的形成在于"气"的不同,在于作家个性的差异。这种差异是天赋的,"不可力强而致","虽在父兄,不能以移子弟"。这当然是错误的。刘勰也认为作家风格与个性有密切的关系:"是以贾生俊发,故文洁而体清;长卿傲诞,故理侈而辞溢;子云沈寂,故志隐而味深;子政简易,故趣昭而事博;孟坚雅懿,故裁密而思靡;平子淹通,故虑周而藻密;仲宣躁竞,故颖出而才果;公干气褊,故言壮而情骇;嗣宗俶傥,故响逸而调远;叔夜俊侠,故兴高而采烈;安仁轻敏,故锋发而韵流;士衡矜重,故情繁而辞隐;触类以推,表里必符。岂非自然之恒资,才气之大略哉!"③但是刘勰在论述作家风格的形成原因时,除了前面谈到的

---

① (宋)严羽:《沧浪诗话》。
② 《袁中郎全集》卷一。
③ 《文心雕龙·体性》。

文体和时代的影响外,全面地归结为作家的才、气、学、习。

> 然才有庸俊,气有刚柔,学有浅深,习有雅郑,并情性所铄,陶染所凝,是以笔区云谲,文苑波诡者矣。(《文心雕龙·体性》)

才气是"情性所铄",学习是"陶染所凝",既有先天的禀赋,又有后天的陶冶。在刘勰看来,后天的陶冶是更为重要的。所以他说"八体屡迁,功以学成"、"才有天资,学慎始习",要"摹体以定习,因性以练才"。这就比曹丕科学而全面了。刘勰的思想对后世的风格研究影响很大。

唐代大诗人杜甫就强调古今并蓄,"转益多师"(见《戏为六绝句》)。宋代苏辙不同意曹丕对"气"的观点,吸收孟子的学说,认为养气和实践("周览四海名山大川,与燕赵间豪俊交游"①)对于风格的形成至关重要。陆游也认为生活阅历与风格密切相关。同样写故园月,岑参在安西幕府,则是"那知故园月,也到铁关西"。韦苏州作郡时则是"宁知故园月,今夕在西楼"。"语意悉同,而豪迈闲适之趣,居然自异"。(《老学庵笔记》卷三)学习与继承前辈艺术大师对于风格的形成也很有作用。当然,由于各人的个性、学养、气质等方面的差异,即使学习同一个艺术大师,其风格也必然千姿百态,各不相同。元代方回《瀛奎律髓》谈到宋诗人黄庭坚、陈师道学杜诗,之后"恢张悲壮者陈简斋也;流动圆活者吕居仁也;清劲洁雅者曾茶山也"。清代沈德潜在《说诗晬语》谈到唐诗人学陶诗,"王右丞有其清腴,孟山人有其闲远,储太祝有其朴实,韦左司有其冲和,柳仪曹有其峻洁,皆学焉而得其性之所近"。

在学习、继承中,古之风格论者相当注重得古今之体势,集众家之长。这是形成内身独特风格的一个重要经验。元稹论述杜甫是"上薄风骚,下该沈、宋,古傍苏、李,气夺曹、刘,掩颜、谢之孤高,杂徐、庾之流丽,尽得古今之体势,而兼人人之所独专矣"(《唐故工部员外郎杜君墓系铭序》)。秦观也是这样来评价杜甫的诗歌风格的形成原因的:"杜子美之于诗,实积众家之长,适当其时而已。昔苏武李陵之诗,长于高妙;曹植刘公干之诗,长于豪逸;陶潜阮籍之诗,长于冲澹;谢灵运鲍照之诗,长于峻洁;徐陵庾信之诗,长于藻丽。于是杜子美者,穷高妙之格,极豪逸之气,包冲澹之趣,兼峻洁之姿,备藻丽之态,而诸家之作,所不及焉。然不集诸家之长,杜氏亦不能独至于斯也。"(《韩愈论》)

---

① (宋)苏辙:《上枢密韩太尉书》。

一个高明的作家必然要集采众家之长,加以消化吸收,提炼出自己独特的风格来。同样,一个高明的作家也并不总是一种色调,他的风格会不断变化,会有多副笔墨。宋代朱熹说:"渊明诗人皆说是平淡,据某看他自豪放,但豪放得来不自觉耳。其露出本相者是《咏荆轲》一篇,平淡底人如何说得这样言语出来?""李太白诗不专是豪放,亦是雍容和缓底,如首篇'大雅久不作',多少和缓。"(《朱子语类·论文》)作家的风格变化情况相当复杂,生活境遇、表达场合、创作题材的变化都可能引起风格的变化。清代袁枚在《随园诗话》中认为:"须知王、孟清幽,岂可施诸边塞? 杜、韩排奡,未便播之管弦。沈、宋庄重,到山野则俗;卢仝险怪,登庙堂则野。韦、柳俊逸,不宜长篇;苏、黄瘦硬,短于言情。悱恻芬芳,非温、李、冬郎不可;属词比事,非元、白、梅村不可。"

中国古代作家风格研究,在方法上也很值得注意。首先是比较法。梁代钟嵘的《诗品》评述了从汉魏到齐梁的122位诗人。通过比较探求其渊源关系,分析其风格特点,判别其优劣得失。如评述陆机:"其源出于陈思。才高词赡,举体华美。气少于公干,文劣于仲宣。尚规矩,不贵绮错,有伤直致之奇。然其咀嚼英华,厌飫膏泽,文章之渊泉也。张公欢其大才,信矣!"这里把陆机和曹植、刘桢、王粲作了比较,指出继承曹植,在风格上与刘桢、王粲有区别。再如评述左思时,通过比较认为,其与刘桢有渊源关系。"文典以怨,颇为精切,得讽谕之致"是左思的风格特点。指出左思"野于陆机,而深于潘岳"。他把122位诗人分别列入上中下三品,虽然这种划分未必恰当,但显然是采用比较法分析的结果。这种方法对后世影响很大。宋代苏洵在《上欧阳内翰第一书》中论述欧阳修的风格,用孟子、韩愈、李翱、陆贽的风格来比较,以显示欧阳修的风格特色。王楙在《野客丛书》中引用《南史》、《世说新语》的话:"颜延年问鲍照,己与谢灵运优劣。照曰:谢五言如初发芙蓉,自然可爱。君诗若铺锦列绣,亦雕缋满眼。"在鲍照看来,"出水芙蓉"的自然胜过"铺锦列绣"的雕琢。值得注意的是,在比较风格中,把音韵、词句、修辞手法、篇章组织都进行了全面对比。

> 昌黎好用险韵,以尽其锻炼;东坡则不择韵,而但抒其意之所欲言。放翁古诗好用俪句,以炫其绚烂;东坡则行墨间多单行,而不屑于对属。且昌黎、放翁多从正面铺张;而东坡则反面、旁面,左萦右拂不专以铺叙见长。昌黎、放翁使典亦多正用;而东坡驱使书卷入

议论中,穿穴翻簸,无一板用者。此数处,似东坡较优。然雄厚不如昌黎,而稍觉轻浅;整丽不如放翁,而稍觉率略。此固才分各有不同,不能兼长也。(赵翼《瓯北诗话》卷五)

在比较中,往往从作者的观点出发,分出风格的优劣来。金代元好问的《论诗三十首》中写道:

有情芍药含春泪,无力蔷薇卧晚枝。拈出退之《山石》句,始知渠是女郎诗。

这里把秦观的《春雨》诗和韩愈的《山石》诗加以比较,褒韩愈而贬秦观。这个评价,遭到不少人的驳斥和指责。袁枚认为:"芍药蔷薇原近女郎,不近山石,二者不可相提而并论。诗题各有境界,各有宜称。杜少陵诗,光焰万丈,然而,'香雾云鬟湿,清辉玉臂寒','分飞蛱蝶原相逐,并蒂芙蓉本是孪',韩退之诗横空盘硬语,然'银烛未消窗送曙,金钗半醉坐添春,'又何尝不是女郎诗耶?"(《随园诗话》卷五)可见,风格与内容题材有密切的关系。

第二,用形象比喻法。古代所常用的"豪放"、"俊逸"等术语比较抽象空灵,为了便于理解,古人就借助于形象,采用比喻的方法。清代毛先舒《诗辩坻》说:

阮嗣宗《咏怀》,如浮云冲飚,碕岸荡波,舒憾倏忽,渺无恒度。曹孟德如宛马骋健,扬沙朔风。子桓风流绮靡,如合德新妆,不作妖丽,自然荡目。子建嵯峨跌宕,思挟气生,如高山出云,大海扬波,虽极惊奇,不轻露其变态也。

用比喻来说明观点,形象具体又含义丰富。赵翼《瓯北诗话》也说:"李诗如高云之游空,杜诗如乔岳之矗天,苏诗如流水之行地。"

第三,标记法。我国古代研究作家风格,很注意寻找作家的风格标记。标记容易显示作家特殊的风格基调,容易唤起读者特殊的风格感受。宋代孙奕在《履斋示儿编》统计了杜甫常用的有"受"、"自"、"不肯"、"过"、"破"、"一"、"信"、"生"、"觉"等字,认为杜甫"吐辞不凡,空出尘表",所以"凡此不厌其数用也"。洪迈也说杜甫"所用'受''觉'二字皆绝奇"。(《容斋四笔·杜诗用"受"、"觉"二字》)龚颐正在《芥隐笔记》中对杜甫、白居易诗常用词语作了比较:"诗中有用'而今''匹如''些些''耳冷''妒他''欺我''生憎''勿留''赢重''温暾',皆乐天语。'相欺''有底''也自''也知''差底''斩新''遮莫',皆老杜诗。"宋代陈师道《后山诗话》评价张先的词说:"尚书郎张先善著词,有云:'云破月来花弄影''帘幕卷花影''堕轻絮无影',世称诵之,号'张三影'。"其实张先的词用"影"字工巧的远不止这三处,清代朱彝尊在《静志居诗话》中称"无数杨花过无影"在"三影"之上。黄蓼园《蓼园词选》称"隔墙送过秋千影"为"描神之笔"。

除词外,还有特定的句法标记。宋代孙奕认为:"诗中倒用字,独昌黎为多。"(《履斋示儿编·诗说》)吕本中在《童蒙诗训》中说:"前人文章各有一种句法。如老杜'今君起拖春江流,予亦江边具小舟''同心不减骨肉亲,每语见许文章伯',如此之类,老杜句法也。东坡'秋水今几竿'之类,自是东坡句法。鲁直'夏扇日在摇,行乐亦云聊',此鲁直句法也。"有关词句标记法的论述繁多,略举数例,以见一斑。

五

我国古代的风格理论,在风格类型的划分上主要依赖其表现方法上的不同。这种以表现方法划分的风格类型,我国古代常以"体"、"味"、"格"、"趣向"、"风骨格力"等术语来表示。

刘勰《文心雕龙·体性》是从风格的对立统一的角度来论述八种风格的。

> 若总其归途,则数穷八体:一曰典雅,二曰远奥,三曰精约,四曰显附,五曰繁缛,六曰壮丽,七曰新奇,八曰轻靡。典雅者,熔式经诰,方轨儒门者也;远奥者,馥采典文,经理玄宗者也;精约者,核字省句,剖析毫厘者也;显附者,辞直义畅,切理厌心者也;繁缛者,博喻酿采,炜烨枝派者也;壮丽者,高论宏裁,卓烁异采者也;新奇者,摈古竞今,危侧趣诡者也;轻靡者,浮文弱植,缥缈附俗者也。故雅与奇反,奥与显殊,繁与约舛,壮与轻乖,文辞根叶,苑囿其中矣。

这八种构成对立的四对。刘勰认为:"八体虽殊,会通合数,得其环中,则辐辏相成。"要善于会通各体,才能左右逢源,运用自如。所以他在《定势》篇中提出要"并总群势"、"兼解以俱通"、"随时而适用"。注意风格的相对性是我国的一个传统。陆机在《文赋》中也把风格分成相对的两对。"故夫夺目者尚奢,惬心者贵当。言穷者无隘,论违者唯旷。"到了清代桐城文派提出的"阳刚阴柔说",正是这种相对性的进一步总结和发展。姚鼐在《复鲁絜非书》和《海愚诗钞序》中,集中阐发了"阳刚阴柔说"。既论述了阳刚阴柔形成的原因、各自的特点,也谈到了二者的结合与兼具。比较起来,作者更推崇阳刚:"文之雄伟而劲直者,必贵于温深而徐婉。"

因此,在分析总结作品的风格时,要看到风格有消极的一面,要注意防止。刘勰在《文心雕龙·总术》篇说:"精者要约,匿者亦鲜;博者该赡,芜者亦繁;辩者昭晰,浅者亦露;奥者复隐,诡者亦曲",要克服这些缺陷,就要靠"风骨"。刘勰在《风骨》篇说:"故辞之待骨,如体之树骸,情之含风,犹形之包气。结言端直,则文骨成焉;意气骏爽,则文风生焉。"所以"练于骨者,析辞必精;深乎风者,述情必显"。假若"丰藻克赡,风骨不飞",那么必然"振采失鲜,负声无力"。

我国古代风格理论谈到风格的对立性时,比较全面周密,绝不是孤立、静止、就事论事地去分析,这是我国风格研究的优良传统和独到之处。唐代刘知几在《史通》一书中论述了风格的繁丰与简约。"然章句之言,有显有晦。显也者,繁词缛说,理尽于篇中;晦也者,省字约文,事溢于句外"。他在分析质实的作用时,反对"繁华而失实,流宕而忘返"。李白一面认为"绮丽不足珍",不满于"雕虫丧天真",一面称颂"天然去雕饰",要"辞欲壮丽,义归博达"。仅以"平淡"来说,古人并不只满足于字面的平易浅显,而是要求词语的"圆熟"(梅尧臣①)耐人寻味(胡仔:"须细味之,方见其用意也。"②)。所以清代魏禧说:"为儒者之文,当先去其七弊:可深朴而不可晦重;可详复而不可烦碎;可宽博而不可泛衍;可正大而不可方堵;可和柔而不可靡弱;语可以不惊人而不可袭古圣贤之常言;其旨可原本先圣先儒,而不可摇笔伸纸辄以圣人大儒为发语之端。"(《甘健斋轴园稿序》)

刘勰的《文心雕龙·体性》篇论述的四组八体,显示了风格的多样化特点。其实,东汉王充就提出了"美色不同面,皆佳于目;悲音不共声,皆快了耳"③的观点。晋代葛洪在《抱朴子》中谈到文章主体"以入耳为佳,适心为快",反对"爱同憎异"的狭隘观念。唐代李峤在《评诗格》中论述了"质气、直

---

① (宋)梅尧臣:《依韵和晏相公》:"因吟适情性,稍欲到平淡。苦辞未圆熟,刺口剧菱芡。"
② (宋)胡仔:《苕溪渔隐丛话》后集二十四。
③ (汉)王充:《论衡·自纪篇》。

置、雕藻、婉转、情切"等风格类型。王昌龄在《诗格》中提出诗有五趣向,包括"高格、古雅、闲逸、幽深"等风格类型。皎然在《诗式》中"辨体有十九字",提出了十九种风格。《文镜秘府论》根据"凡制作之士,祖述多门,人心不同,文体各异"的观点,论述了"博雅、清典、绮艳、宏壮、要约、切至"等六种风格。最深入细致探讨诗歌风格的是唐空图空的《二十四诗品》,这本书分析了二十四种诗歌风格,采取了形象化的表达方法,不主一格,提倡风格的多样化。

由于种种原因,会形成风格类型上的差异性。首先是语境的影响。明代徐祯卿在《谈艺录》中说:"郊庙之词庄以严,戎兵之词壮以肃,朝会之词大以雕,公讌之词乐而则。"清代汪琬也说台阁之诗是"铺扬德伐,磊落而华赡"、"从容翱翔,泽于大雅";山林之诗是"徘徊景光,雕琢而纤巧"、"悲呼愤慨,邻于怨诽"。(《张青琱诗集序》)

第二,是行业身份的影响。徐祯卿说:"故宗工钜匠,词淳气平;豪贤硕侠,辞雄气武;迁臣孽子,辞厉气促;逸民遗老,辞玄气沉;贤良文学,辞雅气俊;辅臣弼士,辞尊气严;阉童壸女,辞弱气柔;媚夫幸士,辞靡气荡;荒才娇丽,辞淫气伤。"(《谈艺录》)

第三,不同地域的影响。地域不同也会形成不同的风格。唐代魏徵认为:"江左宫商发越,贵于消绮;河朔词义贞刚,重乎气质。气质则理胜其词;清猗则文过其意。理深者便于时用,文华者宜于咏歌。此其南北词人得失之大较也。"(《隋书文学传序》)明代李东阳指出:"今之歌诗者,只声调有轻重清浊长短高下缓急之异,听之者不问而知其为吴为越也。"(《怀麓堂诗话》)王骥德在《曲律》中引用了大量的有关南北曲风格的论述材料:如胡翰所谓"南音多艳曲,北俗杂胡戎";康德涵所谓"南词主激越,其变也为流丽;北曲主慷慨,其变也为朴实";王元美(世贞)所谓"北主劲切雄丽,南主清峭柔远",等等。他也认为:"北之沉雄,南之柔婉,可尽地而知也。"(《曲律·杂论第三十九上》)

六

综上所述,可以看出我国的风格研究历史悠久,源远流长。早在先秦典籍中就有了风格的论述,这可以看做是风格学的萌芽。魏晋以后得到长足的发展,至刘勰的《文心雕龙》已形成较为系统的风格理论。并先后出现了诸如挚虞《文章流别论》、李充《翰林论》、钟嵘《诗品》等重要著作,标志着风格研究进入了一个新的境界。以后如皎然《诗式》、司空图《二十四诗品》、吴讷《文章辨体》、徐师曾《文体明辨》等一系列专著的出现,进一步丰富了我国的风格学研究的文库。与世界各国比较,我国的风格研究发端较早,成就也相当突出。特别是刘勰的风格思想已经达到相当成熟的水平,不仅是我国古代风格学的一座高峰,说他居于当时世界的前沿,是毫不过分的。

　　我国古代的风格研究涉及面之广,也是令人自豪的。它涉及一般的风格论,以及文体风格、时代风格、作家风格、地域风格等众多的领域和某一风格的不同层级,这在当时的世界历史上也是罕见的。它不仅产生了自己的富有民族特点的一些术语,而且有了自己的一套研究方法。这也是相当难能可贵的。在风格的形成和发展的研究上,在风格的多角度、多层面的研究上,在风格的扬长避短、倡优防劣上,在风格的对比研究和表述上,达到了相当高的水平,显示了汉民族自身的突出特点。

　　但是,也应该看到我国古代的风格研究,一直没有取得独立的地位。它一直和语文学结合在一起,寄身于别人的门下,度过了一两千年的漫长岁月。我国历史上不少典籍都是不同学科混合在一起形成的共生形式。就是刘勰的《文心雕龙》也不是一部纯然的修辞学或文学理论的著作,其他的诗文评也多是如此。因此,风格研究的成果就必然是零珠碎玉,要整理这部分遗产,就需要披沙拣金,寻觅瑰宝。

　　从研究的方法和研究深度、广度来看,我国古代的风格研究,长期处于风格感受的描写上。虽然用了一些形象化的描写方式,但仍然显得比较单一和空泛,主观色彩较浓,随意性较大。虽然也去注意寻找和发现某种风格标记,但是缺乏对风格体系内部的成分剖析,因而就失去了客观的评判标准。这就使得我国古代的风格研究难以在深度和广度上有新的突破,难以形成自身的科学体系。千百年来,不管是文体风格、时代风格,还是作家风格等,都是千篇一律地用"豪放、繁缛、平淡"之类的字眼来表述,怎么可能企望风格理论取得一个质的飞跃呢?

　　这当然有着多方面的原因。政治上长期科举取士造成了长期的"语"、"文"不分家;教育上的重"悟性",诸如"读书千遍,其义自见"、"熟读唐诗三百首,不会吟诗也会吟"等,都是把着重点放在自我感受和领悟上,而不是孜孜不倦地进行客观现象的剖析和探求;另外,科学的发展是相互影响、相互促进的,语言学的缓慢发展,文艺学的缓慢发展,也不能不制约着风格的理论研究,风格研究自身的本钱不多,又不能到其他学科的武库中借来锐利的武器,它怎么可能得到独立和迅猛的发展呢?

尽管如此,我国古代的风格研究对后世仍然产生了积极的影响。我国现代的修辞学、风格学、文艺学几乎都要从中吸取营养,借鉴方法。

修辞学著作从1905年龙伯纯和汤振常算起也有数十种,他们所写的文体或风格部分都从古代吸取了营养。陈望道的《修辞学发凡》是我国现代修辞学的奠基之作,其中论文体或辞体部分,八类中就有四类是吸取《文心雕龙》、《沧浪诗话》的分类方式。张瓌一的《修辞概要》风格部分论述了"简洁"和"细致"、"明快"和"含蓄"、"平实"和"藻丽"三组六种,从中不难看出《文心雕龙·体性》篇的影响。80年代以来的几本修辞学代表作,如王希杰的《汉语修辞学》(1983年),宗廷虎、邓明以、李熙宗、李金苓的《修辞新论》(1988年),王德春、陈晨的《现代修辞学》(1989年),其风格部分都或多或少地借鉴了我国古代的风格研究成果。

风格学著作更是如此。程祥徽的《语言风格初探》(1985年)设有"传统文体论检讨"一节,张德明的《语言风格学》(1989年)、郑远汉的《言语风格学》(1990年)、黎运汉的《汉语风格探索》(1990年),评介和借鉴我国古代风格理论的篇幅更大了。张著和黎著还用专门章节撰写了我国风格研究的历史或讨论的概况。

文艺学的研究对我国古代风格理论的热情十分高涨。远的不去说,仅从近十年来的几个例子就足以说明我国古代风格理论的重大影响了。一是成立了古代文艺理论研究的学术组织,特别是成立了全国性的《文心雕龙》学会。二是连续出版了《古代文学理论研究》、《文心雕龙学刊》等大型学术丛刊。三是《中国文学理论史》之类的研究性著作,历代文论的专书和诗话、词话的整理注释大量出版。各报刊发表的数以百计的研究论文也是引人注目的。这一切都说明了继承和发展我国古代风格理论,不仅迫切和必要,而且已经成为今天活生生的现实。

回顾历史,把握现在,目的是为了创造更辉煌的未来。让我们携起手来,群策群力,完成这项庄严而宏伟的历史使命。

论 风 格[①]

一、风格概述

(一)风格的含义

1. 风格和语体、文风

(1)风格和语体。风格和语体是两个不同的概念。本来是有着明显的区别的,但是现代修辞学引进西方的语言学理论,特别是50年代以后,这两个术语,时分时合,搞得相当混乱。英语的 stylistics 既可以指风格学,也可以指语体学、文体学或修辞学。因此,有人冠之以风格学,实际论述的是语体学,有的谈的是文体学,有的则指的是修辞学。这不仅出现在翻译上,而且也反映在我们的研究成果中。

如前所述,语体是适应不同的交际目的、对象、内容、领域的需要所形成的语言运用的体系,是运用全民语言材料所形成的语言功能变体。而风格指的是语言表达上特有的格调和气派。当然,这种格调和气派也具有特定的体系性,但它跟语体系统是两码事。

语体系统表现为不同类的平行排列和同一类中的层级组合;语体间的交叉融合则是长时间演变的结果。风格系统则表现为不同类的交叉发展和同一类中的特质变异;风格间的交叉更迭则是随时出现的。

由于风格和语体都存在于言语作品之中,因而不同的语体往往显示其不

[①] 原载《大学修辞》,上海:上海教育出版社,1994年。

同的语言风格。例如公文语体与政论语体显示出的语言风格是不同的。公文语体在庄重严肃之中,不去渲染其感情色彩;政论语体在庄重严肃之中,则要求渲染感情色彩以强化其鼓动性。但是,同一种语体内部,仍然有不同的风格。例如政论语体中,毛泽东、周恩来、邓小平的语言风格是不同的;文艺语体中,鲁迅、茅盾、赵树理的风格也是不同的。

众所周知,任何言语成品都毫无例外地从属于某一语体,但是并不是任何言语成品都能显示其独特的风格的。例如公文语体与其他语体的风格差异比较明显,但公文语体内部的言语作品是很难找到它的独特的语言风格的。像法规、通知、请示、命令,起草者盈千累万,却很难找到甲法规与乙法规之间的风格差异。非个人性正是公文语体的一项基本性质。不仅如此,即使在极易显示个人风格的文艺语体,也不是任何一部作品都能显示其独特风格。一般认为,独特的语言风格正是语言运用成熟化的标志。就是一些风格独特的作家,也不是任何一部作品都能体现其风格基调的,有些作品则像脱离轨道的流星,游离于作家的基调之外,转瞬即逝,成为作家风格成长中的游离体或排泄物。

语体与风格又有着十分密切的关系。风格要以语体为基础,脱离了语体,风格则无所依附;语体要为风格提供必要的条件,语体中的各种要素的有机组合,对于风格的格调和气派的体现是至关重要,必不可少的。

(2)风格和文风。文风与风格的关系相当密切,它往往反映了风格的某一个切面。

文风是指在特定时代形成的具有社会倾向的集团的文章作风。书面形式是文风赖以存在的重要的物质载体。文风是一定的思想作风在语言运用中的反映。时代性、集团性和社会倾向性制约着文风的存在和发展。因此,它往往和民族风格、时代风格交织在一起,具有强烈的社会风尚和集团作风的特点。它是从一定时代的社会集团的切面上体现其文章作风的。

既然文风打上了时代、习尚和集团的烙印,这就必然影响着人们的语言运用。从表达者来说,也许并没有形成自己的独特的语言风格,但是,往往在他的言语中反映出一定的文风的印记。

文风对于人们的语言运用有一定的规范作用,但又并不排斥语言风格的多样化。一种优秀的文风总是在其语言风格的多样化中得以丰富和发展,从而显示其勃勃生机和充沛活力的。如果走向了一般化和公式化,就会窒息文风的生命。即使开始时是健康向上,生气蓬勃的,以后也会引起蜕变,走向僵化和没落。那么新兴的富有朝气的文风就必然会取而代之。

文风和风格一样,也需要不断地建设和发展,但又有其自身的特点。文风是某一社会集团的思想作风在语言运用上的反映。它在一定的历史时期流行开来,成为语言运用中的一种时尚。这往往与社会集团的提倡和导向有密切的关系,同时也与语言使用者本身自觉学习,受其陶染有一定的联系。所以文风的建设与党风、学风的建设是密不可分的。风格的建设和发展,主要是在语言使用者的模仿、继承和创造中进行的。语言运用者的主体地位显得分外突出,甚至起着决定性的作用。

2. 风格含义的演变

"风格"一词在我国最早用来指人的气度、品格。如晋·葛洪《抱朴子·行品》:"士有行己高简,风格峻峭,啸傲偃蹇,凌侪慢俗。""风格"用来指作品是从南朝梁刘勰开始的。

> 然仲瑗博古,而铨贯有叙;长虞识治,而属辞枝繁;及陆机断议,亦有锋颖,而腴辞弗剪,颇累文骨:亦各有美,风格存焉。

(《文心雕龙·议对》)

这里是论述应劭、傅咸、陆机这三位作家的个性特点,分别体现在他们的文章里。"风格"兼指作品。齐梁以后,"风格"用来指作品的逐渐多起来。如《颜氏家训·文章》:"古人之文,宏材、逸气、体度、风格,去今实远,但辑缀疏朴,未为密致耳。"唐令狐楚《荐张祜表》:"前件人久在江湖,早工篇什,研机甚苦,搜象颇深,辈流所推,风格罕及。"有时也用来论述某一时代的风格。如唐人皮日休《论张祜》:"及老大,稍窥建安风格。"宋刘攽《中山诗话》:"潘阆,字逍遥,诗有唐人风格。"尽管后人也有用"风格"来指人气度品格,但多数还是用来指作家作品语言的气氛和格调。[①]

到了现代,除了文艺学上所指的风格外,关于语言风格大体上继承了传统的说法,但其中也有区别。主要有以下几种:

(1)有选择地、有分别地运用语言所表现出来的特点的综合,就形成了某

---

① 参看张须《"风格"考原》,载《中国语文》,1961年10、11期合刊。

一种语言内部的各种风格。①

(2)语言中的风格就是语言在不同的交际场合中被人们用来进行适应交际场合、达到某一交际目的时所产生的特殊的言语气氛和言语格调。②

以上是我国最有代表性的两个定义。这两个定义着重点不同,就其所包含的内容来说,也只是大同小异。只不过前者着眼于体系,而后者着眼于类型罢了。

其他的一些定义,也只是表述方式不同,大都是由这两个定义派生出来的。

这些定义包含着几个共同的方面。首先,从外部来看,风格的形成,受着交际场合、目的、内容等多方面的制约。第二,在外部诸条件的制约之下,风格表达手段具有特定的选择性。第三,风格表达手段是个性化的,是一个体系或系统。第四,不同的风格体系具有不同的言语气氛或言语格调。

语体的识别要借助于风格手段。风格学的涵盖面要广阔得多。从这种意义上说,语体学只不过是风格学的一个组成部分或一个分支。

(二)形成风格的因素

形成风格的因素,可分为外部因素和内部因素两大类。外部因素又称超语言因素;内部因素又称语言因素。外部因素是风格形成的条件,具有制约和影响作用,内部因素是物质性因素,是风格的表现形式,是风格形成的核心和依据。抛开了外部因素,语言风格就失去了存在的条件,但是决定风格形成的关键却是其内部因素。内部因素决定着事物矛盾的性质。所以语言风格的种种差异和变化,都是从语言因素上体现出来的。因此对语言风格的分析和辨别,主要通过其语言因素来进行,从外部因素是不可能对语言风格进行实质性的分析和辨别的。

1.外部因素

语言风格是在言语活动中形成的。其外部因素可分为以下几种:

(1)表达者与接受者

表达者一般分为个体和群体,即表达者本人和单位团体的代言者。前者往往与本人的性格气质、文化素养、生活经历密切相关,在表达时,性格气质、

---

① 林裕文:《词汇、语法、修辞》,上海:上海教育出版社出版,1985年,第87页。
② 高名凯:《语言论》,北京:科学出版社,1963年,第411页。

文化素养、生活经历较多地显露出来。后者往往较多地体现单位团体等群体意志和思想，个人的性格气质、文化素养、生活经历则受到了制约和压抑，不可能尽情地抒发出来。如文学创作就属于前者，公文写作就属于后者。

接受者与表达者密不可分。射箭要看靶子，弹琴要看听众，表达一个事物也必须要考虑接受对象。接受者一般分为具体对象和一般对象。具体对象是指明确的接受者，如公文的收文单位，信函的收者，辩论的对手等。一般对象指非明确的对象的接受者。如报刊、作品的广大读者，演说、广播的一般听众。

不同的表达者和不同的接受者，都影响和制约了语言表达形式，从而形成不同的语言风格。

(2) 内容

表达者与接受者完全相同，但因为表达内容不同，语言表达形式也可能很不相同。北宋大词人苏轼在密州写了两首《江城子》。"十年生死两茫茫"悼念亡妻，从刻骨相思入梦到梦醒，语言缠绵婉转，如泣如诉，"老夫聊发少年狂"借密州出猎，"千骑卷平冈"，进而表达了报效国家，西北射天狼的雄心，音节激越，气壮山河。内容不同，语言形式迥异。光未然的《黄河大合唱》的歌词中，《黄河船夫曲》，是那样的深厚壮美，《黄河怨》又是那么悲凄动人。这就造成了一个作家既有其语言风格的基调，又可以根据不同的题材和内容，施展其多副笔墨。

(3) 情境

情境与内容有着十分密切的关系。陈望道就常把题旨与情境并提，主张"修辞以适应题旨情境为第一义，不应仅仅是语辞的修饰，更不应是离开情境的修饰"。认为适应情境"正是灌输题旨的必需手段"。

情境与表达者与接受者也有着十分密切的关系。陈望道说："写说本是一种社会现象，一种写说者同读听者的社会生活上情意交流的现象。"但作为情境来探讨，着重点应放在写说者与读听者的关系。

因此，情境归纳起来主要是三个方面。

第一，场合。首先是言语行为的环境。例如大会上致词与两个人个别交谈，即使传达的是同一内容，语言表达形式就很不一样，风格也就有所差异。其次是言语行动的背景。背景是一种放大了的环境。它包括时地背景，社会文化背景，政治背景等。这正如陈望道所指出的是"对应写说者和读听者的自然环境社会环境,即双方共同的经验,因此生在山东的常见泰山,便常把泰山来比喻事情的重大,生在古代的常见飞矢,便常把飞矢来比喻事情的快速"。这里虽然说的修辞的一般规律,但是对于语言风格的形成却具有一定的意义。语言风格的民族、时代和地域的印记,往往是从其背景上得到某种显示或折射。同是批判"四人帮"的诗文,在 1976 年清明的天安门广场上的诗文,与粉碎"四人帮"后报刊上发表的批判诗文的风格就大不相同。前者相当含蓄隐晦,后者就直截了当,毫无顾忌。

第二,关系。首先是表达者与接受者之间的关系。这是构成表达情境的直接关系物。表达者与接受者之间的关系也形成了一个网络。或立场观点上有同异,社会地位上有尊卑,血缘或交往上有亲疏……这种种关系,不仅影响到表达者的心境、态度,而且直接影响到表达的形式。表达同一内容,有时要唇枪舌剑,口诛笔伐;有时却要心平气和,娓娓动听;有时显得庄重而有礼貌,有时却要亲昵而又诙谐。这可以说是较为单纯的显性关系。第二,在语言表达中,除了这种显性关系外,往往还渗透进了一种隐性关系,也可以叫做间接关系。显性关系是直接的交际关系,隐性关系却是表达者要考虑的第三者关系。有时候,隐性关系的制约因素会超过显性关系,这样在表达时,表达者的语言形式就可能起了某种变化。例如书信,有时表达者考虑到有公开的可能或被第三者知道的可能,表达者在斟酌语言形式时,就要考虑到这种可能出现的因素而加以变化。这在书信体小说中,体现得更为明显。看起来,这是对接受者某人在交流思想;其实表达者所考虑的却是更为广泛的读者和听众。这种隐性关系的制约因素在这种情境中起着关键性的作用。

第三,方式。方式作为一种表达体的物质形式,实际上已进入语言因素的范畴了。如果排除其语言表达形式,而仅就其选取的某种交际方式而言,仍不失为一种情境。例如,表达者选用的表达方式,当然要受背景的制约,表达方式的不同,也会出现不同的情境,像书面语形式,表达者就有可能创造出一种新的语言情境的氛围,直接影响着在这种氛围笼罩下的语言的表达。口语形式,就可能由表达者和接受者共同参与来创造新的言语情境的氛围。所谓"上下文",所谓"随情应境",无不与此有极为密切的关系。这就必然影响到语言风格的形成和变化。

2.内部因素

风格的内部因素,指的是风格的语言因素。语言因素主要表现在两方面:话语体系和话语标记。这两方面既是相互联系的,又具有相对的独立性。它们既体现着风格的个性特征,又体现着风格的基本格调。

(1)风格的话语体系

风格的话语体系是有层次的。语言的民族风格是最上层的,其次是语言的时代风格、地域风格。与时代风格、地域风格相交错的是语言的语体风格。再下层是语言的群体风格和个人风格,最下层是语言的作品风格。上层对下层具有一定的制约和影响作用;上层也要靠下层来体现和不断丰富发展。

风格的话语体系是语言表达形式的各种特点的综合体。虽然就语言表达形式来说,它包括了语音、词汇、句法、修辞格、篇章结构,乃至体态语、副语言以及符号、表格等等,但是在体系中起着关键和核心作用的,主要是特定的句法和篇章结构。特定的句法和篇章结构是形成语言风格的骨架和支点。但是当前在语言风格研究中被人们忽视、研究得薄弱的正是这部分。

(2)风格的话语印记

风格的话语印记,是以它的个体性和复现性为其特征的。它实际上是语言风格的指纹,在风格研究中,由于个性特征比较突出,往往成为风格鉴别的重要标志。

它的形式,有时是单纯的个体,有时是稍复杂的板块组合体。这里有语音、词汇上的,也有句法、辞格乃至体态语、副语言以及符号、表格等等。如宋代词人张先"影"字用得十分工巧,"云破月来花弄影"(《天仙子》),"娇柔懒起,帘柙卷花影"(《归朝欢》),"柳径无人,坠轻絮无影"(《剪牡丹》),人称其为"张三影"是有道理的。其实张先的词用"影"字工巧的远不止这三处,①这里可以看出其用词特色的一斑。现代诗人郭小川后期喜欢用长短相间的对称句,把铺排和对偶有机地结合在一起;小说家赵树理往往在概括人物的性格时,给他一个形象鲜明的绰号。

由此可见,在分析语言风格时,既要总览语言风格的话语体系,又要辨别个性化的语言风格印记。而且往往是从抓住各种个性化的特点入手,来发现和综合出特定的语言风格的话语体系的。

(三)风格学的对象、内容和方法

---

① 如《木兰花》词有"无数杨花过无影",清人朱彝尊《静志居诗话》称其在"三影"之上。《青门引》词有"隔墙送过秋千影",清人黄蓼园《蓼园词选》称其为"描神之笔"。

1. 风格学的研究对象

尽管风格学属于语言学中的一个分支,但是风格学研究的对象并不是语言,而是言语。尽管语言学中的许多分支学科也是从研究言语入手去发现和总结出语言的规律来,但是风格学却有它自身的特点。

风格学是一种记述的科学。它不是以追求规范为目的,而是通过对个性的描写和总结找出各自的特质系统,从而归纳出不同的风格类型。

风格特色是对全民语言的变异。它是利用全民语言,注入了个性化的成分,或者是个性对全民族语言加以变异和改造的结果。因此,研究语言风格,只能从具体的言语作品入手,来分析不同风格的表达手段及其差异,来把握具体的表达形式在风格形成中的作用,从而找出不同的风格个性来。

研究风格离不开题旨情境。交际内容、交际场合、交际目的等对言语的表达起着巨大的制约作用。这也决定了风格的研究不可能是对抽象的语言结构本身进行分析,而必须对语言运用的环境、内容、目的进行探讨。语言的运用与使用者是分不开的。所以风格的研究也是对言语及其使用者、使用环境等的研究。

应该明确,对语言运用的环境、内容目的进行探讨,只是把这些作为外部条件,作为制约因素进行研究。风格的研究的本体还是言语,还是语言运用的表达形式。所以作为语言运用表达形式的风格要素或风格手段,乃至加以系统化的风格类型,都是没有阶级性的。

2. 风格学的研究内容

风格学从不同层面研究包含了不同的内容。

从某种语言的外部来看,由于各种语言的基础和构造不同,不同民族有不同的传统和心态,在语言运用上表现出不同的特点,构成了这民族不同于其他民族的语言风格。

从某种语言的内部来看,不同的时代运用语言有着不同的特点,于是就构成了语言的时代风格。这是从语言运用的历史层面上进行研究的,这对于了解语言运用的发展,乃至把握其他各种风格的演变是有一定意义的。再如不同的语体也有不同的语体风格。这是从功能的层面上进行研究的。通过语言运用的种种功能变体,来探讨其不同的风格特色。又如不同的作家或作品构成了不同的语言风格。而同类型的作家,即风格基调相近的作家组成了一定的群体,就构成了一定的流派风格。这是从语言使用者的个体或群体的层面上进行研究的。

在研究上述的不同层面的语言风格时,要研究这些语言风格的构成要素及其系统,研究这些语言风格的构成要素之间的关系及其在风格构成中所起的作用;要研究这些语言风格的不同层次的风格类型;要研究这些语言风格的形式、发展和演变的规律。

不仅如此,语言风格学还应该从内部和外部两方面来研究语言风格形式的诸多因素。从内部,即从语言的诸要素之间的统一关系,从语言自身的发展变化规律出发,来研究语言风格的形成和变化。从外部,即从交际场合、交际目的、交际内容以及语言使用者和接受者诸方面来研究,外部因素对语言风格的制约规律和影响力度。

3. 风格学的研究方法

语言风格是语言运用中的一种相当复杂的现象,至今尚没有深入而科学的研究成果可供借鉴。一般都是借鉴其他科学的通用的方法进行探讨,这当然是很不够的;但在起步阶段,又是难以避免的。一般所谈到的研究方法大致有以下几种:

(1)分析综合法

通过对言语成品的语音、词汇、句法、辞格乃至篇章等进行分析,进而找出其风格特点,然后加以综合成某种风格系统。这是从寻找和分析语言风格的手段和因素入手来研究语言风格的。这是一种从语言运用的实际出发进行研究的方法,是有很多可取之处的。但是由于研究者所选取的研究角度不一,或选取的语料不一,因而得出的结论往往距离很大。另外,由于研究者只是从语言本身出发,往往又只是根据语言学的通行观点来加以甄别和综合,所以结论就可能失之偏颇。所以孤立地对风格手段或风格因素进行分析,是难以奏效的。

(2)比较法

比较法比分析综合法在避免形而上学上是前进了一步。它是对不同表达者的同一内容的言语成品进行比较,或对同一表达者的前后期的言语成品进行比较,或对不同语体的言语成品进行比较,显然比单独对某一表达者的言语成品进行分析要客观可靠一些。但是使用这种方法也有一定的局限性,即它在总结一种语言风格系统上仍然显得软弱无力,很难使人把握语言风格的整体性的基调。它所发现的大多是比较中存在的差异和个性特征。但对于语言风格学的建设来说,就需要用其他方法来弥补或更新。

(3)统计法

统计法是一种对风格手段或要素进行定量分析的方法。这种方法具有可操作性,科学性较强,对于风格学有一定的用处。特别是在鉴别风格特征,寻找风格印记上,具有相当的可靠性。同样,它也有局限性。它对于语体的鉴别,对于作家作品的某些风格特征的鉴别很有效,但对于语言风格的话语体系的形成及其基调的把握,仍然有力不胜任之感。

以上三种方法都有一定的局限性。风格学研究除了从言语成品的实际出发采用某种方法外,有些问题是需要引起我们重视的。

首先,不论运用什么方法,应时刻保持和注重系统性的观点。即使我们在分析言语成品中的某个风格要素时,也要避免孤立分析,以偏概全。不能只见树木,不见森林。应该通过具有风格个性特征的个体分析以发现和综合成系统,在系统中发现和安排个体所处的位置。

第二,要把语言的风格要素的分析和表达者、接受者、情境紧密地结合起来。即语言的风格要素的分析要放到特定的背景中去观察和认识。这样就可以避免静止的、孤立的风格分析,可以避免分析中常见的片面性,从而比较科学、准确地综合出特定的风格类型或风格基调来。

第三,要注意风格共性与个性的区别与联系。风格个性既可能是风格共性逸出的旁枝,也可能是风格共性新发展的征兆或信息。并不是任何个性特征都可以归纳到风格体系中来的;有些在风格系统的综合中是需要扬弃的;但是也的确有些不同于共性的个性特征,从支流而发展演变为主流,甚至成为风格系统的主旋律,也是常见的风格现象。所以,在进行风格分析时,既要注意个性与共性的区别,又要留心个性与共性的联系、发展和转化。

二、语言的民族风格和时代风格

(一)语言的民族风格

1. 语言的民族风格与语言的民族特点的区别

语言风格是言语的而不是语言的,它是在语言运用中形成的。而语言的某种特点是在与别的语言比较中,静态分析的结果。例如汉语在语音上元音占优势,在词汇上双音词占优势,语法上没有严格意义上的形态变化,有着丰富多彩的量词等等,这些充其量只能是汉语的某种特点,而不是汉语的民族风格。因为各种语言都有自身的构造特点,这种以语言体系的自身构造特点来代替语言的民族风格的分析的现象,在修辞学界还是存在着的。

所以高名凯指出:"语言风格(更正确地说,言语风格)既然是在特殊的交际场合中为着适应特殊的交际目的而对语言的运用所形成的言语气氛格调,语言风格手段的系统(更正确地说,言语风格手段的系统),既然是语言所具备的用以构成言语气氛或格调的风格手段和一些非语言的风格表达成分的总和,我们就不能把语言风格理解为与别的语言有所不同的某一语言的特点。"①

语言的特点不等于语言运用的特点。语言的民族风格是一个民族在语言运用中所构成的特定的话语体系及其所形成的特定的言语气氛和格调。这与语言自身的某种结构上的特点是性质不同的两码事。

2. 语言的民族风格与语言的民族特点的关系

语言的民族风格与语言的民族特点又有着相当密切的关系。语言的民族风格不可能脱离语言的民族特点而存在。语言的民族特点为语言的民族风格的形成提供了重要的物质基础和必要条件。作为语言的民族风格的表达手段和风格要素,有些是从语言的民族特点引发而来的,或者说是运用和生发了语言的某种民族特点的结果。

当然,也并不是语言中的每一个民族特点都能够形成语言的民族风格或成为语言的民族风格的有效表达手段和风格要素。例如汉语在语法上缺乏严格意义上的形态变化,汉语中实词和句子成分没有必然的对当关系等等,在汉语的民族风格中可能就帮不了多少忙。

同样,语言的民族风格系统中的表达手段和风格要素,也不是都来自语言的某种民族特点。有些并不是语言的民族特点的东西,由于风格的外部因素(如民族的特定的文化心理和文化传统等)的影响,则可能在运用中具有独特的表达方式,从而成为语言的民族风格中的构成要素。

3. 汉语的民族风格举隅

语言风格是一个系统。这里只是举例性地谈一下汉语的民族风格的特点。

---

① 高名凯:《语言论》,北京:科学出版社,1963年,第416~417页。

汉语是有声调的语言,每个音节都有元音和声调,每个音节多有意义,虽然在现代汉语中双音词占优势,但单音词也占了相当的比例,这些物质条件就构成了汉语的特殊的言语节奏。声音的轻重、长短的不同,声韵联绵,平仄相间,使汉语在表达上具有特殊的抑扬曲折的美感。

在词语组合时,汉语的语序相对稳定,形成了具有民族特色的主前谓后,修饰成分在前、中心成分在后的常规格局。反之,则往往认为是一种变异的易位句式,甚至认为是不合乎民族习惯的"欧化句式"。

这充分反映出汉民族的一种顺序性和单一性。在话语组合中,往往表现为顺序的承接与连贯,话语间的意义表达具有渐进性,而很少有大跨度的跳跃。一个独立的话语片断往往也只有一个中心,句子围绕着这个意义中心而有规律地组合,很少有旁逸或倒置的现象。

在表达上,则习惯于匀称排偶的句式。这不仅与语言的物质形式有关,而且也与汉民族的均衡对称的传统文化心态相一致。在语言表达时,以整齐为美,即使是错综的句式,往往也能找出它整齐的原型和印记。这种整齐的排列,由于节奏的抑扬曲折而不使人感到单调,却使人得到一种审美的快感。

这种现象在构建汉语的言语单位——句子时,也得到了充分的体现。那就是句式比较简短,往往在短小的结构组合中蕴含着较丰富的意义内涵。它不习惯于叠床架屋的多层次的修饰成分和多项排列的联合成分的组合。遇到过于冗长的句子,宁可一分为几,也不合而为一。所以相同内容的言语成品,汉语要比其他语言(如印欧语系中的某种语言)要简练得多。

毛泽东在批评"洋八股"时,就明确提出要"代之以新鲜活泼的,为中国老百姓所喜闻乐见的中国作风和中国气派"。语言的民族风格是以全民族的大多数为出发点的,因而民族化与大众化又是息息相通的。

语言的民族风格,在翻译文字上体现得特别鲜明。人们比较一下言语成品的不同译本的语言,就能够强烈地感受到在内容上忠实于原著的同时,表达上并不是完全合乎译者本民族的语言风格的。有的佶屈聱牙,难以卒读;有的朗朗上口,百读不厌。

4. 语言的民族风格是不断丰富和发展的

毛泽东指出,要注意"从外国语言中吸收我们所需要的成分"。我们提倡语言的民族风格,绝不排斥在运用语言时吸收外国语言中有用的东西。恰恰相反,正是在不断地吸取外国语言中有用的成分的基础上,我们语言的民族风格才得到不断丰富和发展。例如：

(1)亲爱的朋友,当你坐上早晨第一列电车走向工厂的时候,当你扛上犁耙走向田野的时候,当你喝完一杯豆浆、提着书包走向学校的时候,当你安安静静坐到办公桌前计划这一天工作的时候,当你向孩子嘴里塞着苹果的时候,当你和爱人悠闲散步的时候,朋友,你是否意识到你是在幸福之中呢?

(魏巍《谁是最可爱的人》)

这句主谓成分靠近是汉语传统的表达方式,但大量的并列状语提到句首,呼语的反复,则是"五四"以后从外国语言中吸收来的。又如某些成分的共用,修饰成分的复杂化,复杂的小句结构等等都是受到外国语言影响而形成的。

这种情况还表现在某些符号的使用上,例如数学符号的嵌入各种语体,破折号用于各种独立成段的并列项等等,也是吸收外国语言的结果。

这些表达方式,经过人们广泛使用,已经逐步中国化了,已经感觉不到外国语言的气氛了。

(二)语言的时代风格

1. 什么是语言的时代风格

语言的时代风格指的是某一民族语言在特定的历史时代形成的风格。

时代风格是一个模糊的历史范畴,中间难以找到泾渭分明的界限。时代又是一个层次性的概念,每一个大的时代之中,往往又可以划分出若干个小的时段。这些小的时段之间,语言风格也会有若干格调上的差异和区别。拿汉语的时代风格来说,人们往往以1949年前和1949年后来区分其风格差异,其实1949年以后汉语风格内部仍然有不同的格调,例如50年代、"文革"时期和新时期,汉语的时代风格也是有较大的变化的。

作为一种语言的时代风格,在特定的历史时期具有相对的稳态格调,这种稳态格调构成了特定的历史时期的语言风格的基调。这种风格基调既有对前时期的语言风格的继承,又有在现时期的新创造。这就决定了语言的时代风格既有量的渐进性,又有质的飞跃性。语言的新的时代风格是在原有的时代风格的基础上逐渐积累发展起来的。它不可能凭空创造和一蹴而就。本时期的语言风格往往在前时期中能够找到其发展的征兆和萌芽,只是通过量的不断增长才引起了质的飞跃变化。开始往往是个别的、局部的,发展到一定程度才成为基本的、全面的。

2. 形成语言的时代风格的因素

(1)外部因素——社会文化背景的影响

这里主要是政治、经济、文化生活的影响。50年代以后,人民群众的口语运用有了很大的发展,由于人民群众政治、经济、文化生活的变化,大量的政治术语活跃在人民群众的口语之中。新时期以来,大量的科技术语为人民群众广泛使用。这与人民群众文化水平的提高,党和政府的路线、方针、政策深入人心,科学技术渗入人民群众的工作生活之中有直接的关系。

(2)内部因素——语言自身的发展变化

语言自身的发展变化则是语言的时代风格形成的物质基础。

由于外部因素的影响,新时期以来,汉语的发展有了新的契机。拿反映最快的词汇来说,出现了许多新的流向。如随着成族词的大量衍生,不少词根逐渐虚化为词缀或类词缀(像"感"、"热"、"力"、"率"等),随着词语结构的复杂化,不少构件式的新词语应运而生,而且迅速地推广开来,为人们所乐于使用(像"菜篮子工程"、"家庭联产承包责任制"、"老少边贫地区"、"综合国力"等);随着词语意义的变化,词语间的搭配组合出现了新的模式(像"大气候"、"家具城"、"人才银行"、"旅游资源"、"感情投资"等),随着人们的交际越来越频繁,词语的使用环境越来越扩大,不少术语、行业语迅速涌进全民共同语的行列(像"小儿科"、"反思"、"网络"、"擂台"、"短平快"等)。这些都为语言的时代风格的形成,创造了良好的条件。

必须明确指出的是:我们不能简单地把新词语的使用看作语言的时代风格的体现。我们不能一看到新词语就认为具有了语言的时代风格。在社会发展的任何时期都会有大量的新词语出现。如果把时代风格的识别仰仗于这些新词语,那就过于简单化了;语言的时代风格的形成主要的不是在用不用新词语上。有的言语成品使用了不少新词语,但未必能体现出语言的时代风格来。相反,有的言语成品不用新词语,照样可以具有强烈的时代感,显示了语言的时代风格。

3. 语言的时代风格与时代精神的关系

作为外部因素的时代精神、时习风尚等对语言的时代风格的形成具有很大的制约作用。从这个意义上说,语言的时代风格往往就是时代精神、时习风尚的语言体现。时代精神、时习风尚对语言风格的影响,主要表现在以下两方面。

  首先,政治、经济、文化生活的变化影响到语言的运用。"五四"前后,西学东渐,西方的各种思潮涌进了半封建、半殖民地的中国,外国许多语言运用的特点也被吸收进来,不只是吸收了许多有用的新词语,更重要的是吸收了国外许多运用语言富有表现力的方式,构成了一些新兴的汉语句式。新时期以来,由于实行改革开放的正确政策,社会生活节奏加快,许多原有的语言运用的方式得到了进一步的改造,创造了一些新的表达方式。句子之间的跳跃性有所扩大,信息量大大增加,非主谓句的成组运用显示出其特定的时代气息。

  第二,特定的时代精神也影响着语言运用的基调。"五四"时期的狂飙突起,产生了郭沫若《女神》的特殊的诗风。新时期以来的思想解放与不同思潮的撞击,影响到小说语言的嬗变,出现了新的语言风格,与以前的小说语言的格调迥然不同。王蒙、张洁、汪曾祺、贾平凹等,有的从意识流般的语词跳跃、拗口、不连贯发展到无标点,将一连串严肃的词义纳入非逻辑、不合语法规范的无秩序结构,有的在遣词造句上力求白描的质朴典雅,有意通过词性的兼类和形容词、虚词的省略,不完整短句,扩大语言表层结构和深层结构的空间。这些都表现了对传统的小说语言规范的不满和挑战。[①] 诗歌也是如此。如果说,戴望舒《雨巷》的语言节奏显露出特定时期的某些知识分子的徘徊彷徨,那么他抗战时期的诗歌语言和节奏就变得相当明快有力。这些无不渗透着时代精神对作家语言运用的陶冶和熏染,使得语言散发着特定的时代气息。

  但是有人把语言的时代风格和文风划了等号,这实在是一种误解。尽管不少人也认为文风是某一时代和社会的时代面貌、社会风气在文章中的反映,但是文风与世界观、思想作风有着不可分离的关系。它往往表现为一种集团性。例如"党八股"、"帮八股"、"洋八股"和马列主义的文风。尽管文风受时代和社会的影响,带有普遍性和倾向性的特点,但是一种文风往往又可以跨越不止一个时代,即在不同的时代往往出现同一种文风。语言的时代风格和特定的时代相联系,具有单一性;而文风则是和思想作风相联系,具有复现性或延续性。语言的时代风格是自身在不断演变的,文风则是在对立面的

---

 ① 毛时安:《小说的选择》,载《当代作家评论》,1986年6期。

矛盾斗争中不断发展的。

4. 语言的时代风格与语体比较

任何言语成品都必然从属于一定的语体。将不同时代的同一语体的言语成品加以比较,最容易观察出它们的风格差异,找出不同时代的风格印记。例如,关于实行夏时制问题,1945年国民党政府颁行的公告和1986年国务院办公厅的公告,反映了不同时代语言运用的特点。1945年国民党政府国防最高委员会代电是:

> 查同盟各国,多于暑期实行战时工作提前之制度,法良意美,足资仿效。现夏季将届,通应利用日光,提早工作,并借以节省电力之消耗。兹规定全国各地自本年五月一日起至九月卅日止,均将时间提前一小时(即普遍将钟表上之时刻提早一小时,例如现在是七时,在实行时间提前制度后钟表上所指之时刻与各地所报之标准钟点均应为八时),所有机关部队学校以及社会工商各业水陆交通通讯各方面应一律实行。除分电外,合亟电达查照办理,并转饬所属一体遵照为要。①

1986年国务院办公厅的公告是:

> 一九八六年五月四日至九月十四日,全国实行夏时制,即把钟表拨快一小时。在此期间,广播电台等报时单位报时,应将"北京时间"改称"北京夏令时",国际间公务往来活动的时间记录,一律使用夏令时间;夜班岗位上的全体职工,应在五月四日凌晨二时把钟拨到三时,其他所有不在夜班岗位的,可在五月三日就寝前把表针拨快一小时;各公共场所包括建筑物上的钟表,应由各有关单位责成专人在五月四日凌晨二时把针拨到三时。特此公告。
>
> (《人民日报》1986年4月29日)

前者保留了较多的文言成分,句式绵长,后者就比较通俗明快,句式简短。

就拿新时期以来的公文语言和50年代相比,语言风格也有明显的差异。新时期以来,文言词语逐渐萎缩,不断为通用的现代汉语词所取代,带有形象

---

① 转引自北京师范学院中文系汉语教研组编著《五四以来汉语书面语言的变迁和发展》,上海:商务印书馆,1960年,第39页。

色彩的新造词语的广泛使用,口语词、惯用语、术语、行业语的迅速引进和改造,各种形式的缩略语的广泛吸收,排偶句的成组运用,等等,形成了当代公文语言通俗易懂而不口语化,生动活泼,节奏铿锵而不形象化的庄重朴实、简约明快的风格基调。

三、语言的表现风格

(一)什么是表现风格

1. 表现风格的含义

语言的表现风格是指综合运用各种语言表现手段从不同的侧面对其格调和气氛所做的抽象概括。陈望道《修辞学发凡》从内容和形式的比例,气象的刚强和柔和,话里辞藻的多少,检点工夫的多少等侧面,将语言的表现风格分为四组八种。这种分类的方法,虽然也涉及其他方面,但主要是从语言表达入手,在语言基调上加以概括和总结,以形成总的整体感受。

这种分类方法"国外修辞的书上说得最热闹,以往我国论文的书上也讨论得最起劲"。[①] 在国外,对表现风格的研究,可以远溯到古希腊罗马时期。如公元前3世纪古希腊的狄米椎耶斯把风格分为平明的、庄严的、精练的和强力的四种。公元1世纪罗马的朗吉努斯认为崇高的语言靠的是庄严伟大的思想,强烈激动的情感,藻饰的技法,高雅的措词和整个结构的堂皇卓越。19世纪德国的威克纳格从主观和客观两方面对诗歌散文的不同特性进行分析,提出了智力的、想象的和感情的三种风格类型表现为清晰性、生动性和激情性的特点。现代的功能风格学、分析风格学都离不开甚至都归结为对表现风格的分析。

比较而言,我国的表现风格研究的遗产是更为丰富的。吕叔湘在论述汉语风格学时认为:"我国古典的'诗文评'里面也大有可以继承的东西。"[②] 尽管进行风格研究不能忽视排比之功,更需要统计工作,但敏锐的"风格感"和丰富的想象力则是至关重要的。我国古代对表现风格的研究也是源远流长

[①] 陈望道:《修辞学发凡》,上海:上海教育出版社,1979年,第256页。
[②] 吕叔湘:《汉语研究工作者的当前任务》,见《吕叔湘语文论集》,北京:商务印书馆,1983年,第23页。

的。三国时曹丕的《典论·论文》论述了四种文体的表现风格。随之陆机加以丰富和发展。南朝刘勰的《文心雕龙》不仅论述了各种文体的表现风格的特点；在《体性》篇中归纳为典雅、远奥、精约、显附、繁缛、壮丽、新奇、轻靡八种风格类型。唐代的司空图的《二十四诗品》把表现风格发展为24种。以后的诗话词话和文论中对表现风格的研究也是十分丰富的。

我们没有采用有人提出的"体性风格"或"修辞风格"的术语，是因为这些术语并没有抓住表现风格的本质特点，不能科学地反映这种风格的内在含义。

2. 表现风格的形成

形成表现风格主要有主观和客观两个方面。主观方面来自表达者，客观方面来自被表达的事物。

从表达者来看，主要来自才、气、学、习，即表达者的个性。刘勰在《文心雕龙·体性》中说："然才有庸俊，气有刚柔，学有浅深，习有雅郑，并情性所铄，陶染所凝。"这里虽有先天的气质，但更重要的是后天的习染陶冶。正是有了学识的积累，才气的锻炼，环境的影响，教育的熏陶，才能形成和稳定其表现风格，各种表现风格也才能得到演进和发展。

从被表达的事物来看，不同的表达对象需要不同风格的语言来表现。状风云变幻的壮丽，须用金钲羯鼓；传花前月下之清雅，则须用锦瑟银筝；写斗争的艰苦要横眉怒目；抒胜利的快乐则要眉开眼笑。这正如刘勰所说的："八体虽殊，会通合数，得其环中，则辐辏相成。"

表达者和被表达的事物相结合，即表达者根据表达对象使用特定的语言来表现，才可以形成不同的表现风格。

3. 表现风格间的关系

根据表达者和表达对象的纷繁的情况，表现风格形成了多样化的局面。同一个表达者，由于表达对象的不同，其表现风格往往是不同的；同一个表达对象，由于表达者不同，其表现风格也往往是不同的。如贺敬之的《桂林山水歌》和《三门峡歌》虽然都充满着雄健之气，但写南方的桂林，语言中有明丽的色彩；写北方的三门峡，语言中洋溢着壮美之气势。又如同样是写桨声灯影中的秦淮河，俞平伯和朱自清的语言风格迥然不同，前者淡雅而后者柔美。

由于表现风格是从不同角度、不同侧面来对语言风格类型进行概括和归纳的，因此，各种表现风格之间有可能是相互渗透，相互融合的。例如豪放与柔婉着眼于气质,平淡与绚丽着眼于词采,含蓄与明快着眼于表达手法,简洁与繁富着眼于表现形式等等。这样,对于具体的言语成品来说,有的是豪放而明快,有的是柔婉而绚丽……风格类型之间的交融则是经常碰到的。

语言风格是由语言的风格要素构成的。但是任何的语言风格要素在语言风格中都不是孤立的存在,它是某个特定的风格系统中的一个有机的组成部分。表现风格更是以它的总体格调为特质的。所以绝不能把表现风格和某种语言风格要素机械地看成一对一的对应关系。不管是词语的、句子的、篇章的风格要素,都可以由于不同的组合形式和组合环境,而体现出不同的表现风格的格调来。例如一般所说的长句和短句,在不同的语体中就有不同的表现风格的格调,当然这也与句内的不同组合体有关。这样,像长句和短句都可能形成豪放的风格,抑或绚丽的风格等。

(二)表现风格的类型

1. 豪放与柔婉

豪放与柔婉是文艺语体常见的两种相对应的表现风格。我国古代文论中就有"豪放派"和"婉约派"之分,清代桐城派文人所谓"阳刚阴柔"也是指的这两种风格。

豪放的特点是气势磅礴,格调高昂,境界雄浑,感情激荡。它是在描写壮阔的景物、歌颂伟大的事业、抒发豪迈的感情等场合,运用激越昂扬的语气情调,宏大热烈的词语,气势酣畅的句式,铺陈夸张的修辞手法构成的一种表现风格。例如:

①"不,这样的秋天,是决不会长久的。我相信:有一天,你一定还会写出新的《秋色赋》来的!"

这钢铁般的铿锵有力的话语,终于像火山爆发似的从我的这位惯于沉默寡言的朋友嘴里迸发出来,也像火山爆发似的那样有力地震撼和激励着我的心。

(峻青《秋色新赋》)

②将碧血、写忠烈,化厉鬼、除逆贼,这血儿啊化作黄河扬子浪千叠,长与英雄共魂魄。强似写佳人绣户描花叶,学士锦袍趋殿阙,浪子朱窗弄风月,虽留得绮词丽语满江湖,怎及得傲干奇枝斗霜雪?念我汉卿啊,读诗书,破万册,写杂剧,过半百,这些年风云改变山河

色,珠帘卷处人愁绝,只为了一曲窦娥冤,俺与她双沥苌弘血,差胜那孤月自圆缺,孤灯自明灭,坐时节共对半窗云,行时节相应一身铁,各有这气比长虹壮,哪有那泪似寒波咽?提什么黄泉无店埋忠魂,争说道青山有幸埋芳洁。俺与你发不同青心同热,生不同床死同穴,待来年遍地杜鹃花,看风前汉卿四姐双飞蝶。相永好,不言别。

(田汉《关汉卿》)

柔婉的特点是笔调柔和,感情纤细,委婉缠绵,韵味深美。它是在描述和平宁静的生活,抒发缠绵缱绻的感情,进行娓娓动听的谈心等活动,运用亲昵礼貌的词语,委婉温和的句式,描绘含蓄的修辞手法构成的一种表现风格。例如:

③啊,永别了,家杰!你为我付出了一切。没有你,我的生活寸步难行。没有你,我活在这世界上索然无味。啊,你为我作了多么大的牺牲!如果允许我忏悔,我将跪倒在你面前,请你原谅,原谅我没有能报答你对我无微不至的关怀和体贴,原谅我对你照顾得那么少,给你的那么少。多少次我想着,等我稍许空一点,我要多尽一点妻子的责任,我要按时下班回家,让你吃上一顿现成的晚饭。我要把三屉桌让给你,给你创造条件,写完你的论文。遗憾啊,晚了,我再也没有时间了。

(谌容《人到中年》)

④这平铺着,厚积着的绿,着实可爱。她松松的皱缬着,像少妇拖着的裙幅;她轻轻的摆弄着,像跳动的初恋的处女的心;她滑滑的明亮着,像涂了"明油"一般,有鸡蛋清那样软,那样嫩,令人想着所曾触过的最嫩的皮肤,她又不杂些儿尘滓,宛然一块温润的碧玉,只清清的一色——但你却看不透她!我曾见过北京什刹海拂地的绿杨,脱不了鹅黄的底子,似乎太淡了。我又曾见过杭州虎跑寺近旁高峻而深密的"绿壁",丛叠着无穷的碧草与绿叶的,那又似乎太浓了。其余呢,西湖的波太明了,秦淮河的又太暗了。可爱的,我将什么来比拟你呢?我怎么比拟得出呢?

(朱自清《绿》)

豪放与柔婉的语言特点,除了上面所说的之外,还可以进行若干比较。比如同是运用比喻,但喻体的选择就大有区别;在话语组织上,豪放的语言的节奏强劲快速,跳跃性大,柔婉在节奏上就舒缓平和,语言密度较大;在语气词方面,柔婉的风格也用的较多,如"呢、了、的、吧"是经常见到的。

2. 平淡与绚丽

平淡与绚丽相对应。不过绚丽只用于文艺语体;平淡则可用于各种语体。就文艺语体而言,平淡与绚丽也有相通之处。古人说:"绚烂之极,归于平淡。"可见这两种表现风格也是可以转化的。

平淡的特点是确切明白,不加修饰,朴质无华,真切深至。平淡的风格,多用一般的普通词语,明白如话,少用描绘性的修饰成分,句子一般都很简短,少用修辞手法,即便用,也多是说明性的。例如:

①我说道,"爸爸,你走吧。"他望车外看了看,说,"我买几个橘子去。你就在此地,不要走动。"我看那边月台的栅栏外有几个卖东西的等着顾客。走到那边月台,须穿过铁道,须跳下去又爬上去。父亲是一个胖子,走过去自然要费事些。我本来要去的,他不肯,只好让他去。我看见他戴着黑布小帽,穿着黑布大马褂,深青色棉袍,蹒跚地走到铁道边,慢慢探身下去,尚不大难。可是他穿过铁道,要爬上那边月台,就不容易了。他用两手攀着上面,两脚再向上缩;他肥胖的身子向左微倾,显出努力的样子。这时我看见他的背影,我的泪很快地流下来了。我赶紧拭干了泪,怕他看见,也怕别人看见。我再向外看时,他已抱了朱红的橘子往回走了。过铁道时,他先将橘子散放在地上,自己慢慢爬下,再抱着橘子走。到这边时,我赶紧去搀他。他和我走到车上,将橘子一股脑儿放在我的皮大衣上。于是扑扑衣上的泥土,心里很轻松似的,过一会说,"我走了,到那边来信!"我望着他走出去。他走了几步,回过头看见我,说,"进去吧,里边没人。"等他的背影混入来来往往的人里,再找不着了,我便进来坐下,我的眼泪又来了。

(朱自清《背影》)

这里没有任何华美的词藻,全用白描手法叙述了父亲穿过月台买橘子送子的经过,却把父子之间的骨肉深情,真实而形象地表现出来了。这段平淡的描述,像橄榄一样耐人咀嚼,像一杯烈酒,外表平淡,品尝起来却浓烈醉人。

绚丽的特点是辞藻丰赡,色彩明艳,句式繁复,文笔华美。它多用描绘性修饰成分,讲究节奏和韵律,广泛采用描绘形容性修辞手法。例如:

②你乍看上去,黑夜还似乎强大无边,可是一转眼,清冷的晨曦变为磁蓝色的光芒。原来的红海上簇拥出一堆堆墨蓝色云霞。一个奇迹就在这时诞生了。突然间从墨蓝色云霞里蠹起一道细细的抛物线,这线红得透亮,闪着金光,如同沸腾的溶液一下抛溅上去,然后像一支火箭一直向上冲,这时我才恍然大悟,原来这就是光明的白昼由夜空中迸射出来的一刹那。然后在几条墨蓝色云霞的隙缝里闪出几个更红更亮的小片。开始我很惊奇,不知这是什么?再一看,几个小片冲出云霞,密接起来,溶合起来,飞跃而出,原来是太阳出来了。

(刘白羽《日出》)

这里运用了大量的色彩词,描绘性的修饰成分和比喻,泼洒出一幅绚丽斑斓的日出图景。

3. 明快与含蓄

明快与含蓄是两种相对的表现风格。含蓄,有的把它看成一种修辞手法或表现手法,其实它也是一种风格类型。

明快的特点是明朗爽快,尖锐泼辣,辞直义畅,一针见血。它适用于多种语体,在政论语体和科技语体尤为突出,当然文艺语体和公文语体也很常见。明快多运用感情色彩强烈的词语,简短有力的句式,千头万绪一语破的的手法。在句子组合时,常用肯定否定并用的句式。在表达上不绕弯子,坦率显豁,一目了然。例如:

①不是我当嫂的架子大,/事到如今,要拿你一把,/咱为人就为到底,/送人就送到家,/只不过呀小秀芝,/有些个话儿得先说下。/头年春天,/是你说人家三锁好,/思想进步,/干活泼辣,/让嫂我出去串串门,/你们要在这谈谈话,/门也串啦!/话也谈啦,/哪知你以后又变了卦。/倒不是怪你变了卦,/婚姻的事儿/别人当不了你的家,/只是说你那颗心,/不知是阵什么风/眨眼间就给刮迷啦,/秀芝你说说,/变卦到底是为什么?

(张志民《小姑的亲事》)

含蓄的特点是引而不发,含而不露,委婉曲折,意在言外。它主要用在文艺语体。它经常运用委婉词语,引用典故,句式有一定跳跃性,常用双关、映衬、烘托、象征等修辞手法,甚至破折号、省略号等标点也有一定的作用。例如:

②马奶子葡萄成熟了,/坠在碧绿的枝叶间,/小伙子们从田里回来了,/姑娘们还劳作在葡萄园。/小伙子们并排站在路边,/三弦琴挑逗姑娘心弦,/嘴唇都唱得发干了,/连颗葡萄也没尝到。/小伙子们伤心又生气,/扭转身又舍不得离去:/"悭吝的姑娘啊!/你们的葡萄准是酸的。"/姑娘们会心地笑了,/摘下几串没有熟的葡萄,/放在那排伸长的手掌里,/看看小伙子们怎么挑剔……/小伙子们咬着酸葡萄,/心眼里头笑眯眯:/"多情的葡萄!/她比什么糖果都甜蜜。"

(闻捷《葡萄成熟了》)

明快与含蓄使用的场合和表达的效果均不相同,但两种风格并无优劣高下之分。但历来都有重含蓄轻明快的主张。如宋姜夔《白石道人诗说》主张"语贵含蓄",认为"若句中无余字,篇中无长语,非善之善者也。句中有余味,篇中有余意,善之善者也。"元·陈秀民《东坡文谈录》引苏轼话说:"意尽而言止者,天下至言也。然而言止而意不尽,尤为极至。"其实并不全是这样。杜甫的《月夜》含蓄曲折,意在言外,《闻官军收河南河北》直抒胸臆,痛快淋漓,却都是传诵千古的佳作。

4. 简洁与繁富

简洁与繁富也是各有特点的两种表现风格。但是历来尚简之风很盛,多有扬简抑繁的言论。其实繁富不等于冗赘堆砌,同样,简洁也不是干巴巴的几条筋。繁富与简洁都是语言的美质而非病态。

简洁的特点是简明扼要,言简意赅,锤炼浓缩,短小精粹。它精于锤炼词句,要求词少意丰。句式短小,多用省略和紧缩,成分共用,可有可无的字词句多尽量删去。修辞手法有时会遇到,但数量不是很多。例如:

①我们屋后有半亩隙地。母亲说:"让它荒芜着怪可惜,既然你们那么爱吃花生,就辟来做花生园罢。"我们几姊弟和几个小丫头都很喜欢——买种的买种,动土的动土,灌园的灌园:过了不几个月,居然收获了!

妈妈说:"今晚我们可以做一个收获节,也请你们爹爹来尝尝我们底新花生,如何?"我们都答应了。母亲把花生做成好几样的食品,还吩咐这节期要在园里底茅亭举行。

那晚上底天色不大好,可是爹爹也到来,实在很难得!

爹爹说:"你们爱吃花生么?"

我们都争着答应:"爱!"

"谁能把花生底好处说出来?"

姊姊说:"花生底气味很美。"

哥哥说:"花生可以制油。"

我说:"无论何等人都可以用贱价买它来吃;都喜欢吃它。这就是它的好处。"

爹爹说:"花生底用处固然很多,但有一样是很可贵的。这小小的豆不像那好看的苹果、桃子、石榴,把它们底果实悬在枝上,鲜红嫩绿的颜色多令人一望而发生羡慕的心。它只把果子埋在地底,等到成熟,才容人把它挖出来。你们偶然看见一棵花生瑟缩地长在地上,不能立刻辨出它有没有果实,非得等到你接触它才能知道。"

我们都说:"是的。"母亲也点点头。爹爹接下去说:"所以你们要像花生,因为它是有用的,不是伟大、好看的东西。"我说:"那么,人要做有用的人,不要做伟大体面的人了。"爹爹说:"这是我对于你们的希望。"

我们谈到夜阑才散,所有花生食品虽然没有了,然而父亲底话现在还印在我心版上。

(许地山《落花生》)

这篇文章不过500多字,语言简明而平实,含义丰富而深刻。

繁富的特点是语言丰赡而详尽,如工笔细描,多方面的铺叙描写,显得十分充实和周详。它在词语上多用同义并列,句式上多用叠句、松句、繁句。排比、形容和博喻等修辞手法也是常见的。例如:

②我望着这些灯,灯光带着昏黄色,似乎还在寒气的袭击中微微颤抖。有一两次我以为灯会灭了。但是一转眼昏黄色的光又在前面亮起来。这些深夜还燃着的灯,它们(似乎只有它们)默默地在散布一点点的光和热,不仅给我,而且还给那些寒夜里不能睡眠的人,和那些这时候还在黑暗中摸索的行路人。是的,那边不是起了

一阵急促的脚步声吗?谁从城里走回乡下来了?过了一会儿,一个黑影在我眼前晃一下。影子走得极快,好像在跑,又像在溜,我了解这个人急忙赶回家去的心情。那么,我想,在这个人的眼里、心上,前面那些灯光会显得是更明亮、更温暖罢。

(巴金《灯》)

③我五哥打这儿就养起了红点颏儿来。一年之后,就把个小东西调教得甭提多出息了。您就瞧那骨架:立腔儿,葫芦身儿,再瞧那毛色:茶褐里透着虾青的背儿,银灰里泛着象白牙的肚儿,唯独下颏儿底下指甲盖儿大小那么一块儿,红得像八月里蒸透了壳儿的团脐螃蟹子,润得像四月里腌满了油儿鸭蛋黄儿。再添上那对不慌、不愣、另有一股神气的眼睛,两道清霜似的眉子——诌句文词儿吧,真称得上"神清骨峻"!要是那小蜡嘴儿微微一张,略偏着头儿,小不溜儿地那么一哨,嘿,真是五音出口,百鸟压言!

(韩少华《红点颏儿》)

上面两例,有以书面语词为主,有以口语词为主,在刻画事物中,多方铺陈,写得丰满而详尽。

简洁和繁富适用于多种语体。除了文艺语体外,政论语体、科技语体用得也较多,公文语体则多用简洁,而少有繁富的风格。

5. 庄重与幽默

庄重与幽默是两种不同格调的表现风格。它们适应的语体较多。在文艺语体中,一般注意幽默的多,着意于庄重的较少。其实,庄重也是很值得研究的。如同幽默不等于油滑一样,庄重也绝不等于呆板。

庄重的特点在于庄严肃穆,平稳持重,义正词严,感情浓烈。它多使用书面词语,特别是敬语、术语、古语词和成语大量运用;句式整齐、完整而绵长,关联词语也用得较多,使用了大量的复句,除常用比喻、设问、映衬等修辞手法外,语言的变异组合较少。例如:

①她把带血的头颅,/放在生命的天平上,/让所有的苟活者,/都失去了/——重量。

(韩翰《重量》)

②在一个深夜里,我站在客栈的院子中,周围是堆着的破烂的

什物;人们都睡觉了,连我的女人和孩子。我沉重的感到我失掉了很好的朋友,中国失掉了很好的青年,我在悲愤中沉静下去了,然而积习却从沉静中抬起头来,凑成了这样的几句:

"惯于长夜过春时,挈妇将雏鬓有丝。梦里依稀慈母泪,城头变幻大王旗。忍看朋辈成新鬼,怒向刀丛觅小诗。吟罢低眉无写处,月光如水照缁衣。"

(鲁迅《为了忘却的记念》)

幽默的特点是轻松俏皮,讥嘲揶揄,嬉笑诙谐,妙趣横生。它经常使用口语词,惯用语和歇后语,词语组合多用变异手段,常用反语、仿拟、析词、飞白、降用、易色等修辞手法。例如:

③才不在高,有官则名;学不在深,有权则灵。这个衙门,唯我独尊。前有吹鼓手,后有马屁精,谈笑有心腹,往来无小兵。可以搞特权,结帮亲。……无批评之刺耳,唯颂扬之谐音。青云能直上,随风显精神。群众云:臭哉斯人!

(易和元《才不在高》)

④她既然只把张信当成她"过渡时期"的丈夫,自然就不能完全按"自己人"来对待他,因此她安排了一套对待张信的"政策"。

(赵树理《"锻炼锻炼"》)

表现风格的类型当然不止上面所列的五组十种。例如从辞采着眼,还可以分出通俗与典雅;从结构着眼,还可以分出疏放和缜密等等。从上面所分的五组十种,可以看出从不同的角度和侧面,给语言的表现风格分类的一斑。

(三)语言的表现风格和语体

1. 各语体中表现风格的分布及其表达手段

在各种语体中,文艺语体的表现风格最为丰富,研究成果也最为丰硕。

首先,从风格构成要素来看,从词语、句式、篇章结构到修辞手法甚至标点、图形、符号都成为构成表现风格的重要手段。这几方面构成的系统几乎涵盖了文艺语体的每个分支语体。

其次,归纳表现风格的角度,在文艺语体中也是多样化的。如风格类型的归纳,我国古代从两种、四种、八种直到数十种之多,这在其他语体中是没有的。表现风格也用以归纳作家、作品乃至流派群体。"清新庾开府,俊逸鲍参军"、"蓬莱文章建安骨,中间小谢又清发"早已是脍炙人口的论述表现风格的佳句。"元白"、"张王"、"苏辛"等早已是家喻户晓的流派群体。现代的研究,也能说明这个问题。例如:

> 老舍的风格也早已为大家所熟悉。他善于加工人民语言,有鲜明的北京地区的地方色彩,他的文学语言,形象生动,音调铿锵。幽默感是他的特色之一;幽默有各种色调,老舍的,似乎锋利多于蕴藉,有时近于辛辣。沙汀塑造人物和描绘景色,有地方色彩,时亦诙谐成趣,字斟句酌,谨严而含蓄,故多弦外之音,耐人寻味,但有时含蓄过甚,读者猝难理会,正所谓寸有所长,尺有所短。
>
> (茅盾《反映社会主义跃进的时代,推动社会主义时代的跃进!》)

这充分说明不仅文艺语体风格类型千姿百态,文艺语体表现风格的归纳也是多层次、多角度的。

其次是政论语体和科技语体。拿政论语体来说,毛泽东的政论语言把典雅的故实与通俗的口语熔为一炉,长短句式错落有致,利用比喻、设问、排比、对偶、反语等手法增强其生动性和感染力,形成了犀利、明快、通俗、雄健的风格特色。邓拓的政论语言常从典故下笔,但笔调婉转而含蓄,简短的句式却往往意在言外,使人感到言简意赅、朴实平淡。在科技语体中,表现风格的类型化相当明显,但有时也能感受到个人的特殊格调。拿文艺论著来说,茅盾的论文剖析细致而严密,从具体材料入手,在说理中使人感到娓娓动听;何其芳的文章在严谨的逻辑力量中渗透着思辨的色彩,使人感到有一种力透纸背的气势。华罗庚和吕叔湘都以深入浅出见长,华罗庚的文字重在平易典雅,吕叔湘的文字重在活泼自然,如同促膝谈心一样。

比较起来,公文语体的表现风格是较为单一化的。公文语体中似乎只能找到下位语体的风格基调,而很难表现出个人的独特笔触和色彩。

因此从文艺语体到政论语体、科技语体,再到公文语体,形成一种表现风格的次递下降的直线。

2.各语体中表现风格的特点

通过上面的阐述,我们可以看出,在语体中,表现风格呈现出类型化和层级化的特点。

类型化表现为一种风格的基调。这种基调的形成是由于风格要素构成的特定系统。这个系统中的风格要素,既有语言的,如语音、词汇、句法、篇章,也有非语言的,如符号、图表、公式等等。这种风格要素的系统相对稳定,相互作用,从而形成了风格的整体统一性,构成一个和谐而交融的风格类型。

层级化表现为语体、群体和个体的多项层次结构。不同语体的表现风格最为明显。在语体内部,群体风格是一种富有特色的下位格调。在群体中,又会体现出个体的独特色彩来。不同层级,显示出不同风格的个性特质。每一个上位层级与下位层级的关系常常表现为一种共性与个性的统一态势。风格类型的变化,往往就体现为一种共性与个性的不同分蘖和转化。

3. 各语体间风格要素的渗入对表现风格的影响

各语体的风格要素既具有封闭性又具有某种开放性。有了封闭性,语体才能存在;有了开放性,语体才能发展。

不同语体间的风格要素的渗入是经常进行的。但是由于风格要素的渗入而影响到表现风格的变化要经过一个复杂的众多的量的积累的过程。在这个复杂的过程中,不可避免地要对不同语体的风格要素的量进行必要的改造,使其从旧质蜕变为新质。

例如公文语体的风格趋向平易通俗,除了其他的因素外,在词语上吸收别的语体的风格要素并加以改造,是一个重要的原因。它从谈话语体中引进了不少口语词(像"窗口"、"拳头"、"一刀切"、"大锅饭"等),从科技语体中引进了不少科学术语(像"覆盖"、"筛选"、"反馈"、"梯队"等),并加以改造,使其产生了新的义项,成为公文语体的有机成分,促进了公文语体平易通俗风格的形成。

再如,文艺语体的散文体语言,过去虽然也使用名词性非主谓句,但多是个体的单独使用,只有在韵文中才成组地运用。新时期以来,不少小说和散文,吸收了韵文中的这种句式,并加以改造,成组地进入小说和散文,加快了文艺语言的节奏和跳跃性,构成了简洁明快的表现风格的新的质素。

四、语言的作家风格

(一)作家语言风格的三维结构

1. 作家语言风格的含义

语言的作家风格也可以称为语言的个人风格。首先,这里的"作家"并不仅仅局限于从事文艺创作的作者,也包括从事其他语体言语成品创作的作者。例如政论、科技著作的作者也包括在内。其次,文艺语体是风格样式最繁杂的一种语体,作者个人的语言风格体现得最为充分,因而人们往往用"作家"来指代和概括不同语体的言语成品中的个人风格。再次,应当指出,虽然写说者盈千累万,但并不是任何人都具有独特的语言风格的,用"个人风格"也可能会带来这方面的误解。只有当写说者的语言形成了独特的格调和气氛,才能显示出其风格特色,这因为写说者的言语成品已形成了独特的话语运用的体系。从这个意义上说,语言风格是言语运用成熟的标志。因此,作家的语言风格指的是言语运用成熟的个人的独特格调和气氛。这也是我们采用作家语言风格这一术语的主要原因。

作家的语言风格也不同于作家的某一作品的风格。作家的语言风格是在长期的语言实践过程中形成的稳定言语基调。作家的某一作品可能体现了作家的风格基调,但也可能游离于作家的风格基调之外,并不反映作家独特格调的本质属性。既然作家的语言风格具有稳定性和系统性,那么,作家的语言风格就必然是长期语言实践的结果。

作家的语言风格是个人在长期的言语活动中所形成的稳定的运用语言的特点的综合。

2. 作家语言风格的三维结构

作家的语言风格是通过作家的言语成品体现出来的。它所形成的是一个直线的轨迹:作家—作品—风格。作家运用语言创造作品,通过作品形成风格。

但是,从风格的角度来看,固然有一部分要通过作品与作家相联系,不过还有一部分是风格和作家直接沟通,而无须经过作品的中介。这样,风格、作品和作家就形成了一个三维结构。

作家、作品和风格这三方面都可以形成一个中轴,联系着其他两端。但是在这个三维结构中,作品是基础,也是杠杆;风格是基础的升华和提炼,是高层次的系统;作家则对这两者起驾驭和主宰作用。当然,有时候作品对作家也具有一定的能动作用,有时会影响到作家的语言风格的形成、变化和发展。

在这个三维结构中,蕴含着相当广阔的空间。例如时代、环境、情感、才能、气质、题材、人物、情节等等,都会通过纷繁众多的网络,渗透到各个部分,从而使其联系成一个不可分割的整体。

3.作家语言运用的成熟化才能形成个人的风格

人们学习语言,一般要经过模仿—变化—创造三个阶段。作家的语言运用也大多经过从模仿到变化再到创造的过程。

模仿是语言运用的第一步。有些作家一开始进行文艺创作时总是以心中敬慕的语言大师为楷模,加以学习模仿的。这可以看到语言大师对于一些作家的语言风格的形成,起着领路和熏陶的作用。冰心的《繁星》和《春水》里有着泰戈尔的影子。赵树理的小说提炼了北方农民的口语,吸取了民间说书的营养,形成了独特的语言风格,他又直接影响了马烽、西戎等一批作家。

模仿并非是一个模子套下来,模仿的同时就要有所变化,进而有所创造。一旦形成了这个作家的独特的个性,即独特的话语系统及其格调,作家的语言运用就走向成熟,语言风格也就随之形成。赵树理和老舍以人民群众的口语为基础加以提炼和加工,形成了其独特的文学语言。如果说赵树理是纯然的生动活泼的民间口语;老舍则融合了部分新兴的欧化的成分。如果说,赵树理善于熔铸口语,用简短的句式,增强其动作性;老舍则注重词语音律的和谐铿锵,便于读者诵读。这些无不体现了作者驾驭和锤炼语言的高超的艺术能力。这正是长时期创造性劳动的成果。

(二)形成作家语言风格的主观因素

形成作家语言风格的主观因素很多。正如王蒙所指出的:"风格是作家的全部主观——世界观、性格、素质、阅历、知识、趣味、情操……在作品中的外在表现。风格就是人,风格就是个性,风格贵在独创,而独创的根据便是作家的主观,这是不难理解的。"[①]下面仅从气质、阅历、素养三方面来阐述这个问题。

1.气质

气质是客观存在于人体中的一种物质现象。它和禀赋一样,是人所固有的。主要表现在情绪体验的快慢、强弱、隐显以及动作的灵敏或迟钝等方面,是人的相当稳定的个性特点。气质有阴阳刚柔之分,影响到性格和风度的形成,对风格的表现有一定的影响。气质也影响到才力的发挥。所谓"气以实

---

① 王蒙:《论风格》,见《新时期作家谈创》,北京:人民文学出版社,1983年,第431页。

志,志以定言,吐纳英华,莫非情性"。① 莫泊桑认为:"艺术像独特的气质,会使他所描绘的事物带上某种符合他的思想的本质的特殊色彩和独特风格。"②我们应该结合作家的气质特点来研究作家的语言风格。因为"其言之格调则往往流露本相,狷急人之作风不能尽变为澄淡,豪迈人之秉性不能尽变为谨严。文如其人,在此不在彼也"③。

需要指出的是气质对风格的影响,一般说来是曲折的,成折射的方式,而不是直接的,相对应的。风格的形成是多种因素作用的结果,气质和其他因素相结合形成独特的性格体现在作家的言语成品之中。

曹丕在《典论·论文》中说:"至于引气不齐,巧拙有素,虽在父兄,不能以移子弟。"这在不同作家的语言风格比较中具有一定的意义,但在某一个作家的全部实践来看,也未必如此。作家的气质,由于种种因素的影响和制约,也是可以改变或加以淡化的。总之,气质对于语言风格具有一定的作用,但不能强调到不适当的程度。

2. 阅历

阅历是作家后天的社会实践。它对语言风格的影响远远大于气质。阅历不仅为作家的语言表达提供了丰富的题材,同时有助于作家世界观的形成,而且直接影响到作家的语言运用,影响到作家语言风格的形成。作家正是把他在社会生活中独特的感受渗透到言语成品之中,从而形成独特的言语格调。

拿鲁迅来说,如果没有少年时代家庭从小康堕入困顿的重大变故,没有跟农村形形色色人物的广泛接触,没有留学日本的深刻的感受,没有在北洋军阀时期与官僚、地主、教师、学生的频繁交往,没有与各种各样的旧势力的苦斗,那么,他的简洁冷峻的风格是不可能形成的。

宋代女词人李清照早期沉浸在青年夫妻的幸福生活之中,是那样的缠绵柔婉,显得悠闲而平静,多愁而善感;后来丈夫病故,国土沦丧,备受颠沛流离之苦,词里充满着凄凉和哀痛。社会的动乱和个人生活上的变迁,使她的词

---

① (南朝·梁)刘勰:《文心雕龙·体性》。
② [法]莫泊桑:《爱弥儿·左拉研究》,见《古典文艺理论译丛》第8册,北京:人民文学出版社,1964年,第149页。
③ 钱钟书:《谈艺录》,北京:中华书局,1984年,第163页。

的语言风格有了明显的变化。

3. 素养

素养表现为后天的学习的成果和社会生活的经验的积累,反映了作家的兴趣、爱好、情操和文化层次等。作家的文化素养对语言风格的形成和发展有着直接的联系。

郭沫若、田汉、丁西林、曹禺都是现代文学史上独具特色的杰出的剧作家。老舍指出:"郭沫若、田汉、曹禺同志他们的文学艺术功夫是很深厚的。都是先有诗词歌赋的才能和修养作基础。郭老语言的根底就很深,田老的旧体诗是我很佩服的,丁西林、曹禺同志对外国的作品如莎士比亚等名家的语言很有研究。能阅读原文,精通翻译。"①再如散文作家秦牧风格繁富,古今中外,天上地下,旁征博引,信手拈来,这与作家渊博的学识,长期的文化积累是密不可分的。贺敬之在"楼梯式"的新诗中广泛使用了传统的偶句,郭小川创造的长中化短的诗行中融入了隔句对和整齐的排句,都可以显示出诗人的高深的古典诗词的修养所锻炼出的卓越的语言艺术的能力。

当然,作家的语言风格形成的主观因素远不止上面所谈的三点。例如作家的世界观,独特的语言艺术的感受力,稳定而有特色的语言表现手法对语言风格的形成都具有重要的作用。这众多因素的综合作用,才熔铸成作家的非凡的语言创造力。

(三)形成作家语言风格的客观因素

形成作家的语言风格的客观因素也是多种多样的。作家生活在社会之中,他的语言风格就不能不受社会的政治、经济、文化诸因素的影响和制约。一切言语成品都毫无例外地必须从属于某种语体,那么作家的语言风格也就不能不受到作家所创作的言语成品所属的语体的影响和制约。一切言语成品都有其特定的表达内容,特定的表达内容也会影响和制约着作家的语言风格的形成。这些包含的内容也是相当丰富的,而且是多层次的。像社会的政治、经济、文化诸因素,就有时代精神、民族心理、政治局势、社会思潮、经济生活、文化传统等,语体也还有不同的分支语体和交叉语体等;表达内容也还有不同的题材、主题、对象等。下面我们选取时代、题材、语体三个方面加以阐述。

---

① 老舍:《学一点诗词歌赋》,见《老舍论剧》,北京:中国戏剧出版社,1981年,第40页。

(一) 时代

茅盾说过："我们的和时代一同前进的作家,尽管各有各的风格,然而在他的个人风格上,一定有时代精神的烙印。"①时代精神是作家的语言风格形成和发展的一个动力,作家的语言风格的变化和发展,不能不受到时代精神的影响。田间在抗日战争的烽火中,利用新诗作为战鼓和号角,语言激昂慷慨,具有强烈的鼓动性,被誉为"时代的鼓手";新中国成立后,他吸收并融合了民间歌谣的比兴、重叠和反复的手法,每行大致稳定在三个音步,在激昂雄健中糅合着回荡复沓的气氛,起伏跌宕而又明快流畅。不同时代的诗风促使了诗人语言风格的转变。

当然,作家的语言风格与时代精神,也不全是完全相对应的。由于个人世界观和不同的社会思潮等方面的影响,作家的语言风格也还有着自身的发展规律。国破家亡之时,并非都是"亡国之音"的低靡凄凉的格调;太平盛世也并非都是高昂乐观的"治世之音"。宋刘克庄《后村诗话》中说："唐初王、杨、沈、宋擅名,然不脱齐梁之体。独陈拾遗首倡高雅冲淡之音,一扫六朝之纤弱,趋于黄初、建安矣。太白、韦、柳继出,皆自子昂发之。"(前集卷一)作家的语言风格具有一定的能动作用,可以影响到时代的语言风格。它既可以起推动促进作用,也可能起到销蚀和瓦解作用。

2. 题材

题材就是表达内容。它与作家的语言风格关系密切。一般说来,不同的表达内容就要求有不同的语言、风格。语言风格对于表达内容有一定的依附作用。《蜀道难》与《长干行》风格差异很大,与题材有很大的关系。这就要求作家在描写不同的社会生活中具有几套笔墨。其实不同的表达内容给人的意识作用是不同的。长江大河与小桥流水,前者浩瀚,后者清幽;崇山峻岭与翠冈小丘,前者巍峨,后者秀丽。因此,不能用长江三峡的笔调来写荷塘月色,不能用横空出世的笔调来写越秀山和日光岩。当然,同一个题材不同的作家会有不同的感受,会写出不同的风格的言语成品来,这是另外的问题了。

作家的语言风格的形成与他经常地选取某一类题材有密切的关系。蒋子龙的工业题材,选取的多是重大的改革中发生的事件,笔调壮美而雄健;刘绍棠善于从农村人物的日常生活中折射重大的社会主题,笔调含蓄而淡雅。

---

① 茅盾:《反映社会主义跃进的时代,推动社会主义时代的跃进》。

同样写战争生活,由于选取的表达对象不同,王愿坚显得"壮",茹志鹃就显得"秀"。作家往往从自己最熟悉的题材中逐渐形成并完善自己的风格的。我们不能勉强作家去写他不熟悉的生活,这样会有损于作家的语言风格的形成和发展。这正如布封在《论风格》中所说的:"笔调不过是风格对题材性质的切合,一点也勉强不得。"

3. 语体

语体对于语言风格有很强的制约性。不同语体的言语成品,语言风格是有区别的。但同一语体,特别是文艺语体的内部,语言风格也有很大的差别。有的崇尚绮丽,有的提倡简朴;有的讲究明快,有的擅长含蓄。千姿百态,多色多彩。

既然语体对风格具有制约作用,那么作家的语言风格的形成与他所采用的语体就密不可分。当然,作家中也有多面手,但形成他的语言风格的基调的总是他所擅长的语体。如老舍的小说、散文和戏剧是写得出色的,他的诗歌就不是强项。姚雪垠说:"老舍先生在小说中对于北方口语的熟练,很少人能够赶上。但他利用民间形式所写的许多东西,在语言上却得到失败。他的万行长诗《剑北篇》因受了旧诗的影响太深,不仅在形式上失败,在语言上也同样失败。"① 老舍自己谈到写《剑北篇》时艰难费力,曾失去自信,结果写得呆滞,平庸。② 可见,作家选用自己擅长的语体是多么重要。语体有其自身的语言规律和语言特点,是需要作家经过长期的语言实践来把握。

值得注意的是,现在有一种简单化和绝对化的观点。例如曹丕在《典论·论文》中论述到不同语体的风格特点,提到"诗赋欲丽"。陆机在《文赋》中也谈到了多种语体的风格体式,指出:"诗缘情而绮靡。"刘勰在《文心雕龙·定势》中也认为"赋颂歌诗,则羽仪乎清丽"。于是有人就把"绮丽"作为诗歌的风格特点,这当然不符合文艺语体中诗歌的本质。李白就认为"自从建安来,绮丽不足珍",而主张"清水出芙蓉,天然去雕饰"。诗歌的语言风格是多种表现类型的,作家在运用这个语体进行语言表达时,驰骋的天地还是

---

① 姚雪垠:《抗战文学的语言问题》,见《姚雪垠研究专集》,郑州:黄河文艺出版社,1985年,第82页。
② 老舍:《我怎样写〈剑北篇〉》,见《老舍论创作》,上海:上海文艺出版社,1980年,第61~63页。

相当广阔的。

(四)作家语言风格的演变

作家语言风格的演变,可从横向和纵向两个角度进行观察。

1. 横向演变

作家语言风格的演变中,横向演变大都是因语体或题材的变化而产生的演变。这种演变往往是作家的语言风格基调已形成后的一种偶发的、支流性的演变。一般说来,不会从根本上改变作家语言风格的基调。不过,这里也应有所区别。比较起来,对作家语言风格的影响,题材要小于语体。例如,鲁迅的小说题材不同,语言表达也有所变化,但是和他的诗歌语言相比较题材上引起的变化要小得多。

一个杰出的作家,往往是有多副笔墨的。这就会使作家的语言风格更加丰满和多彩。这多副笔墨中,必然有一个风格基调,它像一个中轴一样,是个中心,其他的是围绕着这个中心的一些支点。一般说来,基调是相对稳定的,演变得较为缓慢,而其他的色彩则变化较快,不是很稳定的。所以风格基调中的语言要素复现性较为频繁,而其他的风格色彩偶发性的风格要素出现的较多,复现性较弱。

作家语言风格的横向性演变是经常进行的。这可以促使作家的语言风格避免单一和板滞,从而使其充满活力和生机。这种横向演变也有可能成为作家语言风格基调变化中的一个新的起点。例如诗人郭小川在《致青年公民》的组诗发表后,风格基调比较明显,《甘蔗林——青纱帐》、《厦门风姿》开始了新的变化,成为"郭小川体"的新的起点,形成了诗人后期诗作的新的基调。

2. 纵向演变

纵向演变是历时的演变,往往是作家的语言风格的基调演变。纵向演变要受时代精神的影响,特别是要受作家的文化素养、艺术趣味的变化发展的制约。

纵向演变是由于作家语言风格的要素中,新质的不断积累和旧质的不断消失而引起的质的飞跃。这要经历一个漫长的语言实践的过程。丁玲是一个有成就的作家,她前期的小说,如《莎菲女士的日记》、《水》等书卷气较重,用了不少欧化句式。后来她从上海的亭子间来到了陕甘宁边区,参加了群众工作,了解并掌握了大量的群众口语,后来写出的《太阳照在桑乾河上》,语言风格就大不一样,用的全是提炼加工了的人民群众生动活泼的语言。

作家语言风格的演变具有渐进性、承继性和连贯性。因此作家语言风格的演变具有一条可以把握的轨迹。新的风格中往往可以找到原有的风格的影子,有些风格要素的复现是贯串始终的。诗人阮章竞,从《漳河水》到《新塞外行》风格有了很大的变化。在民歌中融合了古典诗词的语汇和句式,格调从绚丽走向豪放,但是诗人追求音韵和谐,语句洗练却是一脉相承的。

五、语言风格的多角度研究

我国进行语言风格研究的历史十分久远,但是长期以来并没有取得引人注目的成果。古代诗话文论中有些闪光的言论,也只是吉光片羽、零珠碎玉。目前,这块长期抛荒的土地才开始开垦。为了使语言风格的研究系统和深入,我们应该对它进行多角度的探索。

以上我们谈到了语言的民族风格、时代风格、作家风格、语体风格等方面的问题,下面我们从地域、流派、文化、职业、性别等不同侧面,进行简要的阐述。这些方面实在有开展研究的必要。

我国幅员辽阔,各地风土人情均有差异,不同地域之间多语言风格也各不一样。古代的《诗经》、《楚辞》,虽多为民间歌谣,却反映了不同地区的语言运用的风貌。南北朝时期的民歌,南方与北方风格迥异。北朝民歌刚健直率,豪放爽朗,如大漠落日;南朝民歌柔婉含蓄,清新秀美,如曲径通幽。北刚南柔,地域风格相互对应。所谓"江左宫商发越,贵于清绮;河朔词义贞刚,重乎气质"[1]。"西北之音慷慨,东南之音柔婉"[2]。就是这方面的概括。语言风格上的差异,与山水地貌、民众气质、艺术格调上的差异完全吻合,这是一个很值得研究的问题。北方人辛弃疾听到南方的老人讲话,有"醉里吴音相媚好"的感觉,俗话说"宁听苏州人吵架,不听山东人讲话",都是说的南方人的语言的柔婉的风格。这里既有文化传统上的原因,也有历史上的政治原因。新时期随着改革开放,各种传播媒介把港台的语言格调传送到各处,于是"港腔港调"特别引人注意。开展地域的语言风格的研究,对于经济、文化的发展

---

[1] (唐)李延寿:《北史·文苑传》。
[2] (明)唐顺之:《东川子诗集序》。

具有积极的意义。

　　流派风格也是一种群体的语言风格。这在文艺语体显得特别突出。它既显示了文艺创作中作家群的语言风格的共性,又与其他作家群的语言风格有着明显的差异。需要注意的是,我们不能把文学社团当作风格流派(例如"文学研究会"、"创造社"等),也不能把文学创作流派当作语言风格流派(例如"鸳鸯蝴蝶派"、"新月派"等)。语言的流派风格是指作家群语言运用的共性特点的综合,而与别的作家群相区别。当然,有些文艺创作上的流派也可能语言运用上有其共性特点,这样语言的流派风格与文艺创作上的流派就相重合。现在人们常说的"山药蛋派"(以赵树理为代表)、"荷花淀派"(以孙犁为代表),语言运用上有其共性,但是流派中的作家在体现其流派的语言风格上还是有差别的。当前对艺术流派的研究还局限在组织上,创作题材上和创作手法上,对于语言风格的探讨还十分薄弱,或者说基本上还是一片空白。

　　文化层次的不同也影响到语言风格的差异。同样一个会议上,文化层次不同的人发言,语言风格有很大的不同。知识分子的语言中加工的程度高,大量的书面语词,较多的修饰成分,比较严整的句式,显示出文雅含蓄的特色;工农群众的语言朴实而生动,粗疏而直露,几乎全用口语词,俗语,句式有较多的省略和跳脱,显示出通俗平易的特色。所谓"知识分子味"和"工农腔"反映了风格上的区别。随着全民文化的提高,人们交往的频繁,这方面的差异将可能逐渐淡化。

　　人们职业的不同也会影响到语言风格。在文化层次比较高的人群中,教师的语言是有其职业上的特点的。教师的语言,即使是日常谈话也和医生、工程技术人员不同。教师的课堂语言,其特点就更为突出,是其他任何职业的语言所无法替代,难以混淆的。比较起来,军人的语言也有其特殊的风格。干净利落、明快有力是与其雷厉风行、令行禁止的作风相协调一致的。

　　性别上的差异也会形成语言风格上的不同特点。男性和女性的语言风格明显不同。女性比较柔婉,男性的"娘娘腔"往往被看作是一种风格上的异化。女性的语言多用语气词,显得平和婉转,表达上含蓄曲折,颇多言外之意;复句成分不多,感情色彩较浓,显示其以情动人的成分大于说理成分。与之相辅的是命令句往往让位于祈请句。男刚女柔似乎是一条普遍的规律,即使是"女强人"在语言中也会渗透着脉脉温情,和"男子汉"在语言格调上保持着一定的距离。

研究语言风格的侧面是很多的。从职务上说,干部的语言风格与群众有所不同;从年龄上说,老人的语言与青年、儿童有所不同。这些都有待于我们去探讨,去分析研究。既需要做定量的分析,更需要做定性的分析。

　　开展语言风格的多角度、多侧面的研究,可以归纳出不同的语言风格系统,可以探究各种风格变体的发展脉络,可以确定不同的语言风格的特殊印记。它的意义将远远超出语言学的疆界。这不仅可以建立完整而系统的风格科学,而且可以促使语言学走上新的台阶,可以使其和文艺学、美学、社会学、行政学、法学相结合,更好地为社会主义的两个文明建设服务。

主要著述年表

一九八一年
现代汉语(增订本,胡裕树主编,执笔修辞部分) 上海教育出版社1981年7月
一九八二年
比喻(著) 安徽人民出版社1982年2月
一九八五年
现代汉语(上册,主编) 安徽教育出版社1985年12月
一九八七年
现代汉语(下册,主编) 安徽教育出版社1987年8月
一九八八年
汉语语法修辞词典(张涤华、胡裕树、张斌、林祥楣主编,编委)
　　　　　　　　　　　　　　　　安徽教育出版社1988年6月
一九九〇年
汉语修辞学史(主编) 安徽教育出版社1990年10月
现代汉语多义词词典(主编) 书海出版社1990年12月
一九九二年
古诗词典故辞典(编委) 江西教育出版社1992年6月
一九九四年
标点符号词典(主编) 山西人民出版社1994年3月
大学修辞(倪宝元主编,执笔风格部分) 上海教育出版社1994年5月
新编古今汉语词典(主编) 山西人民出版社1994年5月
一九九五年
汉语修辞学史(修订本,主编) 山西人民出版社1995年12月

一九九八年
三个平面:汉语语法研究的多维视野(与戴耀晶合编)语文出版社 1998 年 6 月
公文语言学纲要(与郭其智合著)　陕西人民教育出版社 1998 年 12 月
一九九九年
中华歇后语大观(主编)　中国青年出版社 1999 年 4 月
二〇〇〇年
二十世纪的汉语修辞学(著)　书海出版社 2000 年 5 月
标点符号词典(修订本,主编)　书海出版社 2000 年 12 月
二〇〇一年
中华谜语大观(主编)　中国青年出版社 2001 年 4 月
现代汉语多义词词典(修订本,主编)　书海出版社 2001 年 8 月
二〇〇二年
现代汉语缩略语词典(主编)　语文出版社 2002 年 1 月
汉语标点符号流变史(与管锡华、岳方遂合著)　湖北教育出版社 2002 年 9 月
二〇〇三年
新华同义词词典(主编)　商务印书馆 2003 年 1 月
新华反义词词典(主编)　商务印书馆 2003 年 11 月
二〇〇五年
汉语语体概论(主编)　商务印书馆 2005 年 9 月
二〇〇七年
商务馆小学生字典(主编)　商务印书馆 2007 年 8 月
二〇〇九年
商务馆小学生词典(主编)　商务印书馆 2009 年 8 月
二〇一〇年
学生谚语词典(主编)　广东教育出版社 2010 年 12 月
二〇一一年
学生歇后语词典(主编)　广东教育出版社 2011 年 4 月
历代寓言(主编)　中国青年出版社 2011 年 5 月
二〇一二年
历代寓言选(上下,主编)中国青年出版社 2012 年 7 月